舰船综合导航系统

李文魁　李开龙　陈永冰　张亚娟　编著

本书由海军工程大学百部精品教材出版
工程建设项目、国家自然科学基金项目
（61703419、61873275）资助出版

科 学 出 版 社
北 京

内 容 简 介

本书以舰船综合导航系统为对象，系统介绍综合导航技术和装备发展的最新成果。全书共分 9 章。第 1 章全面介绍舰船综合导航系统的历史、现状和功能；第 2 章介绍综合导航相关基础知识；第 3 章介绍综合导航主要信息源设备；第 4 章介绍综合导航系统相关接口；第 5～7 章详细阐述综合导航信息处理有关的滤波理论、组合模式和组合实例，重点对捷联惯性基的组合导航算法进行深入探讨；第 8 章介绍综合船桥系统与航海作业设备；第 9 章介绍综合导航中的航海计算方法。附录提供部分滤波仿真实例程序。

本书可作为导航工程、测控技术与仪器及相关专业的本科生，导航、制导与控制及相关专业的研究生的教材，也可作为相关专业的教学科研人员和工程技术人员的参考书。

图书在版编目（CIP）数据

舰船综合导航系统/李文魁等编著.—北京:科学出版社，2019.9
ISBN 978-7-03-062390-4

Ⅰ.①舰… Ⅱ.①李… Ⅲ.①航海导航-导航系统 Ⅳ.①U666.11

中国版本图书馆 CIP 数据核字（2019）第 202253 号

责任编辑：吉正霞 曾 莉／责任校对：高 嵘
责任印制：张 伟／封面设计：苏 波

科 学 出 版 社 出版
北京东黄城根北街 16 号
邮政编码：100717
http://www.sciencep.com
北京凌奇印刷有限责任公司印刷
科学出版社发行 各地新华书店经销
*
开本：787×1092 1/16
2019 年 9 月第 一 版 印张：14
2025 年 7 月第四次印刷 字数：357 000

定价：56.00 元

（如有印装质量问题，我社负责调换）

前　言

综合导航，也称为组合导航，是为满足舰船、飞机和导弹等运动载体导航的需要，借助计算机将各种导航手段有机组合，通过对多种导航信息综合处理，达到提高系统精度、可靠性和冗余度的一种导航技术。综合导航技术涉及精密机械、电子、计算机、自动控制、数据处理、声学和光学等多门学科，目前已成为导航技术发展的主要方向之一。20 世纪 80 年代开始，国内相关院所先后研制出多种型号的舰艇综合导航系统，并逐渐系列化、标准化。迄今为止，全世界已有几百种型号的各类综合导航系统。

为适应综合导航新技术、新装备的发展，满足舰船导航相关专业人员学历教育、任职教育及相关培训的需要，我们在海军工程大学内部教材《舰船综合导航系统》的基础上，吸收相关技术和装备发展的新成果，并融入作者近年来的学术研究成果，编著了本教材。

本书共分 9 章。第 1 章介绍综合导航产生的背景、定义、组成、功能及发展趋势。第 2 章介绍导航基本术语、概念及导航基础知识。第 3 章介绍常用综合导航信息源设备的基本原理和误差特性等。第 4 章介绍综合导航系统常用数字接口和模拟接口。第 5～7 章构成综合导航系统软件设计的核心内容。其中第 5 章综合导航信息处理技术，包括预处理、系统建模、卡尔曼滤波器设计、性能参数及评估等；第 6 章舰船组合导航模式，介绍组合导航的组合原则和组合模式，并以若干典型模式为例，介绍综合导航数据优化处理的理论方法；第 7 章惯性基组合导航滤波，结合作者最新研究成果，深入探讨惯性基组合导航滤波技术。第 8 章综合船桥系统及航海作业设备，介绍综合船桥系统、电子海图显示与信息系统和航迹仪等典型航海作业设备。第 9 章综合导航中的航海计算，介绍船位推算、地文定位等常用定位方法的基本原理和计算公式。为帮助读者理解章节重点、难点内容，各章节都安排了思考题。为帮助读者进行滤波算法编程实践，附录给出了部分滤波实例程序。

本书由海军工程大学李文魁、李开龙和陈永冰及北京交通大学海滨学院张亚娟编著，李文魁统稿。张红承担了大量绘图和文字录入工作。本书由海军工程大学百部精品教材出版工程建设项目及国家自然科学基金项目(批准号：61703419、61873275)资助出版。本书编写得到了海军工程大学卞鸿巍、李厚朴、马恒、纪兵等同志的热心帮助。此外，本书还参考了国内外大量文献著作，未能一一列出，在此一并表示真诚的感谢。

各种新技术、新成果不断在综合导航领域应用、集成和发展。由于作者水平有限，书中难免存在不当之处，敬请读者批评指正。

编著者

2019 年 4 月

目　　录

第1章

绪　　论

导航是一个技术门类的总称，其基本作用是引导飞机、舰船、车辆等载体沿着设定路线安全、准确地到达目的地。

导航功能由导航设备或复杂的导航系统实现，它们都提供导航信息。驾驶员或自动驾驶仪根据导航设备的仪表指示或输出信号，便能在各种复杂环境下操纵载体正确地向目的地前进。这种指示或信号的内容称为导航信息。导航信息包括两类：第一类是载体自身的运动参数，如最常用的位置、速度、航向、姿态和时间等信息；第二类是载体所处的物理环境信息，如风速、风向、流速、流向、湿度、温度和气压等。

1.1　综合导航的产生

1.1.1　导航技术的发展历程

导航技术多种多样且实现手段跨度极广。地磁导航、惯性导航、无线电导航、卫星导航、天文导航、水声导航、气象导航和地球物理场匹配导航等竞相发展，呈现出百花争奇斗艳的局面。

1. 地磁导航

地磁导航是一种无源自主导航方式，具有无辐射、全天时、全天候、全地域、误差不随时间积累、抗干扰能力强的优良特征。

地磁导航技术的最早应用是指南针，它利用了地磁场指北的特性。春秋战国时期诞生了最早的指南针，称为司南，如图 1.1.1 所示。约 12 世纪下半叶，指南针传入欧洲后被改进成了磁罗经，船用磁罗经如图 1.1.2 所示。它具有简单方便、无需电源等优点。直到今天，磁罗经仍然是国际海事组织(International Maritime Organization，IMO)规定船舶必须装备的导航仪器。

图 1.1.1　指南针——司南

图 1.1.2　磁罗经

地磁场为矢量场，在地球近地空间内任意一点的地磁矢量都是唯一的，且与地理位置存在一一对应关系，因此，理论上只要确定该点的地磁场矢量即可实现全球定位。随着科技的发展，地磁场的应用发生了巨大变化，在水下定位、飞行器控制、卫星自主定轨和导弹武器制导等领域展现出巨大的军事价值和广阔的应用前景，并逐步形成了地磁匹配导航和地磁滤波导航两大研究方向。

地磁匹配导航的原理是通过地磁传感器测得的实时地磁数据与存储在计算机中的地磁基准图进行匹配来定位的。地磁匹配导航的关键是高精度磁数据库的建立、磁力仪高精度实时测量和快速有效的地磁匹配算法。地磁滤波导航是将地磁矢量作为辅助导航信息，与其他导航设备进行组合滤波，获得载体位置、姿态等。

2. 惯性导航

惯性导航是利用陀螺和加速度计等惯性元件，测量载体的角速度和加速度比力，从而实现导航定位。磁罗经在潜艇内因地磁力线被潜艇铁壳屏蔽而不能工作，为完成潜艇北极航行计划，1908 年德国安休茨（Anschutz）成功研制了第一台惯性陀螺仪器——航海陀螺罗经，用于提供舰艇航向。为解决舰载雷达的稳定性及武器系统瞄准需要舰艇姿态的问题，1949 年美国斯佩里（Sperry）公司成功研制了世界首台 MK 19 平台罗经，如图 1.1.3 所示。1950 年，代表陀螺仪最高水平的航海惯性导航系统（inertial navigation system，INS）在美国麻省理工学院德雷伯（Draper）实验室诞生。1958 年，配备 N6A 型惯性导航系统的潜艇首次水下航行通过北极。惯性导航系统具有自主性、实时性、输出信息全的突出优点。图 1.1.4 为美国 AN/WSN-7A 激光陀螺船用捷联式惯性导航系统，其定位精度小于 1 n mile/14 d，AN/WSN-7 系列惯性导航系统是目前美国海军舰船的标准导航设备。

图 1.1.3　MK 19 平台罗经

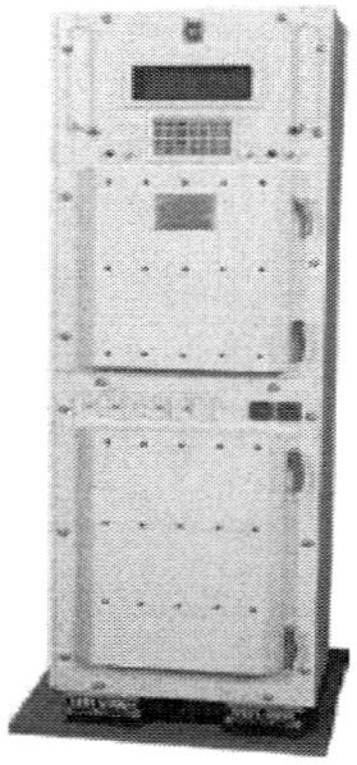

图 1.1.4　AN/WSN-7A 激光陀螺惯性导航系统

3. 无线电导航和卫星导航

1865 年，麦克斯韦（Maxwell）发现了电磁波的存在。此后，无线电技术得以应用于导航领域。无线电导航在 20 世纪 30 年代第二次世界大战期间问世，从最早的无线电测向仪（1921 年）发展到雷达（1935 年）、罗兰（Loran）A 中程（1943 年）、台卡（Decca）（1944 年）、奥米伽（Omega）（1947 年）和罗兰 C（1958 年）等。以上无线电导航系统都属于陆基无线电导航系统。此外，随着海上安全的需要，20 世纪 90 年代开始，自动识别系统（automatic dentification system，AIS）得以快速发展。

1957 年，苏联发射了世界上第一颗人造卫星；1965 年，美国成功研制了子午仪卫星导航系统，使导航系统进入了宇宙空间。1994 年，全球定位导航系统（global positioning system，GPS）的研制成功是导航技术上的一次革命，它实现了全球、全天候、高精度地三维定位、测速和授时。继 GPS 后，苏联的全球卫星导航系统（global navigation satellite system，GLONASS）建成；目前，中国“北斗三号”系统基本已建成，它具备亚太地区无源定位能力，2020 年前将具备全球导航定位能力；欧盟的伽利略卫星导航系统（Galileo satellite navigation system）正在建设中。

4．天文导航

与地磁导航一样，天文导航也是一种古老的导航方法。天文导航是利用天体光频辐射或射电辐射能量，被动探测天体位置，研究天体与航行体之间的空间关系，以确定载体位置、航向和姿态，从而引导航行。它具有抗干扰能力强、全球使用、误差不随时间积累的显著优点，在军事航海领域具有十分重要的作用。用于天文导航的设备包括六分仪、星体敏感器、集成星体敏感器和天文导航系统等。

5．水声导航

电磁波和光波进入水中基本呈“短路”状态，获取水下信息最有效的载体是声波。水下声学定位导航技术应用广泛，对舰船导航来说，其应用主要包括水声定位、水声测速和水声测深。水声定位系统可实现局部区域对水下目标的精确定位和水下载体导航，分为长基线（long base line，LBL）、短基线（short base line，SBL）和超短基线（ultra-short base line，USBL）水声定位系统。在舰船测速应用方面，迄今为止，测量舰船绝对速度的最佳手段仍首推水声测速技术。有了速度，便容易得到累计航程，这类设备称为速度计程仪，按原理主要分为多普勒计程仪（Doppler velocity log，DVL）和声相关计程仪。在测量水深应用方面，回声测深仪得到广泛应用（田坦，2007）。

6．气象导航

气象导航是通过研究海洋的自然条件，如风速风向、气温水温、能见度、波浪、海流、雨、雪、雾、冰、湿度、气压和风暴等来指导船舶在海上航行的技术。古代航海家就是根据航海经验来选择航行的季节和航线的。气象科学的发展为气象资料的搜集和综合分析创造了有利条件，气象用于航海服务已形成了一门专门的学科，即气象导航。相关的气象导航设备包括气象传真机和气象仪等。

7．地球物理场匹配导航

重力场/重力梯度、磁力场和海底地形等较稳定、可靠的地球物理场为水下导航提供了有利条件，利用地球物理场进行水下匹配导航在军事领域具有战略意义。20 世纪 90 年代初，美国海军已正式将重力匹配辅助导航技术应用于核潜艇导航，图 1.1.5 为重力场梯度三维分布图，图 1.1.6 为贝尔（Bell）实验室研制的装备于潜艇上的重力测量敏感器。

1.1.2 单一导航手段的局限性

随着各种单一的导航设备或导航系统的发展趋于成熟，它们各自的优、缺点也较为明显，主要表现在：首先，惯性导航系统是自主式导航系统，不受外界干扰，信息完备，有非常好的短期精度和稳定性，但其误差随时间积累，远距离、高精度导航受到限制；其次，罗兰 C 导航系统定位误差不随时间增长，抗干扰性好，但其定位精度受传播介质变化影响，不能满足高精

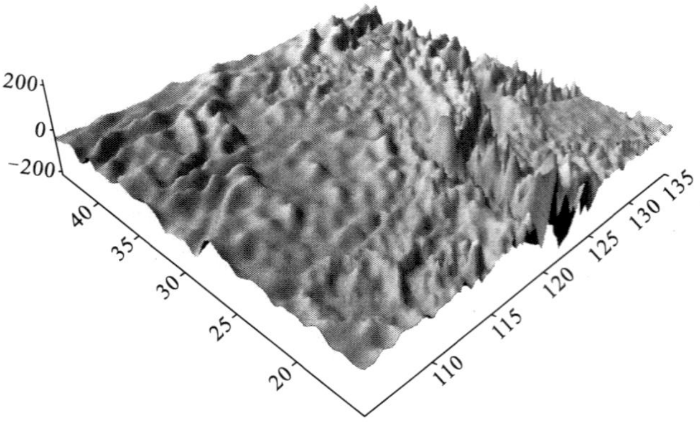

图 1.1.5　重力场梯度三维分布

图 1.1.6　重力测量敏感器

度导航的需要；再次，卫星导航实现了全球高精度连续定位，但信号易被干扰或遮挡，缺少姿态信息，而且 GPS 受美国控制；最后，陀螺罗经航向、计程仪速度误差受海流、风的影响，会使推算的船位产生较大的误差。陀螺罗经、计程仪等仪器本身也有误差。表 1.1.1 对几种主要导航系统进行了综合比较。

表 1.1.1　几种主要导航系统的比较

导航系统	天文导航	无线电导航	卫星导航	惯性导航
工作类型	几何定位	几何定位	几何定位	自主推算定位
导航信息	位置、速度和姿态	位置和速度	位置和速度	位置、速度和姿态
误差性质	有界	有界	有界	积累误差，位置误差发散
适用范围	地表及太空	地表	地表和太空	任何地方(地表、水下、地下和太空)
受环境影响	大	有	有	基本无
人为影响	无	有	有	基本无
载体机动性	低	中、低	中、低	高、中、低
定位实时性	慢	中	中	快
用户设备价格	中	低、中	低	高

综上所述，随着现代技术的发展，各种导航设备层出不穷，从实际应用角度出发，单一导航系统均有局限性，无法满足现代航行提出的高精度、连续、实时和高可靠性等要求。

1.1.3　高性能导航系统的需要

一般认为，理想的导航系统应满足：全球覆盖，高的相对精度和绝对精度，对高动态载体具有良好的实时响应，能够提供三维位置、三维速度和航向姿态数据，工作不受外界环境的影响，具有抗人为及非人为干扰的能力，不被敌方利用，可供广大用户使用，能随时、自主地进行故障检测和故障排除，高可靠性，与现行设备的规范要求相符，价格便宜且为广大用户所接受。

因此，客观上就需要一种能满足上述要求的系统，这就是综合导航系统，也称为组合导航系统。从 20 世纪 70 年代开始，随着计算机技术特别是微型计算机技术的迅猛发展和现代控制系统理论的进步，现代综合导航系统在航海、航空和航天等领域开始逐步发展起来。

导航系统是保证舰船安全航行并与武器系统配套的重要系统。从航海保障来看，导航系统应能够连续、实时、准确地向舰船提供航向、航速、航程、船位、航路点和偏航，以及到达时间、方位和距离等导航参数。从武器系统配套来看，导航系统为武器系统和情报信息系统提供基准信息。武器系统发射前需要装订初始位置和姿态等参数，而这些参数都来自于舰艇的导航系统。此外，随着海军舰艇参与的多兵种、多平台协同作战日益常态化，实时精准地掌握战场各要素的时空信息越来越重要。因此，舰船导航系统必须是一种功能齐备、可靠性和自动化程度极高的导航系统，而采用综合导航系统无疑是舰载导航系统必然的选择。

1.2　综合导航系统及其特点

1.2.1　综合导航的基本概念

综合导航技术是借助计算机把各种导航手段最佳地组合起来，通过对多种导航信息的综合处理，达到提高系统精度、可靠性和冗余度的一种导航技术或导航方法。综合导航技术是一门综合工程技术，它涉及卡尔曼(Kalman)滤波和数据融合等数据处理技术、计算机技术、导航信息接口技术和自动控制理论等。综合导航技术目前已成为导航技术发展的主要方向之一。

综合导航系统(integrated navigation system，INS)，也称为组合导航系统，是以计算机为核心，以最优估计理论为方法，将各单一导航设备信息输入计算机，经综合处理获得载体最佳导航参数，实现扩展功能，提高导航精度、系统可靠性和自动化程度等的导航系统。

根据不同的要求，有各种不同的综合导航系统，但组合的目的主要有三个。

(1) 协合功能。利用各系统的导航信息，形成分系统所不具备的导航功能。

(2) 互补功能。组合后的导航功能虽然与各分系统的导航功能相同，但它能够综合利用分系统的特点，扩大使用范围，提高导航精度。

(3) 冗余功能。两种以上导航系统的组合提高了导航冗余度，增加了系统的可靠性(张国良 等，2008)。

1.2.2　综合导航系统的特点

综合导航系统以计算机为核心，对各单一导航设备信息进行综合处理和显示，形成一个统一的整体。它不但提高了导航信息精度，也扩展了系统功能，如避碰、自动驾驶和战斗航海作业等。综合导航系统相对单一导航设备(系统)而言，具有如下突出特点。

(1) 可有效地利用来自各种传感器的导航信息，并通过卡尔曼滤波等数据处理方法对导航信息进行优化，使得系统的导航定位精度显著提高。

(2) 可利用平滑的惯性导航系统信号，滤掉电子导航设备位置信号中的噪声，从而使位置信号更精确；反之，可利用其他导航信号减小惯性导航系统随时间积累的误差，提高系统性能。

(3) 可利用故障自动检测和软件控制设备，实现不同组合工作方式的自动转换，使系统有足够的测量冗余度，以提高系统的可靠性。

(4) 允许惯性平台在载体航行中进行对准和重调，从而缩短航行前的准备时间。

(5) 提高导航自动化程度，具有航路点导航、航线导航、导航报警和自动驾驶等功能。

(6) 提高航行安全性和经济性，具有避碰功能，配有电子海图显示与信息系统(electronic chart display and information system，ECDIS)。

(7) 具有航海日志生成、显示、记录和绘图等功能，便于备查。

(8) 具有战斗航海保障功能等。

1.3 综合导航系统的基本组成及基本功能

1.3.1 综合导航系统的基本组成

综合导航系统一般以工业控制计算机为信息处理中心，以各种导航传感器为信息源，外加不同类型的输入/输出接口及其相应的配套软件组成。

舰船综合导航系统的组成和规模主要由所装舰船担负的日常航渡和战斗勤务的需要来决定。例如，战斗舰船的综合导航系统应具有战斗航海计算功能，海洋测量船和扫布雷舰的综合导航系统应具有高精度定位、数据记录和航迹自动保持功能。

一般地，无论哪种类型的综合导航系统，都具有的共同点有：以一种连续定位的导航系统为基础，组合连续或间断的测位系统，对不同的导航信息进行综合处理，通过计算机的计算和控制，实现系统优化组合，以完成不同目的和要求的导航任务。图 1.3.1 是一个具有共同特性的舰船综合导航系统结构框图。

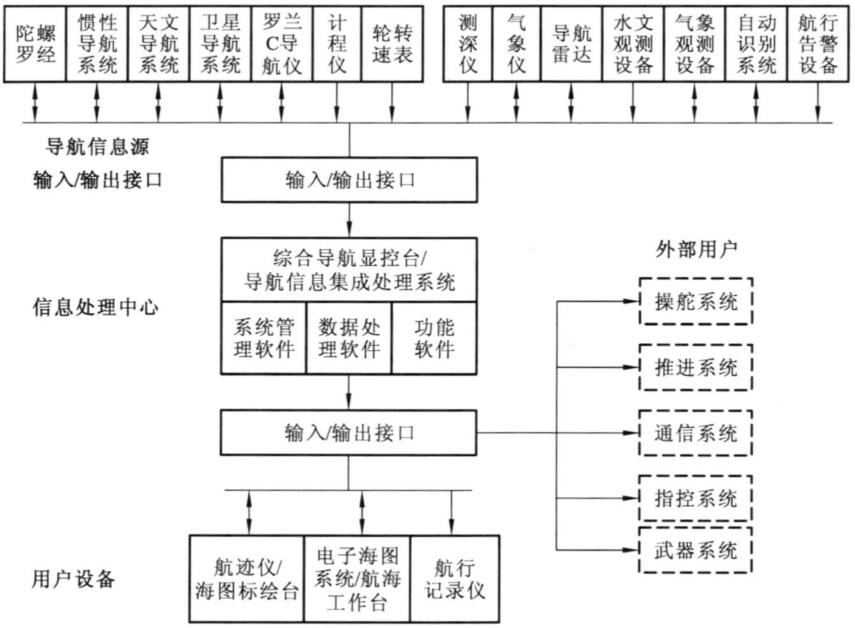

图 1.3.1 舰船综合导航系统一般结构框图

1. 导航信息源

导航信息源是导航数据处理的基础。导航信息源包括陀螺罗经、惯性导航系统、天文导航系统、卫星导航系统(如 GPS、GLONASS、北斗卫星导航系统等)、罗兰 C 导航仪、计程仪、轮转速表、测深仪、气象仪、导航雷达、水文观测设备、气象观测设备、自动识别系统和航行告警设备等，是综合导航系统的信息来源。

各导航设备提供的导航信息有：陀螺罗经提供航向，平台罗经提供舰艏向、纵摇角和横摇角，惯性导航系统提供位置(经度和纬度)、姿态(航向、纵摇角和横摇角)、速度(东向速度、北向速度和天向速度)、角速度(转艏角速度、纵摇角速度和横摇角速度)等，GPS、北斗卫星导航系统和罗兰C导航仪提供经纬度、对地速度和时间，计程仪提供航速(对水速度或对地速度)和航程，测深仪提供海水深度，导航雷达提供目标方位、距离或解算的本船位置，水文观测设备提供海水温度、盐度和密度等，气象观测设备提供真风速、真风向、相对风向、相对风速、气压、温度和湿度。

综合导航系统的设计要求掌握各组成传感器的误差特性(系统误差和随机误差)，信息来源应有冗余，以便综合导航系统取舍和优化，以提高导航系统的精度和可靠性。

2. 信息处理中心及输入/输出接口

1）功能简介

(1) 信息处理中心。

信息处理中心是综合导航系统的核心，实现信息优化处理、系统决策和系统监控。各导航传感器输出的导航信息通过输入接口传送到信息处理中心后，经野值剔除、时间归一、系统误差改正、大地坐标系归一和数据压缩等数据预处理后，利用卡尔曼滤波等滤波技术或数据融合技术，对导航信息进行综合和最优决策，形成最佳的导航信息集，并按各终端要求重新组织信息内容，通过相应的输出接口输出给各信息终端。

(2) 输入/输出接口。

输入接口用于实现导航信息源到信息处理中心之间的连接与信息转换。通过它可以将传感器的模拟量经 A/D 转换成数字量接入计算机，从而将指挥员的命令送入主机，使计算机与数字量传感器终端实现通信匹配。不同导航设备甚至同一导航设备的输出信号的信号模式不同，例如，数字信号和模拟信号等信号电平不同，如RS-232C标准、RS-422标准、以太网(Ethernet)、CAN总线、自整角机、旋转变压器等。输入接口的任务就是将不同模式、不同电平标准的信息转换成信息处理中心能解读和处理的信息，如A/D变换。此外，输入接口还兼有信息缓冲的作用。

输出接口是主控计算机与数据用户、控制对象之间的硬界面，按照不同的接口标准和协议向不同用户终端提供不同的信息组合。通过它可以向电子海图、操舵系统、推进系统、指控系统，以及记录、打印、绘图等外设提供本舰运动参数，还可以通过通信卫星将本舰数据发往岸上指挥调度中心或编队指挥舰船。

需要指出的是，越来越多的导航设备与信息处理中心之间的信息流是双向的。也正是因为信息双向传输，才能更好地发挥不同导航设备间的辅助校正作用，真正实现组合优化。因此，输入接口和输出接口已不再绝对化，而统称为输入/输出接口。

2）硬件组成

从舰艇装备的具体实现来看，综合导航系统的信息处理中心、输入接口和输出接口三部分集成为综合导航显控台，近年服役的新型舰艇已将综合导航显控台发展成为集成度更高、功能更强大的导航信息集成处理系统。其硬件通常采用工业加固机，以满足海上恶劣环境下长期工作的要求。其运行速度、容量应能满足综合导航系统的需要，并应有一定的冗余度。

(1) 综合导航显控台。

综合导航显控台是综合导航系统的人机交互界面，是航海人员获取导航信息和向综合导航系统发布控制指令的中介。综合导航显控台一般配备显示器和键盘，有的还配有电子海图装置。需要指出的是，由于综合导航显控台是直接与操作者交互的设备，人们习惯上把综合导航系统称为综合导航显控台。实际上，综合导航系统是包括导航信息源、综合导航显控台（或导航信息集成处理系统）、航迹标绘仪和电子海图等设备在内的一整套系统。

(2) 导航信息集成处理系统。

导航信息集成处理系统通过对综合导航系统内各导航信息和状态的集成处理和监视，实现了向系统内、外用户发送统一导航数据的服务以及导航系统设备状态的综合监视功能。

3) 软件组成

综合导航系统是一种集成式的导航信息系统，高级的综合导航系统配备电子海图显示部件。系统具有导航定位、航迹标绘、避碰、航线设计、自动驾驶、导航传感器信息管理与控制、抛锚引导及锚泊值更、舰船机动绘算和导航报警等功能，通过合理、高效的信息处理技术，实现舰船导航信息的及时、准确、多参量、高可靠性支持。

综合导航系统的软件可分为系统管理软件、数据处理软件和功能软件三部分。

(1) 系统管理软件，也称为操作系统，它全面管理综合导航系统中的中央处理器的时间和存储空间、外部设备和来自各传感器的导航信息，同时也是为调度数据处理软件和功能软件而设计的一套程序。它还具有自检、故障分析、告警和计算机网络通信等功能，一般采用实时操作系统，如美国 VxWorks、加拿大 QNX、国产 SylixOS 操作系统等。

(2) 数据处理软件包括导航信息预处理软件和导航信息最优估计软件。导航信息预处理软件对来自导航传感器的导航信息进行野值剔除、时间归一、系统误差改正、大地坐标系归一和数据压缩。最优估计软件对预处理后的导航信息进行状态最优估计。

(3) 功能软件在系统管理软件的统一管理下，依据数据处理软件给出舰船的估计状态，按照显控台上指挥员的命令进行解算、显示和控制。综合导航系统软件主要组成如图 1.3.2 所示。

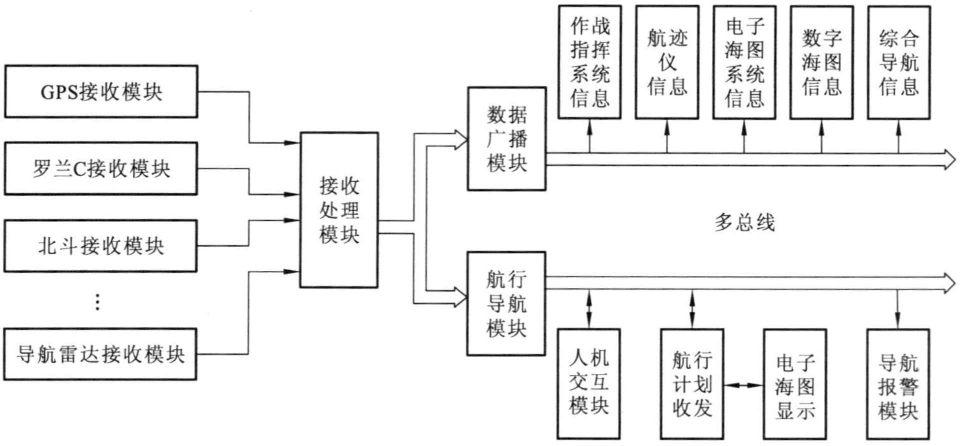

图 1.3.2　综合导航系统软件组成

3. 用户设备

用户设备除导航系统自身主显示器、遥显示器、航迹仪、自动舵和电子海图外，还包括指控系统、情报中心、电子战系统、雷达/声纳系统、导弹控制系统和火炮控制系统等。

1.3.2 综合导航系统的基本功能

1. 导航定位功能

综合导航系统的导航定位功能是指接收输入导航设备的各种信息，并对其进行优化处理，实时输出航行所需的航向、航速和船位等导航信息。它是综合导航系统其他所有功能的基础。

2. 航行管理和监测功能

航行管理和监测功能是指在舰船航行过程中，根据航行计划和航行状态，综合导航系统解算出当前应采取的航向、航速和转向时间等导航参数，起到导航指挥辅助决策的作用。综合导航系统可提供多种导航方式，包括航路点导航、航线导航、定点导航和导航报警等。

(1) 航路点导航是指根据当前航位和预置的航路点计算船位到达航路点的方位、距离，当前船位到达航路点应采取的航向，按实时航速计算到达航路点所需时间和到达时间，以及到航路点的航迹向和偏航角。

(2) 航线导航是指将选定航线的起点、各转向点和到达点编号后，按顺序存入系统；每经过一个航路点自动更换下一航路点导航；船舶返航时给系统发一反序导航指令，船舶能沿原航线返航。

(3) 定点导航是指当船舶执行定点漂泊作业时能将定点的经度、纬度键入系统，系统不断显示船舶相对定点的导航参数(航向、航速、转向和时间)用以操纵船舶。

(4) 导航报警是指按照预设条件进行报警提示，主要有：偏航报警(船舶偏离计划航线的距离超过设定门限)、接近目标报警(船舶进入前方航路点设定的门限距离)和避险报警(船舶进入障碍物的安全限制)，以及定位报警(船舶漂离定点设定的距离)和定时报警(到达设定时间或间隔时间)等功能。

3. 避碰功能

避碰功能是指利用导航雷达或雷达自动标绘仪，进行避碰计算，防止舰船之间互相碰撞。

4. 自动驾驶功能

自动驾驶功能是指综合导航系统与自动操舵仪连接起来，实现自动驾驶，如航迹自动控制功能，即在风、流、浪等环境干扰作用下自动舵控制舰船自动保持航线航行。

5. 航线规划功能

航线规划功能是指根据航行任务、航行海区环境和舰船自身性能，按照“安全、及时、经济”的总要求，选择舰船从出发地到目的地的航线、航速、出航及航行时间、经过重要航段时机等航路要素。如航线应离障碍物足够远，会遇船只少、风浪小等。根据不同任务，航线选择可分为经济航线选择、气象航线选择、战斗航渡航线选择和战术机动航线选择等。

6. 航海日志生成功能

航海日志生成功能是指按海军颁发的自动航海日志生成规则，记录航海信息，以备分析之用。

7. 战斗航海保障功能

在海上战斗中，舰船需要按一定战术目的进行占领有利阵位或队形变换等机动。战斗航海保障功能是指，综合导航系统进行各种机动计算，为指挥员提供目标参数(如目标航向、目标航速、目标方位和目标距离等)和本舰机动参数(如机动航向、机动航速和机动时间等)。

1.4 综合导航的发展

1.4.1 综合导航技术的发展

综合导航技术的产生和发展是随着计算机技术、最优估计理论、自动控制理论和信息融合理论的发展，为实现导航的多功能、高性能和高可靠性而逐步发展起来的。

1. 古老的导航技术

人类古老的航海导航技术采用了多种途径进行导航。北宋宣和元年(1119 年)朱彧所著《萍洲可谈》一书中记载：“舟师识地理，夜则观星，昼则观日，阴晦则观指南针。”即航海家用地文航海术、天文航海术(白天测太阳、夜晚测星体)，以及磁罗经(阴天见不到太阳时使用)进行定向导航。

2. 早期的综合导航方法——重调法

早期的综合导航采用重调法，它是直接用一种导航系统的输出去校正另一种导航系统的输出，实现起来较容易。重调法对抑制惯性导航的积累定位误差十分有效，因此，早期的惯性导航与无线电导航组合系统多采用重调法。其缺点是组合效果差，组合后的精度只能接近于被组合的精度较高的导航系统，而不可能比它更高。因此，组合的潜力远没有发挥出来。

3. 现代意义上的综合导航方法——卡尔曼滤波

现代意义上的综合技术最早出现在 20 世纪五六十年代的航天领域。1959 年，美国国家航空航天局开始研究载人太空飞船登月方案，需要解决宇宙飞船中途导航和制导的测轨问题。1960 年，美国工程师卡尔曼提出了滤波算法，使综合导航系统向深层次发展成为可能。卡尔曼滤波是一种线性最小方差滤波，它根据状态和测量值的统计特性，从测量中得出误差最小即“最优”的信号估计，滤波处理后的导航精度优于任一导航系统单独使用时的精度，从而克服了组合设备各自的缺点，实现了优势互补。另外，卡尔曼滤波采用递推计算方法，不要求存储历史测量值，只需根据当前测量值和前一时刻的估计，通过递推公式实时计算出状态估计值，解决了早期滤波算法运算量大、实时性差的问题。

自 20 世纪 70 年代以来，综合导航研究进入了飞速发展的时期，美国、英国、日本、德国等国，在微型计算机、电子集成技术及信息滤波融合技术的推动下，竞相发展出了多功能、多用途的综合导航系统，并广泛应用在飞机、舰船和导弹上。

4. 高可靠性、强适应性的导航技术——全源定位与导航

目前大多数导航系统依靠卫星导航、惯性导航或其他导航传感器组合方式提供精确定位和导航信息，其中卫星导航系统可以提供最精确的定位、导航和授时服务。然而，卫星导航系统存在固有弱点：在水下、地下、室内、城市或高山峡谷，特别在强干扰环境下，其功能受到极大限制。并且当前的导航系统通常使用特定传感器，不能与武器系统中的通用传感器(如激光测距机和光电系统等)结合使用，难以适应新的作战能力需求。为解决上述问题，2010 年，美国国防部高级研究计划局(Defense Advanced Research Projects Agency，DARPA)提出了一种全新的导航传感器融合技术——全源定位与导航(all sources position and navigation，ASPN)。

ASPN 系统是一种可为用户提供无 GPS 信号时高精度定位导航授时(positioning，navigation and timing，PNT)功能，满足不断变化的任务需求和环境要求，实现成本低、系统重构快速、在线配置且即插即用的新兴综合导航系统。该系统以惯性导航技术为基础，通过天文、卫星、无线电、激光测距仪、相机、磁力计和电台等多种辅助传感器信息集成融合协同，形成能克服单一导航系统缺点和弊端的综合导航系统，能提高导航系统的容错性和自适应性。在滤波算法方面，要求能全面兼容各类导航算法(如高斯(Gaussian)、非高斯统计算法，或线性、非线性测量模型算法等)，满足真实环境下实时运行的要求，能处理平台运动和测量可用性之间产生的时变状态空间问题，能对所有导航测量结果进行统计。

1.4.2 国内外舰船综合导航系统的发展

1. 国外舰船综合导航系统的发展

20 世纪五六十年代，由于世界航运事业的迅速发展，海上交通密度增大，船舶吨位越来越大，碰撞、触礁事故逐年上升，特别是超级油轮出现后又出现了一个问题——如何节省燃料，降低营运成本。为此，各国专家开始把原先用于航天的综合导航技术引入舰船导航领域。

1969 年，挪威控制公司和挪威船舶研究院等共同成功研制了利用计算机进行避碰和导航的系统，取名为“数据桥”，安装在 2.2 万吨油船上，它是世界上第一套船用综合导航系统。20 世纪 50 年代初，计算机技术首先应用到军舰的火控系统中。20 世纪 50 年代后期，形成了舰船作战指挥控制系统。20 世纪 60 年代末，美国在以反潜为主要使命的 DD-963 型导弹驱逐舰上安装了综合导航系统，采用了 7 个状态的卡尔曼滤波器对来自平台罗经、电磁计程仪、奥米伽接收机和海军导航卫星系统(navy navigation satellite system，NNSS)的信息进行了最佳数据处理与综合。

20 世纪 70 年代后，美国、英国、日本、德国、法国等国在微型计算机技术的推动下，竞相发展出各种用途的综合导航系统，如美国“拉斐特”级导弹核潜艇上的综合导航系统，法国海军以萨基姆(SAGEM)惯性导航为主的综合导航系统，德国 NACDS 20、NACDS 25 综合导航系统和 F122 护卫舰 INA 综合导航系统，以及加拿大国防研究院为加拿大海军研制的 17 维状态扩展卡尔曼滤波综合导航系统等。全世界正在运行的各类综合导航系统已有几百种型号。

导航传感器系统接口(navigation sensor system interface，NAVSSI)是目前美国海军水面舰艇广泛采用的 PNT 方案，它实现了舰艇编队内 PNT 数据完全统一，为编队航行和作战提供了重要信息保障基础。NAVSSI 是美国舰载导航系统的核心部件，通过采集不同舰载导航传感器信息，进行时空配准与综合处理，提供高可靠性、高精度的位置、姿态、速度和时间等信息，并实时按需分发，满足舰艇导航和作战信息需求。1991 年 2 月，美国空海作战系统司令部着手实施 NAVSSI。截至目前，NAVSSI 经历了从 Block0 到 Block4 共 5 个阶段的发展(卞鸿巍 等，2018)。

2. 我国舰船综合导航系统的发展

我国从 20 世纪 70 年代末开始研制综合导航系统，经过 40 多年的不懈努力，目前已经有多个型号的综合导航系统装备舰船。其中，1994 年定型的组合导航标绘仪由哈尔滨工程大学研制，并于 2000 年改装为某型综合导航显控台并装备部队。随后，中国船舶重工集团有限公司第七〇七研究所和中国船舶工业系统工程研究院研制的综合导航显控台也陆续装备部队，成为各类舰船导航的重要手段。此外，还有其他特种作业船的综合导航系统，如中国人民解放军海军工程大学研制的装备于海军侦测船上的测量型组合导航系统。目前，舰船部队使用的综合导航显控台是综合导航系统与电子海图显示的集合体，在一些舰船上还加装了航迹仪。

我国研制生产的舰载综合导航设备总体来看具有如下特点。

(1) 综合导航设备功能完善，研制形成系列化。

目前我国研制的综合导航系统已从简单的导航计算器，发展为具有一定规模的综合导航系统，它能组合显示各种导航传感器的信息，实现推算定位、天文定位和地文定位等许多基本定位功能，具有系统通信故障自检测功能，能对大部分导航数据进行优化处理。特别是电子式航迹仪及数字化的海图作业标绘台的研制成功，实现了舰船航迹的自动标绘，大大方便了航海人员的使用，提高了系统自动化程度，成为导航系统不可缺少的配套设备。

我国综合导航系统总体设计基本成熟，主控加固计算机已全部国产化，性能稳定。同时，为适应不同的接口形式，综合导航系统的 A/D 和 D/A 转换已实现系列化和模块化，从串行通信口、并行通信口、脉冲计数、电压幅值到自整角机轴角转换一应俱全。

在软件设计方面，对于系统的实时性、代码的紧凑性和性能的完善性等都有独到的解决方法，并形成了一套完善的设计、修改和调试手段。

对于综合导航系统的工作组合模式，从简单的水面船位推算到卫星导航/船位推算、惯性导航/卫星导航组合，再到水下的惯性导航/多普勒计程仪组合、惯性导航/静电陀螺监控器组合，已具有不同组合内容、适合不同工作状态的多种组合模式。我国的综合导航系统已经日趋成熟，在各种舰船上得到广泛应用。

(2) 跟踪国际先进技术，综合导航系统不断改进和完善。

国外导航技术和计算机技术的发展日新月异，我国也在不断地跟踪这些技术进步，引进了许多新技术、新工艺和新材料，对综合导航系统进行了完善和改进，并能够注重实用性和可靠性，使产品不断升级换代。这些改进主要体现在以下方面：

① 采用高性能的芯片和元器件改进设计，提高了系统的可靠性。例如，航迹仪采用先进的五相步进电机和驱动器，简化了硬件设计，提高了标绘精度和可靠性；显控台采用汉化的 EL 显示器替换 CRT 显示器，显著提高了可靠性，改善了人机交互界面。

② 根据实际需要，不断完善设备功能。例如，针对卫星导航的广泛应用，增加了卫星导航测速功能；针对航海人员的使用环境，增加了大字显示和航迹显示等功能。

③ 充分发挥现代计算机存储量大、计算速度快的优势。采用中、高级语言编程，利用计算机系统资源和潜力，既缩短了研制周期，又增加了软件的可读性和可维护性。

④ 建立可靠、适用、先进的滤波数学模型，开发符合舰船运动规律的导航参数滤波软件，是中国综合导航系统工程化的重点研究内容和急需解决的问题。

(3) 研制适用于大型舰船的综合舰桥系统。

以适应大型舰船作战使命为需求的综合舰桥的论证、研制和开发工作已经展开，中国船舶工业系统工程研究院等单位已开发出综合舰桥系统的雏形。

综合舰桥系统以数据、仪表、图形等方式直观显示航行态势、运动目标、驾驶操纵信息及舰艇平台状态，为航行指挥提供信息支撑，通过对操舵仪、减摇鳍的控制，实现对舰船航向、航迹和姿态的控制，在驾驶室实现对航行信号灯、气雾笛等航行保障设备的控制，并为各种指挥命令的下达、信息的发布提供必要的保障手段。

3. 舰船综合导航系统的发展趋势

在 ECDIS 出现以后，国内外综合导航系统在原有基础上增加了电子海图显示部件，并逐步发展为标准电子海图应用系统。综合导航系统作为舰船的重要系统，其装备发展呈现以下趋势。

(1) 高可靠性、高精度成为系统的主要设计指标。双系统备份、信息和设备的冗余、容错和报警、故障自动诊断和自动隔离及系统自动重组等技术将广泛应用于综合导航系统中。

(2) 微型化、网络化继续升级。随着微处理机特别是嵌入式系统性能的提高，综合导航系统将优先采用分布式系统，通过局域网连接，使数据交换、处理能力和数据利用率显著提高。

(3) 信息源更加广泛。综合导航系统不但能够通过导航设备获得本船航行信息，还可以通过通信卫星、全球海上遇险及安全系统等获得本船与其他船舶可靠、精准的航行信息。

(4) 智能化、自动化程度进一步提高。为了减轻航海部门的负担，将应用人工智能技术实现导航系统的自判断和设备的自管理，并提供决策辅助。综合导航系统将不再单指设备集成，更加强调认知集成，实现更加深层次的信息处理。系统借助计算机的计算和推理能力分析舰船航行态势，评估航行过程中的危险因素，支持系统决策，实现舰船智能航行和自动驾驶的目标。

(5) 向着功能更强、集成度和自动化程度更高的综合船桥系统发展。现代导航要求综合导航系统除具有定位、导航、避碰和自动驾驶等功能外，还要将主机控制、通信系统管理和装载计算等功能合并到一起，这就是综合船桥系统(integrated bridge system，IBS)。综合船桥系统是集航态监测、航行管理、航路管理、综合避碰、通信和动力监视及遥控等功能为一体的信息化航海系统，是综合导航系统更高层次的发展。

思 考 题

1. 目前有哪些主要的导航手段?哪些古老的导航手段仍具有广阔的发展和应用前景?
2. 试举例说明单一导航手段的局限性。
3. 综合导航技术产生和发展的背景是什么?
4. 试述综合导航系统的特点。
5. 综合导航系统的基本组成框架是什么?
6. 综合导航系统的主要功能是什么?
7. 试述综合导航系统的发展趋势。
8. 全源定位与导航技术提出的背景是什么?它具有哪些突出特点?
9. 综合船桥系统相对综合导航系统有哪些方面的扩展?
10. 简述综合船桥系统的主要功能。

第2章

导 航 基 础

舰船导航和定位问题，本质上是要对在地球表面附近的载体在一定时间和空间尺度上的运动规律进行描述。这种描述必须是一定时间参考和空间参考下的描述，这就涉及时间、位置、速度、方向和距离等运动参数。地球作为运动载体活动的基本环境，其形状、自身的运动和重力等物理场特性都会对舰船导航产生直接的影响，本章将对其进行介绍。此外，本章还将介绍海图基础知识，它是 ECDIS 和航迹仪等航海作业设备的理论基础。

2.1 地球和坐标系

2.1.1 地球的描述

1. 地球形状的近似

如图 2.1.1 所示，地球像一个不规则的扁平的梨形体，沿赤道方向鼓出，南极稍微凹入，其表面高低起伏很不规则，有高山、深谷、平原、丘陵、江湖和海洋。这样一个不规则面无数学规律可言，这就需要选定一个与地球形状极为相近、可用简单数学公式表示，且能确定其与地球相关位置的表面作为基准面，来进行有关的导航计算。按简单到复杂，地球有第一近似体、第二近似体和第三近似体，分别为地球圆球体(terrestrial sphere)、地球椭圆体(earth ellipsoid)和地球椭球体(spheroid of earth)。

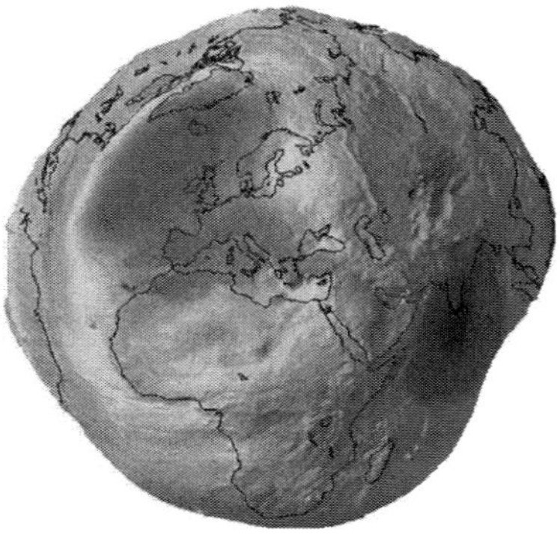

图 2.1.1 地球的形状

1） 地球圆球体

1964 年，国际天文学联合会(International Astronomical Union，IAV)确定地球圆球体平均半径 R_e=6 371.02±0.05 km，这样可以方便地用球面三角学进行航海解算。这种近似体对于精度要求不高或较小范围内的航海计算既方便又实用。其数学表达式为

$$x^2+y^2+z^2=R_e^2 \tag{2.1.1}$$

2） 地球椭圆体——参考椭球体

(1) 大地水准面。

地球由于自转，其形状更接近于椭球。地球赤道半径比地球短半径约长 20 km。为了对地球形状更准确地近似，假设有一个与完全均衡的海洋面相吻合的闭合水准面，称为大地水准面，如图 2.1.2 所示。在任意点上，大地水准面的延伸面始终与该地铅垂线正交。大地水准体是一

个近似的旋转椭球体，但仍不能用数学模型描述。

(2) 参考椭球体和大地坐标系。

为了高精度导航定位的需要，引入与大地水准面最吻合的参考(基准)椭球来代表地球，即地球椭圆体或参考椭球体，这种近似称为第二近似，常在惯性导航和绘制海图时采用。

如图 2.1.3 所示，参考椭球体是由椭圆 P_NQP_SQ'绕其短轴 P_NP_S 旋转而成的几何体，因此也称为旋转椭球体。图 2.1.3 中，O 为地球中心，P_N 为地理北极，P_S 为地理南极；从地球北极上空俯视地球，地球以逆时针方向自转；QQ'所在平面为赤道平面。其数学表达式为

$$\frac{x^2}{a^2}+\frac{y^2}{a^2}+\frac{z^2}{b^2}=1 \tag{2.1.2}$$

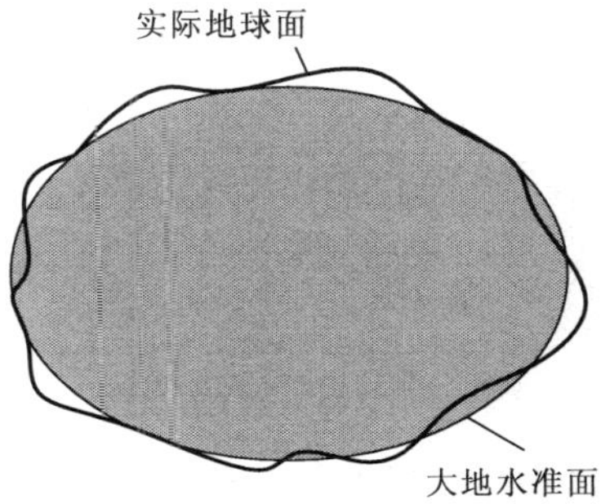

图 2.1.2　大地水准面

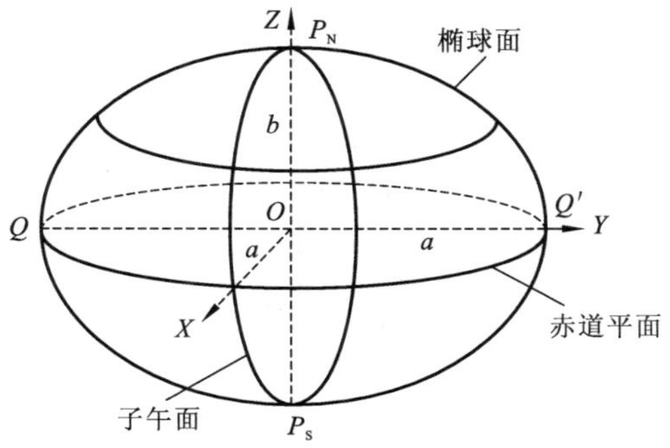

图 2.1.3 参考椭球体与大地坐标系

参考椭球体参数包括长半径 a、短半径 b、扁率(椭圆度)f、第一偏心率 e、第二偏心率 e'。其关系为

$$f=\frac{a-b}{a},\quad e=\frac{\sqrt{a^2-b^2}}{a},\quad e'=\frac{\sqrt{a^2-b^2}}{b}$$

由$1-e^2=(1-f)^2$，略去 f^2 二阶量，有 $e^2=2f-f^2\approx 2f$。

参考椭球体应满足：①椭球质量等于地球质量，两者旋转角速度相等；②椭球体积与大地体体积相等，它的表面与大地水准面之间距离差的平方和最小；③椭球中心与地球质心重合，椭球短轴与地球自转轴重合。参考椭球体参数是根据大地测量结果计算出来的。

按照原点不同，参考椭球体分为局部参考椭球体和全球参考椭球体，对应的大地坐标系分别称为参心大地坐标系和地心大地坐标系，大地坐标系的原点都为参考椭球体的几何中心。地心大地坐标系的坐标原点就是地球质心，参心大地坐标系的坐标原点一般不与地球质心重合，因此称为参心坐标系。XOY 平面与地球赤道平面重合，X 轴指向本初子午线和赤道的交点，Z 轴指向协议地极方向(conventional terrestrial pole，CTP)。子午面、赤道平面和椭球面是地球坐标系的三个基准面。

表 2.1.1 给出了世界上具有代表性的若干椭球体参数及其对应的大地坐标系。

表 2.1.1　常用地球参考椭球体参数和大地坐标系

参考椭球体	长半径/m	扁率	类型	大地坐标系实例
贝塞尔(Bessel) 1841	63 77 397.155	1/299.152 812 8	局部参考椭球	东京 1918
克拉克(Clarke) 1866	6 378 206.4	1/294.978 698 2	局部参考椭球	北美 1927

续表

参考椭球	长半径/m	扁率	类型	大地坐标系实例
海福特(Hyford) 1910	6 378 388	1/297.0	局部参考椭球	欧洲 1952
克拉索夫斯基(Krassovsky) 1940	6 378 245	1/298.3	局部参考椭球	苏联普尔科沃(Pulkovo) 1942 北京 1954(BJ54)
IUGG-1975	6 378 140	1/298.257	局部参考椭球	西安 1980(C80)
WGS-72	6 378 135	1/298.26	全球参考椭球	WGS-72
PZ-90.02	6 378 136	1/298.257 84	全球参考椭球	PZ-90.02
WGS-84	6 378 137	1/298.257 223 563	全球参考椭球	WGS-84
2000 国家大地坐标系(CGCS 2000)	6 378 137.0	1/298.257 222 101	全球参考椭球	CGCS 2000

① 局部参考椭球体与参心大地坐标系。

不同国家或地区采用适合各自局部地区的地球椭球体作为参考椭球体，并根据需要确定所选参考椭球体与大地体的相关位置，建立起一百多种大地坐标系，这类坐标系称为局部大地坐标系，也称为参心大地坐标系，它属于二维坐标系。

我国先后建立了三种参心大地坐标系，即 1954 年北京大地坐标系(BJZ54)、1980 年国家大地坐标系和新 1954 年北京大地坐标系。1954 年北京大地坐标系是以克拉索夫斯基椭球体为基础，经局部平差后得到的，它是 1942 年苏联普尔科沃坐标系在我国的延伸，原点不在北京，而是位于俄罗斯的普尔科沃。该坐标系存在椭球与我国大地水准面拟合不好的缺点。1980 年国家大地坐标系使用 1975 年第 16 届国际大地测量学与地球物理学联合会(Inernational Union of Geodesy and Geophysics，IUGG)推荐的 IUGG-1975 参考椭球体，坐标原点位于陕西泾阳县永乐镇，故也称为 1980 年西安坐标系。新 1954 年北京大地坐标系是将 1980 年国家大地坐标系下的全国天文大地整体平差成果，通过坐标转换换算至 1954 年北京坐标系下而形成的大地坐标系。该坐标系既具有较好的精度，又方便原 1954 年北京大地坐标系用户使用。

② 全球参考椭球体与地心大地坐标系。

由于空间技术的发展，需要建立以地球质心(包括海洋、大气的整个地球的质量中心)为中心的坐标系，称为地心大地坐标系，它属于三维坐标系。美国 WGS-84(world geodetic system)坐标系、俄罗斯 PZ-90.02 坐标系和中国 CGCS 2000(China geodetic coordinate system)坐标系等都属于地心大地坐标系。

WGS-84 坐标系以 WGS-84 全球参考椭球体为基础，1985 年开始使用。地心引力常数(含大气) $GM=3.986\ 004\ 418\times10^{14}\ m^3/s^2$，地球自转角速度 $\Omega_e=7.292\ 115\ 0\times10^{-5}$ rad/s。GPS 就采用 WGS-84 坐标系。

PZ-90.02 坐标系的前身是 PZ-90 坐标系，于 2007 年 7 月 20 日更新。俄罗斯 GLONASS 导航系统采用的就是该坐标系。该坐标系定义与 WGS-84 坐标系基本一致，但由于测轨跟踪站站址误差和测量误差，实际使用的坐标系与定义的坐标系存在一定差异。

我国从 2008 年 7 月 1 日起启用 2000 国家大地坐标系。CGCS 2000 的参考历元为 2 000.0，地球(含大气层)引力常数和地球自转角速度与 WGS-84 坐标系相同。北斗卫星导航系统(Beidou navigation satellite system，BDS)采用的就是该坐标系。

3）地球椭球体

地球椭球体为第三近似体，地球赤道和纬度圈都是椭圆，属于三轴椭球体，在航海实际应用中一般不采用。其数学表达式为

$$\frac{x^2}{a^2}+\frac{y^2}{b^2}+\frac{z^2}{c^2}=1 \tag{2.1.3}$$

2. 地球的主曲率半径

将地球视为旋转椭球体的导航计算经常要使用子午圈曲率半径和卯酉圈曲率半径。子午圈和卯酉圈分别是地球椭圆体在南北向和东西向正交的椭圆。子午圈曲率半径和卯酉圈曲率半径统称为地球的主曲率半径。除主曲率半径外，旋转椭圆体还有任意方向上的曲率半径。

1）子午圈、卯酉圈和纬度圈

首先给出子午圈平面和卯酉圈平面的定义。如图 2.1.4 所示，点 M 为地球椭圆体表面上的一点，常称为测者。$\boldsymbol{n}$ 为过测者的铅垂线。平面 NME 为通过测者并垂直于测者铅垂线的平面，称为测者地面真地平平面。

(1) 子午圈和南北线。包含地球两极(P_N、P_S)并过测者的平面，称为子午圈平面。它与地球椭圆体表面的交线称为该点的子午圈(meridian circle)。子午圈是一个椭圆。直线 MN 为测者子午圈平面与测者地面真地平平面的交线，称为南北线。

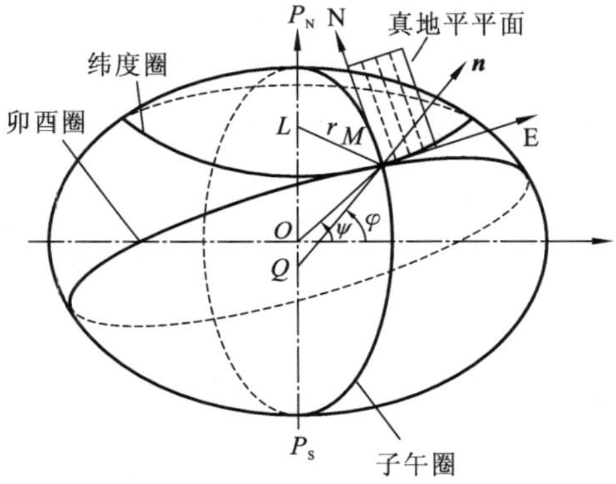

图 2.1.4　子午圈、卯酉圈和纬度圈

(2) 卯酉圈和东西线。平面 $\boldsymbol{n}ME$ 为包含测者铅垂线并与测者子午圈平面垂直的平面，称为卯酉圈平面，也称为东西圈平面。它与地球椭圆体表面的交线称为该点的卯酉圈(prime vertical)。卯酉圈也是一个椭圆。直线 ME 为测者卯酉圈平面与测者地面真地平平面的交线，称为东西线。

(3) 纬度圈。过测者且垂直与地球极轴的平面与地球椭圆体表面的交线，称为纬度圈。纬度圈是一个圆。

2）地理纬度和纬度圈半径

纬度有地理纬度和地心纬度之分。如图2.1.4所示，φ为地理纬度，它是测者铅垂线$\boldsymbol{n}$与赤道平面的夹角；ψ为地心纬度，它是测者和地心连线MO与赤道平面的夹角。地理纬度与地心纬度之差为$\varphi-\psi=(e^2\sin2\varphi)/2$。导航系统中一般采用地理纬度$\varphi$。

地球椭圆体的纬度圈为圆，其半径为

$$r=\frac{a\cos\varphi}{(1-e^2\sin^2\varphi)^{1/2}} \tag{2.1.4}$$

3）卯酉圈曲率半径和子午圈曲率半径

在同一个卯酉圈或子午圈上，各点的曲率是不同的，因此采用曲率半径而不是半径来描述。考虑椭球的主曲率半径，即卯酉圈曲率半径 R_N 和子午圈曲率半径 R_M，其计算公式分别为

$$R_N=\frac{r}{\cos\varphi}=\frac{a}{(1-e^2\sin^2\varphi)^{1/2}}$$

$$R_M=\csc\varphi\frac{\mathrm{d}r}{\mathrm{d}\varphi}=\frac{a(1-e^2)}{(1-e^2\sin^2\varphi)^{3/2}}$$

其中：a 为长半径；e 为偏心率。子午圈曲率半径 R_M 和卯酉圈曲率半径 R_N 都随纬度的增加而增加，赤道处最小，极点处最大。因为

$$\frac{R_M}{R_N}=\frac{1-e^2}{1-e^2\sin^2\varphi}$$

所以$R_N \geqslant R_M$。当$\varphi=90°$时，即在极点处，卯酉圈就是子午圈，$R_N=R_M$。当将地球视为球体时，偏心率$e=0$，$R_N=R_M=a$。

实际导航计算中，R_N、R_M 常采用扁率 f 计算，计算公式为

$$R_N=a\left(1+f\sin^2\varphi\right) \tag{2.1.5a}$$

$$R_M=a\left(1-2f+3f\sin^2\varphi\right) \tag{2.1.5b}$$

其对应的曲率计算公式为

$$1/R_N=\left(1-f\sin^2\varphi\right)/a \tag{2.1.6a}$$

$$1/R_M=\left(1+2f-3f\sin^2\varphi\right)/a \tag{2.1.6b}$$

3. 大地坐标及其转换

1）大地坐标

按照描述空间位置的坐标不同，大地坐标系可分为大地直角坐标系和大地地理坐标系（地球球面坐标系）。如图2.1.5所示，对于点P的位置，大地直角坐标系用直角坐标（X，Y，Z）表示，大地地理坐标系用地理经度（geographic longitude）、地理纬度（geographic latitude）和地理高程（geographic altitude）来描述。

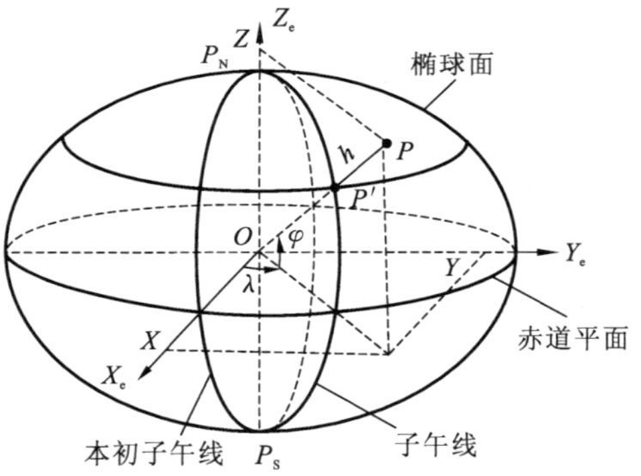

图 2.1.5　大地坐标

(1) 经度、纬度和高度。

地理经度是本初子午线与该点子午线之间所截赤道短弧所对的球心角，记为 λ。从本初子午线起算，正为东经（E），负为西经（W），变化范围为（−180°，180°）。

地理纬度是以赤道为基准，子午线在该点法线与赤道面的交角，记为 φ。从赤道起算，正为北纬（N），负为南纬（S），变化范围为（−90°，90°）。

地理高程为空间点沿椭球法线至椭球面的距离。

(2) 经度差和纬度差。

经度差（difference of longitude）是两地之间经度的代数差。其计算公式为

$$D_\lambda=\begin{cases}\lambda_2-\lambda_1, & |\lambda_2-\lambda_1|\leqslant 180^\circ\\ \lambda_2-\lambda_1\pm 360^\circ, & |\lambda_2-\lambda_1|>180^\circ\end{cases}$$

经度差为正时，为东经差，用 E 标示；经度差为负时，为西经差，用 W 标示。

例如，若 $\lambda_1=60°$E，$\lambda_2=130°$W，则 $D_\lambda=170°$E。

纬度差（difference of latitude）是两地之间纬度的代数差。其计算公式为

$$D_\varphi=\varphi_2-\varphi_1$$

纬度差为正时，为北纬差，用 N 标示；纬度差为负时，为南纬差，用 S 标示。

例如，若 $\varphi_1=55°18.0'\,\text{N}$，$\varphi_2=66°24.0'\,\text{S}$，则 $D_\varphi=121°42.0'\,\text{S}$。

2）直角坐标与地理坐标换算

同一点的地理坐标到大地直角坐标的转换公式为

$$\begin{cases} X=(R_\text{N}+h)\cos\varphi\cos\lambda \\ Y=(R_\text{N}+h)\cos\varphi\sin\lambda \\ Z=\left[R_\text{N}(1-e^2)+h\right]\sin\varphi \end{cases} \tag{2.1.7}$$

其中：R_N 为卯酉圈曲率半径；h 为地面点高度；e 为第一偏心率。

由大地直角坐标转换为地理坐标，可采用如下迭代公式进行转换：

$$\begin{cases} \varphi=\arctan\left\{\dfrac{Z}{\sqrt{X^2+Y^2}}\left[1+\dfrac{ae^2}{Z}\cdot\dfrac{\sin\varphi}{\left(1-e^2\sin^2\varphi\right)^{1/2}}\right]\right\} \\ \lambda=\arctan\dfrac{Y}{X} \\ h=\dfrac{\sqrt{X^2+Y^2}}{\cos\varphi}-R_\text{N} \end{cases} \tag{2.1.8}$$

其中：纬度初值可取 $\varphi=\arctan\left[\dfrac{Z}{\sqrt{X^2+Y^2}}(1+e^2)\right]$。

3）不同大地坐标系坐标换算

不同导航系统使用不同的大地坐标系。不同大地坐标系之间存在坐标原点和坐标轴指向的差异，地球上同一点在不同大地坐标系中的坐标值是不同的，有时相差达数百米，因此需要进行坐标转换。若知道两个坐标系各自采用的地球椭圆体的参数(长半径 a 和扁率 f)的变化量 Δa 和 Δf，以及椭球中心坐标的变化量 ΔX、ΔY 和 ΔZ，导出地面点坐标(φ，λ)的改正量 $\Delta\varphi$ 和 $\Delta\lambda$ 与以上 5 个已知量的关系式，则该关系式就是大地坐标系换算的数学模型。

只考虑平面坐标，即高程为零，有

$$\begin{cases} \varphi_n=\varphi+\Delta\varphi \\ \lambda_n=\lambda+\Delta\lambda \end{cases} \tag{2.1.9}$$

其中：(φ，λ)和(φ_n，λ_n)分别为地面点在原坐标系和新坐标系中的纬度和经度，坐标改正量为 $\Delta\varphi$ 和 $\Delta\lambda$，单位均为角秒。

大地坐标变换采用莫洛坚斯基(Molodensky)公式，同时考虑弧度和角秒的换算，有

$$\begin{bmatrix}\Delta\varphi \\ \Delta\lambda\end{bmatrix}=\left(\boldsymbol{S}\begin{bmatrix}\Delta X \\ \Delta Y\end{bmatrix}+\boldsymbol{R}\begin{bmatrix}\Delta a \\ \Delta f\end{bmatrix}\right)\rho'' \tag{2.1.10}$$

其中：$\rho''=57.295\,8\times3\,600=206\,265$，它是 1 rad 对应的角秒；($\Delta X$，$\Delta Y$)为新坐标系原点相对于原坐标系原点的平移量(m)；Δa 为长半轴之差；Δf 为扁率差；$\boldsymbol{S}$ 为平移矩阵，可写为

$$\boldsymbol{S}=\begin{bmatrix} -\dfrac{\sin\varphi\cos\lambda}{R_\text{M}} & -\dfrac{\sin\varphi\sin\lambda}{R_\text{M}} \\ -\dfrac{\sin\lambda}{R_\text{N}\cos\varphi} & \dfrac{\cos\lambda}{R_\text{N}\cos\varphi} \end{bmatrix} \tag{2.1.11}$$

$\boldsymbol{R}$ 为形变矩阵，即

$$\boldsymbol{R}=\begin{bmatrix}\dfrac{R_{\mathrm{N}}f(2-f)}{aR_{\mathrm{M}}}\sin\varphi\cos\varphi & \dfrac{R_{\mathrm{N}}+R_{\mathrm{M}}}{R_{\mathrm{M}}(1-f)}\sin\varphi\cos\varphi \\ 0 & 0\end{bmatrix} \tag{2.1.12}$$

其中：R_{M} 为子午圈曲率半径，R_{N} 为卯酉圈曲率半径，有 $R_{\mathrm{M}}=a(1-e^2)/(1-e^2\sin^2\varphi)^{3/2}$，$R_{\mathrm{N}}=a/(1-e^2\sin^2\varphi)^{1/2}$，其中，$a$、$b$ 为椭球体的长、短半径，f 为椭球体的扁率，有 $f=(a-b)/a$，$e^2=(a^2-b^2)/a^2=2f-f^2$。

长半轴差和扁率差为

$$\begin{bmatrix}\Delta a \\ \Delta f\end{bmatrix}=\begin{bmatrix}a_n-a \\ f_n-f\end{bmatrix} \tag{2.1.13}$$

由两个坐标系的长半径 a 和 a_n，扁率 f 和 f_n 及坐标平移量(ΔX, ΔY)，按式(2.1.9)～(2.1.13)即可计算出新坐标系的坐标(φ_n，λ_n)。

对于由 WGS-72 坐标系归至 WGS-84 坐标系，坐标改正值 $\Delta\varphi$、$\Delta\lambda$ 可简化为

$$\Delta\varphi=\rho''(4.5\cos\varphi/a+\Delta f\sin 2\varphi),\qquad \Delta\lambda=0.554$$

其中：ρ''＝206 265；a 为 WGS-72 坐标系的长半径，a＝6 378 135 m；Δf 为 WGS-72 坐标系与 WGS-84 坐标系的扁率差，$\Delta f=f_{84}-f_{72}$＝0.003 352 811－0.003 352 779＝3.2×10^{-8}；φ 为 WGS-72 坐标系的纬度。

4. 重力加速度

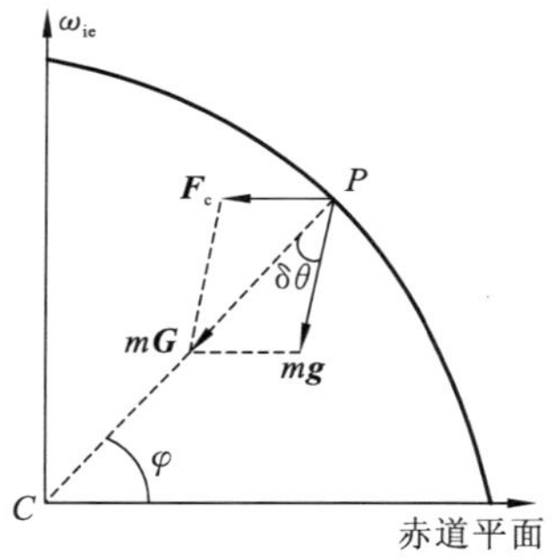

图 2.1.6　重力加速度、引力加速度和向心加速度

重力加速度是地球重要的本质物理参数之一，惯性导航特别是重力导航与其密切相关。如图2.1.6所示，在地球上纬度为φ的点P自由放置质量m，它受到地球万有引力$m\boldsymbol{G}$的作用，该力指向地心，可以分解为重力$m\boldsymbol{g}$和维持质量m随地球旋转需要的向心力$\boldsymbol{F}_{\mathrm{c}}$，有

$$\begin{cases}m\boldsymbol{G}=m\boldsymbol{g}+\boldsymbol{F}_{\mathrm{c}} \\ \boldsymbol{G}=\boldsymbol{g}+\boldsymbol{a}_{\mathrm{c}}\end{cases} \tag{2.1.14}$$

其中：$\boldsymbol{a}_{\mathrm{c}}=\boldsymbol{F}_{\mathrm{c}}/m$ 为点P处地球旋转引起的向心加速度。由于向心加速度随纬度变化，重力加速度$\boldsymbol{g}$与引力加速度$\boldsymbol{G}$之间的夹角 $\delta\theta$ 也随纬度变化，在纬度45°处达到最大值，约为10′。重力加速度随纬度的变化规律可近似为

$$g(\varphi)=g_0\left(1+0.005\,288\,4\sin^2\varphi-0.000\,005\,9\sin^2 2\varphi\right) \tag{2.1.15}$$

其中：g_0＝9.780 49 m/s^2；或者近似为

$$g(\varphi)=g_0\left(1-0.002\,637\,3\cos 2\varphi+0.000\,005\,9\cos^2 2\varphi\right) \tag{2.1.16}$$

其中：g_0＝9.806 16 m/s^2。式(2.1.16)称为达朗贝尔(d' Alembert)方程。

WGS-84全球大地坐标系选用意大利索米利亚纳(Somiglianno)给出的理论正常重力加速度模型为

$$g(\varphi)=g_{\mathrm{e}}\frac{1+k\sin^2\varphi}{\sqrt{1-e^2\sin^2\varphi}} \tag{2.1.17}$$

其中：$k=\dfrac{bg_{\mathrm{p}}}{ag_{\mathrm{e}}}-1$，为正常重力常数，$g_{\mathrm{e}}$和$g_{\mathrm{p}}$分别为参考椭球体赤道和极点的理论重力加速度；

a和b分别为长半轴和短半轴；φ为地理维度；e为第一偏心率。代入WGS-84数据，得

$$g(\varphi)=9.780\,326\,771\,4\times\frac{1+0.001\,931\,851\,386\,39\sin^2\varphi}{\sqrt{1-0.006\,694\,379\,901\,3\sin^2\varphi}} \tag{2.1.18}$$

重力加速度随高度h的变化规律为

$$g(h)=g_0\frac{a^2}{(a+h)^2}\approx g_0\left(1-\frac{2h}{a}\right) \tag{2.1.19}$$

2.1.2 导航常用坐标系

导航系统的基本功能就是测量位置、姿态和速度等各种导航参数，这些导航参数都是在一定的坐标系中描述的。与导航有关的坐标系主要有地心惯性坐标系(i系)、地球坐标系(e系)、地理坐标系(g系)、导航坐标系(n系)和载体坐标系(b系)(袁信 等，1993)。

1. 地心惯性坐标系

陀螺在惯性空间具有定向性，因此需要建立相对惯性空间静止或匀速运动的参考坐标系，即惯性坐标系。地球绕着公转轴绕太阳公转，同时地球绕着自转轴自转，可以认为，地球的自转轴和公转轴在惯性空间内保持指向不变。地球绕太阳公转平面与天球相交的圆称为黄道。黄道平面与赤道平面有两个交点，即春分点和秋分点，其中太阳从南向北穿过赤道的点称为春分点。

惯性坐标系有多种，导航领域常采用地心惯性坐标系$X_iY_iZ_i$。如图2.1.7所示，其原点在地球质心，X_i轴和Y_i轴在地球赤道平面内，X_i轴指向春分点，Z_i轴沿地球自转轴，Y_i轴与Z_i轴和X_i轴构成右手系。其原点随地球绕太阳公转而移动，忽略地球的公转角速度，X_i轴、Y_i轴和Z_i轴不与地球固连，而是相对惯性空间的指向保持不变，该坐标系可近似为一个惯性坐标系。

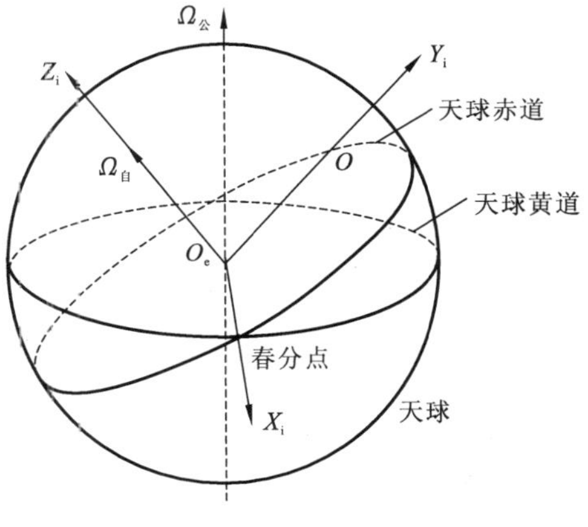

图 2.1.7 地心惯性坐标系

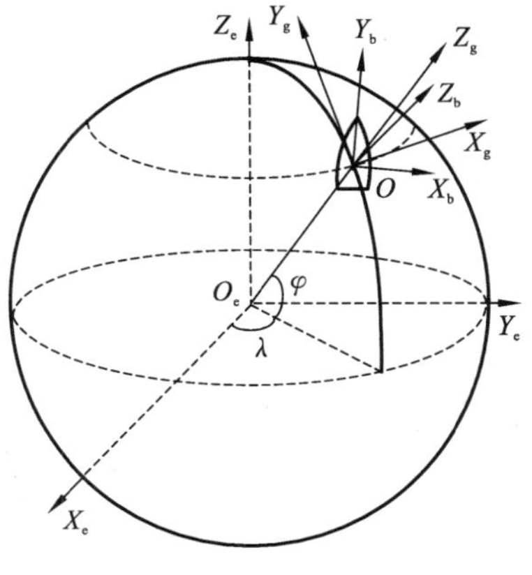

图 2.1.8 地球坐标系、地理坐标系和载体坐标系

2. 坐标系与载体运动

地球坐标系、地理坐标系和载体坐标系如图 2.1.8 所示。

地球坐标系 $X_eY_eZ_e$(e 系)原点为地球质心，并与地球固连，也称为地心地固(earth centered earth fixed，ECEF)坐标系。$X_eO_eY_e$ 平面与地球赤道平面重合，X_e 轴指向本初子午线(格林尼治子午线)和赤道的交点，Z_e 轴与地球自转角速度方向一致，指向地球北极。

地理坐标系 $X_gY_gZ_g$(g 系)原点位于载体重心，X_g 轴指向正东，Y_g 轴指向正北，Z_g 轴垂直于地平面向上，OY_g 为当地的真北方向，X_gOY_g 构成当地水平面。

载体坐标系 $X_bY_bZ_b$(b 系)与船体固联，原点为载体重心，X_b 轴指向右舷，Y_b 轴指向船艏，Z_b 轴垂直于龙骨向上。

导航坐标系 $X_nY_nZ_n$(n 系)是惯性导航系统在求解导航参数时所采用的坐标系，通常它与系统所在的位置有关。一般选取地理坐标系作为理想的导航坐标系。计算导航坐标系 $X_n'Y_n'Z_n'$是(n′系)惯导系统导航解算实际采用的坐标系。由于姿态误差角的存在，该坐标系与理想的导航坐标系(n 系)不重合。

地球坐标系用于描述载体在地球上的相对位置。地理坐标系和载体坐标系主要用于描述运动载体的速度、姿态和角速度。

1）对地速度在不同坐标系中的表达

对地速度是载体相对地球的位置变化，对地速度 $\boldsymbol{v}_g$ 在地理坐标系和载体坐标系的分量是不同的，如图 2.1.9 所示。对地速度在地理坐标系的分量 $\boldsymbol{v}_{nb}^n$ 分为东向速度 $\boldsymbol{v}_e$、北向速度 $\boldsymbol{v}_n$ 和天向速度 $\boldsymbol{v}_Z$。它是惯性导航系统的速度输出量。对地速度又将引起地理坐标系相对地球坐标系的转动，即

$$\begin{cases}\omega_n = \dot{\varphi} = v_n / R_e \\ \omega_e = \dot{\lambda} = v_e / \left(R_e \cos\varphi\right)\end{cases} \tag{2.1.20}$$

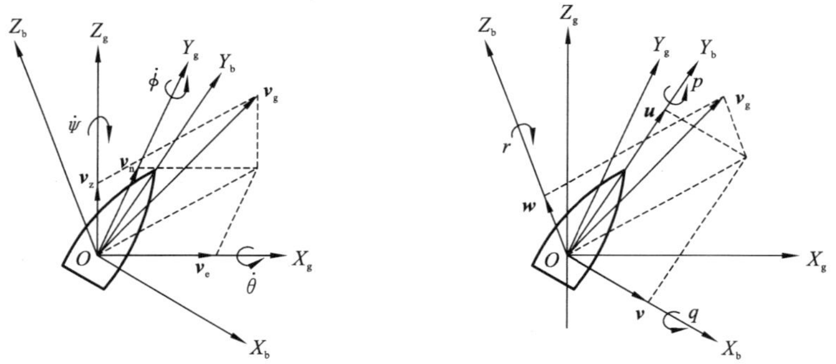

（a）地理坐标系中的速度和角速度　　（b）载体坐标系中的速度和角速度

图 2.1.9　地理坐标系和载体坐标系中的速度和角速度

对地速度在载体坐标系的分量 $\boldsymbol{v}_{nb}^b$ 分为纵向速度 $\boldsymbol{u}$、横向速度 $\boldsymbol{v}$ 和垂向速度 $\boldsymbol{w}$。其中 $\boldsymbol{u}$ 和 $\boldsymbol{v}$ 为多普勒计程仪的对地速度输出。

2）　角速度在不同坐标系中的表达

载体的姿态变化将引起载体坐标系相对地理坐标系的转动，转角通常用三个欧拉角描述，即横摇角 ϕ、纵摇角 θ 和航向角 ψ。它是惯性导航系统的姿态输出量。

载体相对地理坐标系的转动角速度在地理坐标系和载体坐标系的分量也不同，如图 2.1.9 所示。转动角速度在地理坐标系的分量 $\boldsymbol{\omega}_{nb}^n$ 分为横摇变化率 $\dot{\phi}$、纵摇变化率 $\dot{\theta}$ 和航向变化率 $\dot{\psi}$。它是惯性导航系统的角速度输出量。

转动角速度在载体坐标系的分量 $\boldsymbol{\omega}_{nb}^b$ 分为横摇角速度 p、纵摇角速度 q 和转艏角速度 r。

速度和角速度在载体坐标系中的表达参数（$\boldsymbol{v}_{nb}^b$、$\boldsymbol{\omega}_{nb}^b$）体现了船舶与流体的相互作用，在船舶操纵运动与控制领域应用十分广泛，而导航领域主要采用其在地理坐标系中的表达参数（$\boldsymbol{v}_{nb}^n$、$\boldsymbol{\omega}_{nb}^n$）。

2.2　方向、速度和距离

2.2.1　航向和方位

1. 方向的确定与划分

1）方向的确定

导航领域常用的方向包括航向、方位等。方向的确定理论上应在测者真地平平面上进行，以真北作为基准线。真北是南北线指向地球北极的方向。实际上，作为基准的北都要通过一定的仪器进行指示，航海中最常用的指向仪器有陀螺罗经和磁罗经等，陀螺罗经对应陀罗北(gyrocompass north，NG)，磁罗经对应磁北(magnetic compass north，NM)和磁罗北(compass north，NC)。

(1) 陀罗北是陀螺罗经刻度盘上 0°所指的方向。

(2) 磁北是磁罗经受地磁场作用，磁针 N 极所指的方向在地面真地平平面上的投影。

(3) 磁罗北也称罗北，是船上的磁罗经除受到地磁场作用外，还受到船磁场(船上钢铁在地磁中磁化后形成的磁场)和各种电气设备形成的电磁场影响，磁针在磁子午面所指示的北。

2）方向的划分

方向的划分方法有圆周法、半圆法和罗经点法等。

(1) 圆周法是航海中最常用的表示方法。以正北 000°为基准，按顺时针方向计算，范围为 000°～360°，用三位数表示，如 010°、350°等。

(2) 半圆法主要用于天文导航，表示天体方位。以正北或正南为基准，向东或向西分别计算，从 0°～180°计算到正南或正北；用度数加起算点和计算方向表示，如 80°SW 表示正南向西转过 80°，对应于圆周法的 260°。

(3) 罗经点法是一种粗略的方向表示方法，主要用来表示风和流的方向。以真北为基准，将 360°作 32 等分，得到 32 个罗经点，间隔为 11.25°。其中，4 分点称为基点(4 个)，8 分点称为隅点(4 个)，16 分点称为三字点(8 个)，32 分点称为偏点(16 个)。三字点标号用基点和相邻的隅点标号组合而成，基点写在前面。偏点用基点或隅点后加“/偏离方向”来表示。例如，0°对应基点 N，45°对应隅点 NE，22.5°对应三字点 NNE，33.75°对应偏点 NE/N。

2. 航向、方位和舷角

1）真航向、罗航向和陀螺航向

舰船处于平稳状态时，通过船艏艉两点连线的铅垂面与真地平面的交线称为艏艉线，船艏艉线向船艏方向的延长线称为航向线(course line，CL)。

航向线相对真北线的夹角称为真航向(true course，TC)。以真北线为基准，按顺时针划分为 0º～360º。按照基准线不同，航向分为真航向、罗航向(compass course，CC)和陀螺航向(gyrocompass course，GC)。

2）真方位、罗方位和陀螺方位

测者向目标的连线在真地平面的投影称为目标方位线(bearing line，BL)，目标方位线与真北线间的夹角称为真方位(true bearing，TB)。以真北为基准，顺时针划分为 0º～360º。同样地，还有罗方位(compass bearing，CB)和陀螺方位(gyrocompass bearing，GB)。

3) 舷角

舷角也称相对方位(relative bearing，RB)，是航向线到方位线之间的夹角，常用 Q 表示。舷角有两种计量方法，即圆周法(0º～360º)和半圆法(左右舷 0º～180º)。

航向、方位和舷角之间的关系为

$$真方位(TB)=真航向(TC)+舷角(Q) \tag{2.2.1}$$

舷角符号一般规定右舷为正，左舷为负。按式(2.2.1)计算时，若结果为负，则结果加 360º；若结果大于 360º，则结果减 360º。

例如，真航向 TC230º，测得两物标 A 和 B 的舷角分别为 $Q_A=68°$，$Q_B=300°$，则物标 A 和 B 的真方位分别为 $TB_A=298°$，$TB_B=170°$。

3. 航向、方位的测定与换算

1) 陀螺罗经差

陀螺罗经差也称陀罗差(gyrocompass error)，是陀罗北偏离真北的角度，常用 ΔG 表示，偏东为正，偏西为负。陀罗差与航向无关，与纬度和速度有关。

2) 磁罗经的磁差、自差和罗经差

(1) 磁差。

磁差(variation，Var)是磁罗经受地磁场作用，磁北线偏离真北线的角度。磁差偏东(西)，用 E(W)表示。不同地区磁差不同，低纬小，高纬大。磁差可从航海图的向位圈(罗经花)上查取，并将它改正到航行年份。

例如，某海图罗经花上标注 Var 4º05′E(1993) (5′ W)，则该地 2002 年的磁差为

$$Var=4°05'E+(2002-1993)\times5'W=3°20'E$$

(2) 自差。

磁罗经自差(deviation，Dev)是罗北线相对磁北线转过的角度。罗北偏东(西)称为东(西)自差，用 E(W)表示。航向改变、船磁改变或航行磁纬变化较大时，自差都会改变。一般可将自差视为罗航向的函数，按照罗航向，从磁罗经自差曲线或自差表查取自差值。

(3) 罗经差。

罗经差(compass error)是船上的磁罗经受地磁和船磁合力影响，罗北偏离真北的夹角常用 ΔC 表示。罗北偏东(西)为东(西)罗经差，用 E(W)表示，范围为 0º～180º。罗经差、磁差和自差之间的关系为

$$罗经差\ \Delta C=磁差\ Var+自差\ Dev \tag{2.2.2}$$

例如，某航向上磁罗经自差为 2º E，当地磁差为 14º W，则该航向上的罗经差为 12º W。

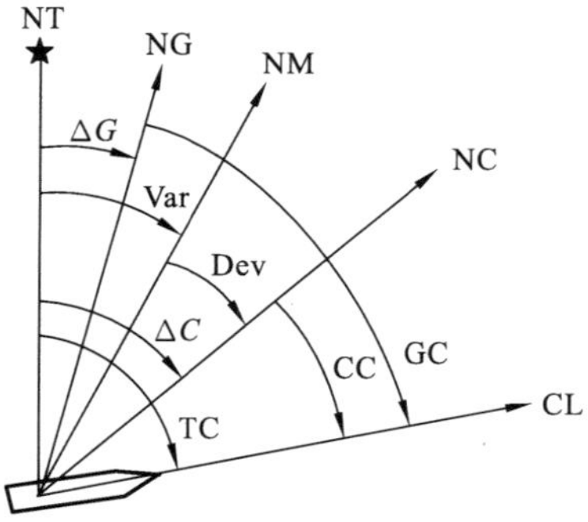

图 2.2.1　航向及其相互关系

3) 航向与方位的换算

如图 2.2.1 所示，航向和方位的换算公式总结如下：

$$\begin{aligned}真航向\ TC&=陀罗航向\ GC+陀螺罗经差\ \Delta G\\&=罗航向\ CC+罗经差\ \Delta C\\&=罗航向\ CC+磁差\ Var+自差\ Dev\end{aligned} \tag{2.2.3}$$

$$
\begin{aligned}
\text{真方位 TC} &= \text{陀罗方位 GB} + \text{陀螺罗经差 } \Delta G \\
&= \text{罗方位 CB} + \text{罗经差 } \Delta C \\
&= \text{罗方位 CB} + \text{磁差 Var} + \text{自差 Dev}
\end{aligned} \tag{2.2.4}
$$

计算时，磁差、自差、罗经差和陀罗差均应带符号，误差偏东为正，偏西为负。

向位换算的具体步骤是：查磁差→按罗航向查自差→求罗经差→求真航向(方位)。

例如，某船陀罗航向 GC＝314º，测得某物标陀罗方位 GB＝075º，若陀罗差 ΔG＝1º W，则真航向为 313º，真方位为 074º。

2.2.2　速度和距离

1. 距离

1）海里

(1) 定义海里。

航海最常用的距离单位是海里(nautical mile，n mile)。1 海里定义为地球椭圆体子午线上纬度一分所对应的弧长，简写为 1 n mile 或 1′。

$$
1\text{n mile} = R_{\text{M}} \times 1' = \frac{a(1-e^2)}{(1-e^2\sin^2\varphi)^{3/2}} \times 1' \approx a(1-e^2)\left(1+\frac{3}{2}e^2\sin^2\varphi\right)\times 1'
$$

代入 IUGG 推荐的椭球参数 a、e^2，得

$$
1\text{n mile} \approx 1852.25 - 9.31\cos 2\varphi \quad (\text{m}) \tag{2.2.5}
$$

可见，在不同纬度上 1 n mile 的距离是不同的，赤道最短，两极最长，相差 18.7 m。

(2) 标准海里。

为使用方便，1929 年国际水文地理学会议确定了 1 n mile 的标准，即

$$
1\ \text{n mile} = 1\,852\ \text{m} \tag{2.2.6}
$$

它是纬度 44º14′处 1′对应的弧长。实际上，按此定义的距离误差很小。例如，某船在赤道上向正东航行，航程为 600 n mile。若按赤道 1 n mile 实际长度 1 842.94 m 计算，则航行距离为 1 852×600/1 842.94 n mile≈603 n mile。距离误差只有航行距离的 0.5%，若在中纬度海区航行，则误差更小。目前，中国和多数国家将 1 852 m 作为 1 n mile，而美国将 1 853.25 m 作为 1 n mile，英国、日本将 1 853.18 m 作为 1 n mile。

2）其他距离单位

除海里外，以下距离单位也与航海相关。

(1) 链(cable，cab)，航海上常用来表示较近的距离，1cab＝0.1 n mile＝185.2 m。

(2) 米(meter，m)，国际标准长度单位，航海上常用来表示高度和水深。

(3) 拓(fathom，fm)，1 fm＝6 ft＝1.829 m。

(4) 英尺(foot，ft)，1 ft＝0.304 8 m。

(5) 码(yard，yd)，1 yd＝3 ft＝0.914 4 m。

旧英版海图上用英尺和拓表示水深和高度。

3）航程

(1) 航程(distance run)是由起始点至到达点船舶航行的里程，常用 S 表示。航程的单位是 n mile。

(2) 实际航程是船舶沿航迹线航行的里程。

2. 航速

1）速度及其单位

（1）航速（ship speed）是船舶在无风、流情况下的航行速度。

（2）对水速度（speed through water，STW）是船舶相对于水流的速度。对水速度包含风对船舶运动的影响，而不包含水流的影响。无风时，对水航速等于航速。

（3）对地速度（speed over ground，SOG）也称为实际航速（speed made good），是船舶相对于海底的航行速度。对地速度包含风、流的影响。

设对水速度为 V，对地速度为 V_G，流速（drift）为 V_C，则 $V_G=V+V_C$。

航海上一般用节（knot，kn）作为航速和流速的单位，1 kn＝1 n mile/h；用米/秒（m/s）表示风速，1 m/s ＝1.94 kn。

2）由主机转速估算航速

航海上测定航速和航程主要用计程仪直接测得。某些情况下无法直接测量航速，也可由主机转速（或艉轴转速）估算，估算公式为

$$V=P_0\times \mathrm{RPM}\times(1-w)\times 60/1\,852 \tag{2.2.7}$$

其中：V 为航速（kn），即船舶在无风流时的航行速度；P_0 为螺距（m/r），即螺旋桨在固体中每旋转一周所推进的距离；RPM 为主机转速（r/min），即主机每分钟转数；w 为滑失比，$w=(P_0-P)/P_0\times 100\%$，其中的 P_0 为理论螺距，P 为水中螺距，它与船舶航行条件有关，包括船型、吃水、航速、风浪和水深等。

新建船舶需要在测速场进行航速实际测量，并建立航速与 RPM 对照表，用于根据主机转速进行航速估计。航速与主机转速对照表如表 2.2.1 所示。

表 2.2.1 航速与主机转速对照表

主机转速	航速/kn		主机转速	航速/kn	
/（r/min）	满载	压载	/（r/min）	满载	压载
140	14.2	14.8	90	9.4	10.1
130	13.2	14.0	80	8.3	9.4
120	12.3	13.0	70	7.4	8.5
110	11.4	12.4	60	6.5	7.7
100	10.4	11.5	50	5.5	6.6

3. 视距和物标地理能见距离

1）视距（测者能见地平距离）D_e

如图 2.2.2 所示，具有一定眼高 e 的测者，位于地球点 B，其眼高为 $AB=e$。向远处眺望，所能够看到的最远处为水天相汇处 FC，称为水天线，也称为测者能见地平或视地平，测者到水天线的距离称为测者能见地平距离或视距 D_e。测者若在真空中，他能够观测到的点为 C'，BC'为测者到几何地平 $F'C'$的距离，称为理论视距 d（赵琳 等，2016）。

由于大气折射的影响，实际视距要比 d 大，且地球表面的大气密度随高度增加而逐渐减小。由图 2.2.2 可知，测者实际沿曲线 AfC 观测到点 C。点 C 的视方向 AC 与真方向 AC'间的夹角 γ

称为地面蒙气差或折光差。蒙气差 γ 越大，视距越大。此外，地面曲率越小，视距越大。

$$D_e = \sqrt{\frac{2R_e e}{1-K}} \tag{2.2.8}$$

其中：取地球半径 R_e＝6 371 110 m；K 为蒙气差系数，我国常取 K＝0.16，则视距经验计算公式为

$$D_e = 2.09\sqrt{e}\ \text{(n mile)} \tag{2.2.9}$$

其中：眼高 e 的单位为 m。

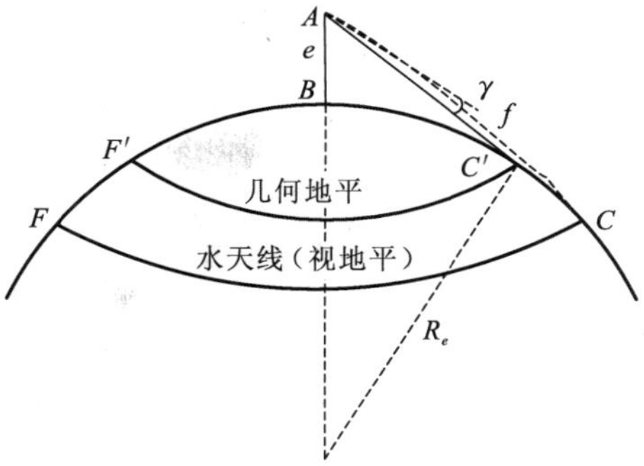

图 2.2.2　大气折射对视距的影响

2）物标能见地平距离 D_h

假如将测者眼睛放在物标的顶端，此时测者的能见地平距离就称为物标能见地平距离，用 D_h 表示。它也等于当测者眼高为零时，在能见度良好的情况下，理论上测者能够看到物标的最大距离。与测者能见地平距离一样，物标能见地平距离可由下式求得：

$$D_h = 2.09\sqrt{h}\ \text{(n mile)} \tag{2.2.10}$$

其中：h 为物标顶端距海平面的高度(m)。

3）物标地理能见距离 D_0

测者总有一定的眼高，因此测者理论上能够看到物标的最大距离，要比物标能见地平距离大。当能见度良好时，由于地球曲率和地面蒙气差的影响，测者理论上所能看到物标的最大距离称为物标地理能见距离，用 D_0 表示，如图 2.2.3 所示。其计算公式为

$$D_0 = D_e + D_h = \sqrt{\frac{2R_e e}{1-K}} + \sqrt{\frac{2R_e h}{1-K}} \tag{2.2.11}$$

其经验计算公式为

$$D_0 = 2.09\left(\sqrt{e}+\sqrt{h}\right)\ \text{(n mile)} \tag{2.2.12}$$

其中：h 为物标高度(m)；e 为测者眼高(m)。

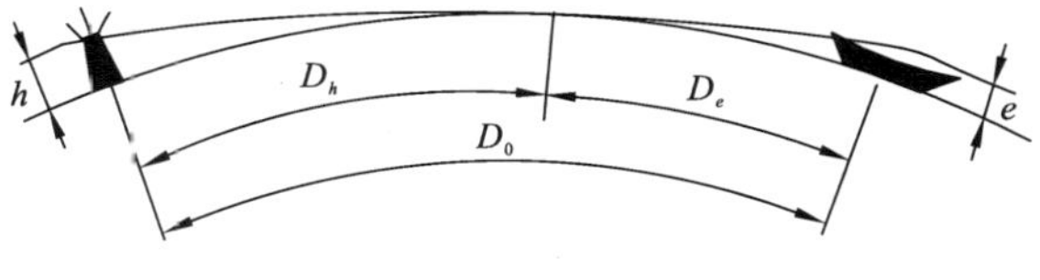

图 2.2.3　物标地理能见距离

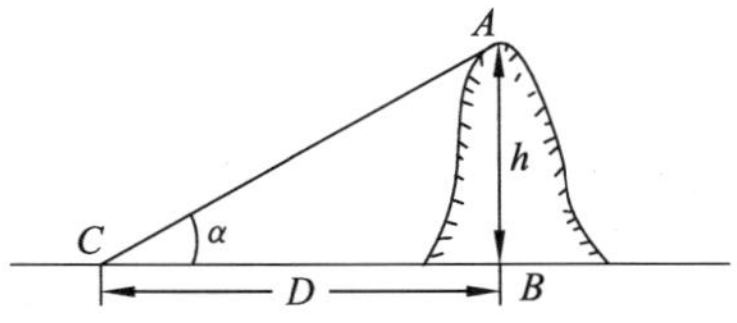

图 2.2.4　物标能见距离

实际上，测者所能看见物标的最远距离还与当时的能见度，即大气透明度，以及人眼能发现物标的分辨率等有关。因此，白天发现物标的最远距离往往要小于物标的地理能见距离。

4）物标能见距离 D

如图 2.2.4 所示，当物标全部呈现时，物标能见距离 D 可由观测目标垂直角求距离获得：

$$D = h/\tan\alpha\ \text{(m)} \tag{2.2.13}$$

其中：h 为目标高度(m)；α 为目标垂直角。如果目标垂直角 α 很小(5°以内)，以弧度表示 α 角的正切值近似等于 α。将 α 的单位定为角分，则有

$$D = 1.86h/\alpha\ \text{(n mile)} \tag{2.2.14}$$

2.3 时间系统

2.3.1 时间系统简介

空间和时间是物质存在的基本形式。在天文学和空间科学中，时间系统是精确描述天体和航天器运行位置及其相互关系的重要基准。在卫星导航中，时间系统是最重要、最基本的物理量之一，其重要性具体表现在：卫星位置是某个时刻下的位置，时间精度直接影响卫星位置精度；卫星导航系统定位是基于测距四球相交原理的，而卫星到用户的距离是通过精确测定信号传播时间获得的。

时间系统规定了时间测量的参考标准，包括时刻的参考标准和时间间隔的尺度标准。时间系统也称为时间基准或时间标准。频率基准规定了“秒长”的尺度，任何一种时间基准都必须建立在某个频率基准的基础上。因此，时间基准也称为时间频率基准。与其他坐标系统一样，其定义应具有原点(起始历元)和测量尺度(时间单位)。

一般来说，任何一个能够复现的具有稳定周期的周期运动都可以作为时间基准，如物质的周期运动。到目前为止，实践中用以定义和测量时间的周期运动有三种。①地球的自转。在天球上选取春分点和平太阳这两个参考点，对应给出了恒星时和世界时(universal time，UT)。②地球绕太阳的公转。地球自转速率并不均匀。美国天文学家纽康(Newcomb)根据地球绕太阳公转运动，编制了太阳历表，从而建立了历书时。③谐波振荡。由于历书时的观测误差大，人们发现物体的谐波振荡可以作为时间系统基准，如机械钟和电子钟的振荡等，其中物质内部的原子跃迁所辐射和吸收的电磁波频率具有极高的稳定性，从而建立了原子时。

2.3.2 常用时间系统

1. 世界时 UT

人类建立的第一个科学时间系统是以地球自转运动为基础的世界时系统。按照观察地球自转运动所选的参考点不同，世界时系统又分为恒星时和平太阳时。

1) 恒星时

恒星时以春分点为参考点，由春分点周日视运动确定恒星日。恒星时是地方时，在同一瞬间各地的恒星时不同。由于岁差和章动的影响，同一瞬间有瞬时真春分点和瞬时平春分点之分。因此，相应的恒星时也分为真恒星时和平恒星时。

2) 平太阳时

利用太阳的视运动来确定时间基准就是太阳时。地球相对于太阳自转一周的时间称为真太阳时。由于地球公转的轨道为椭圆，太阳日不是很均匀，一年中最长与最短的太阳日相差 51 s。于是引进一个假想的太阳——平太阳，其视运动速度是均匀的，为真太阳视运动速度的全年平均值(边少锋 等，2016)。

地球相对平太阳自转一周的时间称为平太阳日。1 个平太阳日等分为 24 个平太阳时，这就是人们日常生活中采用的计时单位——时。以平子夜为零时的格林尼治平太阳时，称为世界时。为了使用方便，将地球按子午线划分为 24 个时区，每个时区以中央子午线的平太阳时为该区的区时。于是，零时区的平太阳时即为世界时。

由于极移现象，地球自转轴在地球内部的位置是不固定的，而且地球自转速度也是不均匀的。为此，从 1956 年开始，在世界时中引进极移改正 $\Delta\lambda$ 和自转速率季节性变化改正 ΔT_s。未经改正的世界时以 UT0 表示，改正后的世界时分别称为 UT1 和 UT2，它们之间的关系为

$$\begin{cases} \mathrm{UT1} = \mathrm{UT0} + \Delta\lambda \\ \mathrm{UT2} = \mathrm{UT1} + \Delta T_s = \mathrm{UT0} + \Delta\lambda + \Delta T_s \end{cases}$$

2. 历书时

描述天体运动方程式中采用的时间系统或天体星历表中应用的时间，称为历书时(ephemeris time，ET)。地球公转运动周期能满足作为时间测量基准的要求，目前尚未发现它有不均匀的现象，所以采用地球公转周期来取代自转周期，以地球公转运动作为定义时间测量的基准，于是产生了历书时。实际上，这样定义的历书时等于理想化了的平太阳时，即没有地球自转速率不均匀的影响。

3. 原子时 AT

原子时(atomic time，AT)，是以物质的原子内部发射的电磁振荡频率为基准的时间系统。它是当代最理想的时间系统。

1）原子时定义

1967 年 10 月，第 13 届国际度量衡大会通过了新的国际制秒的时间单位——原子时秒长。其定义如下：位于海平面上的铯原子基态两个超精细能级在零磁场中跃迁辐射振荡 9 192 631 770 周所持续的时间，为 1 原子时秒。

2）原子时起点

为与世界时衔接，国际时间局(International Time Bureau，ITB)将原子时起点(初始历元)选定在 1958 年 1 月 1 日世界时 0 时，此后由原子钟连续运行，独立累计原子时。事后发现该时刻原子时与世界时相差 0.0039 s，实际原子时的原点为 TA＝UT2−0.0039 (s)。这一差值作为历史事实被保留。

3）国际原子时

原子时是用高精度原子钟来保持的。世界各实验室大型标准铯原子钟导出的原子时称为地方原子时。目前国际上约有 100 台原子钟通过各种方法互相比对，并由国际时间局进行数据处理推算出统一的原子时，称为国际原子时。

4. 协调世界时 UTC

原子时秒非常稳定，这对于那些要求时间间隔非常均匀的用户很重要。然而，原子时的时刻是没有实际物理意义的。对于大地测量、天文和导航等与地球自转有关的应用来说，很需要世界时。因为世界时的时刻可以反映地球自转的位置，与人们的日常生活息息相关。

由于地球自转的不均匀性，世界时 UT1 比原子时一年大约要慢 1 s，随着时间的推移，两者的差距越来越大。为了兼顾两方面的要求，国际天文学会和国际无线电咨询委员会决定采用一种新的时间标准，即以原子时秒长为基础，在时刻上尽量接近于世界时的一种时间测量基准。这种时间是在原子时和世界时之间加以人为协调的结果，因此称为协调世界时，用 UTC 表示。

协调世界时采用原子时秒长，而时刻则要求和世界时之差保持在±0.9 s 之内。当超过时，采

用跳秒(也称闰秒)的办法进行调整。增加 1 s 称为正跳秒；反之，减少 1 s 称为负跳秒。跳秒一般规定在 6 月 30 日或 12 月 31 日最后 1 s 进行。目前，世界各国发播的时号均以 UTC 为基准。

2.4 海　图

海图是标绘有可航水域的水深、岛域、航标和沿岸地形地物等内容，供航海使用的地图。海图按一定的比例尺和投影方法绘制而成，是必不可少的航海工具。

2.4.1 海图投影方法

航用海图的投影方法主要有墨卡托投影(Mercator projection)、高斯投影(Gauss projection)和心射投影(gnomonic projection)三种。

1. 墨卡托投影

墨卡托投影也称为纵轴圆柱投影或等角正圆柱投影。墨卡托投影方法如图 2.4.1 所示，它相当于用一个圆柱筒套于地球上，并与地球赤道相切，圆柱筒的轴通过地心，将地面经线和纬线投影到圆柱筒上，然后沿圆柱筒母线切开展开，即为圆柱投影图网。墨卡托投影由 16 世纪荷兰人墨卡托创立，是航海用图最常用的投影方式。

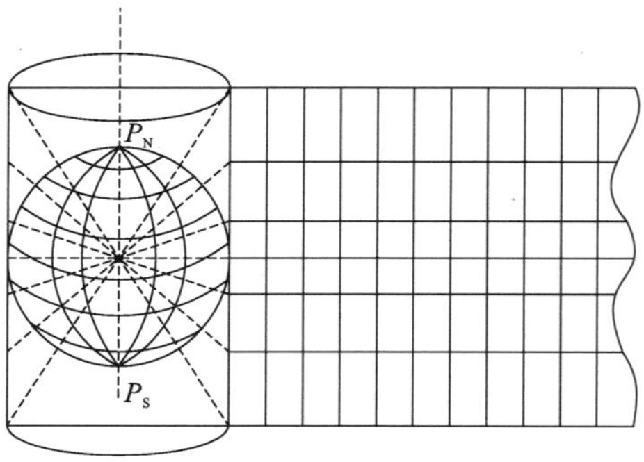

图 2.4.1　墨卡托投影方法

墨卡托投影下，等角航线在图上为直线，沿着该直线的方向，舰船可以方便地航达目的地。图上的经纬线都是平行的直线，判读清楚，绘算简单。因此，国际海道测量组织(International Hydrographic Organization，IHO)将墨卡托投影载入国际海图制图规范。

墨卡托投影的主要特点如下：

(1) 经线是平行直线，其间隔相等；

(2) 纬线是平行直线，其间隔从赤道开始，随纬度增加而逐渐伸长，至极地为无穷大；

(3) 经纬线成正交网；

(4) 具有等角性质，即大地线或大圆弧(图 2.4.2)投影后方位角不变；

(5) 等角航线或恒向线(图2.4.3)在投影平面上是一条直线；

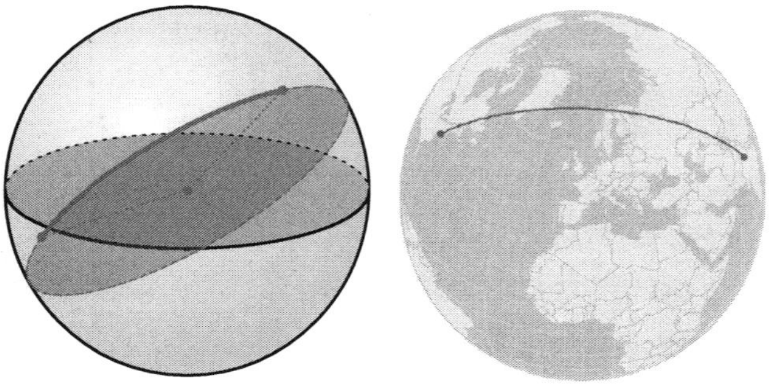
图 2.4.2　大圆弧

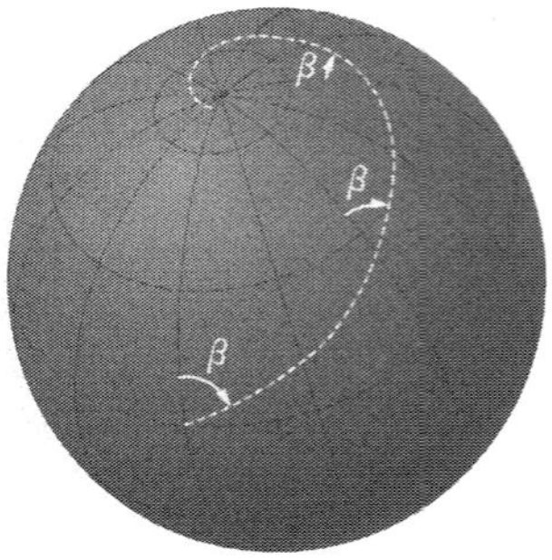

图 2.4.3　恒向线

(6) 大地线或大圆弧(地球为球时)在投影平面上是一条凸向极地的曲线。

(7) 随着纬度的增大，墨卡托投影面积变形随纬度余弦平方反比增大，因此它不适用于高纬度地区，这也是墨卡托投影的主要缺点。

在墨卡托海图上 1′经度的长度是相等的，而 1′纬度的长度是不相等的，且随纬度的增大而逐渐变长。因此，在墨卡托海图上量取距离应在所量地区的平均纬度图尺上量取。

2. 高斯投影

高斯投影也称为等角横圆柱投影或高斯-克吕格(Krüger)投影，圆柱与经度线相切，投影原点在球心。在中央经线两侧小范围内，可认为无变形；离中央经线和赤道越远，变形越大。高斯投影多用于绘制大比例尺港泊图。

3. 心射投影

心射投影也称为日晷投影，其投影平面与地球相切，投影中心为球心。切点处无变形，离切点越远，投影变形越大，且大圆弧为直线。心射投影常用于绘制大比例尺港泊、大圆海图或极区海图等。

切点为极点的心射投影称为极切投影，适用于绘制极区海图。经线为过极点夹角相等的射线，纬线为以极点为中心、间距随离极点的距离而增大的同心圆，如图 2.4.4(a)所示。在极区航行中，能在图上量取航向和航程。

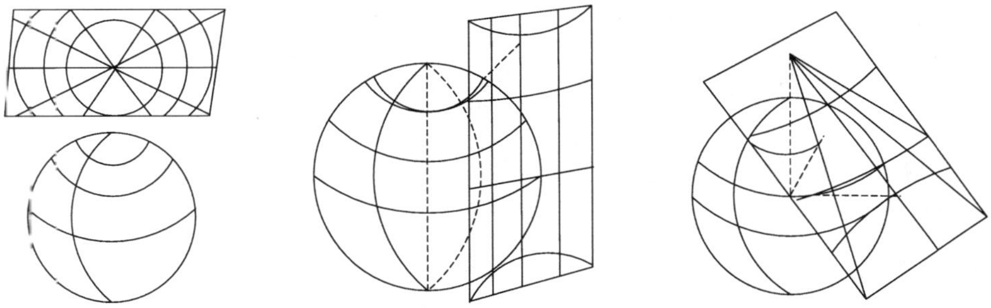

(a) 极切投影　(b) 赤道切投影　(c) 任意点切投影

图 2.4.4　心射投影

切点在赤道的心射投影称为赤道切投影。经线为间距不等的平行直线，纬线为对称于赤道间距不等的双曲线，如图 2.4.4(b)所示。

极点为地球表面任意点的心射投影称为任意点切投影，经线为过极点夹角不等的射线，纬线为向极点弯曲的曲线，如图 2.4.4(c)所示。

三种投影的特性对比如表 2.4.1 所示。

表 2.4.1　墨卡托投影、高斯投影和心射投影对比

项目	墨卡托投影	高斯投影	心射投影
纬线	直线	曲线(赤道除外)	曲线(赤道除外)
经线	直线	曲线(中央经线除外)	直线
等角	是	是	否
大圆	曲线(经线除外)	曲线	直线
恒向线	直线	直线	曲线
应用	海图绘算(量取距离)	大比例尺港泊图	大圆海图

2.4.2 比例尺

比例尺是海图的基本要素。海图比例尺即海图上某一线段的长度相对于地面上实际距离缩小的倍数。例如，1∶50000 表示图上 1 cm 的长度代表地面上实际长度为 50 000 cm。

比例尺有可变比例尺和固定比例尺两种。

1）可变比例尺

海图上各纬度上的比例尺是不同的，比例尺随纬度增高而增大，墨卡托海图就是可变比例尺海图。

（1）赤道比例尺 M_Z 是赤道上的海图比例尺，在墨卡托海图上，赤道比例尺最小。

（2）当地比例尺 M 是当前纬度 φ_i 处的海图比例尺。必须随时计算当地比例尺：

$$M = M_Z\sqrt{1-e^2\sin^2\varphi_i}\sec\varphi_i \tag{2.4.1}$$

（3）基准比例尺 M_N 是基准纬度 φ_N 处的海图比例尺。确定某一基准纬度 φ_N 后，就将该纬度上的比例尺作为整张海图的比例尺，标注在海图上。

$$M_N = M_Z\sqrt{1-e^2\sin^2\varphi_N}\sec\varphi_N \tag{2.4.2}$$

墨卡托海图上标注的就是基准比例尺。

中华人民共和国国家标准《海底地形图编绘规范(GB/T 17834—1999)》中规定，1∶25万及更小比例尺图采用墨卡托投影，基本比例尺图(1∶5万，1∶25万，1∶100万)采用统一基准纬线 30°，非基本比例尺图以制图区域中纬为基准纬线，基准纬线取到整度或整分。

2）固定比例尺

在小范围的大比例尺海图上，可以不考虑地球的曲率，全图比例尺近似是一致的，可以使用固定比例尺 M_g。例如，早期的 HJ-I 型航迹仪使用的就是 1∶50 000的固定比例尺。

2.4.3 海图分类

海图按用途可分为航用海图和非航用海图两类。

1. 航用海图

航用海图通常简称海图，供船舶进行航迹推算、船位测绘和航线设计等。各国航用海图分类大同小异，中国分为三种，即海区总图、航行图和港湾图。

1）海区总图

海区总图主要用于研究海区形势，拟订航行计划等，比例尺一般为 1∶300万或更小。

2）航行图

航行图主要供船舶航行作业使用，比例尺范围为 1∶10万～1∶299万。航行图又可分为远洋航行图、近海航行图、近岸航行图和沿岸航行图，其比例尺范围分别为 1∶100万～1∶299万、1∶50万～1∶99万、1∶20万～1∶49万和 1∶10万～1∶19万。

3）港湾图

港湾图主要用于船舶进出港、锚地、通过狭窄水道及港湾管理等，比例尺一般大于 1∶10万。

航用海图的内容有两类：一类表示自然地理特性，如岸形地貌、山峰、岛屿、水深、底质、礁石、浅滩、锚地、冰区和磁差等；另一类表示人工设施和人为障碍物，如码头、航标、无线电导航台、海底电缆、禁止抛锚区、水雷区和沉船区等。以上内容都用图式标记。航用海图内容随时根据《航海通告》等进行改正或补充。

2. 非航用海图

非航用海图一般为小比例尺图。其种类较多，主要包括：①大圆图，属心射投影，大圆弧在图上是直线，用于拟定大圆航线；②航路图，供拟定大洋航线参考；③气象图、冰图、海洋图、潮流图等，用于拟定航线以及航行中了解气象、冰情和海洋情况；④等磁差曲线图，供了解海区磁差情况。

思 考 题

1. GPS、GLONASS 和北斗卫星导航系统所用的坐标系分别是什么?

2. 地球椭圆体上的子午圈和卯酉圈是怎么得到的?其曲率半径分别有何变化规律?

3. 重力就是万有引力吗?重力加速度随纬度和高度变化的规律是什么?

4. 地球上 1 n mile 的原始定义是什么?国际上给出的 1nmile 的标准长度是多少?

5. 1998 年 5 月 4 日，某船的罗航向 CC＝150°，测得某物标的罗方位 CB＝045°，海图上该处磁差资料为偏西 5°28.0′(1981)，年差为＋2.6′。该船自差表上罗航向 150° 对应的自差为-3.1°。求真航向 TC 和真方位 TB。

6. 舰船导航中常用的坐标系有哪些?它们之间有何关系?

7. 视距的含义是什么?视距的大小与哪些因素有关?

8. 导航领域常用的时间系统有哪些?

9. 墨卡托海图的基本特点是什么?

10. 海图比例尺有哪些?其含义分别是什么?

第3章

综合导航信息源

3.1 导航信息及信息源设备

海上航行的舰船在海上作六自由度运动，包括纵荡(surge)、横荡(sway)和垂荡(heave)等平动及转艏(yaw)、横摇(roll)和纵摇(pitch)等转动。每个自由度上的运动都对应有相应的位姿、速度和加速度。位置和姿态参数对应包括经度、纬度和高度及横摇角、纵摇角和航向。速度和角速度参数按参考坐标系不同，有两种定义方式：一种是在地理坐标系中定义，对应为东向速度、北向速度和地向速度及横摇变化率、纵摇变化率和航向变化率，在导航领域应用广泛；另一种是在载体坐标系中定义，对应为纵向速度、横漂速度和垂向速度及横摇角速度、纵摇角速度和转艏角速度，在船舶操纵运动领域应用广泛。

对舰船航行来说，最基本、最常用的导航信息包括航向、航速(即纵向速度)、经度和纬度。此外，基本的导航信息还应包括时间，它是一切导航参数的基准。

进一步拓展，考虑对舰船航行影响较大的海洋水文气象等环境信息，导航信息还应包括水深、风速/风向、流速/流向、温度/湿度/气压、能见度、浪高/浪向和潮高/潮向等。

舰船综合导航系统的基本功能之一是综合处理、显示满足舰船航行和武器系统需要的各种导航信息。因此，需要各种导航传感器作为信息源为综合导航系统提供相应的原始导航信息，这些导航信息是导航数据处理的基础。对综合导航系统来说，除要求各传感器处于正常工作状态外，还须掌握各导航设备的误差特性，包括系统误差和随机误差。综合导航系统正是通过对各导航信息源设备进行误差建模，才能进行卡尔曼滤波等数据处理，从而获得最优的导航参数。

根据应用载体及其担负的任务不同，导航信息源设备有较大差别。无论何种综合导航系统，最基本的导航信息是航向、位置、速度和时间。因此，能提供以上四种导航信息的设备是不可缺少的。实际上，由于许多导航信息之间是相互关联的，某种导航设备可能可以同时提供多种导航信息。例如，GPS 能同时提供时间、经度、纬度和对地速度等导航信息；惯性导航系统能同时提供航向、东向速度、北向速度、经度、纬度、纵摇角和横摇角等导航信息。

舰船综合导航系统常用的信息源设备包括陀螺罗经、惯性导航系统、天文导航系统、计程仪、卫星/无线电导航仪、测深仪、导航雷达和气象仪等。对于作战舰船综合导航系统来说，信息源常有冗余，以便综合导航系统取舍和优化，以提高导航系统精度和可靠性。综合导航系统的信息来源于多套导航设备，而且它们是相互备份的。常用导航信息及其测量设备如表 3.1.1 所示。

表 3.1.1　常用导航信息及其测量设备

导航信息	常用测量设备
位置	几何定位：卫星导航系统、罗兰 C、天文导航系统、水声定位系统和导航雷达陆标定位 推算定位：惯性导航系统和罗经/计程仪推算系统
航向	陀螺罗经、平台罗经、惯性导航系统和天文导航系统
姿态	平台罗经、惯性导航系统和天文导航系统
速度	对地速度：惯性导航系统(东向、北向)和多普勒计程仪(纵向、横向) 对水速度：水压计程仪、电磁计程仪和艉轴转速
时间	卫星导航系统和罗兰 C

根据这些设备提供的同一信息的精度次序和可靠度，综合导航系统采用软件容错技术及信息冗余设计，确保提供最佳的正确信息，满足导航和作战的需要。

本章主要介绍综合导航系统信息源的常用导航设备的功能、组成、基本原理及误差特性等。

3.2　惯性导航设备

惯性导航设备是通过惯性器件(陀螺仪和加速度计等)测量运动载体航向、速度、位置和姿态等导航信息的设备。它不依赖于任何外界的光、电、磁等信息，可以自主、连续地工作。凡是基于惯性技术的导航设备都可以称为惯性导航设备，如陀螺罗经、平台罗经、方位水平仪和惯性导航系统等。本节主要介绍陀螺罗经和惯性导航系统这类舰船上普遍应用的惯性导航设备。

3.2.1　陀螺罗经

陀螺罗经是用于指示舰艇航向及测定物标方位的重要的导航仪器。陀螺罗经是舰艇上非常重要的装备，它与自动操舵仪构成了舰艇必不可少的航海设备。

陀螺罗经可分为摆式陀螺罗经和电控陀螺罗经(简称为电控罗经)两种，主要提供舰船的航向信号。目前，电控罗经在舰船导航中的应用更为广泛。这里主要对电控罗经的工作原理和误差及其补偿作一简要介绍。

1. 电控罗经简介

电控罗经全称为电磁控制式陀螺罗经，是 20 世纪 50 年代后发展起来的一种陀螺罗经。电控罗经的主要功能是为舰船提供方位基准，输出舰船航向，适用于大、中、小型各类舰船。电控罗经克服了摆式陀螺罗经惯性误差大、启动时间长及无法在高纬度使用的不足。

目前，国外的电控罗经产品主要有英国的勃朗型系列、挪威的 SKR 型系列和俄罗斯的韦加型系列；我国研制生产的产品有 DH 系列、JYJD 系列和 CLP 系列。根据向陀螺仪施加力矩的特点，电控罗经可分为两类：一类是利用电磁力矩器对陀螺仪施加力矩，如 DH 系列；另一类是利用弹性扭丝(杆)对陀螺仪施加力矩，如 CLP 系列和 JYJD 系列等。

不同型号的电控罗经的具体组成是不同的，但一套完整的电控罗经一般包含的主要部件有：主仪器(包括主罗经、电源和控制系统等)、电源箱、航向发送箱、水密分罗经、方位分罗经和光学方位仪等。水密分罗经和方位分罗经用于复示主罗经的航向。光学方位仪安装在方位分罗经上，用来测定目标和天体的方位和舷角。

2. 基本工作原理

陀螺罗经的原理可以简单概况为陀螺仪的视运动+控制力矩+阻尼力矩。

1）陀螺仪的视运动

如图 3.2.1 所示，地球绕极轴自西向东匀速转动，自转角速度向量 $\boldsymbol{\omega}_e$ 在地理坐标系内分解为 $\boldsymbol{\omega}_{eN}$ 和 $\boldsymbol{\omega}_{eZ}$ 两个分量，$\boldsymbol{\omega}_{eN}$ 沿 ON 方向，即水平指北，$\boldsymbol{\omega}_{eZ}$ 沿 OZ_0 方向，即指向天顶，则 $\boldsymbol{\omega}_{eN}=\boldsymbol{\omega}_e\cos\varphi$，$\boldsymbol{\omega}_{eZ}=\boldsymbol{\omega}_e\sin\varphi$。其物理意义是：地平面 ONE 绕 ON 轴以角速度 $\boldsymbol{\omega}_{eN}$ 不断作东降西升的转动，在北纬地区，当地子午面 ONZ_0 绕 OZ_0 轴以角速度 $\boldsymbol{\omega}_{eZ}$ 不断向西转动，南纬地区则向东转动。由于陀螺仪的主轴相对惯性空间具有定轴性，陀螺仪主轴具有如下规律的视运动，即北纬偏东，南纬偏西，东升西降。

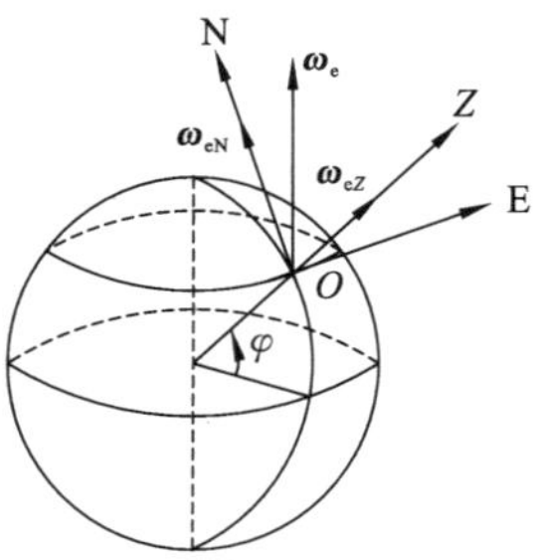

图 3.2.1　地球自转角速度的分解

2）陀螺的指北运动

当电控罗经的主轴相对地平面有一个抬高角 θ 时，随动球也将相对地平面产生抬高角 θ，电磁力矩器在 OY 轴正向产生找北力矩 $M_Y=-K_Y\theta$；陀螺球在找北力矩的作用下，相对惯性空间绕 OZ 轴进动，其进动角速度为 $\omega_Z=K_Y\theta/H$。假如抬高角 θ 的大小合适，就能产生一个适当大小的进动角速度，满足 $-K_Y\theta_r/H=\omega_{eZ}$，即 $\theta_r=-H\omega_{eZ}/K_Y$。可见，如果电控罗经的主轴相对地理坐标系处在某一平衡位置，即方位角 $\alpha_r=0$（主轴在子午面上），抬高角 $\theta_r=-H\omega_{eZ}/K_Y$（主轴相对地平面抬高一个角度），则主轴具有指北能力。

3）陀螺的阻尼运动

实际上，由于干扰力矩对陀螺球的影响，主轴总会偏离平衡位置，并围绕平衡位置作椭圆运动，不能稳定指北。为实现主轴稳定指北，须对陀螺球施加阻尼力矩，使主轴围绕平衡位置作阻尼振荡，并最终稳定指示真北方向。

电控罗经采用在垂直轴上施加阻尼力矩的方法使主轴稳定。当电磁摆有与抬高角 θ 成比例的电信号输出时，抬高角控制回路将产生沿垂直轴的阻尼力矩 $M_Z=-K_Z\theta$，使陀螺球主轴以角速度 $\omega_Y=-K_Z\theta/H$ 向水平面方向进动。当陀螺球主轴在地平面之上，即 θ 为负时，在 OZ 轴负向将产生阻尼力矩使主轴向地平面进动；反之，当主轴在地平面之下时，OZ 轴正向将产生阻尼力矩使主轴也向地平面进动，主轴最后趋向平衡位置。

3. 主要误差及其补偿

由于某种因素（如阻尼方式及舰艇运动状态等）引起的陀螺罗经主轴在方位上偏离地理真北方向的角度称为陀螺罗经误差。陀螺罗经误差也是舰艇真航向与陀螺罗经航向之间的差值或真北与陀螺罗经北之间的差角。

陀螺罗经误差包括由陀螺罗经结构原理决定的如纬度误差、速度误差、冲击误差和摇摆误差等系统误差，以及由于陀螺罗经基线安装不准而引起的基线误差和转子转速不稳定而引起的不定误差等。其中系统误差都按一定规律变化，其大小和符号均可通过计算予以确定。为提高陀螺罗经的使用精度，这些误差必须予以补偿或消除。

电控罗经的误差主要有以下几种(摆式陀螺罗经的误差有所差别)：

(1) 纬度误差。采用垂直阻尼法的电控罗经稳定后，主轴并不恰好在子午面内，而是偏离子午面一个角度 $\alpha_\varphi=-K_Z/K_Y\tan\varphi$。$\alpha_\varphi$ 与地理纬度有关，因此称为纬度误差。

(2) 速度误差。速度误差为舰船作匀速直线运动时的指向误差，$\alpha_V=V\cos\varPsi/(R\omega_e\cos\varphi)$。

(3) 冲击误差。舰船作机动航行(变速变向)时，由于舰船加速度北向分量产生的惯性力使电磁摆偏离铅垂方向，从而使陀螺仪主轴偏离平衡位置，这一偏差称为冲击误差。

(4) 摇摆误差。舰船摇摆时，摇摆惯性力作用在电磁摆摆锤上，使电磁摆产生干扰信号，在陀螺仪垂直轴上产生干扰力矩，使主轴产生方位上的误差，称为摇摆误差。

为克服以上误差，电控罗经采用内补偿的方法进行补偿，即直接给陀螺球施加补偿力矩，使陀螺仪主轴稳定在平衡位置上，即设置倾斜补偿回路和方位补偿回路进行误差补偿；纬度误差和方位漂移在倾斜回路中补偿；速度误差在方位回路中补偿。

3.2.2　惯性导航系统

1. 惯性导航系统简介

惯性导航系统简称惯导，它是利用陀螺仪和加速度计等惯性元件敏感惯性空间的运动参数，并通过积分计算给出导航信息的导航参数解算系统。

陀螺仪用来测量载体的角运动。按物理原理，陀螺可分为转子陀螺(框架陀螺、液浮陀螺、气浮陀螺、挠性陀螺/动力调谐陀螺和静电陀螺等)、光学陀螺(环形激光陀螺和干涉式光纤陀螺等)、振动陀螺(半球谐振陀螺和微机械陀螺 MEMS 等)、原子陀螺、量子陀螺等。

加速度计通过测量比力来获得载体的线加速度。按物理原理，加速度计可分为摆式加速度计(如摆式积分加速度计、液浮摆式加速度计和挠性摆式加速度计等)和非摆式加速度计(如石英振梁加速度计和单晶硅微加速度计等)。

惯性器件稳步发展,传统机械式惯性器件(10^{-3} °/h, 10^{-6} g)已发展为光学固态器件(10^{-4} °/h)，微机械传感器 MEMS(10 °/h，10^{-4} g)已进入应用阶段。

作为最重要的导航设备之一，惯性导航系统具有的突出优点有：①自主性和隐蔽性，其工作不依赖于任何外部信息，也不向外部辐射能量；②工作区域不受限，适用于空中、水面、水下和陆地等各种环境，尤其对水下导航意义重大；③信息完备，能实时输出位置、速度、航向、纵摇和横摇等多种导航信息，是各种导航设备(系统)中提供导航信息最为齐全的系统，其姿态信息是武器系统的重要基准；④实时性好，数据更新率高；⑤短期精度高，高精度的惯性器件及控制回路使其具有很高的短期精度。

惯性导航系统也存在一些明显不足，主要包括：①由于陀螺漂移等，导航误差随时间积累，长时间工作后精度显著降低；②启动、对准时间较长，系统维护复杂；③价格昂贵。近年来，随着机械陀螺平台式惯性导航系统逐步被光纤陀螺捷联式惯性导航系统所取代，价格也大幅降低。目前新型主战舰艇已大量装备惯性导航系统。

2. 平台式和捷联式惯性导航系统

惯性导航系统根据陀螺的输出建立起导航坐标系，根据加速度计输出解算出载体的速度和位置。按照是否有实体的物理平台，惯性导航系统可分为平台式惯性导航系统(platform inertial navigation system，PINS）和捷联式惯性导航系统（strapdown inertial navigation system，SINS）。平台式惯性导航系统有实体的物理平台，陀螺和加速度计置于陀螺稳定平台（称为物理平台）上，该平台跟踪导航坐标系，以实现速度和位置解算，姿态数据直接取自于平台的环架。在捷联式惯性导航系统中，陀螺和加速度计直接固连在载体上。惯性平台的功能由计算机完成，因此称为“数学平台”，它的姿态数据是通过计算得到的。

1）平台式惯性导航系统

平台式惯性导航系统以实体的陀螺稳定平台确定的平台坐标系来精确模拟某一选定的导航坐标系（一般为地理坐标系），从而获得所需的导航数据，精度较高，但体积大，造价较高，一般应用于高精度场合。平台式惯性导航系统由陀螺仪、加速度计、稳定平台、导航计算机和控制显示器组成，如图 3.2.2 所示。

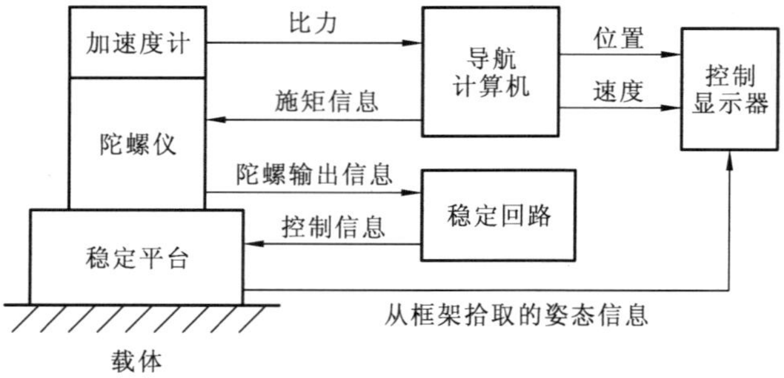

图 3.2.2　平台式惯性导航系统组成框图

(1) 系统组成。

平台式惯性导航系统采用三轴陀螺稳定平台。稳定平台一般由陀螺仪、加速度计、常平架系统、稳定系统、控制系统、补偿系统、发送系统、减震系统、温控系统和电源装置等组成。

①陀螺仪是惯性稳定平台的稳定元件，采用三个单自由度陀螺仪或两个双自由度陀螺仪建立平台的跟踪基准。

②加速度计是载体惯性的敏感元件，用于测量载体相对于惯性空间的加速度。

③常平架系统用来安装陀螺仪、加速度计等惯性元件，隔离舰船运动对惯性元件的影响，完成方位和水平信号测量。常平架系统包括横摇环（外环）、纵摇环（内环）和方位环（台体）。

④稳定系统使常平架系统的三个轴与相应陀螺仪主轴保持一致，用于消除外干扰力矩，并输出方位和水平姿态信号。稳定系统由稳定放大器、力矩电机和坐标变换器等组成。稳定系统有三个稳定回路，即方位稳定回路、横摇稳定回路和纵摇稳定回路。

⑤控制系统使三轴稳定平台具有模拟地理坐标系的能力。控制系统由三个修正回路组成，即指北回路、阻尼回路和水平回路。

⑥补偿系统用于消除或减小仪器的各种误差。

⑦ 发送系统用于将姿态、速度和位置等测量输出转换成模拟同步信号或数字信号，并对外发送。

(2) 工作原理。

如图 3.2.3 所示，方位陀螺仪 G_Z、东向陀螺仪 G_E 和北向陀螺仪 G_N 各自稳定一根轴。系统包含三条稳定回路和三条修正回路。稳定回路用于克服干扰力矩，使稳定平台在方位和水平上保持稳定，对于水平指北平台式惯性导航系统，修正回路再使平台跟踪当地地理坐标系的转动，从而使东向陀螺仪输入轴 I_E、北向陀螺仪 I_N 和方位陀螺仪输入轴 I_Z 构成“东北天”空间坐标系。

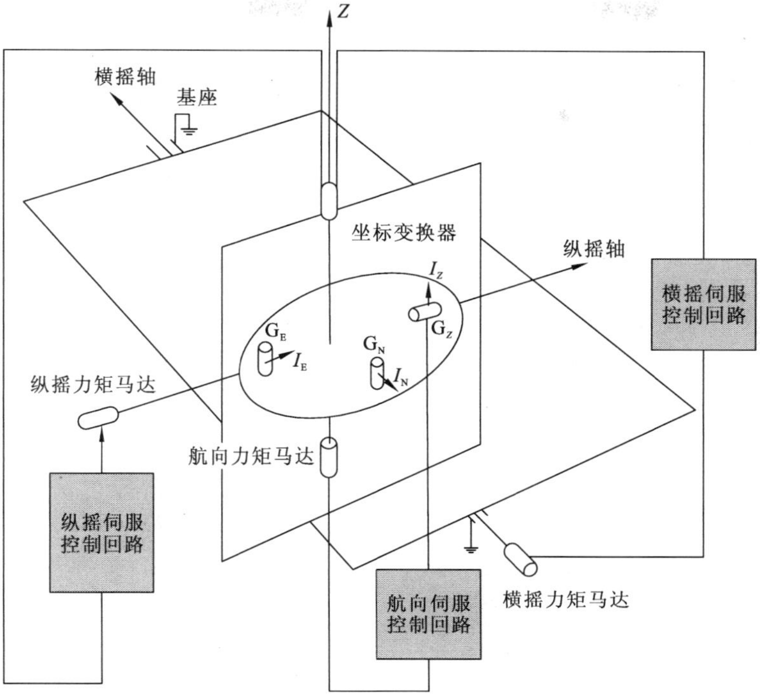

图 3.2.3　三轴陀螺稳定平台

① 平台的稳定。

当平台受到绕方位轴的干扰力矩偏离给定方位时，方位陀螺敏感到该角度信号，经放大后控制力矩电机产生稳定力矩克服干扰力矩，从而使平台绕方位轴保持稳定，由此构成了稳定平台的基本稳定回路：稳定平台→陀螺仪→放大器→力矩电机→稳定平台，如图 3.2.4 所示。

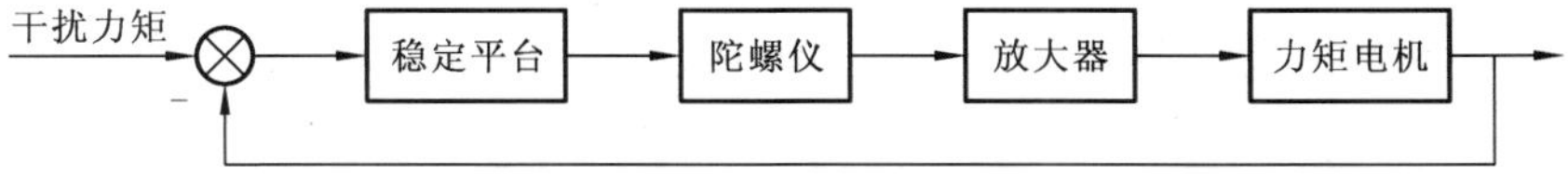

图 3.2.4　基本稳定回路

平台水平稳定回路工作原理与方位稳定回路类似，主要区别是：当载体改变航向时，平台的横摇、纵摇通道之间互相耦合，需要引入坐标变换器对陀螺输出信号进行分配，用分配后的信号再控制相应的力矩电机，实现平台的水平稳定。

② 平台对地理坐标系的跟踪。

在稳定回路作用下，平台稳定在惯性空间，而实际上平台需要跟踪相对惯性空间转动的当地地理坐标系。这就需要在稳定回路的基础上，由导航计算机计算，向各陀螺仪的力矩器施加一定规律的控制电流，实现平台对地理坐标系的跟踪。

水平修正回路用于跟踪当地水平面。加速度计测量的比力信息中，除载体水平运动加速度外，还包含平台偏离水平面时出现的重力加速度分量。该重力加速度分量经导航计算机计算得到，将指令电流加到水平陀螺输出轴上的力矩器，产生修正力矩使陀螺仪绕输出轴转动，陀螺仪输出轴上的传感器敏感该角度，再通过水平稳定回路，使平台绕水平轴始终跟踪当地水平面。

方位修正回路用于跟踪当地子午面。计算机计算出子午面相对惯性空间的转动角速度，转换为指令电流加给方位力矩器，产生修正力矩使陀螺仪绕输出轴转动，陀螺仪输出轴上的传感器敏感该角度，再通过方位稳定回路使平台绕方位轴始终跟踪当地子午面。

2）捷联式惯性导航系统

捷联式惯性导航系统组成如图 3.2.5 所示。陀螺仪送出沿载体系角速度信息，经计算机姿态矩阵解算可得到航向和姿态角参数。加速度计送出的沿载体系的加速度信息经坐标转换后变换成沿导航系的加速度信息，经计算机两次积分可得到载体位置参数。因为所有导航参数均由计算机解算得到，故称之为解析式惯性导航系统。

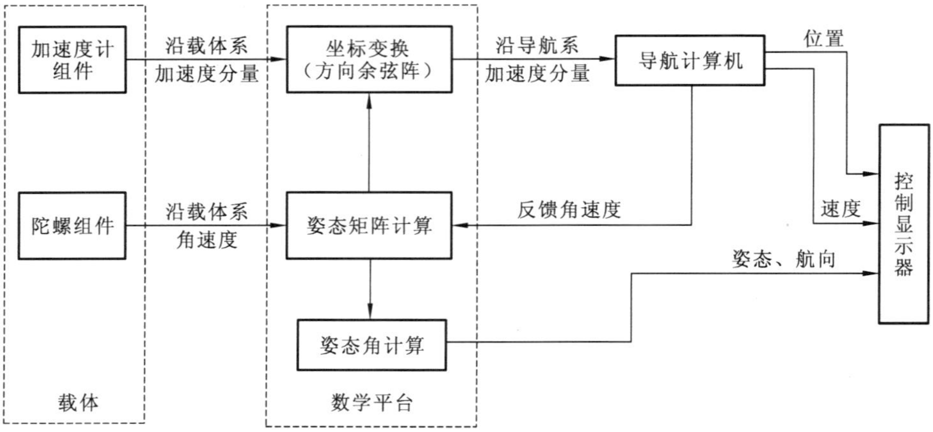

图 3.2.5　捷联式惯性导航系统原理图

捷联式惯性导航系统通过计算机实现的数学平台来替代实体平台，可靠性高、体积小、价格便宜。其不足是：陀螺仪和加速度计工作环境较恶劣，系统精度受到限制，此外，计算机的解算量也较大。随着旋转调制等技术的应用及计算机技术的发展，目前捷联式惯性导航系统已逐渐成为惯性导航系统的主要形式。

3）惯性导航解算原理

惯性导航系统原理上属于推算系统，如图 3.2.6 所示，它通过测量载体的加速度并进行积分运算获得载体的瞬时速度和位置。三个自由度上正交的陀螺仪与三个方向上正交的加速度计分别测量载体角加速度和线加速度，计算机对其进行一次积分和二次积分。一旦初始位置已知，就能连续输出载体的位置、速度和姿态。图 3.2.6 中，A_E、A_N 分别为东向加速度计和北向加速度计。

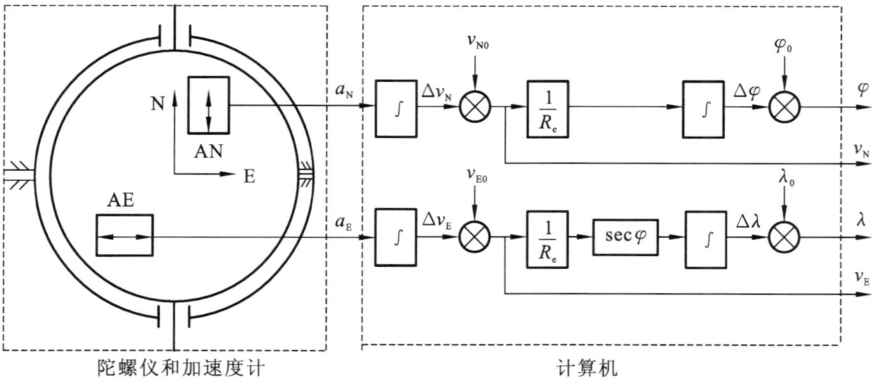

图 3.2.6　惯性导航系统解算基本原理

惯性导航系统的速度和位置解算方程如下：

$$\begin{cases} v_{\mathrm{E}} = \int_0^t a_{\mathrm{E}} \mathrm{d}t + v_{\mathrm{E}0} \\ v_{\mathrm{N}} = \int_0^t a_{\mathrm{N}} \mathrm{d}t + v_{\mathrm{N}0} \end{cases} \tag{3.2.1}$$

$$\begin{cases} \lambda = \dfrac{1}{R_{\mathrm{e}}} \int_0^t v_{\mathrm{E}} \sec\varphi \mathrm{d}t + \lambda_0 \\ \varphi = \dfrac{1}{R_{\mathrm{e}}} \int_0^t v_{\mathrm{N}} \mathrm{d}t + \varphi_0 \end{cases} \tag{3.2.2}$$

其中：a_{E} 和 a_{N} 分别为东向和北向加速度；v_{E} 和 v_{N} 分别为东向和北向速度；λ 和 φ 分别为经度和纬度；R_{e} 为地球半径。

3. 惯性导航误差分析

1）*误差源*

平台式惯性导航系统的主要误差如下。

(1) 惯性测量部件的误差，即陀螺漂移以及加速度计的零偏和刻度系数误差。

(2) 安装误差，即加速度计和陀螺在平台上的安装误差。

(3) 初始条件误差，包括平台开始工作时与所选坐标系间的初始误差以及计算机在解算方程时的初始给定误差。

(4) 运动干扰误差，即冲击和振动造成的干扰所引入的误差。

(5) 其他误差，包括计算机舍入误差、地球曲率半径描述误差和有害加速度补偿误差等。

以上误差中，陀螺漂移是最主要的误差源，而影响最大的是北向陀螺漂移和方位陀螺漂移，它们会造成随时间积累的位置偏差。东向陀螺漂移影响平台方位对准的精度。加速度计零偏将引起经纬度和平台姿态角的常值偏差。

2）*误差特性*

惯性导航系统的误差总体表现为可预测的低频振荡和偏移，高频分量可忽略。以平台式无阻尼惯性导航系统为例，惯性平台的运动及系统输出量的误差具有舒勒(Schuler)周期、傅科(Foucault)周期和地球周期三种振荡周期的特征。平台初始偏角和陀螺漂移均产生方位误差，包含舒勒周期和地球周期的振荡分量；位置误差也包含舒勒周期和地球周期的振荡分量，纬度误差是有界的，不随时间增长，而经度误差是积累的，甚至发散；加速度计零位误差、陀螺随机漂移误差和平台初始偏角误差，使平台水平倾角产生以 84.4 min 为周期的误差，而加速度计零位误差是其主要误差源。

无阻尼惯性导航系统属于临界稳定系统。在常值误差(常值陀螺漂移或常值加速度计零偏)作用下，东向速度误差、北向速度误差、三个平台角误差和纬度误差等 6 个系统误差量作等幅振荡(不包括经度误差，经度误差是发散的)。某平台误差角无阻尼等幅振荡如图 3.2.7 所示。随机性惯性元件的误差导致的系统误差却是随时间增长的，振荡的幅度会越来越大，如图 3.2.8 所示。

对于震荡性误差，可以通过施加阻尼的方法使误差的幅值衰减，在水平修正回路加入的阻尼称为水平阻尼；在方位误差和纬度误差回路加入的阻尼称为方位阻尼。对于发散性误差，可以通过校正的方法，即不断地从外部获得舰船准确的位置和方位信息，对系统的输出进行重调，并估计陀螺漂移进行补偿，即综合校正，以提高惯性导航系统的精度。

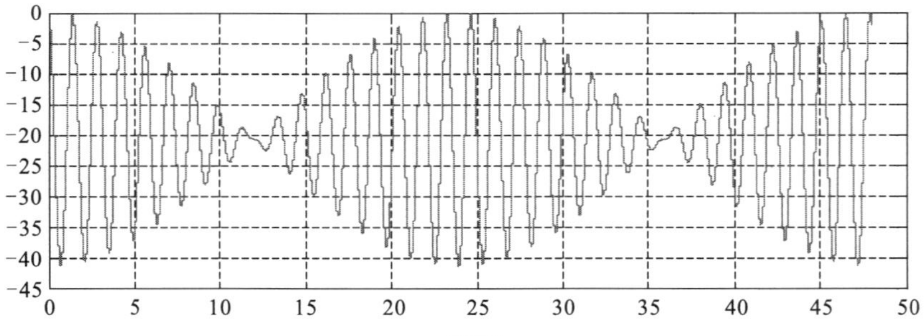

图 3.2.7　平台误差角的等幅振荡(惯性元件常值误差作用)

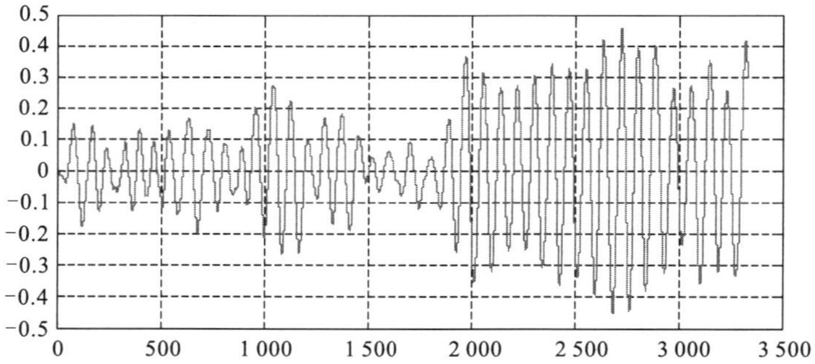

图 3.2.8　平台误差角的发散特性(惯性元件随机误差作用)

3.3　计程仪和测深仪

3.3.1　计程仪

船用计程仪(marine log)是用来测量船舶运动速度和累计船舶航程的仪器。计程仪可分为相对计程仪和绝对计程仪。

相对计程仪测量对水速度和航程，如拖曳计程仪、转轮计程仪、水压计程仪和电磁计程仪等。相对计程仪测量的对水速度可以体现风对船舶运动的影响，而不能体现水流的影响，即“计风不计流”。

绝对计程仪测量对地航速和航程，当水深很深时可测量对水层的航速和航程，而无法测量对地速度和航程，如多普勒计程仪和声相关计程仪等。常用计程仪典型性能参数如表 3.3.1 所示。

表 3.3.1　常用计程仪典型性能参数

性能参数	水压计程仪	电磁计程仪	多普勒计程仪
灵敏度 / kn	＞1	0.1	0.01
精度 / %	＞10	5	0.5
参考量	海水	海水	地
维数	1	1	2

1. 电磁计程仪

电磁计程仪(electromagnetic log)利用电磁感应原理测量航速和累计航程。其特点是：测速灵敏度高，测速范围宽，线性度较好，可测后退航速，测速精度较高(0.1 kn 左右)，受水文条件(如海水密度、盐度和温度等)影响较小，应用最广。

电磁计程仪利用海水水流切割磁力线感应出来的电动势测量对水速度。如图 3.3.1 所示，船舶航行时，速度为 V 的水流与交流磁场磁力线正交且切割磁力线，在垂直流速方向的一对电极上感应出与速度 V 成正比的电势 E_B。由于磁场、两电极和水流的方向互相垂直，根据电磁感应定律有 $E_{Bm}=B_m dV\times 10^{-8}$ (V)。其中：E_{Bm} 为感应电动势幅值；B_m 为磁感应强度幅值(Gs)；d 为导管直径即两个电极间的距离(m)；V 为水流速度即船舶对水速度(m/s)。从而有

$$V=10^8/(B_m d)\times E_{Bm}=KE_{Bm}\ \text{(m/s)} \tag{3.3.1}$$

其中：K 为常数。可见航速与感应电动势 E_{Bm} 成正比。该感应电动势经放大和转换，可得到航速和航程。

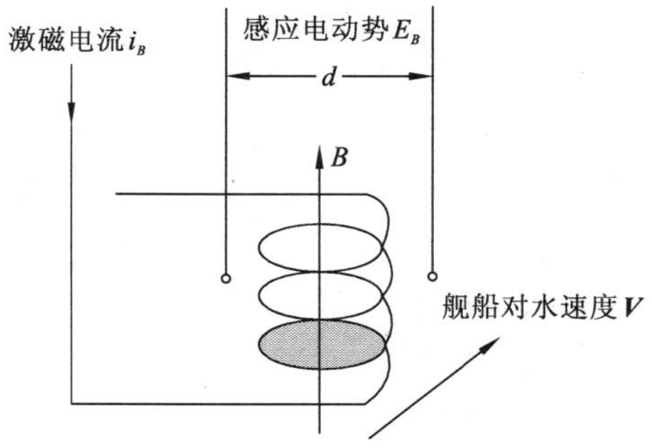

图 3.3.1　电磁计程仪工作原理图

2. 多普勒计程仪

多普勒计程仪是利用超声波在水中传播的多普勒效应来测量航速和累计航程的水声导航仪器。

多普勒效应是指当声源与接收者之间存在相对运动时，接收的声波频率与声源发出的频率不同的现象。声波向接收点方向运动时，接收频率升高；背向运动时，接收频率降低。下面给出相应的多普勒频移计算公式。设声源发射频率为 f_0，接收点接收频率为 f。若观测点相对声源静止，则 $f=f_0$；若声源与观测点有相对运动，则 $f\neq f_0$，这种频率变化量称为多普勒频移。若声源以速度 V 向观察点行驶，声波速度为 c，则接收的声波频率为 $f=c/(c-V)f_0$，多普勒频移 $\Delta f=f-f_0=V/(c-V)f_0$；若声源以速度 V 背向接收点运动，$\Delta f=-V/(c+V)\cdot f_0$。由于 $V<<c$，有 $\Delta f=\pm V/c\cdot f_0$。

若在以速度 V 运动的声源处再装一个接收器，接收从固定点反射回来的声波，从发射到接收将有两次频移，由相向运动频率及频移公式，可得接收点频率 $f=(1+2V/c)\cdot f_0$，频移 $\Delta f=(2V/c)\cdot f_0$。通常舰船航行正前方没有反射物，只能利用海底反射回波。设声波束发射方向与声波运动方向的夹角即发射俯角为 θ，如图 3.3.2 所示，两次频移后的频移量 $\Delta f=(2V\cos\theta/c)\cdot f_0$。变换后可得航速计算公式：

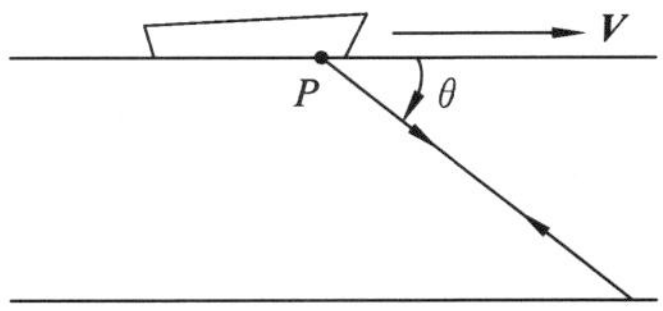

图 3.3.2　多普勒计程仪原理图

$$V=\frac{c}{2f_0\cos\theta}\Delta f \tag{3.3.2}$$

若声速 c、发射俯角 θ 和发射频率 f_0 已知，测出多普勒频移 Δf，即可确定舰船相对海底速度 V。再求速度对时间的积分，即可计算出舰船航行的里程数。为消除舰船垂向运动和纵摇运动产生的测速误差，更多的是将单波束测速改为双波束测速，即向前下方和后下方各发射声波，其对应的航速计算公式为

$$V=\frac{c}{4f_0\cos\theta}\Delta f$$

多普勒计程仪有“水层跟踪”和“海底跟踪”两种工作方式。用于“水层跟踪”时为相对计程仪，用于“海底跟踪”时为绝对计程仪。其特点是：测速线性好，精度高(最低测速门限约为 0.01 kn，航程精度为 0.2%～0.5%)，可以同时测量纵向的前进和后退速度及横向速度。

由于多普勒计程仪测量对地速度的误差不随时间积累，具有一定的自主性，与惯性导航系统组合，可辅助惯性导航系统动基座对准，对惯性导航系统进行校正，构成高精度、自主的水下综合导航系统。

3.3.2 测深仪

回声测深仪(echo-sounder)是一种水声导航设备。回声测深仪提供船舶所处位置的水深信息，可以保障航行安全，也可结合海图或岸上导航目标确定船位，是船舶航行必不可少的设备。除测深仪外，还有可同时测量水深和下潜深度的测深测潜仪。

声波是由机械振动产生的。回声测深仪利用换能器产生超声波信号，并向海底发射，再接收它的回波来测量水深。声波在水中传播，遇到不同的介质，如海底、鱼群和水中气泡等，会在其介面处产生反射声波。如图 3.3.3 所示，A 和 B 分别为发射换能器和接收换能器，测量声脉冲从发射到接收到的时间为 t，已知海水中的声波速度为 c，基线距离为 S，换能器深度为 D，即可计算出水深 H，计算公式为

$$H = D + h = D + \sqrt{(ct)^2 - S^2}\Big/2 \tag{3.3.3}$$

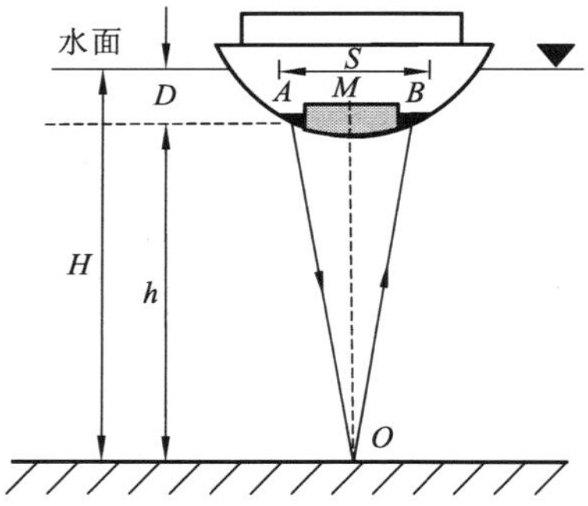

图 3.3.3 测深仪原理图

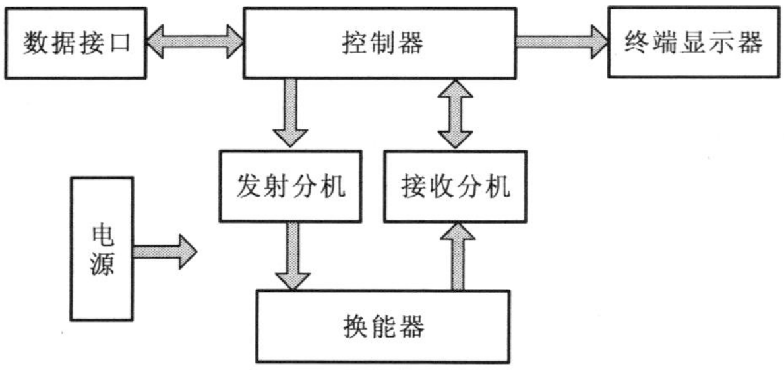

图 3.3.4 回声测深仪组成框图

相对水深来说，基线距离一般小得多，目前许多回声测深仪的声波发射和接收由同一个换能器实现，这样，$S=0$。声波在海水中的传播速度与声波的频率无关，主要与与海水温度、含盐量和静压力有关，声波在海水中的传播速度一般取 1 500 m/s。因此，式(3.3.3)可简化为

$$H = D + ct/2 = D + 750t \tag{3.3.4}$$

如图 3.3.4 所示，回声测深仪一般由湿端和干端组成。干端部分通常包括发射分机、接收分机、控制器、终端显示器和数据接口；湿端包括换能器和声学构件。发射分机用来产生脉冲信号，经功率放大及输出信号匹配后送至换能器向海底发射。接收分机用于处理换能器接收的海底微弱回波信号。控制器根据不同测深量程提供不同周期和脉宽的发送信号，并向接收分机提供控制信号。记录器用于打印记录回波到达时刻的信号。数据接口将水深数据按一定格式发送给综合导航设备，并接收外部船位信息，在终端上显示。

3.4 无线电导航系统

无线电导航系统(radio navigation system)可分为陆基无线电导航系统和星基无线电导航系统。本节主要介绍船用陆基无线电导航系统。

3.4.1 常用无线电导航系统

常用的船用无线电导航系统包括无线电测向系统、罗兰 A 系统、台卡系统、奥米伽系统、罗兰 C 系统和罗兰 D 系统等。

1. 无线电测向系统

无线电测向系统属中低频、近程、时分制、采用振幅测向的无线电导航系统，由船上的无线电测向仪和岸上的无线电信标台组成。无线电测向仪采用环形天线测定信标台方向，从而对船舶进行测向和定位。测向精度一般为 2°～5°，作用距离为 100 n mile。其设备简单，使用方便，目前在近岸区域仍在广泛应用。

2. 罗兰 A 系统

罗兰 A 是一种中程、中频(2 MHz)、脉冲双曲线导航系统。白天测地波，作用距离为 700 n mile，定位精度约为 1 n mile；夜间测天波，作用距离为 1 400 n mile，定位精度为 1～3 n mile。由于精度原因，目前各国已基本不再使用。我国于 20 世纪 70 年代中期建成了自己的罗兰 A 系统，命名为“长河一号”系统。

3. 台卡系统

台卡是一种近程、高精度相位双曲线导航系统。它按频率分割制，通过测量主、副台信号相位差得到双曲线位置线，可靠作用距离约为 240 n mile，定位精度为几十到几百米，夜间定位误差较白天大 3～4 倍，1989 年已停止工作。我国的“长河三号”系统与其类似，不同之处在于“长河三号”系统是按时间分割制工作的，因可靠性原因未得到推广使用。

4. 罗兰 D 系统

罗兰 D 是一种为战术应用设计的中程、脉冲相位双曲线无线电导航系统，由罗兰 C 改进而来，如英国的“脉冲-8”系统和我国的 820 精密定位系统。其地面台规模小，可机动，发射功率约为 100 kW，作用距离为 500～800 n mile，定位精度为 0.25 n mile，重复精度约为 15 m。

5. 奥米伽系统

奥米伽系统是一种超远程、相位差无线电导航系统。它的作用距离可达 7 000 n mile，可实现全球定位和水下定位，入水深度最大可达 120 m，定位精度白天 2 n mile，夜间 4 n mile。由于 GPS 的成熟，美国于 1997 年 9 月关闭了该系统。与其类似的还有俄罗斯的阿尔法系统。

3.4.2 罗兰 C 系统

罗兰 C 系统(long range radio navigation system，Loran-C)是一种中远程脉冲相位双曲线无线电导航系统，我国称为“长河二号”系统，是目前使用最多的陆基无线电导航和授时系统。

在无线电导航领域，它属于陆基、低频、脉冲相位导航体制。目前舰用罗兰 C 导航仪多采用多台链罗兰 C/GPS 北斗组合接收机。

1. 工作原理

罗兰 C 系统的导航信号是 100 kHz 载频调制的脉冲信号，以脉冲组形式发射。脉冲组中的脉冲采用相位编码，主台脉冲组和副台脉冲组使用不同的编码。不同台链用不同的脉冲组重复周期(group repeatition interval，GRI)来区分，同一台链各台使用相同的 GRI。脉冲信号的包络形状是特殊设计的，能保证信号频谱能量的 99%以上集中在 90～110 kHz 的频带之内，且利于抑制天波干扰。

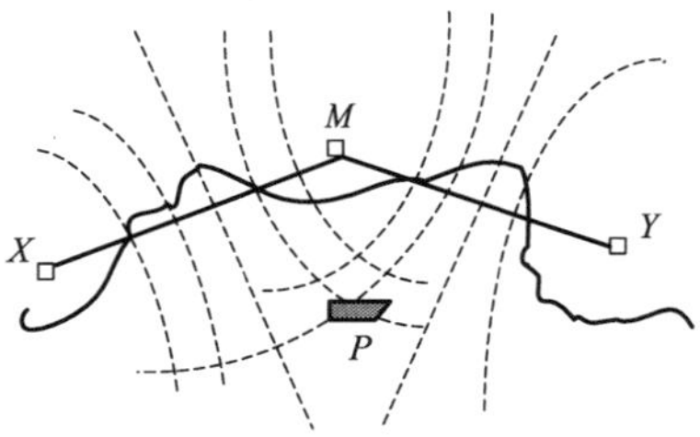

图 3.4.1　双曲线定位原理图

如图 3.4.1 所示，罗兰 C 系统的位置线是接收点到两个发射台具有固定距离差的曲线，即双曲线。由于无线电波以确定速度传播，且传播距离与时间成正比，罗兰 C 系统的位置线既是距离差位置线，也是时间差(简称为时差)位置线。此外，除双曲线定位外，也可采用圆周定位，此时位置线为圆，通过测量发射台到接收点的达到时间(time of arrival，TOA)获得。现代罗兰 C 接收机内部的微处理器能自动完成时差坐标到地理坐标的转换，为用户提供船位地理坐标。

2. 基本组成

罗兰 C 系统的基本组成为地面设施、用户设备、传播媒介和应用方法。

(1) 地面设施包括发射台、工作区监测站和台链控制中心。一个台链由若干个发射台组成。发射台提供无线电导航信号，发射台主要设备是发射天线和发射机(图 3.4.2(a))，工作区监测站和台链控制中心则监视和控制信号。我国“长河二号”系统包括北海台链、东海台链和南海台链，其 GRI 分别为 74 300、83 900 和 67 800，主台分别为山东荣成、安徽宣城和广西贺州。

(a) 固态发射机

(b) 罗兰C导航接收机及天线

图 3.4.2　罗兰 C 导航系统设备

(2) 用户设备，即导航接收机(图 3.4.2(b))，接收来自发射台的导航信号，并解算出定位和导航信息。

(3) 传播媒介，即无线电导航信号传播经过的地球表面和大气条件，包括各种自然和人为干扰。

(4) 应用方法包括定位几何体制(双曲线定位和圆圆定位)、使用的信号形式(地波信号和天波信号)和接收机的信号处理技术(单片机技术和 DSP 技术)等。

3. 主要技术指标

罗兰 C 系统的主要技术指标如下。

(1) 覆盖范围与系统配置有关，一般为 1 000～1 200 n mile。

(2) 定位精度，绝对精度为 460 m，重复精度为 18～90 m。

(3) 定位速率为 10～20 次 / min。

(4) 定位维数为二维。

(5) 用户容量为无限。

(6) 可靠性(三台组)为 99.7%。

(7) 可用性为 99%以上。

(8) 多值性，有，但易于解决。

4. 误差分析

罗兰 C 系统的定位误差主要包括以下几个部分。

(1) 主、副台时间同步误差。主台或副台未按规定时间发射信号所引起的时间误差，称为同步误差。罗兰 C 系统允许的同步误差为 50～60 ns，与其他误差相比，一般可忽略不计。

(2) 接收机测量误差。罗兰 C 接收机观测时差时的测量误差。时差测量误差与接收点信号电平、噪声场强和接收机性能有关。时差测量误差一般用数学估计加经验数据来描述。对于采用载波相位精确测量时差的全自动罗兰 C 导航仪来说，若接收点的信噪比大于 0 dB，一般认为测量误差为 10～100 ns；若信噪比为-10～0 dB，测量误差放大一个数量级。

(3) 电波传播误差。罗兰 C 主要依靠地波进行测时差定位，因此信号传播误差主要为地波传播的时间延迟。无线电波在两点间的传播时间可表示为 TOA＝PF＋SF＋ASF，其中一次相位因子 PF 为电波在大气中的传播时间，二次相位因子 SF 为海水相对大气的时间延迟，附加二次相位因子 ASF 为大地相对海水的时延变化。PF 和 SF 可以准确预算，而 ASF 与大地电导率、高程和大气折射指数等因素有关，预测困难，是目前影响罗兰 C 定位精度的主要误差。通过差分修正 ASF，可以达到 8～20 m 的船舶进港精度要求。

(4) 几何位置误差。接收点距主、副台的不同张角产生的误差，接收点在基线延长线上误差为无穷大，在基线上位置线偏差误差最小，一般用 GDOP 表示。

3.4.3　导航雷达和自动雷达标绘仪

船用导航雷达的基本用途是根据目标回波测定目标距离和方位，并由此测定船位。20 世纪 70 年代末发展起来的自动雷达标绘仪(automatic radar plotting aid，ARPA)能自动测定目标航速、航向和碰撞的可能性，并选择最佳避碰方案。此外，导航雷达还可用于海上救援、进出港口导航及编队航行的队形保持。

1. 导航雷达

1) 雷达测距原理

脉冲雷达是目前使用最广的导航雷达。它发射矩形脉冲，按一定的或交错的重复周期工作。

航海雷达一般采用厘米波，定向天线易制造和安装，电磁波反射能力强，受天气影响小。其测距原理如图 3.4.3 所示。雷达发射电磁波，电磁波在均匀介质中等速直线传播，遇到物体后反射，并被雷达接收。设电波传播速度为 c，测量往返传播的时间为 t，即可得到目标距离 $R=c\times t/2$。有的物标上装有应答器，应答器接收后回答信号滞后时间为 t_0，则发射点至物标的距离为

$$R=c\times(t-t_0)/2$$

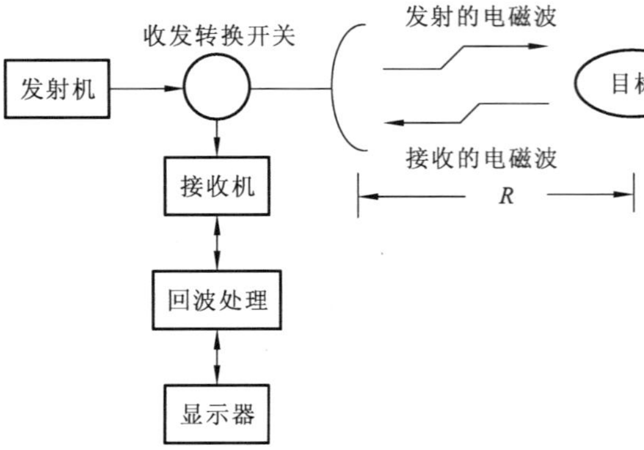

图 3.4.3　雷达测距基本原理

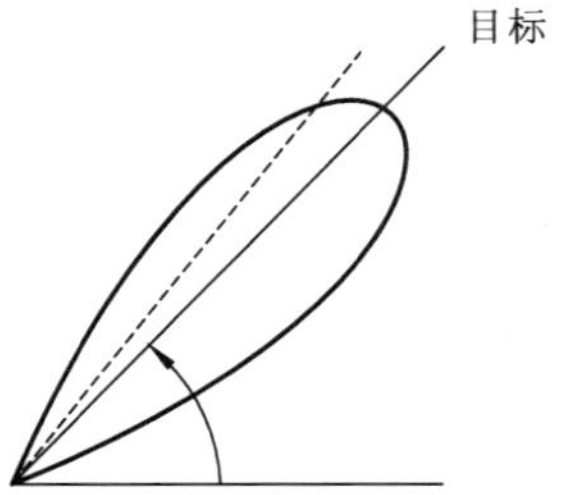

图 3.4.4　雷达发射波波形

对距离公式进行微分，得到测距误差 $\Delta R=\dfrac{R}{c}\Delta c+\dfrac{c}{2}\Delta t$。其中 Δc 为速度平均误差，Δt 为时间测量误差。一般地，将 c 视为常数，取自由空间中传播速度 3×10^8 m/s。实际上，电波在不同介质中的传播速度是不同的。由于气温、气压和水汽压的昼夜变化，电波传播速度变化约为 10^{-4}，限制了脉冲测距精度的提高。时间间隔误差主要受接收机测距电路延迟以及显示器和发射机同步不稳等因素影响。

2）雷达测向原理

雷达一般采用最大信号法测向。雷达天线发射的波束呈锥形，可用水平和垂直两个辐射特性的方向性图表示。以水平方向来为例，如图3.4.4所示，各方向线上功率密度不同，等距离的物标反射信号强度随着它在图上的相对位置不同而不同。物标落在水平方向性图的轴线上，即天线正对准物标时回波最强。目标偏离天线波束轴时，回波信号减弱，如虚线所示。观测时，一旦发现物标，只要转动天线使荧光屏上回波信号最强，这时天线指向就是物标方位角。

雷达测向精确度与许多因素有关，主要包括天线水平波束宽度、天线转角传到显示器的随动装置、角度指示器和标志强度特性等。一般的导航雷达测角误差约为±2°～3°。

2. 自动雷达标绘仪

避碰是综合导航系统重要的航行保障功能。ARPA 是目前较为先进的雷达导航避碰装置。它采用 X 波段和 S 波段，连续测量跟踪多批周围目标的方位和距离，同时接收导航设备的本船运动参数，计算本船在避碰时应采取的航向、航速、最近会遇距离（distance closest point of approach，DCPA）和最近会撞时间（time to closest point of approach，TCPA）。根据 DCPA 和 TCPA 的大小，ARPA 可以判断目标船对本船的碰撞危险程度，完成对危险目标优先录取、跟踪、更新及报警，其界面如图 3.4.5 所示。

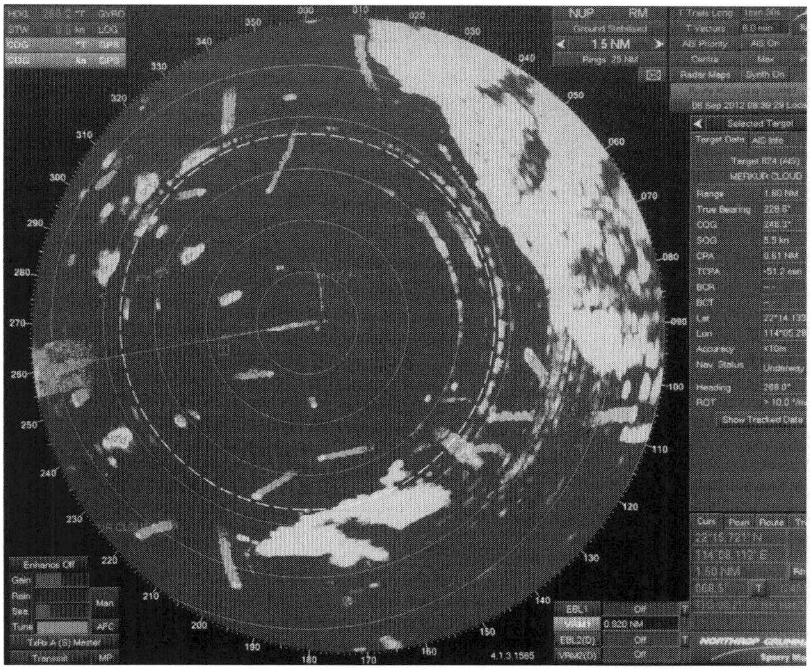

图 3.4.5 ARPA

3.4.4 自动识别系统

船舶在超视距或视线受限情况下的识别问题一直困扰着航海界。船舶自动识别系统(automatic identification system，AIS)是一种新型的船用助航设备，它是利用甚高频(very high frequency，VHF)海上移动波段工作的船载广播传输系统。AIS 的主要作用是防止船舶碰撞，它能够传输如船舶识别、位置、航线、速度、船舶吃水、船长和货物情况等船舶信息给其他船舶和岸上船舶管理中心。AIS 使用自组织时分多址(self-organlized time division multiple access，SOTDMA)技术实现高速数据广播，保证稳定、可靠的船对船和船对岸操作。

由于人们对海上安全及保安的需要，AIS 于 20 世纪 90 年代开始兴起，其成本低、作用大、应用广泛已形成共识，20 世纪末已基本完成了有关国际公约及性能标准的制定，并加紧应用推广工作。根据国际海上人命安全公约(International Convention for Safety of Life at Sea，SOLAS)的规定，所有 500 总吨及以上从事国际航行的船舶要求于 2004 年底前安装 AIS 设备。各沿海国为加强其对海上交通的监视，已建立或着手建立 AIS 岸基设施，我国于 2004 年完成了珠江口和长江口 AIS 岸基网络一期工程的建设工作(龚少军，2009)。

在船舶交通管理系统(vessel traffic management system，VTS)和 ARPA 上直接标识目标(AIS)需要解决的问题如下。

(1) 保证优于 10 m 的船舶定位精度(实测可达 3 m 精度)。

(2) 船舶具有全球唯一的水上移动通信业务标示码(maritime mobile service identify，MMSI)，也称为船舶识别号。每一艘船舶从开始建造到船舶使用结束解体，给予一个全球唯一的 MMSI 码。国际海事组织 1987 年就通过了推广应用 MMSI 码的决议。

(3) SOTDMA 技术是通过数据打包链接的技术。AIS 技术标准规定每分钟划分为 4 500 个时间段。在统一的 VHF 的频道上，AIS 范围内任何船舶都能自行互不干扰地发送报告和接收全部船舶(岸站)的报告，每个时间段可发布一条不长于 256 bit 的信息，长于 256 bit 的信息需增加时间段。

3.5 卫星导航系统

卫星导航系统利用空间位置精确已知的卫星作为基准点，通过用户接收机接收卫星发射的信号进行位置解算，从而实现导航、定位和授时等功能，目前国际上主要有美国的 GPS、俄罗斯的 GLONASS、中国的北斗和欧盟的 GALILEO 四大卫星导航系统。

3.5.1 GPS 全球卫星定位系统

GPS 能为陆、海、空、天的用户，全天候、全时间、连续地提供精确的三维位置、三维速度和时间信息。为提高定位的可用性和定位精度，避免受单方限制，目前舰用卫星导航仪普遍装备 GPS/GLONASS 组合导航仪。

1. 系统组成及工作原理

1) 系统组成

卫星导航系统由空间卫星星座、地面测控网(主控站、监控站和注入站)和用户设备组成。空间星座由 24 颗卫星(21+3 备用)组成，分布在 6 个轨道平面，轨道高度 22 000 km，轨道倾角 55°。

2) GPS 定位原理

如图 3.5.1 所示，设用户待定坐标为(X, Y, Z)，已知卫星坐标为(X_i, Y_i, Z_i) $(i=1, 2, 3, 4)$，接收机用户钟差为δt_u，大气传播延迟 ΔA，c 为电波传播速度，ρ 为伪距，则伪距观测方程为

$$\rho_i = \sqrt{(X_i - X)^2 + (Y_i - Y)^2 + (Z_i - Z)^2} + \Delta A_i + c \cdot \delta t_u \tag{3.5.1}$$

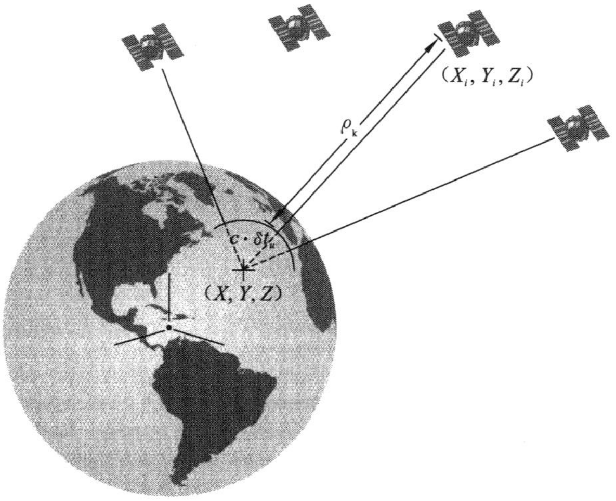

图 3.5.1 GPS 定位原理

设用户近似坐标为(X_0, Y_0, Z_0)，将式(3.5.1)在近似坐标处作泰勒(Taylor)级数展开，取至一阶项为

$$\rho_i = r_{Oi} + \frac{\partial \rho_i}{\partial X}\Delta X + \frac{\partial \rho_i}{\partial Y}\Delta Y + \frac{\partial \rho_i}{\partial Z}\Delta Z + \Delta A_i + c \cdot \delta t_u$$

近似距离为

$$r_{Oi} = \sqrt{(X_i - X_0)^2 + (Y_i - Y_0)^2 + (Z_i - Z_0)^2}$$

一阶偏导数为

$$\frac{\partial \rho_i}{\partial X} = -\frac{X_i - X_0}{r_{Oi}} = l_i, \quad \frac{\partial \rho_i}{\partial Y} = -\frac{Y_i - Y_0}{r_{Oi}} = m_i, \quad \frac{\partial \rho_i}{\partial Z} = -\frac{Z_i - Z_0}{r_{Oi}} = n_i$$

坐标增量为 $\Delta X = X - X_0$，$\Delta Y = Y - Y_0$，$\Delta Z = Z - Z_0$，则

$$\rho_i - r_{Oi} - \Delta A_i = l_i \cdot \Delta X + m_i \cdot \Delta Y + n_i \cdot \Delta Z + c \cdot \delta t_u$$

$$\begin{bmatrix} \rho_1 - r_{O1} - \Delta A_1 \\ \rho_2 - r_{O2} - \Delta A_2 \\ \rho_3 - r_{O3} - \Delta A_3 \\ \rho_4 - r_{O4} - \Delta A_4 \end{bmatrix} = \begin{bmatrix} l_1 & m_1 & n_1 & c \\ l_2 & m_2 & n_2 & c \\ l_3 & m_3 & n_3 & c \\ l_4 & m_4 & n_4 & c \end{bmatrix} \begin{bmatrix} \Delta X \\ \Delta Y \\ \Delta Z \\ \delta t_u \end{bmatrix}$$

$$\begin{bmatrix} \Delta X \\ \Delta Y \\ \Delta Z \\ \delta t \end{bmatrix} = \begin{bmatrix} l_1 & m_1 & n_1 & c \\ l_2 & m_2 & n_2 & c \\ l_3 & m_3 & n_3 & c \\ l_4 & m_4 & n_4 & c \end{bmatrix}^{-1} \begin{bmatrix} \rho_1 - r_{O1} - \Delta A_1 \\ \rho_2 - r_{O2} - \Delta A_2 \\ \rho_3 - r_{O3} - \Delta A_3 \\ \rho_4 - r_{O4} - \Delta A_4 \end{bmatrix}$$

迭代 $X_0+\Delta X \to X_0$，$Y_0+\Delta Y \to Y_0$，$Z_0+\Delta Z \to Z_0$，直到坐标增量小于设定阈值。解算得到坐标为

$$X = X_0 + \Delta X, \quad Y = Y_0 + \Delta Y, \quad Z = Z_0 + \Delta Z$$

如果测量出伪距 ρ_i (i=1，2，3，4)，又已知卫星坐标(X_i, Y_i, Z_i)，则可以由以上方程组计算出用户坐标(X, Y, Z)。

2. 误差分析

1）定位误差来源

GPS测量误差源包括四部分：与GPS卫星有关的误差、与信号传播有关的误差、与接收设备有关的误差及其他误差。为便于理解，通常把各种误差的影响到站星距离上，以相应的距离误差表示，称为等效距离误差。GPS测量误差分类及其对测距的影响如表3.5.1所示。

表 3.5.1 GPS 测量误差分类及其对测距误差的影响

误差来源	误差种类	对距离的影响/m
GPS 卫星	卫星星历误差、卫星钟差、相对论效应	1.5～15.0
信号传播	电离层延迟、对流层延迟、多路径效应	1.5～15.0
接收设备	接收机钟差、相位中心位置误差、接收机安置误差	1.5～5.0
其他影响	地球潮汐、负荷潮	1.0

按误差性质，卫星导航的误差可分为系统误差和偶然误差，系统误差主要包括卫星星历误差、卫星钟差、大气折射误差和接收机钟差等，偶然误差主要包括信号多路径效应误差和接收

机观测误差等。卫星星历误差、卫星钟差、电离层折射误差和对流层折射误差等系统误差是影响GPS定位精度的主要因素。

GPS定位精度除取决于等效距离误差外，还取决于地面接收机与GPS卫星空间交会的几何图形结构。用户与卫星间的几何关系对定位误差影响的大小用几何精度因子(geometric dillution of precision，GDOP)表示，对其分解，还有位置精度因子(position dillution of precision，PDOP)、水平精度因子(horizontal dillution of precision，HDOP)、垂直精度因子(vertical dillution of precision，VDOP)和钟差精度因子(time dillution of precision，TDOP)等，各精度因子表达式为

$$\begin{cases} \text{GDOP} = \sqrt{\sigma_X^2 + \sigma_Y^2 + \sigma_Z^2 + \sigma_t^2} \\ \text{PDOP}=\sqrt{\sigma_X^2 + \sigma_Y^2 + \sigma_Z^2} \\ \text{HDOP} = \sqrt{\sigma_X^2 + \sigma_Y^2} \\ \text{VDOP} = \sigma_Z \\ \text{TDOP} = \sigma_t \end{cases}$$

其中：σ_X^2、σ_Y^2和σ_Z^2为伪距分量方差；σ_t^2为时钟偏差方差。

2) 定位与测速误差模型

GPS 输出的位置可表示为

$$\begin{cases} \varphi_{\text{G}} = \varphi_t + N_{\text{N}}/R_{\text{M}} \\ \lambda_{\text{G}} = \lambda_t + N_{\text{E}}/\left(R_{\text{N}}\cos\varphi\right) \\ h_{\text{G}} = h_t + N_Z \end{cases}$$

其中：(φ_t，λ_t)为真实位置；N_{E}和N_{N}分别为 GPS 定位点在经度和纬度方向的距离误差。它是时间相关的随机量，将N_{E}、N_{N}和N_Z视为白噪声，其方差分别为$\sigma_{p\text{E}}^2$、$\sigma_{p\text{N}}^2$和σ_{pZ}^2，且

$$\sigma_{p\text{E}} = \text{HDOP}_{\text{E}} \times \sigma_\rho, \quad \sigma_{p\text{N}} = \text{HDOP}_{\text{N}} \times \sigma_\rho, \quad \sigma_{pZ} = \text{VDOP} \times \sigma_\rho$$

其中：σ_ρ为伪距测量误差。

GPS 输出的速度可表示为

$$\begin{cases} V_{\text{GN}} = V_{\text{N}} + M_{\text{N}} \\ V_{\text{GE}} = V_{\text{E}} + M_{\text{E}} \\ V_{\text{GZ}} = V_Z + M_Z \end{cases}$$

其中：(V_{N}，V_{E}，V_Z)为载体沿地理坐标系各轴向的速度真值；M_{E}、M_{N}和M_Z为 GPS 测速误差。观测噪声视为白噪声，其方差分别为$\sigma_{V\text{E}}^2$、$\sigma_{V\text{N}}^2$和σ_{VZ}^2，且

$$\sigma_{V\text{E}} = \text{HDOP}_{\text{E}} \times \sigma_{\dot\rho}, \quad \sigma_{V\text{N}} = \text{HDOP}_{\text{N}} \times \sigma_{\dot\rho}, \quad \sigma_{VZ} = \text{VDOP} \times \sigma_{\dot\rho}$$

其中：$\sigma_{\dot\rho}$为伪距速率测量误差。

3.5.2 北斗卫星导航系统

1. 发展概述

北斗卫星导航系统是我国自主研制的卫星导航系统。北斗卫星导航系统采用三步走的发展战略，即区域有源系统（“北斗一号”）、区域无源系统（“北斗二号”）和全球无源系统（“北斗三号”）。“北斗一号”采用双星有源定位体制，用户容量、定位精度、隐蔽性和定位频度

等方面均受到限制，而且无测速功能。“北斗二号”系统采用无源定位体制，隐蔽性大大增强。“北斗三号”工程完成后将实现全球覆盖，成为真正的全球卫星定位系统。北斗卫星导航系统发展阶段及其特征如表 3.5.2 所示。

表 3.5.2　北斗卫星导航系统发展阶段及其特征

发展阶段	建成时间	星座数量	星座组成	特征
“北斗一号”	2004 年	2	2GEO	区域有源
“北斗二号”	2012 年	14	5GEO＋5IGSO＋4MEO	区域无源
“北斗三号”	2020 年	30	3GEO＋3IGSO＋24MEO	全球无源

1）“北斗一号”系统（北斗卫星导航试验系统）

1994 年，“北斗一号”工程正式启动，该系统为区域有源导航系统。它采用 3 颗（2 颗工作，1 颗备份）地球静止轨道（geostationary earth orbit，GEO）卫星，是世界上首个集定位、授时和报文通信为一体的卫星导航系统。2000 年 10 月～2007 年 2 月，4 颗北斗导航试验卫星（1A、1B、1C 和 1D）相继发射成功，位于距离地球 36 000 km 的同步轨道（E80°、E140°、E110.5°和 E86°）。2004 年，“北斗一号”系统正式运营，目前卫星已全部退役。

2）“北斗二号”系统（北斗卫星导航区域服务系统）

2004 年 8 月，“北斗二号”系统工程正式启动，该系统定位为区域无源导航系统。2007 年 4 月～2012 年 10 月，16 颗“北斗二号”导航卫星先后发射成功；2016 年 3 月～2019 年 5 月 4 颗备用卫星又先后发射成功，卫星发射时间及状态如表 3.5.3 所示。其中 14 颗卫星组网并提供服务，包括 5 颗 GEO 卫星、5 颗倾斜地球同步轨道（inclined geosynchronous orbit，IGSO）卫星和 4 颗中圆地球轨道（medium earth orbit，MEO）卫星。GEO 卫星和 IGSO 卫星的轨道高度均为 35 786 km，MEO 卫星轨道高度为 21 528 km，MEO 卫星和 IGSO 卫星均在倾角 55°的轨道面上。

表 3.5.3　“北斗二号”系统卫星发射时间及状态

北斗卫星序号	类型	发射日期	运行状态
01	MEO	2007 年 4 月 14 日	退役
02	GEO	2009 年 4 月 15 日	退役
03	GEO	2010 年 1 月 17 日	正常工作
04	GEO	2010 年 6 月 2 日	在轨维护
05	IGSO	2010 年 8 月 1 日	正常工作
06	GEO	2010 年 11 月 1 日	正常工作
07	IGSO	2010 年 12 月 18 日	正常工作
08	IGSO	2011 年 4 月 10 日	正常工作
09	IGSO	2011 年 7 月 27 日	正常工作
10	IGSO	2011 年 12 月 2 日	正常工作

续表

北斗卫星序号	类型	发射日期	运行状态
11	GEO	2012 年 2 月 25 日	正常工作
12、13	MEO	2012 年 4 月 30 日	正常工作
14、15	MEO	2012 年 9 月 19 日	退役
16	GEO	2012 年 10 月 25 日	正常工作
22	IGSO	2016 年 3 月 30 日	备用星，正常工作
23	GEO	2016 年 6 月 12 日	备用星，正常工作
32	IGSO	2018 年 7 月 10 日	备用星，正常工作
45	GEO	2019 年 5 月 17 日	备用星，正常工作

3）“北斗三号”系统(北斗卫星导航全球服务系统)

目前我国正在实施“北斗三号”系统建设，“北斗三号”系统为全球导航系统。2015 年 3 月 30 日，首颗全球组网的“北斗三号”导航卫星发射成功。截止到 2019 年 11 月 23 日，共发射 51 颗北斗导航卫星，其中 26 颗为“北斗三号”组网卫星。卫星发射时间及状态如表 3.5.4 所示。“北斗三号”基本系统目前已建成，2018 年 12 月 27 日正式提供全球服务。2020 年将建成覆盖全球的北斗卫星导航系统。建成后空间段由 30 颗组网卫星组成，包括 24 颗 MEO 卫星(运行在 3 个相隔 120°均匀分布的轨道面上)、3 颗 GEO 卫星和 3 颗 IGSO 卫星。

表 3.5.4　“北斗三号”系统卫星发射时间及状态

北斗卫星序号	“北斗三号”卫星序号	类型	发射日期	状态
17		IGSO	2015 年 3 月 30 日	在轨试验
18、19		MEO	2015 年 7 月 25 日	在轨试验
20		IGSO	2015 年 9 月 30 日	在轨试验
21		MEO	2016 年 2 月 1 日	在轨试验
24、25	1、2	MEO	2017 年 11 月 5 日	正常工作
26、27	3、4	MEO	2018 年 1 月 12 日	正常工作
28、29	5、6	MEO	2018 年 2 月 12 日	正常工作
30、31	7、8	MEO	2018 年 3 月 30 日	正常工作
33、34	9、10	MEO	2018 年 7 月 29 日	正常工作
35、36	11、12	MEO	2018 年 8 月 25 日	正常工作
37、38	13、14	MEO	2018 年 9 月 19 日	正常工作
39、40	15、16	MEO	2018 年 10 月 15 日	正常工作
41	17	GEO	2018 年 11 月 1 日	在轨测试
42、43	18、19	MEO	2018 年 11 月 19 日	正常工作
44	20	IGSO	2019 年 4 月 20 日	正常工作
46	21	IGSO	2019 年 6 月 25 日	正常工作
47、48	22、23	MEO	2019 年 9 月 23 日	正常工作
49	24	IGSO	2019 年 11 月 5 日	正常工作
50、51	25、26	MEO	2019 年 11 月 23 日	正常工作

相对“北斗二号”系统，“北斗三号”系统的改进和技术特点如下。

(1) 采用新型导航信号体制。在保留“北斗二号”卫星 B1I、B3I 信号的基础上，“北斗三号”系统新增了 B1C 互操作公开信号，采用新设计的 B2a 信号替代原 B2I 信号，实现了信号性能的提升，同时考虑了与其他卫星导航系统的兼容性与互操作性。

(2) 采用更高精度的原子钟。卫星采用了更高稳定度、更小漂移率的高精度铷原子钟和氢原子钟，铷原子钟和氢原子钟的天稳定度分别为 E-14 量级和 E-15 量级，卫星时频基准性能大幅提高。此外，星载时频系统增加了卫星钟完好性监测与卫星钟自主平稳切换等功能。

(3) 采用星间链路。配置了 Ka 频段星间链路，采用了相控阵天线等星间链路设备，实现了星间双向精密测距和通信。通过星间链路相互测距和校时，实现了多星测量，增加了观测量，改善了自主定轨的几何观测结构，利用了星间测量信息自主计算并修正了卫星轨道位置和时钟系统，实现了星-星-地联合精密定轨，提高了卫星定轨和时间同步精度，空间信号精度优于 0.5 m，进而提高了系统定位和服务精度(中国卫星导航系统管理办公室，2018)。

2012 年 12 月 27 日，北斗系统空间信号接口控制文件 1.0 公布，北斗导航业务正式对亚太地区提供无源定位、导航和授时服务。2013 年 12 月，《北斗系统公开服务性能规范(1.0 版)》和《北斗系统空间信号接口控制文件(2.0 版)》(中国卫星导航系统管理办公室，2013)两个系统文件正式发布。2014 年 11 月 23 日，国际海事组织海上安全委员会审议通过对北斗卫星导航系统认可的航行安全通函，标志着北斗导航系统正式成为全球无线电导航系统的组成部分，取得面向海事应用的国际合法地位。2018 年 12 月，《北斗卫星导航系统公开服务性能规范(2.0 版)》发布(中国卫星导航系统管理办公室，2018)。

与其他卫星导航系统相比，北斗系统具有的特点有：一是北斗系统空间段采用三种轨道卫星组成的混合星座，与其他卫星导航系统相比高轨卫星更多，抗遮挡能力更强，尤其低纬度地区性能特点更为明显；二是北斗系统提供多个频点的导航信号，能够通过多频信号组合使用等方式提高服务精度；三是北斗系统创新融合了导航与通信能力，具有实时导航、快速定位、精确授时、位置报告和短报文通信服务五大功能。

2. 基本组成及工作原理

1) 基本组成

北斗卫星导航系统由空间段、地面控制段和用户段三部分组成。

(1) 空间段是由若干 GEO 卫星、IGSO 卫星和 MEO 卫星组成的混合导航星座。

(2) 地面控制段主要由主控站、时间同步/注入站和监测站等组成，负责系统导航任务的运行控制。主控站是北斗系统的运行控制中心，主要任务包括：①收集各时间同步/注入站、监测站的导航信号监测数据，进行数据处理，生成导航电文等；②任务规划与调度以及系统运行管理与控制；③星地时间观测对比，向卫星注入导航电文参数；④卫星有效载荷监测和异常情况分析。

(3) 北斗系统用户段包括北斗兼容其他卫星导航系统的芯片、模块和天线等基础产品，以及终端、应用产品和应用服务等。

2) 定位原理

“北斗二号”系统具有两种基本工作模式，即卫星无线电测定业务(radio determination satellite service，RDSS)和卫星无线电导航业务(radio navigation satellite service，RNSS)。

(1) RDSS 模式。

RDSS 模式下，用户至卫星的距离测量和位置计算不是由用户自身独立完成的，而是由外部系统通过用户应答方式完成的。其特点是：主动式双向测距，双星有源定位，三球交会原理。其基本原理是：利用两颗地球同步卫星，采用应答方式，由地面中心控制系统解算，向用户提供三维定位数据，并兼有双向间断报文通信和授时功能。

(2) RNSS 模式。

RNSS 模式下，由用户接收卫星无线电导航信号，自主完成至少 4 颗卫星的距离测量，进行用户位置、速度和时间参数的计算。其特点是：单向测距，四星无源定位，四球交会测量原理，实现基本的导航、定位和授时等功能。GPS 是典型的 RNSS 系统。

(3) RDSS/RNSS 双模工作。

将 RDSS 和 RNSS 模式组合，可以最大程度地利用北斗资源，既可以定位、测速和授时(RNSS 模式)，又可以进行双向报文通信(RDSS 模式)。“北斗二号”系统可在双模方式下工作。

3) 坐标系和时间系统

北斗卫星导航系统的坐标系采用 2000 中国大地坐标系，时间基准采用北斗时(BDT)。BDT 采用国际单位制(SI)秒为基本单位连续累计，不闰秒，起始历元为 2006 年 1 月 1 日协调世界时(UTC)00 时 00 分 00 秒，采用周和周内秒计数。BDT 通过 UTC(NTSC)与国际 UTC 建立联系，BDT 与 UTC 的偏差保持在 50 ns 内(模 1 s)。BDT 与 UTC 之间的闰秒信息在导航电文中播报(中国卫星导航系统管理办公室，2018)。

3. 主要技术指标

经全球范围测试评估，“北斗三号”系统目前的主要技术指标如下(中国卫星导航系统管理办公室，2018)。

(1) 系统服务区为全球。

(2) 定位精度(置信度 95%)为亚太地区水平≤5 m，高程≤5 m；其他地区水平≤10 m，高程≤10 m。

(3) 授时精度(置信度 95%)为亚太地区≤10 ns，全球≤20 ns。

(4) 短电文通信为我国周边地区具备每次 140 个汉字的信息交换能力。

3.6 气象导航设备

气象状况对于海上船舶航行安全和舰船武器的命中精度非常重要。狂风、巨浪、暴雨和浓雾等恶劣海洋气象条件，严重影响舰船航行安全。

3.6.1 气象仪

1. 常用气象要素

1) 风

下面简要给出有关风速和风向的参数及其含义。

(1) 真风速、真风向，即观测者静止时测量到的风向(风吹来的方向)和风速。

(2) 视风速、视风向，即真风与船舶航向和航速的合成风(也称为相对风)的风向和风速。

(3) 平均风速，即一定时间内(一般取 120 s)真风速的滑动平均值。

(4) 最大风速，即一定时间内(一般取 120 s)真风速的最大值。

(5) 风级，即风力等级，用于表示风速大小。一般采用蒲福风力等级，按照风速范围，分为 0～17 共 18 级。0 级为无风，12 级为飓风(风速 32.7～36.9 m/s)，13 级以上为台风。

(6) 主导风向，即风频最大的风向角的范围，也称为最多风向角。

测量相对风向和相对风速，接收航向和航速，即可解算出真风速和真风向，进而可计算出平均真风速和最大真风速。根据平均风速可定出风级。根据 120 s 内采集的风向值求得最多风向角。

风向和风速的常用单位分别为(°)和 m/s。

2) 气压

气压即大气压强，是指某一观测高度到大气上界单位面积上铅直空气柱的重量。

气压单位的国际单位为帕斯卡(Pa)，$1\text{Pa}=1\ \text{N/cm}^2$，气象上采用百帕(hPa)，此外还有毫米水银柱高(mmHg)和毫巴(mb)。各单位的换算关系为

$$1\ \text{hPa}=100\ \text{Pa}=1\ \text{mb}=3/4\ \text{mmHg}$$

标准大气压是指温度为 0 °C、纬度为 45°的海平面上的气压，其值为 760 mmHg，相当于 1 013.25 hPa。

3) 气温

气温是表示空气冷热程度的物理量，采用温标表示，常用摄氏温标(°C)，一些英语国家采用华氏温标(°F)。换算关系为°F＝°C×1.8＋32。

4) 湿度

湿度(humidity)是表示大气潮湿程度的物理量。湿度可分为绝对湿度(absolute humidity，AH)和相对湿度(relative humidity，RH)。绝对湿度是指单位体积空气中的水汽质量，即水汽密度(g/cm^3)；相对湿度是指实际水气压和同温度下的饱和水汽压的百分比(%)。绝对湿度不会随气温变化而改变，而相对湿度会随着气温升高而降低。

2. 船舶气象仪

船舶气象仪(weather instrument)是一种在海上实时测量、观察所在海域的气象参数(如风向、风速、温度、湿度和大气压力等)的仪器。

船舶气象仪一般由主仪器、传感器和外部设备(分显示器、接口和存储器等)等部分组成，如图 3.6.1 所示。

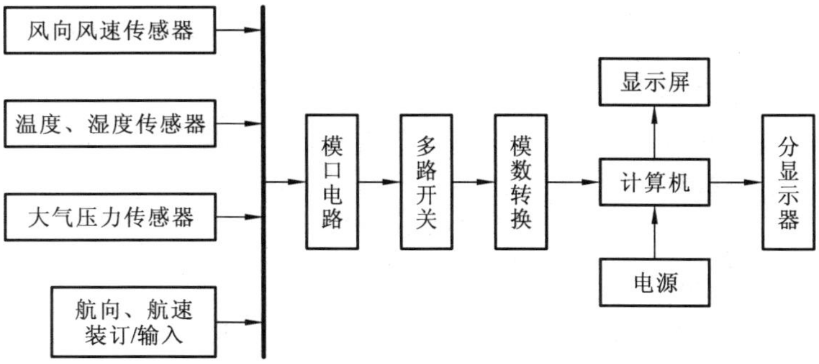

图 3.6.1　气象仪组成原理框图

1) 风向风速传感器

风向风速传感器结构如同无机翼的小飞机。它灵敏度高，起动风速小、线性好、测风范围宽、精度较高、抗恶劣环境能力强。

(1) 风向测量。风吹动小飞机垂直尾翼，尾翼带动小飞机机身转动，通过机械结构带动一个360°旋转电位器，通过测量电位器滑动端的阻值即可获得风向的角度值。为测量阻值，向电位器施加一个基准电压，然后测量滑动端的电压值，即可测得阻值。

(2) 风速测量。风吹动小飞机的轮叶旋转，再带动光栅片转动，光栅片不断在一光耦内切割光信号，通过光耦将转速信号转换成电脉冲信号。风速越大，轮叶转速越快，电脉冲信号的频率越高。电路将电脉冲频率信号转换成与频率成正比的电压信号，测量后可得到风速信息。

2) 温度、湿度传感器

温度湿度传感器安装在防水、通风的百叶箱中。温度传感器采用热敏电阻温度敏感元件测量气温；湿度传感器采用高分子薄膜式湿敏电容敏感元件。传感器输出的电信号经过运算放大和处理后输出与温度和相对湿度成正比的电压。

图 3.6.2　气象仪传感器

3) 大气压力传感器

大气压力传感器采用扩散硅压阻式应变电桥压力敏感元件。传感器输出的电信号经过运算放大和处理后输出与气压成正比的电压值。

各气象仪传感仪器如图3.6.2所示，输出相对风速、相对风向、温度、湿度和大气压力等气象信号，综合导航系统输出航向和航速信号(也可在气象仪上直接装订)。这些信号经过模口电路处理后，得到归一化的电压信号(如 0～+2V)，经过多路模拟开关分时发送给模/数转换芯片转换成数字量，送给微处理器处理，并在显示屏显示，还可发送给分显示器显示。计算机根据测量的相对风向和相对风速以及接收的航向和航速，计算真风向和真风速。

3.6.2 气象传真机

天气图是指填有各地同一时刻气象要素的特制地图，能够反映一定区域内的天气情况。天气图按高度可分为地面天气图和高空天气图，按内容可分为分析图和预报图。

气象卫星云图是气象卫星自上而下观测到的地球上的云层覆盖和地表面特征的图像。利用云图，可以识别不同的天气系统，并确定其位置，估计其强度和发展趋势，为天气分析和预报提供依据，辅助气象要素的观测。

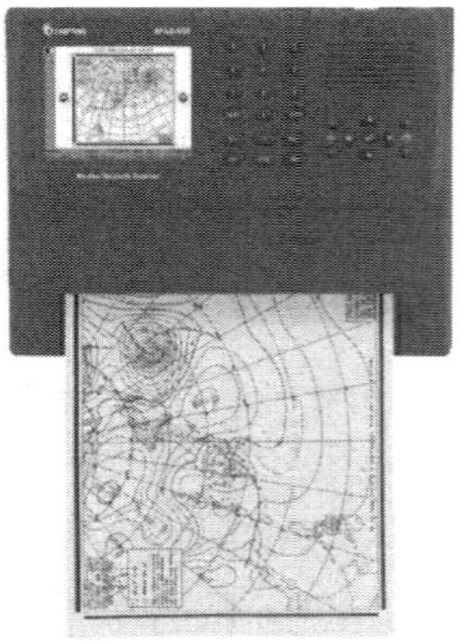

图 3.6.3　船用气象传真机

气象传真机全称为无线气象传真接收机，其主要功能是接收天气图和气象卫星云图传真信号，外观如图 3.6.3 所示。它能在任何海区或地域接收风速、海浪、温度和气压等气象图片或文字资料，还能接收发射台转发的卫星云图。

3.7　天文导航原理及设备

用观测星体来确定载体位置的导航方法称为天文导航。天文导航作为一种被动、抗干扰能力强的导航手段，能输出位置、航向和姿态等信息。其主要优点是：①自主性，被动探测天体的辐射能，不接收和发射任何编码信息，因而不受电磁干扰，隐蔽可靠；②全球导航，导航精度不因位置变化而变化；③载体惯性姿态和航向测量精度最高，长期定位精度仅次于 GPS；④校正陀螺漂移最有效、精度最高的手段，与中等精度惯性导航设备组合形成高精度、自主、全天候、连续工作的综合导航设备。其缺点是：输出信息不连续，受气候条件影响大。

3.7.1　天文导航原理

1. 基本原理

天文导航的基本原理是：通过探测天体在光波或射电波内的能量辐射来确定天体相对载体坐标系和当地水平坐标系的位置向量，并与所测天体在惯性坐标系中的位置向量进行匹配，通过解算相应的导航模型确定运动载体的位置、艏向和姿态等运动参数。

根据空中相对固定的恒星位置和可预测的地球运动，若以地平线作为当地水平基准测量两颗以上的恒星相对于当地垂线的视线角，并精确获知时间以及表示恒星位置的星历，便可同时估计出载体的纬度和经度。

可用于天文定位的天体包括太阳、月球、金星、木星、火星、土星（按亮度排列）及 159 颗恒星。恒星间的相对位置变化极为缓慢，为便于识别，人们将恒星划分为 88 个星座。各星座中的星按亮度依次用希腊字母 α、β 和 γ 等命名，如天鹰座 α。恒星按亮度划分星等。一等星最亮，人眼刚能看到的是六等星。天文导航最常用的恒星多为一等星，其次是二等星，其他星等的恒星很少采用。在星空中有一等星 20 颗，二等星 54 颗，三等星 174 颗。

船舶在海上航行，无论采用什么方法测定船位，都可归结为求两条或两条以上船位线交点的问题。天文定位的基本问题就是通过观测天体高度求得天文船位线。

(1) 通过航海六分仪观测某一天体的高度（垂直夹角）。

(2) 根据天体名称和观测时刻，查阅航海天文历，算出该时刻观测天体在天球中的位置。

(3) 解算球面三角形，求得天体船位线。

(4) 同时观测两个以上天体，测得两条以上天体船位线，其交点就是天文观测船位。

按照天球和地球的对应关系，被测天体在观测时刻所对应的地理位置，即天体向地心投影的地面点，称为星下点（S）。天体星下点的经度和纬度分别等于该天体在观测时刻的格林尼治时角和赤纬，二者均可根据观测时间从航海天文历查得。观测所得天体高度（h）的补角为天体顶距（z），即$z=90°-h$。注意，格林尼治时角不是赤经，赤经是相对天球坐标系中相对春分点的角距，二者相差 GAST。

观测时的测者必定位于以星下点为中心、以天体顶距在地面所跨距离（1′相当于 1nmile）为半径的圆上，这个圆称为天文船位圆，也称为等高圆。观测两个不同天体可得两个天文船位圆，两圆相交，靠近推算船位的交点就是天文船位，如图 3.7.1 所示。

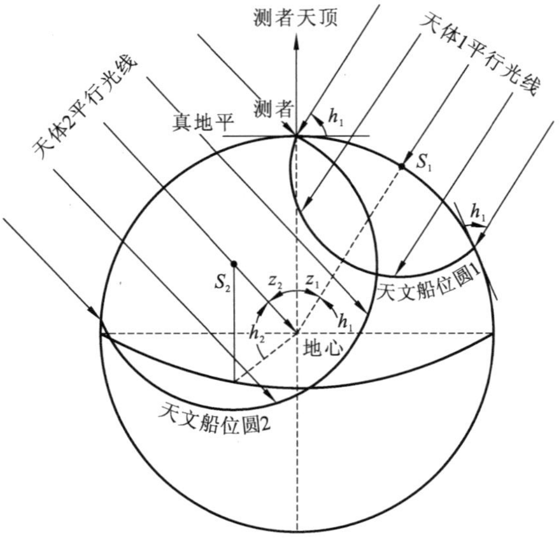

图 3.7.1　天文定位原理图

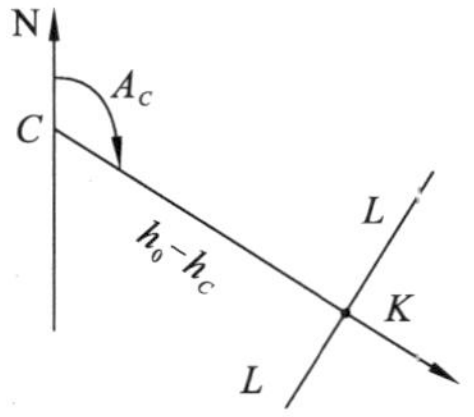

图 3.7.2　天文船位线

2. 天文船位线的求解

天文船位圆一般很大，对定位有用的仅是靠近推算船位、可近似为直线的小弧段，称为天文船位线。通常在晨昏蒙影时间内同时观测两个以上星体求得天文船位线交点定位，或者在白天间隔一定时间(一般为 2～3h)观测太阳求得天文船位线，按照航向和航程移线相交定位。航海者常将上午的太阳船位线移线与观测太阳中天高度求得的纬度线相交得出中午天文船位。

天文船位线一般通过求解由天顶、天极和天体三点构成的球面三角形(称为天文三角形)获得。天文三角形的解法有经度法和截距法，目前主要采用截距法。截距法是利用推算船位求出观测和计算高度之差来画天文船位线的方法，也称为高度差法或高度法，如图 3.7.2 所示。其步骤如下。

(1) 用推算船位对应的天顶解天文三角形，求得天体计算高度 h_C 和方位 A_C，其精度要求分别为 0.1′和 0.1°。

(2) 观测高度 h_0 减去计算高度 h_C 得到截距 h_0-h_C，即推算船位 C 至天文船位圆的距离。若截距为“+”，则推算船位在天文船位圆之外，说明天文船位线 LL 处于推算船位向着天体(星下点)的方向；若截距为“-”，则天文船位线处于背向天体的方向。

(3) 根据截距符号和大小，在天体计算方位线上量取截点 K，即可垂直画出天文船位线 LL。若观测高度大于计算高度，截距为正，应从推算船位向着天体画天文船位线。用来解天文三角形的推算点的经纬度在实际范围内可任选，不影响定位准确性。

如图 3.7.3 所示，P_n 和 P_N 分别为北极和北天极，qq' 和 QQ' 分别为赤道和天赤道，G 和 Z_G 分别为格林尼治点和格林尼治天顶，S 和 s 分别为天体和星下点。天体位置由天体赤纬 δ 和天体格林尼治时角 t_G 确定。C 和 Z_C 分别为推算船位和推算天顶，λ_C 和 φ_C 分别为推算经度和推算纬度，A_C 和 h_C 分别为计算方位和计算高度，h_0 为观测高度。t_C 为推算天体地方时角，从地方子午线向东或向西度量，范围为 0°～±180°，向东为正，有 $t_C=t_G\pm\lambda_C$。

下面讨论采用截距法进行天文定位的基本计算公式。

在由天顶、天极和天体组成的球面三角形 P_NZ_CS 中，边长 $\overset{\frown}{P_NZ_C}=90^\circ-\varphi_C$，$\overset{\frown}{SZ_C}=90^\circ-h_C$，$\overset{\frown}{SP_N}=90^\circ-\delta$，$\angle SP_NZ_C=t_C$，$\angle P_NZ_CS=A_C$，由球面边余弦公式

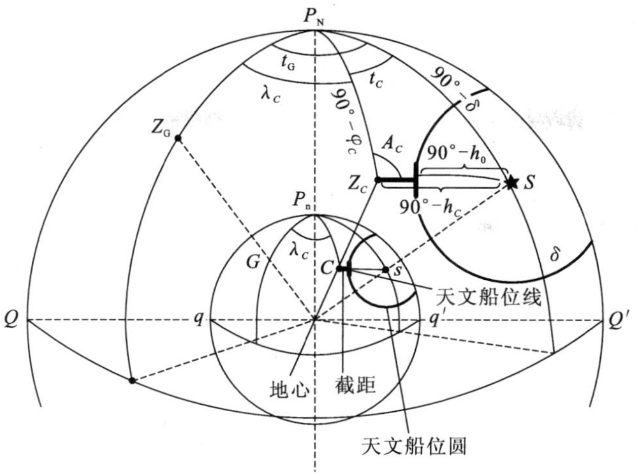

图 3.7.3　截距法示意图

$$\cos(90°-h_C)=\cos(90°-\varphi_C)\cos(90°-\delta)+\sin(90°-\varphi_C)\sin(90°-\delta)$$

可求得天体计算高度 h_C：

$$\sin h_C=\sin\varphi_C\sin\delta+\cos\varphi_C\cos\delta\cos t_C$$

由球面角余切公式

$$\cot A_C\sin t_C=\cot(90°-\delta)\sin(90°-\varphi_C)-\cos(90°-\varphi_C)\cos t_C$$

可求得计算方位 A_C：

$$\cot A_C=\tan\delta\cos\varphi_C\csc t_C-\sin\varphi_C\cot t_C$$

若解算出天体计算高度 h_C，也可用球面正弦公式

$$\frac{\sin(90°-\delta)}{\sin A_C}=\frac{\sin(90°-h_C)}{\sin t_C}$$

求得天体计算方位 A_C：

$$\sin A_C=\sin t_C\cos\delta\sec h_C$$

为简化截距法解天文三角形的数学演算，可用天体高度方位表查取天体计算高度和方位。

高度差为观测高度与计算高度之差，即 $\Delta h=h_0-h_C$。再观测另一天体，获得另一组高度差 Δh_2 和方位角 A_{C2}，通过计算即可获得天文经纬度：

$$\begin{cases}a=\cos^2 A_1-\cos^2 A_2\\ b=\sin A_1\cos A_1-\sin A_2\cos A_2\\ c=\sin^2 A_1-\sin^2 A_2\\ d=\Delta h_1\cos A_1-\Delta h_2\cos A_2\\ e=\Delta h_1\sin A_1-\Delta h_2\sin A_2\\ f=ac-b^2\end{cases}$$

计算天文定位经纬度的迭代公式为

$$\begin{cases}\lambda=\lambda_0+\dfrac{ae-bd}{f\cos L_0}\\ L=L_0+\dfrac{cd-be}{f}\end{cases}$$

通过迭代 1～2 次即可达到很高的精度。须指出的是，高度差法忽略了真正位置线的曲率，因此得到的位置不是测得的真正位置，这是由高度差法本身的计算误差造成的。但是，由于地球半径很大，由此引起的误差很小，在地理经纬度误差的角秒级别内。

3. 天文船位误差

天文船位误差取决于天文船位线的误差及其方位夹角。船位误差包括随机误差和系统误差。对两条等精度天文船位线，随机误差用均方误差圆半径(63%～68%概率)DRMS 表示，则

$$1\ \mathrm{DRMS}=\pm\sqrt{2}m/\sin(A_2-A_1) \tag{3.7.1}$$

天文船位的系统误差为

$$\Delta d=e\cdot\sec\left[(A_2-A_1)/2\right] \tag{3.7.2}$$

其中：m 和 e 分别为船位线随机误差和系统误差；A_1 和 A_2 为两天体方位。式(3.7.1)和式(3.7.2)中，天体方位夹角的影响正好相反。若 m 和 e 为同数量级，为了兼顾这两种影响，两天体方位夹角取 60°～70°最好，避免小于 30°或大于 150°。增加观测天体的次数取均值，可提高定位的精确性。如果观测三四个天体，它们的方位以分别相距 120°或 90°为最好。这样也便于消除系统误差。有经验的航海者在良好条件下测天定位的误差很少超过 2 n mile。

3.7.2 天文导航设备

六分仪和星体跟踪器是进行天文导航的主要设备。六分仪是一种简单的手持式精密测角仪器，至今仍是舰船必备的导航仪器，如图 3.7.4 所示。它可以测量天体的高度角和水平角，将测量结果与天文台编制的星表对照，就可测定船舶所在地的当地时间。

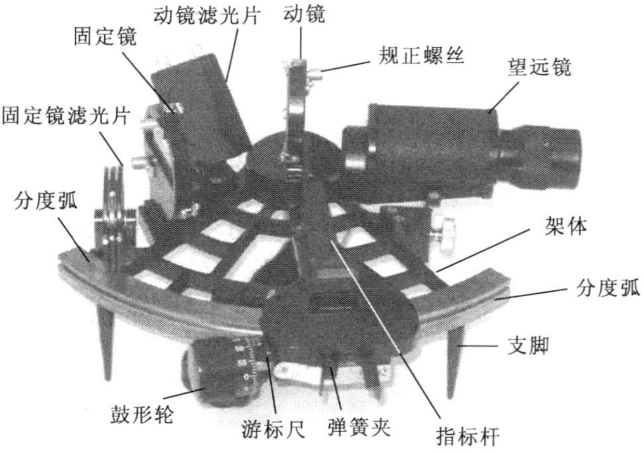

图 3.7.4 六分仪

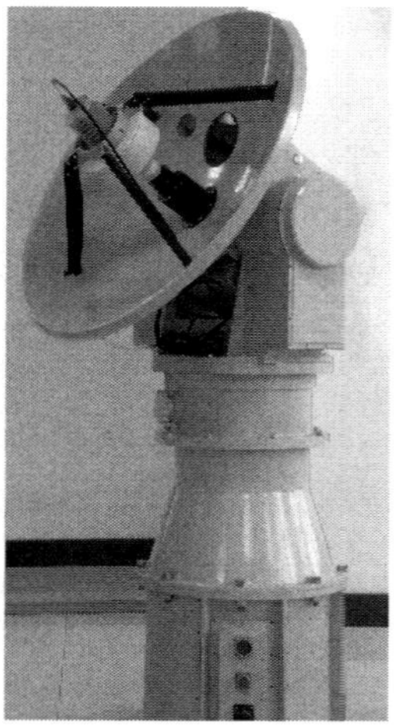

图 3.7.5 舰载天文导航系统

六分仪只能在白天观测太阳，为了昼夜观测更多的星体，20 世纪 60 年代出现了全自动化的高精度星体跟踪器。星体跟踪器是一种现代化的天文导航系统。它在白天能观测三等星，晚上能观测七等星，并具有自动寻星、搜索跟踪和解算功能，跟踪精度高达 5″。

天文导航系统一般由星体跟踪器、惯性平台、计算机、信息处理设备和标准时间发生器组成，舰载天文导航系统外观如图 3.7.5 所示。图 3.7.6 给出了一种包括星体跟踪器的双星天文导航系统的原理框图。

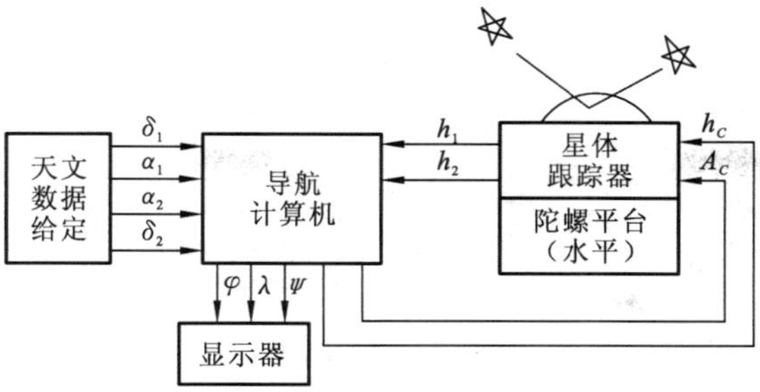

图 3.7.6　由星体跟踪器组成的天文导航系统

系统开始工作时，将选好的星体的天文数据、格林尼治恒星时和地理经纬度的计算值输入计算机。装在惯性导航平台上的双套望远镜自动对准星体，从跟踪器的高度与方位轴上的角度传感器获得星体高度 h 和星体方位 A 观测值，发送给计算机，计算出载体的位置和航向。导航计算所得双星的赤经和赤纬由天文数据给定。计算机还给出星体的计算高度 h_C 和计算方位角 A_C，用以控制星体跟踪器捕捉星体。双轴水平平台上设有方位基准，可通过测量星体相对舰船的方位角 K_Y 和计算方位角 A_C 计算真航向 ψ，并有 $\psi=A_C-K_Y$。

天文导航系统还需要精确的天文钟和天文年历，通过计算机实现快速数据调用和定位计算，使天文导航系统真正实现自动化。

在导航技术飞速发展的今天，天文定位仍然是重要的导航定位方法，尤其在军事领域具有十分重要的地位。目前天文导航技术和设备的发展趋势：①研制新型嵌入式天文/惯性综合导航系统，以满足机载、舰载平台高精度导航和武器攻击的需要；②研制更高精度的射电天文导航设备，满足全天候校正惯性导航的需要；③研究最新的短波红外星体跟踪技术，使天文导航设备在光学波段具有更高的测星能力，从而提高导航的可用性和精度，并将此类技术扩展应用到高空高速巡航导弹平台；④更深入地研究高精度大气折射模型，实现弹、星载平台上的高精度、全自主(不需要惯性导航或其他导航设备提供外界信息)的天文导航。

思　考　题

1. 广义的导航信息包括哪些?其中对舰船航行来说，最基本的导航信息是什么?
2. 常用导航设备中，哪些是航向设备，哪些是测速设备，哪些是定位设备?
3. 试述电控罗经的主要误差及其补偿方法。
4. 计程仪按测量对象可分为什么?按工作原理可分为什么?
5. 试述回声测深仪的基本工作原理。
6. 试述惯性导航系统的主要误差源。
7. 试分析罗兰 C 系统的主要误差。
8. 试述北斗卫星导航系统的基本工作原理。
9. 导航雷达的基本定位原理是什么?
10. 试列举气象仪的输出信息。
11. 天文导航设备的基本工作原理是什么?
12. 试说明求解天文位置的基本流程。

第4章

综合导航系统接口

根据系统的需要，现代舰船的综合导航系统及其所属分系统和设备对内对外的信息交互以网络传输方式为主，系统内部的主要导航传感器设备之间采用 CAN 总线进行信息的备份传输，对选型设备及有特殊需要的设备采用 RS-422 接口、并行接口、模拟同步机(旋转变压器)接口、脉冲接口、射频接口、视频接口、音频接口和电平接口等①。

4.1 数字接口

随着电子技术和计算机技术的飞速发展，舰船综合导航系统的数字接口也在不断更新发展。这里就综合导航系统目前常用的串行接口、CAN 总线和以太网作一简要介绍。

4.1.1 串行接口

1. 串行通信概述

串行通信和并行通信是两种基本的数据通信方式。串行通信通过单条传输线将二进制数一位位地按顺序分时传送；并行通信通过多个信号通道同时传送多个数据位。与并行通信相比，串行通信具有通信距离远、抗干扰性能好和费用低的优点，但实现相对复杂，需要进行数据的串/并及并/串转换等。

1）串行通信方式

按照对数据流的分界、定时及同步方法不同，串行通信可分为异步方式和同步方式。异步方式适用于数据发送时间不确定、发送数据不连续、数据量较少和数据速率较慢的场合；而同步方式则适用于快速、连续传输大量数据。异步方式对收发双方的时钟控制精度要求较低，易于实现，通信可靠性高，因此使用更广泛。

串行通信可分为单工、半双工和全双工三种方式。连接方式如图 4.1.1 所示，图中，T 表示发送端，R 表示接收端，GND 表示地线。

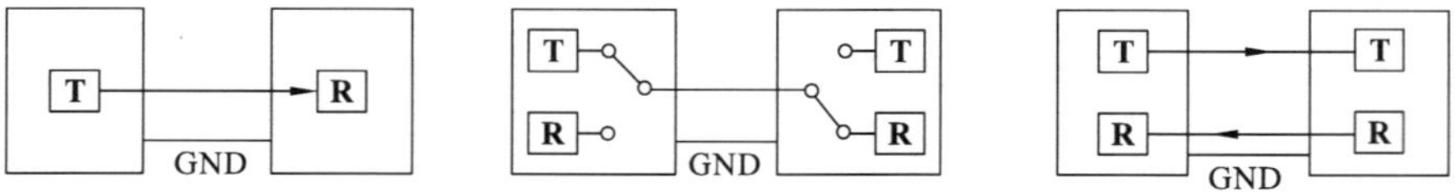

（a）单工方式 （b）半双工方式 （c）全双工方式

图 4.1.1 串行通信工作方式

(1) 单工方式。如图 4.1.1(a)所示，仅允许数据按一个固定不变的方向传送，若规定设备 A 为发送端，则设备 B 只可以工作为接收方式。

① 引自：陈永冰，等，2016. 导航系统接口技术与实践 [M]. 武汉：海军工程大学

(2) 半双工方式。如图 4.1.1(b)所示，设备 A 和设备 B 均能发送/接收数据，但设备 A 和设备 B 之间只有一根数据线，设备 A 和设备 B 仅能分时发送/接收数据。当设备不通信时，应工作在接收状态，这样可随时接收数据。

(3) 全双工方式。如图 4.1.1(c)所示，设备在发送数据的同时，也可接收数据。全双工方式无须进行方向切换，要求设备 A 和设备 B 均有独立的接收/发送通道。

2) 串行通信协议

通信协议是指通信双方对数据传送控制的一种约定，包括数据格式、同步方式、传送速率、传送步骤、检纠错方式和控制字符定义等。

串行通信过程中要求接收/发送双方必须具有相同的波特率和数据格式。波特率表示通信速率，即单位时间内传送二进制数据的位数，常用波特率有 300、600、1 200、2 400、4 800、9 600、19 200、38 400 和 115 200 等，单位为 bit/s。

导航系统主要采用异步串行通信，同步通信很少采用。异步通信 1 次传送 1 帧数据(1 个字符)。为确保通信的正确性，字符格式中设置起始位和停止位。每传送 1 个字符就用起始位来通知接收方。接收器检测到起始位，就根据约定的数据格式接收各数据位，直到检测到停止位。这种异步通信协议称为起止式异步通信。起止式异步通信格式确定了每帧数据包含的起始位、数据位、停止位、校验位和校验方式，如图 4.1.2 所示。图中，LSB 表示最低有效位(least significant bit)，MSB 表示最高有效位(the most significant bit)。

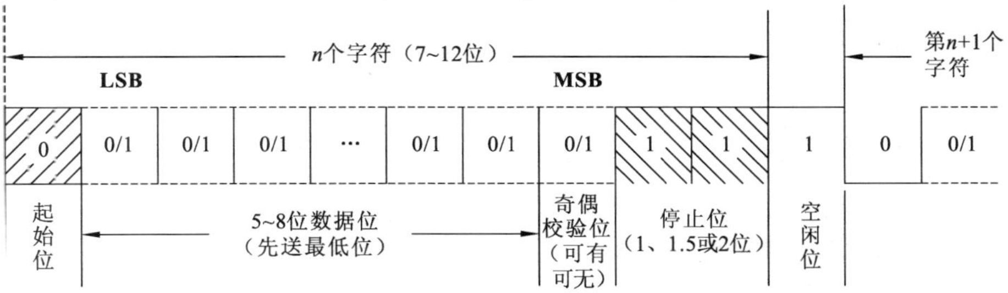

图 4.1.2　异步串行通信数据格式

起始位是协调接收/发送双方在一帧数据传输的同步标志，空闲时为逻辑 1，工作时为逻辑 0。数据位由 6～8 个二进制数据位组成一个数据帧。数据发送从最低位开始到最高位。奇偶校验位用于对有限错误进行检测，有奇校验、偶校验和无校验三种情况。当数据传输距离较近或传输速率较低时，通信错误的概率小，可不用奇偶校验位。停止位和空闲位都是逻辑“1”。

3) 串行通信接口标准

目前使用的串行通信接口标准有多种，主要有 RS-232C、RS-422 和 RS-485 等。它们最初都是由美国电子工业协会(Electronic Industry Association，EIA)制订并发布的。这些标准只对接口的电气特性作出规定，不涉及接插件、电缆或协议。

2. RS-232C 标准

RS-232C 标准属于低速率点对点通信，采用非平衡传输方式，适合本地设备间的通信。

1) 信号线

(1) 数据线，用于发送数据(Transmit Data，TXD)和接收数据(Receive Data，RXD)。

(2) 地线，信号地(Signal GND，SG)是全部信号的参考点。

(3) 握手控制信号线，包括请求发送(request to send，RTS)、允许发送(clear to send，CTS)、数据通信设备准备好(data set ready，DSR)、数据终端设备准备好(data terminal ready，DTR)、振铃指示(ring indicator，RI)和数据载波检测(Data carrier detection，DCD)。

2) 连接方式

RS-232C 通信分为近程通信和远程通信。近程通信是指传输距离在 15m 以内，接收/发送方可直接用电缆连接，远程通信采用调制解调技术。导航设备一般将 RS-232C 作为近程通信手段，这里仅讨论 RS-232C 近程通信连接方式。

RS-232C 标准连接方式如图 4.1.3 所示，共 9 根线。RS-232C 连接器有 DB-25 和 DB-9 两种，DB-9 使用居多。图中数字为 DB-9 连接器的引脚号。简化连接方式如图 4.1.4 所示，对外只需连接“接收”“发送”“信号地”3 根线，若通信软件需要进行状态检测，则采用图 4.1.4(a)所示的方式，否则可简化为图 4.1.4(b)所示的连接方式。

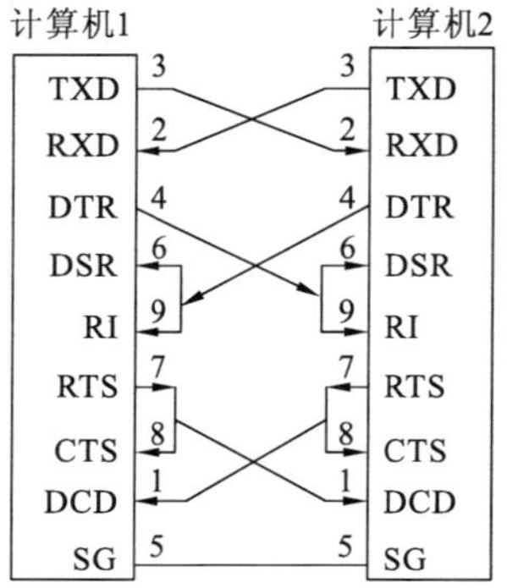

图 4.1.3　RS-232C 标准连接方式

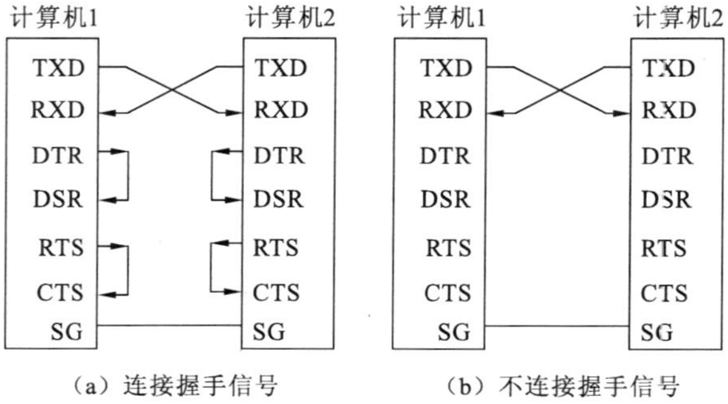

图 4.1.4　RS-232C 简化连接方式

3) 电气特性

RS-232C 的接收/发送端的数据信号都相对于信号地。

(1) 数据线上的电平。

① 逻辑 0，驱动器输出端为+5～+15 V，负载端为+3～+12 V；

② 逻辑 1，驱动器输出端为-5～-15 V，负载端为-3～-12 V。

(2) 握手控制线上的电平。

① 信号有效(逻辑 0)，+3～+15 V；

② 信号无效(逻辑 1)，-3～-15 V。

发送电平与接收电平的差仅 2～3 V，其传输方式为单端不平衡传输，共模抑制能力差，再加上双绞线上的分布电容(如 150 pF/m)，最大传送距离约 15 m，最高速率为 20 kb/s。

3. RS-422/RS-485 标准

1) RS-422 标准

RS-422 标准全称是“平衡电压数字接口电路的电气特性”。船用设备已逐步采用 RS-422 标准取代 RS-232C 标准。它采用差分传输方式，也称为平衡传输。

如图 4.1.5 所示，典型的 RS-422 采用 5 根线连接，发送端为 T+和 T-，接收端为 R+和 R-，使用平衡双绞线。逻辑电平定义由两根信号线之间的电位差来决定：

① 逻辑 1，发送端电压差为+2～+6 V，接收端电压差大于+200 mV；

② 逻辑 0，发送端电压差为-2～-6 V，接收端电压差小于-200 mV。

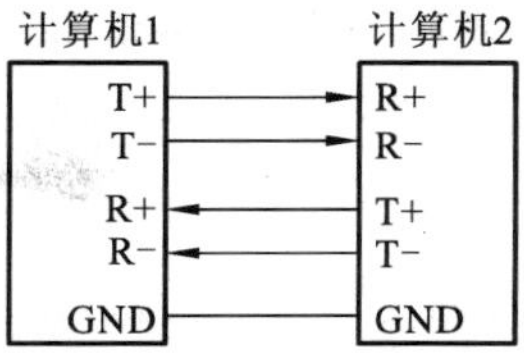

图 4.1.5 RS-422/RS-485 四线制连接方法

RS-422 支持点对多(最多 10 个节点)通信，一主多从，从设备之间不能通信。它适合于广播发送数据，如 RS-422 四线接口采用单独的发送/接收通道，支持双工通信，各装置之间任何信号交换均可按软件方式(XON/XOFF 握手)或硬件方式(一对单独的双绞线)实现。

平衡双绞线的长度与传输速率成反比，最大传输距离为 1 219 m(速率 100 kb/s 以下)，最高速率为 10 Mb/s(12 m 以内)。100 m 双绞线的最大传输速率约为 1 Mb/s。RS-422 需要一端接电阻，要求阻值约等于传输电缆的特性阻抗。短距离(300 m 内)传输时可不要终接电阻。终接电阻接在传输电缆的最远端。

2) RS-485 标准

RS-485 标准也采用平衡传输方式，并满足 RS-422 的所有规范，RS-485 的驱动器可在 RS-422 网络中应用。RS-485 在 RS-422 基础上增加了多点、双向通信能力，即允许多个发送器连接到同一总线上，同时增加了发送器的驱动能力和冲突保护特性，扩展了总线共模范围。

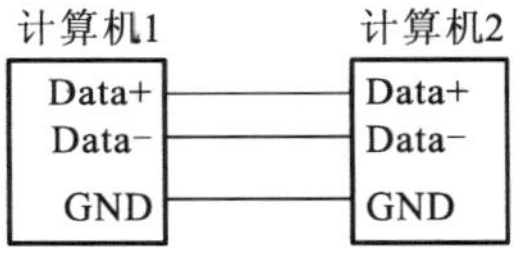

图 4.1.6 RS-485 二线制连接方法

RS-485 有四线制和二线制两种，四线制与 RS-422 相同，为全双工通信方式，只是驱动器能带的节点更多(最多 32 个)。相对 RS-422，RS485 的主要优势是二线制应用，接收/发送数据线相同，采用半双工通信方式，每个节点都可以切换收发状态，能构建分时的多发多收网络(同时只能一发多收)。二线制连接方式如图 4.1.6 所示。远距离通信时，RS-485 需要两端(开始端和最末端)接电阻，阻值要求等于传输电缆的特性阻抗，一般为 120 Ω。

4. RS-232C、RS-422 和 RS-485 标准对比

RS-232C、RS-422 和 RS-485 标准的主要电气特性对比如表 4.1.1 所示。

表 4.1.1 RS-232C、RS-422、RS-485 标准主要电气特性比较①

特性参数	RS-232C	RS-422	RS-485
工作模式	单端发，单端收	双端发，双端收	双端发，双端收
允许驱动器和接收器数目	1 个驱动器	1 个驱动器	32 个驱动器
	1 个接收器	10 个接收器	32 个接收器
最大电缆长度	15 m	1 200 m(90 kb/s)	1 200 m(100 kb/s)
最大数据传输速率	20 kb/s	10 Mb/s(12 m)	10 Mb/s(15 m)
驱动器输出(信号电平)	±5 V(带负载)	±2 V(带负载)	±1.5 V(带负载)
	±15 V(未带负载)	±6 V(未带负载)	±5 V(未带负载)
驱动器负载阻抗	3～7 kΩ	100 Ω	54 Ω
接收器输入电压范围	±15 V	±12 V	-7 V～+12 V
接收器输入阻抗	2～7 kΩ	4 kΩ(最小值)	12 kΩ(最小值)

① 引自：陈永冰，等，2016. 导航系统接口技术与实践 [M]. 武汉：海军工程大学

4.1.2 CAN 总线

1. CAN 总线简介

CAN 全称为 controller area network，即控制器局域网，由德国博世(Bosch)公司提出，是一种多主方式的串行通信现场总线，是国际上应用最广泛的现场总线之一。现场总线被誉为自动化领域的计算机局域网，它为分布式控制系统实现恶劣电磁环境下的远距离、多节点、实时、高速、可靠的数据通信提供了有力手段。

目前多数导航装备都提供了 CAN 总线标准接口。国际电工委员会(International Electrotechnical Commission，IEC)制定了 IEC 61162-3 标准，即“海上导航和无线电通信设备及系统-数字接口-第 3 部分：串行数据设备网络”(Maritime navigation and radiocommunication equipment and systems—Digital interface—Part 3：Serial data instrument network)，对船用导航和无线电通信设备的 CAN 总线接口进行了规范。

1) CAN 总线的特点

(1) 总线上任意一个节点均可在任意时刻主动向总线上其他节点发送信息，而不分主从。

(2) 总线上的节点可分成不同的优先级以满足不同的实时要求。

(3) 采用非破坏性总线仲裁技术。当多个节点同时向总线上传送信息时，优先级低的节点主动停止数据发送，而优先级高的节点可不受影响继续传输数据。

(4) 具有点对点、一点对多点及全局广播等几种传送/接收数据的方式。通信距离最远可达 10 km/5 kbps，通信速率最高可达 1 (Mb/s) /40 m。网络节点数可达 110 个。

(5) 每一帧的有效字节数为 8 个，传输时间短，受干扰概率低。每帧信息都有循环冗余校验码(cyclic redundancy check，CRC)校验及其他检错措施，能检测出总线几乎所有错误，数据出错率极低，可靠性极高。

(6) 通信介质采用廉价的双绞线即可，无特殊要求。

(7) 传输信息出错严重时，节点可自动切断与总线的联系，使总线上其他操作不受影响。

与目前许多 RS-485 基于 R 线构建的分布式控制系统相比，基于 CAN 总线的分布式控制系统在以下方面具有明显的优越性。

(1) CAN 控制器工作于多主方式，网络中各节点都可根据总线访问优先权(取决于报文标识符)，采用无损结构的逐位仲裁方式竞争向总线发送数据，且 CAN 协议废除了站地址编码，代之以对通信数据编码，从而不同节点可同时接收相同数据。因此，CAN 总线构成的网络节点间的数据通信实时性强，容易构成冗余结构，提高了系统的可靠性和灵活性。RS-485 只能构成主从式结构系统，通信方式也只能以主站轮询的方式进行，系统实时性、可靠性较差。

(2) RS-485 网络中，当多节点同时向总线发送数据时，系统有错误将导致总线短路而损坏某些节点。CAN 总线通过 CAN 控制器接口芯片 82C250 的两个输出端 CAN_H 和 CAN_L 与总线相连，而 CAN_H 端的状态只能是高电平或悬浮状态，CAN_L 端只能是低电平或悬浮状态，因此不会出现节点破坏的情况。而且 CAN 节点在严重错误时能自动关闭输出，总线上其他节点的操作不受影响，不会出现 RS-485 网络因个别节点出现问题而使总线处于“死锁”状态。

(3) CAN 具有完善的通信协议，可由 CAN 控制器芯片及其接口芯片实现，显著降低了开发难度，缩短了开发周期，这是仅有电气协议的 RS-485 无法比拟的。另外，CAN 总线具有通信速率高、易实现、性价比高等诸多优点，而且已经形成了国际标准。

2) CAN 总线协议

1991 年 9 月飞利浦半导体公司(Philips Semiconductors)制订并发布了 CAN 技术规范 2.0 版。该技术规范包括 A 和 B 两部分。CAN 2.0A 给出了 CAN 报文标准格式，而 CAN 2.0B 给出了标准和扩展的两种格式。两者本质区别在于标识符 ID 的长度不同。2.0A 类中 ID 长度为 11 位，2.0B 类中 ID 长度为 29 位。1993 年 11 月国际标准化组织(International Organiazation for Standardization，ISO)正式颁布了道路交通运载工具—数字信息交换—高速通信控制器局部网(CAN)国际标准(ISO11898)。

CAN 协议有 ISO11898 标准和 ISO11519-2 标准两种。两个标准对数据链路层的定义相同，但对物理层的定义不同。ISO11898 是通信速度为 125 kb/s～1 Mb/s 的 CAN 高速通信标准，而 ISO11519-2 是通信速度为 125 kb/s 以下的 CAN 低速通信标准。

CAN 协议规范的分层结构采用三层结构，即应用层、数据链路层和物理层，CAN 协议规范及其实现方法如表 4.1.2 所示。

表 4.1.2 CAN 协议规范及其实现方法

<table>
<tr><th colspan="2">分层</th><th>实现方法</th></tr>
<tr><td colspan="2">应用层</td><td>—</td></tr>
<tr><td rowspan="2">数据链路层</td><td>逻辑链路子层</td><td rowspan="3">CAN 总线控制器</td></tr>
<tr><td>介质访问控制子层</td></tr>
<tr><td rowspan="4">物理层</td><td>物理信令</td></tr>
<tr><td>物理媒体
附属装置</td><td>CAN 接收/发送器
PC82C250</td></tr>
<tr><td>媒体相关接口</td><td>连接器</td></tr>
<tr><td>传输介质</td><td>双绞线和同轴电缆等</td></tr>
</table>

2. CAN 总线通信原理

1) CAN 总线数值表示

CAN 接收/发送器根据 CAN_H 和 CAN_L 两根总线的电位差来决定总线数值。总线数值为显性或隐性。显性表示逻辑 0，而隐性表示逻辑 1。显性和隐性位同时发送时，总线数值为显性。在隐性状态下，VCAN_H 和 VCAN_L 被固定于平均电压电平，电压差近似为 0。在总线空闲或隐性位期间，发送隐性状态。显性状态以大于最小阈值的差分电压表示。在显性位期间，显性状态改写隐性状态并发送。

2) 信息帧

CAN 总线报文分为数据帧、远程帧、出错帧和超载帧四种类型。其中数据帧用于传送数据，远程帧用于请求数据，超载帧用于在先行的和后续的数据帧(远程帧)之间提供帧序列的延迟时间，而当局部检测出错条件后产生一个全局信号出错帧。

数据帧由帧起始域、仲裁域、控制域、数据域、CRC 域、应答域和帧结束 7 个不同的域组成。

(1) 帧起始域标志着数据帧的开始，由一个显性位组成。

(2) 仲裁域内容由标示符和远程传输请求位(RTR)组成，RTR 用以表明此信息帧是数据帧还是不包含任何数据的远地请求帧。当 2.0A 的数据帧和 2.0B 的数据帧必须在同一条总线上传输时，首先判断其优先权，若 ID 相同，则非扩展数据帧的优先权高于扩展数据帧。

(3) 控制域有 6 位，包括数据长度代码 DLC 和 2 个保留位(r0 和 r1)，作为扩展位。

(4) 数据域包含 0～8 个字节的数据。

(5) CRC 域检验位错用的循环冗余校验域，共 15 位。

(6) 应答域包括应答位和应答分隔符。正确接收到有效报文的接收站在应答期间将总线值为显性电平。

(7) 帧结束由 7 位隐性电平组成。

3) 数据接收/发送过程

数据发送过程说明如下。

(1) 发送数据准备。微处理器把待发送信号以一定格式写入 CAN 控制器，一次发送数据准备完毕后，将 CAN 通信控制器的发送请求位置位，启动网络通信过程。

(2) 总线访问。当 CAN 网络中任一节点要访问总线时，先监听总线状态，若总线空闲，则 CAN 控制器向总线发送报文。

(3) 总线仲裁。CAN 协议采用优化的 CSMA/CD(carrier sense multiple access/ collision detection)仲裁总线访问权，保证多节点访问总线时只接纳优先级最高的节点。CAN 协议在报文的仲裁域中以二进制数值规定了 CAN 报文的优先级。标识符全为 0 时优先级最高，全为 1 时优先级最低。

仲裁过程如图 4.1.7 所示。当网络上某一发送节点访问到“总线空闲”后，向总线发送报文。报文中首先发送仲裁域，发送节点发送的同时监听数据线状态。若发送隐性位的节点监听到总线出现显性位，表明总线上另一节点正在发送优先级更高的数据块，该节点立即停止发送并转为接收状态，让出总线(图中 A 和 B)。当仲裁域被传送后，总线上只有一个发送节点继续发送报文。在仲裁过程中丢失仲裁的节点将在下次总线空闲时再次请求发送报文。

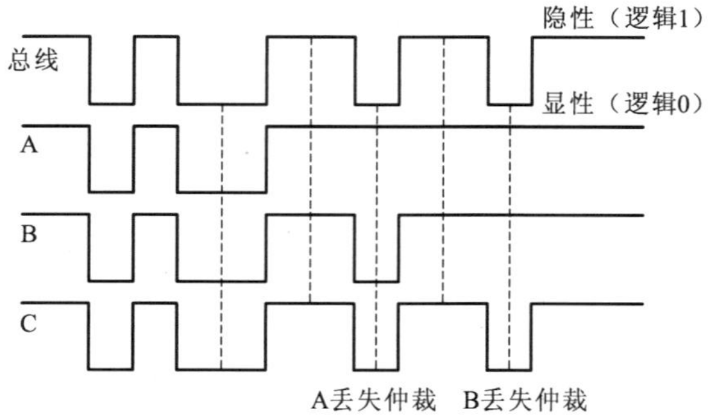

图 4.1.7　总线仲裁原理

CAN 总线仲裁机制可使总线带宽得以最大可能的应用，此外，即使在网络负载很重的情况下也不会出现网络瘫痪，这一点优于以太网。以太网是碰撞检测的方式，即一旦检测到两个以上节点同时发送，则所有发送节点退出发送，待随机时间后再发送。

(4) 帧传送。数据帧携带数据由发送器至接收器。远程帧通过总线单元发送，以请求发送具有相同标识符的数据帧。出错帧由检测到总线错误的任何单元发送。过载帧用于提供当前和后续数据帧或远程帧之间的附加延迟。

(5) 出错报文重发。CAN 提供了报文级与位级的五种纠错机制。报文级纠错包括循环冗余校验、帧格式校验和应答错误校验；位级校验包括位监视和位填充。当总线节点通过以上五种机制发现总线报文错误后，CAN 总线接口控制器发送带出错标志的出错帧，中断通信。若在数据帧或远程帧的发送过程中发现错误，则当前信息作废，并重发数据。

(6) 报文接收应答。为表征发送报文已被总线上的节点接收，总线上接收到报文的节点要向发送节点发送应答信息。CAN 总线在数据帧或远程帧的应答域发送一显性应答位，表征报文正确接收。同时，纠错机制还提供应答错误检验，以保证总线上的报文被可靠地接收。

(7) 错误界定。CAN 控制器包含一个发送错误计数器和一个接收错误计数器，用于登记相应的总线报文错误次数。一帧信息正常接收，计数器减 1 计数，出错时则加 8 计数。若计数器值超过 96，控制器发出错误中断；超过 127，控制器进入被动错误状态，此前为主动错误状态；超过 255 后，控制器自动关闭出错节点，以保证网络系统其他部分正常工作。

3. CAN 控制器和接收/发送器

1) CAN 控制器

很多集成电路供应商开发了多种 CAN 独立通信控制器、集成有 CAN 通信模块的单片机及配套的接口芯片。目前使用较多的是飞利浦(Philips)公司 SJA1000 独立通信控制器，此外还有 80C592 单片机、英特尔(Intel)公司的 82527CAN 通信控制器等。

SJA1000 独立通信控制器的引脚、电气特性和程序相关寄存器与 82C200 完全兼容。它支持 CAN2.0A 和 2.0B 两种规范，可实现物理层和数据链路层的所有功能，通信波特率最高可达 1 Mbit/s。SJA1000 包括 CAN 核心模块、接口管理逻辑模块、发送缓冲区、验收滤波器和接收 FIFO 等，其结构如图 4.1.8 所示，引脚定义可参考相关书籍。

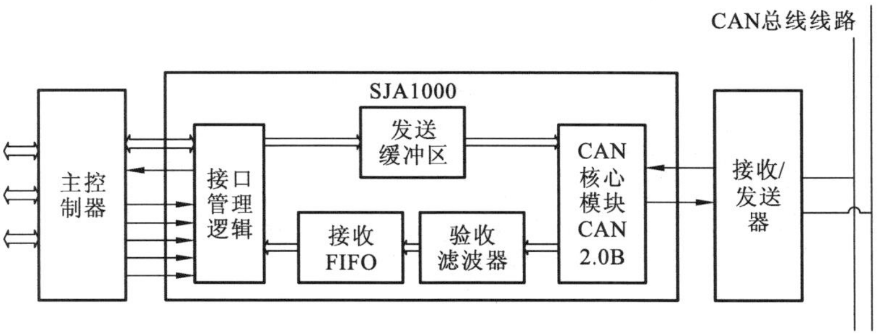

图 4.1.8　SJA1000 模块结构简图

CAN 核心模块根据通信协议控制 CAN 帧信息的发送和接收。接口管理逻辑模块与外部微控制器相连，用来解释 CPU 的命令，控制 CAN 寄存器的寻址，向主控制器提供中断和状态信息。微处理器可通过数据/地址复用总线和读/写控制逻辑访问 SJA1000 所有寄存器；发送缓冲器能存储一个完整的标准或扩展报文，当微控制器要求传送时，接口管理逻辑控制 CAN 核心模块将发送缓冲器中读取的信息发送；接收数据时，CAN 核心模块将串行位流数据转换成并行数据送至验收滤波器，验收滤波器进行识别以决定是否接收该报文。接收缓冲器采用 FIFO

模式存储所有接收数据，队列最多可存放 32 个报文。

2) CAN 接收/发送器

CAN 总线接收/发送器 PCA82C250 作为协议控制器和物理传输线路之间的接口，能以高达 1 M 的波特率在两条有差动电压的总线电缆上传输数据。其内部结构如图 4.1.9 所示，管脚包括发送数据输入 TXD、地线 GND、电源电压 Vcc、接收数据输出 RXD、参考电压输出 Vref、CANL 低电平 CAN 电压输入/输出、CANH 高电平 CAN 电压输入/输出和 Rs 斜率电阻输入。

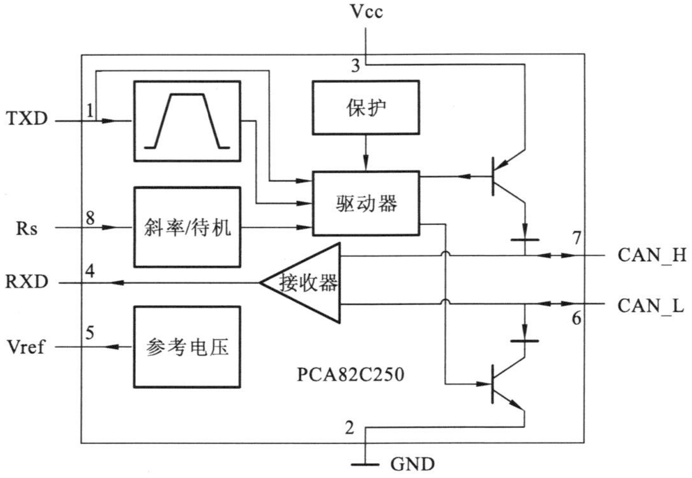

图 4.1.9　PCA82C250 内部结构图

PCA82C250 有高速(high-speed)模式、斜率控制(slope control)模式和待机(standby)模式三种工作模式，通过 Rs 引脚选择。

4. NMEA2000 协议

随着 CAN 在舰船中的应用日益广泛，美国国家海洋电子协会(National Marine Electronics Association，NMEA)扩展了原有的 NMEA0813 协议，形成新的 NMEA2000 协议。该协议是将 CAN 网络用于舰船设备级网络通信的协议标准，是一种低价格、双向通信、多主/多从的串行数据通信网络。NMAE2000 网络中的总线访问仲裁机制和网络管理等功能由 CAN 控制器完成；电气、机械接口也大都由 CAN 接口电路实现。NMEA2000 协议对 CAN 协议进行了扩展，在协议分层结构模型中增加了网络层，以便使设备级的 CAN 网络与舰船综合管理网络互连。

4.1.3　以太网

1. 基本特点

局域网包括以太网、令牌环(token ring)网、光纤分布式数据接口(fiber distributed data interface，FDDI)和异步传输模式(asynchronous transfer mode，ATM)等。以太网是现有局域网最通用的通信协议标准，组建于 20 世纪 70 年代早期。以太网具有冲突检测的载波感应多处访问(CSMA/CD)能力，采用竞争机制和总线拓扑结构。目前，以太网在舰船导航系统和作战系统等系统中得到普遍应用。

以太网具有以下一般特征。

(1) 共享媒体。所有网络设备依次使用同一通信媒体。

(2) 广播机制。需要传输的帧被发送到所有节点，但只有寻址到的节点才会接收到帧。

(3) CSMA/CD 媒体访问机制。利用载波监听多路访问/冲突检测方法进行数据发送。任何节点都可随时访问网络，但在发送数据之前，首先侦听网络是否空闲，若网络上没有任何数据传送，则工作站就会把所要发送的信息投放到网络当中；否则，等待网络下一次空闲时再发送数据。

(4) 介质访问控制(media access cotrol，MAC)地址。网络上每台计算机具有全球唯一 48 位网址。

2. 以太网标准

各种以太网标准下的传输速率和传输介质如表 4.1.3 所示。目前舰用以太网主要采用 10 Mb/s 和 100 Mb/s 的以太网。

表 4.1.3　各种以太网标准下的传输速率和传输介质

以太网类别	以太网标准	速率	传输介质
标准以太网	IEEE 802.3	10 Mb/s	10BASE-5 同轴粗缆
			10BASE-2 同轴细缆
			10BASE- T 非屏蔽双绞线
快速以太网	IEEE 802.3u	100 Mb/s	100BASE-TX 非屏蔽双绞线
			100BASE-FX 光缆
千兆以太网	IEEE 802.3z	1000 Mb/s	1000BASE X 光缆和对称屏蔽铜缆
万兆以太网	IEEE 802.3ae	10 Gb/s	—

表 4.1.3 中，传输介质标号中的首个数字表示兆比特(如 10 表示 10Mb/s)，T 表示非屏蔽双绞线，F 表示光缆，2 和 5 表示同轴电缆分段长度(200 m 和 500 m，200 m 由 185 m 取整得到)。

3. 组网方式

以太网按组网方式可分为共享型以太网和交换型以太网。通信方式有广播和点对点方式。

(1) 共享型(总线型)以太网是传统的组网方式。它采用共享型集线器连接，所有站点共享带宽，站点越多，带宽越窄。

(2) 交换型(星型)以太网采用交换型集线器连接网络站点。它摆脱了 CSMA/CD 访问控制方式的束缚，系统带宽可达端口带宽的 *n* 倍。交换型集线器平时所有端口不开通，通信时集线器同时连通多对端口，每对通信的工作站能像独享通信媒体一样进行无冲突的传输数据。通信完成断开连接。

舰船以太网常采用 10Base-T/100Base-TX 结构的交换式 10 Mb/s 以太网。

4. 网络协议

以太网通信采用传输控制协议/网间协议(transmission control protocol/Internet protocol，TCP/IP)。以太网采用五层分层结构，即应用层、传输层、网络层、链路层和物理层，其体系结构如表 4.1.4 所示。

表 4.1.4 TCP/IP 协议下的以太网网络体系结构

分层	实现
应用层	实际需要确定，如 FTP、Telnet 和 SMTP 等
传输层	TCP 和 UDP
网络层	IP、ARP、RARP、ICMP 和 IGMP
链路层	以太网(10BASE-T，100BASE-TX 和 1000BASE-TX)
物理层	双绞线、同轴电缆和光纤

传输层可采用 TCP 协议或用户数据报协议(user datagram protocol，UDP)。舰载以太网常采用 UDP 协议进行报文通信，UDP 是无连接的用户数据报传输协议。为提高效率，在不影响实时性的条件下，交换信息单元在以太网最大传输单元(maximum tansmission unit，MTU)限制范围内“打包”发送，简单高效。在此基础上，对重要信息(如一次性的控制信息)采用“确认”和“超时重发”措施，保证传输的可靠性。UDP 协议格式如表 4.1.5 所示。传输层与应用程序间采用套接字(socket)接口进行编程。

表 4.1.5 UDP 协议格式

源端口(source port)	目的端口(destination port)
用户数据投长度(length)	校验和(checksum)
应用层数据报文	

链路层采用以太网协议。以太网帧格式有多种，如 Ethernet II(RFC 894)和 IEEE 802.3/802.2(SAP)等，下面给出 RFC 894 的帧格式，如表 4.1.6 所示。

表 4.1.6 以太网 RFC 894 帧格式

帧头(frame header)				IP 数据报	帧尾
前导码(preamble)	目的地址(DA)	源地址(SA)	类型(type)	数据(data)	帧校验(FCS)
8 字节	6 字节	6 字节	2 字节	46～1 500 字节	4 字节

前导码采用多个“1”和“0”交替构成，用于使接收器建立比特同步，也称为同步码，其中最后一个字节为开始定界符(10101011)，最后两位“11”用于指示一帧实际开始。“类型”用来说明后续数据类型，如“0800”表示 IP 协议，“0806”表示 ARP 协议，“0835”表示 RARP 协议。帧校验序列(frame check sequence，FCS)用于检验传输是否有差错，一般采用 CRC 校验。

5. 硬件组成

以太网由共享传输媒体、双绞线电缆或同轴电缆和多端口集线器/交换机构成。在星型或总线型配置结构中，集线器/交换机通过电缆连接计算机和工作站。

(1) 网卡(NIC)，也称为以太网控制器或以太网适配器，负责计算机与网络传输介质之间的物理连接和电气连接，接收并执行计算机发送的各种控制命令，完成物理层功能。10/100 M 自适应网卡能自动识别 10 Mb/s 和 100 Mb/s 的网络速率。

(2) 集线器(hub)，属于物理层(第一层)设备，是以太网的集中连接点，能放大接收到的信号，并通过网络传播信号。

(3) 交换机(switch)，属于链路层(第二层)设备，是一个多端口网桥，同一时间可进行多对端口之间的数据传输，连接在上面的网络设备独自享有全部带宽，无须同其他设备竞争使用，并且都工作在全双工方式。与集线器的广播发送方式不同，交换机只向目标节点转发数据。

(4) 共享媒体和电缆，包括 10BaseT、100BASE-TX、非屏蔽双绞线(unshielded twisted pair，UTP)、10Base-2(同轴细缆)和 10Base-5(同轴粗缆)等。传输介质还包括线缆连接器，最常用的为 RJ-45 接头。

4.2　自整角机/旋转变压器

轴角传感器是将沿轴向旋转的角度位置或角速度转换为电信号的传感器。轴角传感器有自整角机(synchro)、旋转变压器(resolver)、感应同步器和电位计等。自整角机(也称为同步器或同位器)和旋转变压器(也称为分解器)是精确、最可靠的轴角传感器，在平台罗经、罗经、惯性导航系统中，广泛用来测量航向、方位及纵横摇姿态角。通过自整角机-数字转换器(synchro-digital converter，SDC)/旋转变压器-数字转换器(resolver-digital converter，RDC)，可以将轴角电压信号转换成相应的数字信号，提供给导航系统。

4.2.1　自整角机

最简单的自整角机有一个两相绕组的转子和一个具有相隔 120°分布的三相绕组的定子，如图 4.2.1 所示。发送机转子通过滑环用交流电压 V_R 供电，其频率 ω 称为激磁频率(参考频率)，幅值为 V_m，有

$$V_R = V_m \sin \omega t$$

它在定子引线 S_1、S_2 或 S_3 之间感应出同频率信号。输出相电压 V_{S_1}、V_{S_2} 和 V_{S_3} 与转子的角位置有确定的关系，输出相电压为

$$\begin{cases} V_{S_1} = K_n V_R \sin\theta \\ V_{S_2} = K_n V_R \sin\left(\theta + 120^\circ\right) \\ V_{S_3} = K_n V_R \sin\left(\theta + 240^\circ\right) \end{cases} \tag{4.2.1}$$

其中：θ 为发送机转子相对定子的转角；K_n 为自整角机次级(定子)与初级(转子)的匝数比。在罗经航向发送系统中，转角 θ 表示航向增量，其输出电压波形如图 4.2.2 所示。

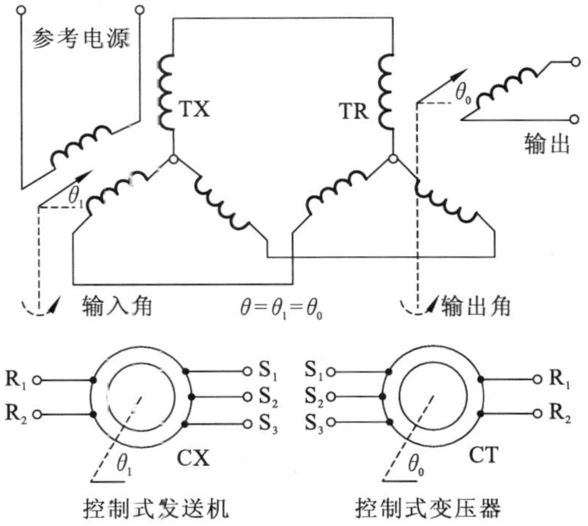

图 4.2.1　自整角机原理图

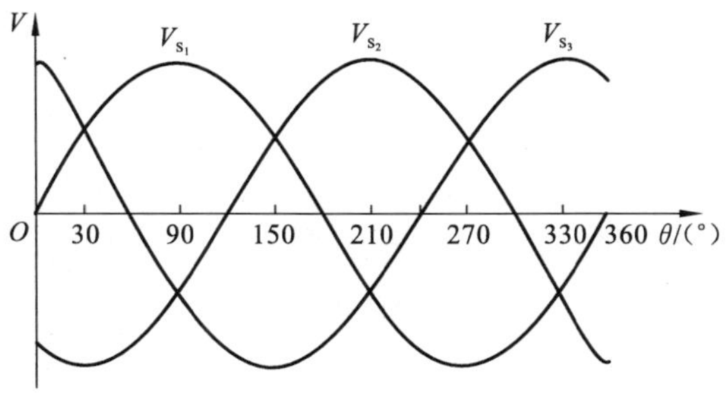

图 4.2.2　自整角机输出电压波形

4.2.2 旋转变压器

旋转变压器是一种精密度较高的控制电机，可用于解算装置，进行三角函数运算，也可代替自整角机在高精度随动系统中作同步传递用。

1. 正余弦旋转变压器

正余弦旋转变压器的转子和定子有两个相互垂直的绕组。定子绕组相当于变压器原边，一个是激磁绕组 R_1R_2，用参考电源供电，另一个是补偿绕组 R_3R_4。转子绕组相当于变压器副边线圈，一个绕组 S_1S_2 产生一个具有参考频率和幅值正比于轴角的正弦的电压，另一个绕组 S_3S_4 产生一个幅值正比于轴角余弦的电压，如图 4.2.3 所示。激磁电压 $V_R = V_{R_1R_2}\sin\omega t$ 。输出正余弦电压为

$$\begin{cases} V_1 = V_{S_3S_1} = K_n V_R \sin\theta \\ V_2 = V_{S_2S_4} = K_n V_R \cos\theta \end{cases} \tag{4.2.2}$$

其中：θ 为转子相对于定子的转角；K_n 为旋转变压器副边与原边的变比；$V_{R_1R_2}$ 为 R_1 相对 R_2 的电压；$V_{S_3S_1}$ 为 S_3 相对 S_1 的电压；$V_{S_2S_4}$ 为 S_2 相对 S_4 的电压。输出电压分别与转子角度成正弦和余弦函数关系，其输出电压波形如图 4.2.4 所示。为了消除交轴磁场对输出电压的影响，通常将定子的补偿绕组 R_3 和 R_4 短接起来，形成原边补偿。

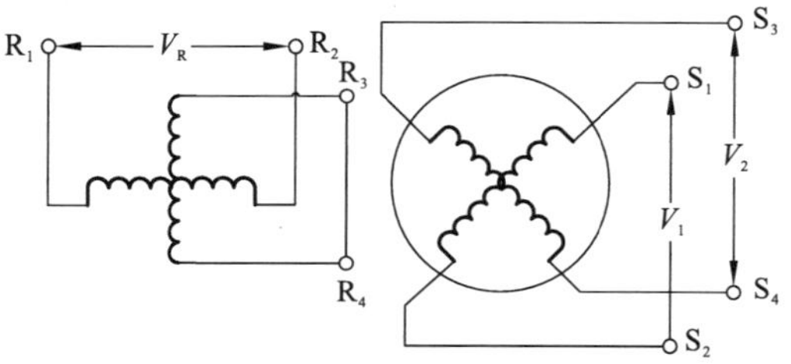

图 4.2.3 正余弦旋转变压器原理图

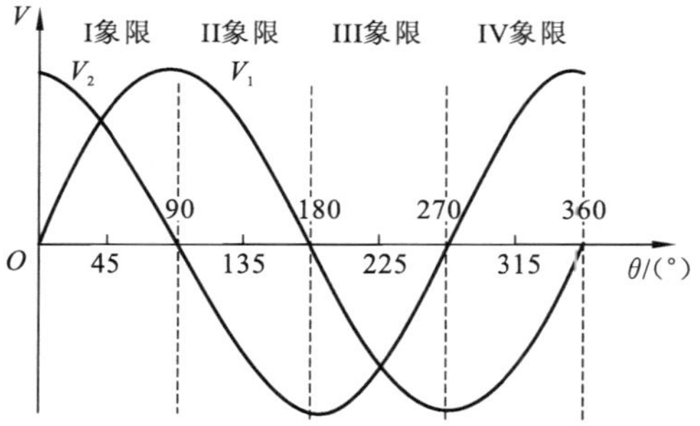

图 4.2.4 正余弦旋转变压器输出电压波形

2. 线性旋转变压器

线性旋转变压器是指输出电压大小与转子转角近似成正比的旋转变压器。将正余弦变压器按图 4.2.5 方式接线，得到原边补偿的线性旋转变压器，其输出电压为

$$V = \frac{K_0 \sin\theta}{1 + K_0 \cos\theta} V_R \tag{4.2.3}$$

其中：K_0 为变比。线性旋转变压器的输出特性如图 4.2.6 所示。可以证明，当 K_0＝0.52 时，在 θ＝±60°范围内输出电压和转子转角成线性关系，线性误差不超过 0.1%。式(4.2.3)是忽略了绕组阻抗压降得到的近似表达式。为获得最佳的线性特性，实际线性旋转变压器的变比一般取 0.56～0.57。在小角度范围，令 $K = K_0/(1+K_0)$，则有

$$V = K\theta V_R \tag{4.2.4}$$

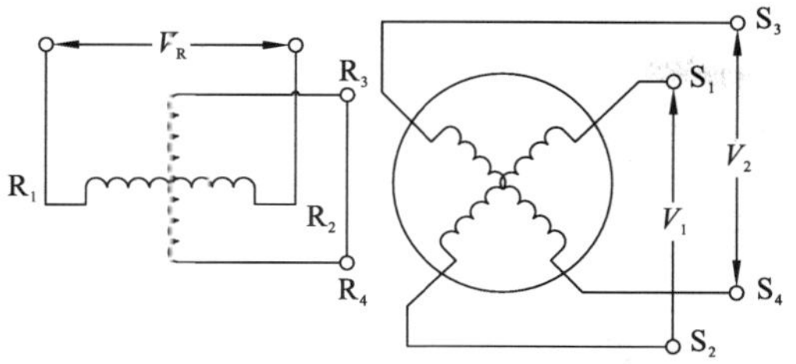

图 4.2.5　线性旋转变压器原理图

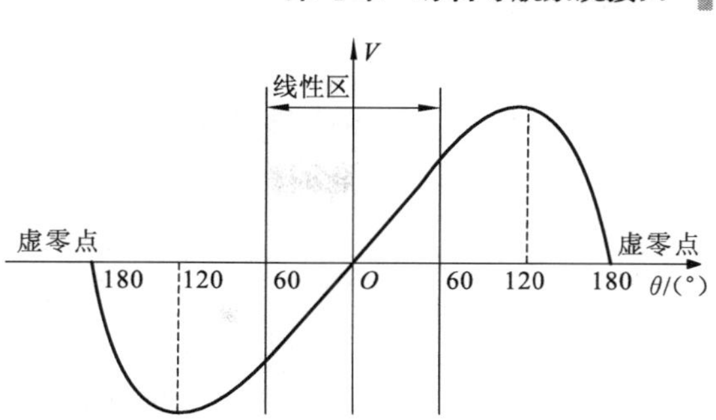

图 4.2.6　线性旋转变压器输出特性

3. 多极旋转变压器

为提高测角精度，导航设备(如平台罗经、惯性导航系统)常采用多极旋转变压器构成粗精组合的双速旋转变压器系统。将一对极和多对极集于一体的旋转变压器称为多极旋转变压器。单对极旋转变压器称为粗通道(粗机)，多极旋转变压器称为精通道(精机)。设转子机械角度为 θ，极对数为 p，则精通道输出的电气角度 θ_e 将是原来的 p 倍，即 $\theta_e=\theta\times p$，这就提高了转子旋角的分辨率，显著提高了测角精度。常用的粗精极对数比有 1∶16、1∶30 和 1∶36 等。

4.2.3　自整角机/旋转变压器轴角-数字转换

自整角机/旋转变压器轴角-数字转换的方法有轴角编码式、跟踪式和采样逐次逼近式等。其中跟踪式精度较高，并在专用轴角采集模块中得到广泛应用。下面主要介绍跟踪式自整角机和旋转变压器轴角数字转换方法。

1. 跟踪式 SDC/RDC 的工作原理

跟踪式 SDC 和 RDC 是数字随动系统，是由微型斯科特(Scott)变压器、数字正余弦乘法器、误差放大器、相敏解调器、积分器、压控振荡器(voltage controlled oscillator，VCO)和可逆计数器等部分组成，如图 4.2.7 所示。其中，微型斯科特变压器完成自整角机三相电压到正余弦变压器两相信号的转换，其余部分构成一个轴角闭环跟踪回路。

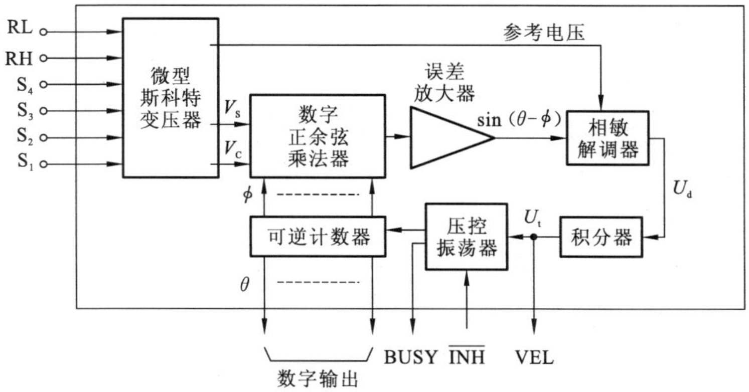

图 4.2.7　跟踪式自整角机/旋转变压器轴角-数字转换器原理图

图 4.2.7 中，RL 和 RH 为参考信号输入端，S_1、S_2、S_3 和 S_4 为自整角机/旋转变压器信号输入端。对于 SDC，将自整角机的三线输出连接到转换器 S_1、S_2 和 S_3 端，自整角机三线信号经转换器内部微型斯科特变压器转换成正余弦形式，即

$$V_S = V_R \sin\theta, \quad V_C = V_R \cos\theta$$

其中：θ 为自整角机轴角；V_R 为参考信号。对于 RDC，将旋转变压器四线输出连接至转换器的 S_1、S_2、S_3 和 S_4 端，此时微型变压器只起隔离和降压作用。

轴角信号的跟踪过程：设可逆计数器当前字状态为 ϕ，则高速数字乘法器的输出信号为

$$V_S \cos\phi = V_R \sin\theta\cos\phi, \quad V_C \sin\phi = V_R \cos\theta\sin\phi$$

这些信号经误差放大器相减得到轴角的误差信号为

$$V_R\left(\sin\theta\cos\phi - \cos\theta\sin\phi\right) = V_R \sin\left(\theta - \phi\right)$$

相敏解调器产生一个表征转换速度与 $\sin\left(\theta - \phi\right)$ 成正比的直流误差电压 U_d。该信号经积分器产生一个随时间增长的输出电压 U_t。它作为 VCO（U/F 转换器）的输入电压，VCO 的输出脉冲频率与 U_t 的幅值成正比。脉冲序列由一个可逆计数器进行累计，累加还是累减由误差电压 U_d 的极性决定，累计的字状态 ϕ 输出给数字乘法器。若 $\phi < \theta$，则 $U_d>0$，计数器进行加法计数，ϕ 增大，从而使 $\sin\left(\theta - \phi\right)$ 趋近于零；反之，若 $\phi > \theta$，则 $U_d<0$，计数器进行减法计数，ϕ 减小，同样使 $\sin\left(\theta - \phi\right)$ 趋近于零。稳定后的可逆计数器的状态字 ϕ 在转换器的额定精度范围内就等于自整角机的轴角 θ。

图 4.27 中，VEL 为速度电压输出，它是与轴角角速度成正比的直流模拟信号；BUSY 为“忙”信号输出，高电平表示正在跟踪转换，数据不稳定；$\overline{\text{INH}}$ 为禁止信号输入，该信号切断转换器内部跟踪环路，使输出数据稳定在 $\overline{\text{INH}}$ 加入的时刻。

2. 跟踪式 SDC/RDC 产品

跟踪式 SDC/RDC 的结构形式有模块式和集成芯片两类，集成芯片集成度和可靠性高，是发展的趋势。轴角-数字转换芯片有美国数据器件公司（DDC）的 RDC19230 系列和 RDC19222/19224 等，国产的对应为 RD19230 和 RD19222/RD19224 等。这些芯片都能同时适用于自整角机或旋转变压器信号到数字信号的转换。模块式转换器，如 ZSZ / XSZ 系列转换器，目前在舰船导航设备及武器系统中应用非常广泛。

3. 跟踪式 SDC/RDC 的主要技术指标

跟踪式 SDC/RDC 的主要技术指标包括分辨率、稳态精度和跟踪速率。

(1) 分辨率。分辨率可以用数字的位数表示，也可以用输出数字最低有效位（least significant bit，LSB）代表的角度表示。设额定测角范围为 0°～360°，则 n 位轴角-数字转换器最低有效位 1 LSB 代表的角度为 $\theta_{LSB} = 360° \times 2^{-n}$。例如，10 位、12 位和 14 位转换器的分辨率分别为 21′、5.3′和 1.3′。

(2) 稳态精度。稳态精度，即输出码值代表的角度与实际轴角的误差，主要取决于正余弦乘法器的精度，其次是微型斯科特变压器或隔离变压器的制造精度。

(3) 跟踪速率。跟踪速率与参考电压的频率有关，参考频率较低，跟踪速率也较低。

思 考 题

1. 现代舰船的综合导航系统接口主要形式有哪些?

2. 试说明 RS-232C、RS-422 和 RS-485 标准的主要异同点。
3. 试简述 CAN 总线的主要特点。
4. 试简述以太网的基本组成和组网方式。
5. 自整角机/旋转变压器的基本原理是什么?

第5章

综合导航信息处理技术

本章讨论综合导航系统涉及的信息处理技术，这是综合导航系统的核心内容。导航信息处理主要包括导航信息预处理、导航滤波与估计理论及综合导航系统的性能评估方法。其中，导航滤波与估计理论是综合导航信息处理的核心技术。

5.1 综合导航信息预处理

综合导航系统对导航信息进行优化处理正常工作依赖于不断地从各导航仪器采入观测数据。但是，由于外界的各种干扰及采样接口技术可能存在的缺陷，这些观测数据还需要经过一定的预处理后才能应用。预处理包括野值剔除、时间同步、空间基准统一等。

5.1.1 野值剔除

野值是指含有粗差的数据，也称为坏值。根据海试经验，数据采集产生野值的主要原因有：①电磁干扰。舰船电气设备多而集中，电缆线屏蔽不佳，综合导航设备电磁防护不力，电磁干扰通过传导和辐射等方式影响综合导航设备，使数据在传输过程中产生误码或破坏无线电定位设备信号的正常接收。②舰电波动。舰上电站一般容量有限，且负荷起伏大，容易导致电压和频率的波动，电压瞬时波动最大可达±20%，频率波动可达±10%。③无线电传播中的强干扰使接收信号混乱甚至中断而造成野值。④综合导航设备长期工作温度升高，引起电子元件参数变化，计算机工作出现“疲劳”等，都可能引起采数误码而出现野值。

综合导航进行状态估计时必须事先对野值进行剔除。剔除野值的关键是野值的判定。以综合导航显控台数据采集为例，由于舰船运动受到风、流、浪等外部随机干扰和操舵及主机转速不稳等内部随机干扰的影响，再加上舰船随时可能变向、变速、机动，综合导航显控台采集的航向、航速和船位等观测值是“无规律”的。如果把这类数据也当成野值剔除，必将出现采不到数据的情况。一般来说，野值只是个别离谱的数值，因此，应按一定准则设置野值判据，对采入数据进行判别，发现野值就剔除，并自动用适当的数码加以替补，不属野值的正常数据放行通过。

野值剔除有实时进行和事后处理两类，实时进行由计算机接口软件自动完成，事后处理则在全部数据已获得的基础上进行。

1. 实时野值剔除方法

实时野值剔除方法主要包括极限误差(3σ)准则和卡尔曼滤波中的“新息”判别野值。

1) 3σ 准则

3σ 准则是实际应用较普遍但较粗糙的方法。该准则假设采集的数据只存在服从正态分布

的随机误差，误差落在 3 倍均方误差范围内的概率为 99.7%(设真值为 a，采入数据为 x，则概率为 $P\{|x-a|<3\sigma\}$)。若采入数据的误差绝对值超过极限误差 3σ，则认为该数据为野值。

以航向野值剔除为例，设 T_C 为罗经航向采样周期，通常取 0.1～1 s，前次采得罗航向为 CC_0，后次为 CC_1，极限误差为 SE，则航向野值为$|CC_1-CC_0|\geqslant$SE。

极限误差 SE 的值由以下三部分组合而成。

(1) 前后两次采样引起的极限误差。以分罗经自整角机采样为例，采样极限误差为 ±0.2°，前后两次采样极限误差为 $\sqrt{2}\times0.2°=0.28°$。

(2) 采样周期内噪声引起的极限误差。此误差估计为±1°。

(3) 采样周期内由变向机动引起的极限误差。此误差由舰船旋回性能决定，以 052 驱逐舰为例，满舵旋回 180°的时间 T_{180} 为 3 min，则极限误差为 $180°/(3\times60)\times T_C$。若 $T_C=0.5$ s，则极限误差为 0.5°。按误差积累定律，可得 $\mathrm{SE}=\sqrt{0.28^2+1^2+0.5^2}=1.15°$。

航速和位置等数据的野值判据，同样可按上述思路对物理过程作具体分析后确定。

2) 根据“新息”判别野值

综合导航设备采用卡尔曼滤波进行数据综合处理时可通过“新息”进行野值判别。“新息” $\boldsymbol{\varepsilon}_k$ 是观测向量 $\boldsymbol{Z}_k$ 与观测的预测向量 $\boldsymbol{H}_k\hat{\boldsymbol{X}}_{k,k-1}$ 之差，即

$$\boldsymbol{\varepsilon}_k=\boldsymbol{Z}_k-\boldsymbol{H}_k\hat{\boldsymbol{X}}_{k,k-1}$$

“新息”中包含观测时带入滤波器的新的信息，它是滤波器工作的依据，“新息”是一个随机向量，其值有一极限范围，当超过极限范围时，可判别观测为野值。其判据为

$$|\boldsymbol{\varepsilon}_{ki}|>r\sqrt{\left[\boldsymbol{H}_k\boldsymbol{P}_{k,k-1}\boldsymbol{H}_k^{\mathrm{T}}\right]_{i,i}+\boldsymbol{R}_{k(i,i)}}$$

其中：r 为可变系数，可取 3～4；下标 i 表示向量中第 i 个分量；下标$(i，i)$表示矩阵主对角线上第 i 个元素。不难看出，该判据中的$\left[\boldsymbol{H}_k\boldsymbol{P}_{k,k-1}\boldsymbol{H}_k^{\mathrm{T}}\right]_{i,i}$就是第 i 个预测值的方差(经 $\boldsymbol{H}_k$ 变换)，而 $\boldsymbol{R}_{k(i,i)}$ 就是第 i 个观测值的方差，不等式的右端即为 r 倍的“新息”标准差，实质上就是极限误差。当“新息”超过极限误差时，判据成立，即为野值，予以剔除。

2. 事后野值剔除方法

在对试验数据进行分析之前，可采用格拉布斯(Grubbs)或狄克逊(Dixon)准则进行野值剔除。其中格拉布斯准则的可靠性更高，下面介绍该准则。

设对同一量进行 n 次独立观测，其观测值 X_1，X_2，…，X_n 服从正态分布，将观测数列按数值大小排列为顺序统计量 X_i，即 $X_1\leqslant X_2\leqslant\cdots\leqslant X_n$，其中左右两端的最大值 X_n 和最小值 X_1 是野值的可能性最大。

格拉布斯给出了统计量 V_1 和 V_2 的分布，并证明了两者分布相同：

$$V_1=(X_n-\bar{X})/\sigma,\qquad V_2=(\bar{X}-X_1)/\sigma$$

其中：$\bar{X}$ 和 σ 分别为观测数列的均值和均方差(标准差)，而

$$\sigma=\sqrt{\sum_{i=1}^{n}(X_i-\bar{X})^2\Big/(n-1)}$$

分布函数为

$$P\{V_1>K_\alpha\}=\alpha \tag{5.1.1}$$

或
$$P\{V_2 > K_\alpha\} = \alpha \tag{5.1.2}$$
其中：α 为检验显著性水平(也称为检出水平或危险概率等，一般取 0.05、0.025 或 0.01)；K_α 为检验临界值。α 与置信概率 p 的关系为 $\alpha = 1 - p$。α 越小，要求越严格。格拉布斯分布函数的检验临界值如表 5.1.1 所示。

表 5.1.1　格拉布斯分布函数的检验临界值

n \ α	0.05	0.025	0.01	n \ α	0.05	0.025	0.01	n \ α	0.05	0.025	0.01
3	1.15	1.16	1.16	13	2.33	2.46	2.61	23	2.62	2.78	2.96
4	1.46	1.48	1.49	14	2.37	2.51	2.66	24	2.64	2.80	2.99
5	1.67	1.72	1.75	15	2.41	2.55	2.70	25	2.66	2.82	3.01
6	1.82	1.89	1.94	16	2.44	2.59	2.75	30	2.74	2.91	3.10
7	1.94	2.02	2.10	17	2.48	2.62	2.78	35	2.81	2.98	3.18
8	2.03	2.13	2.22	18	2.50	2.65	2.82	40	2.87	3.04	3.24
9	2.11	2.21	2.32	19	2.53	2.68	2.85	50	2.96	3.13	3.34
10	2.18	2.29	2.41	20	2.56	2.71	2.88	60	3.03	3.20	3.42
11	2.23	2.36	2.48	21	2.58	2.73	2.91	70	3.08	3.26	3.47
12	2.28	2.41	2.55	22	2.60	2.76	2.94	100	3.17	3.38	3.59

当给定显著性水平 α，可根据数据个数 n，从表中查得 K_α。若式(5.1.1)成立，则判定数据中最大者 X_n 为野值；若式(5.1.2)成立，则判定数据中最小者 X_1 为野值。剔除野值后，对 n−1 个观测数列重复上述判别，直到剩余数据列中最大者和最小者不再存在野值为止。

例如，设有来自同一正态总体的 12 个观测值，按大小顺序排列为

3，5，5，6，7，7，8，8，9，10，11，17

求在置信概率 95%下(α=0.05)，上述数据中是否存在野值。

解　数列的均值 $\bar{X}$ =8.0，标准差 σ=3.62，查分布函数表 5.1.1，得 K_α =2.28，由于
$$V_1 = (X_{12} - \bar{X}) / \sigma = 2.486 > 2.28$$
$$V_2 = (\bar{X} - X_1) / \sigma = 1.38 < 2.28$$
判定数 X_1 不是野值，而 X_{12} 是野值。剔除数 17 后，重新算得 11 个数据的 $\bar{X}$ =7.2，σ=2.34，查得 K_α =2.23，由于
$$V_1 = (X_{11} - \bar{X}) / \sigma = 1.62 < 2.23$$
表明第 11 个数据不是野值。因此，判定 12 个数据中除第 12 个数据外，其余均为正常值。

5.1.2　时间同步

综合导航系统中时间同步问题是工程实现中的一个重要问题。采用卡尔曼滤波进行数据融合时，要求用于融合的各导航子系统输出数据必须是同一时间点上的，即导航子系统时间同步。只有解决了不同导航子系统之间的时间同步问题，综合导航设计才具有实际意义。

假设惯性导航系统经过冗余配置和元件级故障检测及隔离等技术处理后，可靠性已得到保

证(实际中这也是能够做到的)，初始对准完成后就周期性地连续输出导航数据。理论上，卫星导航系统(如 GPS)的数据更新频率也是固定的(1 Hz)。但惯性导航系统和卫星导航系统的数据更新频率不同，惯性导航系统数据更新率一般都大于 20 Hz，并且在浅组合方式下，两个导航系统不可能使用同一时标，也不可能同时启动。此外，尽管从理论上说，惯性导航系统和卫星导航系统的信息更新频率是固定的，但实际导航过程中，由于温度特性等因素的影响，惯性导航系统的频标会出现漂移。另外，还必须注意，导航信息更新时刻并不是数据输出时刻。在每个导航子系统中，导航信息更新完成后，还要经过计算和通信才能最终输出导航数据。也就是说，在进行数据时间同步时，需要同步的数据所对应的时刻是信息更新时刻，而不是加上通信和计算的时延后的数据输出时刻。数据时间同步技术要解决的问题是如何将来自不同导航子系统、在不同时标下更新、并经过计算和通信时延的导航数据，根据数据更新同步时间差，经过外推算法获取不同子系统导航数据的同步值，以构造在数据融合算法的每个融合时间点上的观测数据。

惯性/卫星综合导航系统的时间同步可以利用卫星接收机发送给导航计算机的秒脉冲来实现。设惯性导航系统的数据更新周期为 T_{INS}，卫星导航系统的秒同步脉冲(1 pps，每秒一个脉冲)和 UTC 秒点是对齐并非常准确的。卫星信号接收机严格地在每一个 1 pps 脉冲的边沿时刻进行一次伪距、伪距变化率、载波相位测量、GPS 标准授时和定位等测量，可以认为卫星导航系统的数据更新频率就是准确的 1 Hz。T_{INS} 远远小于 1 s，一般都小于 50 ms，所以，利用卫星导航系统的 1 pps 脉冲作为同步的标准时刻进行融合数据的同步是很好的选择。

5.1.3　空间基准统一

空间基准统一包括两个方面，即坐标系的统一和基准点的统一。

坐标系是为描述物体所在位置和运动规律而选取的参考基准，不同的导航子系统输出的导航信息往往是处于不同的坐标系下的。例如，GPS 位置信息采用 WGS-84 坐标系，而惯性导航系统位置信息采用 1954 北京坐标系。虽然使用这两种不同的坐标系不会带来太大的位置误差，但在进行高精度导航时，进行坐标系的统一变换还是十分必要的。

舰船上的武器系统有其自己的参考点；雷达、惯性导航系统有其自己的物理部位的工作平面；GPS、罗兰 C 和北斗采用其各自天线点位置为基准。大型舰艇各部位间的距离可达数百米，因此，进行基准点的统一对于舰艇系统的导航信息统一和高精度导航十分必要。实际使用中，一般取舰艇上单一点作为所有舰载系统的基准点，理想的基准点应与舰船的摇摆中心一致。

由于在设计时导航接收机采用的大地坐标系不同，来自各导航传感器的船位信息必须先将其归算到基准大地坐标系上才能进行数据综合。舰船综合导航系统可能遇到的大地坐标系归一问题有：①惯性导航系统及我国海图均采用 1954 北京坐标系，因此，在数据预处理时需进行北京系 → WGS-84 归一，而数据综合后提供航海及指控系统使用时，又需进行 WGS-84 → 北京系的反改正；②GPS 采用 WGS-84 大地坐标系，而罗兰 C 接收机采用 WGS-72 地心大地坐标系，需进行 WGS-72 → WGS-84 归一。

5.2 估计理论与信息融合

5.2.1 最优估计

在实际测量和控制系统中，往往需要获得系统相关物理量的值，这就必须对物理量进行观测。物理量的获取存在困难：一是观测量信息可能不全，仅能对部分物理量进行观测；二是实际观测数据中必然带有随机观测噪声和干扰信号。通过对带有观测噪声和干扰信号的观测数据进行处理，从而得到所需要的物理量的估计值，这就是估计问题。按估计的物理量不同，估计问题可以分为参数估计和状态估计，前者属于静态估计，后者属于动态估计。某些估计问题可能是二者的结合，如自适应滤波，既要估计动态系统的状态，同时也要对统计特性未知或不断变化的噪声模型参数进行估计。下面主要讨论动态系统的状态估计问题。

最优估计就是针对上述问题的一种解决方法。它能将仅与部分状态有关的观测值进行处理，得出某种统计意义上估计误差最小的更多状态的估计值。估计误差最小的标准称为估计准则。根据不同的估计准则和估计计算方法，有各种不同的最优估计。

如何评价估计效果呢？这就需要引入估计准则。估计准则的选择一是要反映估计的效果，即估计误差是否足够小；二是要便于计算，工程上可实现。系统可以分为确定性系统和随机系统，实际系统基本上都是随机系统。对于随机系统，常用的估计准则包括最小二乘准则、最小方差准则、线性最小方差准则、极大似然准则和极大验后准则等。

卡尔曼滤波就是一种最优估计技术，采用递推线性最小方差估计。下面先介绍最小方差估计和线性最小方差估计，再说明递推线性最小方差估计。

1. 最小方差估计

设 $\boldsymbol{X}$ 为系统的 n 维随机状态向量，$\boldsymbol{Z}$ 为 m 维观测向量，最小方差估计的估计准则是使估计的均方误差最小，即

$$E\left\{\left[\boldsymbol{X}-\hat{\boldsymbol{X}}(\boldsymbol{Z})\right]\left[\boldsymbol{X}-\hat{\boldsymbol{X}}(\boldsymbol{Z})\right]^{\mathrm{T}}\right\}=\min \tag{5.2.1}$$

其中：$\hat{\boldsymbol{X}}(\boldsymbol{Z})$ 为用 $\boldsymbol{Z}$ 计算得到的 $\boldsymbol{X}$ 的最小方差估计值；$\tilde{\boldsymbol{X}}=\boldsymbol{X}-\hat{\boldsymbol{X}}(\boldsymbol{Z})$ 为估计误差；$E\{\bullet\}$ 表示对 $\{\bullet\}$ 取均值；$E\left\{[\boldsymbol{X}-\hat{\boldsymbol{X}}(\boldsymbol{Z})][\boldsymbol{X}-\hat{\boldsymbol{X}}(\boldsymbol{Z})]^{\mathrm{T}}\right\}$ 为估计均方误差阵。

最小方差估计具有无偏性质，它的估计误差(可用 $\tilde{\boldsymbol{X}}$ 表示)的均值为零，即

$$E\left[\boldsymbol{X}-\hat{X}(\boldsymbol{Z})\right]=E\left[\tilde{\boldsymbol{X}}\right]=0 \tag{5.2.2}$$

这样，估计的均方误差就是估计误差的方差，即

$$E\left[\tilde{\boldsymbol{X}}\tilde{\boldsymbol{X}}^{\mathrm{T}}\right]=E\left\{[\tilde{\boldsymbol{X}}-E(\tilde{\boldsymbol{X}})][\tilde{\boldsymbol{X}}-E(\tilde{\boldsymbol{X}})]^{\mathrm{T}}\right\} \tag{5.2.3}$$

因此，最小方差估计不但使估计值 $\hat{\boldsymbol{X}}(\boldsymbol{Z})$ 的均方误差最小，而且这种最小的均方误差就是 $\hat{\boldsymbol{X}}(\boldsymbol{Z})$ 的误差方差。这也是这种估计称为最小方差估计的原因。

要获得 $\boldsymbol{X}$ 的最小方差估计，必须首先已知 $\boldsymbol{X}$ 的条件概率密度函数 $f\left(\boldsymbol{X}|\boldsymbol{Z}\right)$。对工程对象来讲，系统状态的各种条件概率密度很不容易统计得到。因此，这种估计方法的应用范围受到一定限制。

2. 线性最小方差估计

如果将状态估计 $\hat{X}$ 规定为观测向量 Z 的线性函数，即

$$\hat{X} = AZ + b \tag{5.2.4}$$

其中：A 和 b 分别为 $n \times m$ 维的矩阵和和 n 维的向量。A 值和 b 值仍然按式(5.2.1)的准则来选择，则这样的估计方法称为线性最小方差估计。这种估计需要已知被估计值 X 和观测值 Z 的一阶和二阶统计特性，包括均值 $E(X)$、$E(Z)$，方差 $\mathrm{Var}(X)$、$\mathrm{Var}(Z)$和协方差 $\mathrm{Cov}(X, Z)$。所以，它比最小方差估计实用。当然，受到式(5.2.4)的线性条件限制，它的估计精度一般低于最小方差估计。

对于动态系统，工程上常要求从 t 时刻的观测值 $Z(t)$ 计算出该时刻状态 $X(t)$ 的估计值 $\hat{X}(t)$。由于 $X(t)$ 是从以前时刻的状态系统转移规律发展过来的(还要加上系统随机噪声的影响)，与以前时刻的状态有关联，利用 t 时刻和以前时刻的所有观测值对 $X(t)$ 进行估计，将有助于估计精度的提高。但是，对最小方差估计和线性最小方差估计来讲，由于计算方法的限制，同时处理不同时刻的观测值而得到 t 时刻的估值的计算量太大。因此，这两种估计方法不适用于估计动态系统的状态。

3. 递推线性最小方差估计

卡尔曼滤波是一种最优化的自回归数据处理算法，具体实现方法是采用递推的线性最小方差估计。它的估计准则仍是式(5.2.1)；它的估值同样是观测值的线性函数，符合式(5.2.4)；并且只要包括初始估值在内的滤波器初值选择正确，它的估值也是无偏的，符合式(5.2.2)。但是，在计算方法上，它采用递推形式，即在历史估值的基础上，根据 t 时刻的观测值 $Z(t)$ 递推得到 t 时刻的状态估值 $\hat{X}(t)$。因为历史估值是根据历史观测值得到的，所以按这种递推算法得到的估值 $\hat{X}(t)$ 是综合利用 t 时刻和 t 时刻以前的所有观测信息得到的。由于一次仅处理一个时刻的观测值，计算量大大减少。此外，卡尔曼滤波是利用状态方程和线性观测方程来描述系统和观测值的，因此主要适用于线性动态系统。

最优估计是卡尔曼滤波的基本准则。卡尔曼滤波是完全服从于高斯分布的一种滤波方法，即卡尔曼滤波本质上是高斯滤波的一种特例和衍生品，高斯滤波是卡尔曼滤波的母体。因此，接下来阐述一下高斯滤波的基本过程。

5.2.2 高斯滤波

自然界和人类社会中最普遍的一种概率分布被称为高斯概率分布，也称为正态概率分布。高斯概率分布记为

$$N(\bar{x}, P) = \frac{1}{\sqrt{2\pi P}} \exp\left\{-\frac{1}{2}(x-\bar{x})^{\mathrm{T}} P^{-1}(x-\bar{x})\right\} \tag{5.2.5}$$

高斯概率分布由两个参数唯一确定，其中：$\bar{x}$ 为服从高斯概率分布的随机变量的均值，决定了分布的位置，称为位置参数；而 P 为随机变量的方差，决定了分布的幅度，称为尺度参数。

假设式(5.2.5)的概率分布模型由某种运动规律所约束，其形式为

$$x_k = f(x_{k-1}, w_{k-1}) \tag{5.2.6a}$$

$$y_k = h(x_k, v_k) \tag{5.2.6b}$$

其中：$f(\bullet)$ 和 $h(\bullet)$ 分别为服从于高斯概率分布的动态系统状态方程和观测方程。记

$$P(\boldsymbol{x}_k \mid \boldsymbol{x}_{k-1}) = N\left(\boldsymbol{x}_k \mid f(\boldsymbol{x}_{k-1}, \boldsymbol{w}_{k-1})\right) \tag{5.2.7a}$$

$$P(\boldsymbol{y}_k \mid \boldsymbol{x}_k) = N\left(\boldsymbol{y}_k \mid h(\boldsymbol{x}_k, \boldsymbol{v}_k)\right) \tag{5.2.7b}$$

其中：$\boldsymbol{w}_{k-1}$ 为过程噪声；$\boldsymbol{v}_k$ 为观测噪声。用两种噪声来体现状态量和观测量的随机性，并且两种噪声一般服从于零均值的高斯概率分布，记

$$P\left(\boldsymbol{w}_{k-1}\right) = N\left(\boldsymbol{w}_{k-1} \middle| \boldsymbol{0}, \boldsymbol{Q}_{k-1}\right) \tag{5.2.8a}$$

$$P\left(\boldsymbol{v}_k\right) = N\left(\boldsymbol{v}_k \middle| \boldsymbol{0}, \boldsymbol{R}_k\right) \tag{5.2.8b}$$

其中：$\boldsymbol{Q}_{k-1}$ 和 $\boldsymbol{R}_k$ 分别为过程噪声方差和观测噪声方差。

先验概率密度和后验概率密度也服从于高斯概率分布，有

$$P(\boldsymbol{x}_k \mid \boldsymbol{y}_{1:k-1}) = N(\boldsymbol{x}_k \mid \hat{\boldsymbol{x}}_{k,k-1}, \boldsymbol{P}_{k,k-1}) \tag{5.2.9a}$$

$$P(\boldsymbol{x}_k \mid \boldsymbol{y}_{1:k}) = N(\boldsymbol{x}_k \mid \hat{\boldsymbol{x}}_k, \boldsymbol{P}_k) \tag{5.2.9b}$$

其中：$\hat{\boldsymbol{x}}_{k,k-1}$ 是预测值，$\hat{\boldsymbol{x}}_k$ 是估计值。

依据贝叶斯公式(Bayes)和高斯概率分布，可以得到基于高斯概率分布的概率估计，这种概率估计的过程就是高斯滤波。高斯滤波是服从高斯概率分布的最接近于贝叶斯估计的滤波形式。

实际工程中一般采用加性噪声，系统动态模型(5.2.6a)、(5.2.6b)改写为加性噪声形式：

$$\boldsymbol{x}_k = f\left(\boldsymbol{x}_{k-1}\right) + \boldsymbol{w}_{k-1} \tag{5.2.10a}$$

$$\boldsymbol{y}_k = h\left(\boldsymbol{x}_k\right) + \boldsymbol{v}_k \tag{5.2.10b}$$

对于以上动态系统，高斯滤波的计算流程如下。

(1) 时间更新。

$$\hat{\boldsymbol{x}}_{k,k-1} = \int f\left(\boldsymbol{x}_{k-1}\right) N\left(\boldsymbol{x}_{k-1} \middle| \hat{\boldsymbol{x}}_{k-1}, \boldsymbol{P}_{k-1}\right) \mathrm{d}\boldsymbol{x}_{k-1} \tag{5.2.11a}$$

$$\boldsymbol{P}_{k,k-1} = \int \left[f\left(\boldsymbol{x}_{k-1}\right) - \hat{\boldsymbol{x}}_{k,k-1}\right]\left[f\left(\boldsymbol{x}_{k-1}\right) - \hat{\boldsymbol{x}}_{k,k-1}\right]^{\mathrm{T}} N\left(\boldsymbol{x}_{k-1} \middle| \hat{\boldsymbol{x}}_{k-1}, \boldsymbol{P}_{k-1}\right) \mathrm{d}\boldsymbol{x}_{k-1} + \boldsymbol{Q}_{k-1} \tag{5.2.11b}$$

(2) 观测更新。

$$\hat{\boldsymbol{y}}_k = \int h\left(\boldsymbol{x}_k\right) N\left(\boldsymbol{x}_k \middle| \hat{\boldsymbol{x}}_{k,k-1}, \boldsymbol{P}_{k,k-1}\right) \mathrm{d}\boldsymbol{x}_k \tag{5.2.11c}$$

$$\boldsymbol{P}_{yy,k} = \int \left[h\left(\boldsymbol{x}_k\right) - \hat{\boldsymbol{y}}_k\right]\left[h\left(\boldsymbol{x}_k\right) - \hat{\boldsymbol{y}}_k\right]^{\mathrm{T}} N\left(\boldsymbol{x}_k \middle| \hat{\boldsymbol{x}}_{k,k-1}, \boldsymbol{P}_{k,k-1}\right) \mathrm{d}\boldsymbol{x}_k + \boldsymbol{R}_k \tag{5.2.11d}$$

$$\boldsymbol{P}_{xy,k} = \int \left(\boldsymbol{x}_k - \hat{\boldsymbol{x}}_{k,k-1}\right)\left[h\left(\boldsymbol{x}_k\right) - \hat{\boldsymbol{y}}_k\right]^{\mathrm{T}} N\left(\boldsymbol{x}_k \middle| \hat{\boldsymbol{x}}_{k,k-1}, \boldsymbol{P}_{k,k-1}\right) \mathrm{d}\boldsymbol{x}_k \tag{5.2.11e}$$

$$\boldsymbol{K}_k = \boldsymbol{P}_{xy,k} / \boldsymbol{P}_{yy,k} \tag{5.2.11f}$$

$$\hat{\boldsymbol{x}}_k = \hat{\boldsymbol{x}}_{k,k-1} + \boldsymbol{K}_k(\boldsymbol{y}_k - \hat{\boldsymbol{y}}_k) \tag{5.2.11g}$$

$$\boldsymbol{P}_k = \boldsymbol{P}_{k,k-1} - \boldsymbol{K}_k \boldsymbol{P}_{yy,k} \boldsymbol{K}_k^{\mathrm{T}} \tag{5.2.11h}$$

式(5.2.11a)～(5.2.11h)为高斯滤波的计算流程，其中：$\hat{\boldsymbol{y}}_k$ 为预测观测量；$\boldsymbol{P}_{yy,k}$ 为观测滤波方差；$\boldsymbol{P}_{xy,k}$ 为状态与观测协方差；$\boldsymbol{K}_k$ 为滤波增益。

对于一般系统的高斯滤波，获得解析解是困难的，而卡尔曼滤波实际上是高斯滤波的数值求解方案。根据高斯滤波中的被积函数是线性还是非线性，可以相应推导出基本卡尔曼滤波(最优滤波)和各种非线性卡尔曼滤波(次优滤波)算法。粒子滤波则不属于卡尔曼滤波范畴。

5.2.3　多源信息融合

信息融合(information fusion)是在面向各种复杂应用和多传感器信息系统大量涌现的背景下产生的。随着现代军事和民用系统多传感器系统的发展，传感器可以从各个方面来测量系统或对象的特性，但是这些传感器提供信息的时间、地点、表达方式和采样频率各不相同，可信度和不确定性不同，侧重点和用途也不同。因此，如何将这些传感器的测量信息加以综合利用，最大限度地提取有用信息，给出更准确的估计、识别和决策是多传感器系统需要解决的问题，信息融合技术就是在这样的背景下产生和发展起来的。

信息融合起初被称为数据融合(data fusion)，起源于 1973 年美国国防部(United States Department of Defense，DOD)资助开发的声纳信号处理系统。美国海军发现，利用计算机技术对多个独立的连续声纳信号进行融合分析后，能够准确地探测出敌方潜艇的位置。此后，信息融合技术在军事领域受到越来越广泛的青睐。美国在指挥控制通信与情报(command，control，communicaiton and intelligence，C3I)系统中首次提出数据融合一词，美国国防部把数据融合技术列为与国防至关重要的关键技术之一。

信息融合技术是数学、计算机科学、控制理论、人工智能、通信技术、军事科学和管理科学等多学科的交叉和应用。根据国外研究成果，信息融合的定义为：利用计算机技术对按时序获得的若干传感器的观测信息在一定准则下加以自动分析、综合以完成所需的决策和估计任务而进行的信息处理过程。

按照这一定义，多传感器系统是信息融合的硬件基础，多源信息是融合加工的对象，协调优化和综合处理是信息融合的核心。利用各传感器在时间上和空间上的冗余性和互补性，扩大系统时间、空间和频率覆盖范围，避免单传感器的工作盲区；同类多源信息的融合可以提高系统性能指标，不同类多源信息融合可以获得目标的多侧面属性信息，提高结论的可信度，增加系统的容错能力。因此，信息融合也称为多传感器融合。

目前，国内外的信息融合方法主要有下面几种。

(1) 综合平均法。该方法是对多个传感器输出的数据进行综合平均，适用于同样的传感器检测同一目标。

(2) 贝叶斯估计法。该方法是通过先验信息和样本信息合成为后验分布，对检测目标进行推断，主要用来进行决策层融合。前面介绍的最小方差估计实质上是贝叶斯估计的特殊形式。

(3) DS(Dempster-Shafter)法。该方法通常用来对检测目标的大小、位置及存在与否进行推断。提取传感器信息中的特征参数，并构造相应的基本概率分布函数，基本概率函数及其相应的分辨框构成一个证据体。每个传感器相当于一个证据体。多传感器融合实质上就是在同一分辨框下，利用 DS 合并规则将各证据体合并成一个新的证据体的过程。

(4) 模糊逻辑法。利用目标特征，建立检测目标的模糊子集，并用模糊逻辑的方法对检测目标进行识别和分类。

(5) 神经网络法。神经网络是一种仿效生物神经系统处理信息的新型计算模型，一个神经网络由多层处理单元或节点组成，可以用各种方法互联。通过构建人工神经网络，将目标参数作为输入，并设计网络模型和学习策略，由神经网络输出决策结果(目标身份和推荐行动等)或系统响应。基于神经网络的融合优于传统的聚类方法，尤其是当输入数据中带有噪声或数据不完整时。

(6) 卡尔曼滤波方法。联邦卡尔曼滤波方法是解决信息融合中位置估计问题的有效方法，在综合导航系统中得到广泛应用。

(7) 专家系统方法。专家系统是一组计算机程序。它获取专家在特定领域内的知识，根据专家知识或经验导出一组规则，按这些规则进行推理作出决策。它是处理不同类多源信息融合的主要方法。

此外，其他信息融合方法还有聚分析和统计决策理论等。各种融合方法的比较如表 5.2.1 所示。

表 5.2.1　各种信息融合方法的比较

信息融合方法	运行环境	信息类型	信息表示	不确定性	融合技术	适用范围
加权平均	动态	冗余	原始读数值	—	加权平均	低层融合
卡尔曼滤波	动态	冗余	概率分布	高斯噪声	系统模型滤波	低层融合
贝叶斯估计	静态	冗余	概率分布	高斯噪声	贝叶斯估计	高层融合
统计决策理论	静态	冗余	概率分布	累加噪声	极值决策	高层融合
证据推理	静态	冗余互补	命题	—	逻辑推理	高层融合
模糊推理	静态	冗余互补	命题	隶属度	逻辑推理	高层融合
神经网络	动态、静态	冗余互补	神经元输入	学习误差	神经元网络	低/高层
产生式规则	静态	冗余互补	命题	置信因子	逻辑推理	高层融合

5.3　线性卡尔曼滤波器设计

5.3.1　动态系统线性模型

研究卡尔曼滤波前，应首先建立作为对象的动态系统数学模型。任何一个动态系统都可以用状态方程和观测方程完整地描述系统的内部和外部的运动规律。状态方程描述系统的状态与系统输入之间的关系，而观测方程描述系统的状态与系统输出之间的关系。

卡尔曼滤波适用的对象为状态方程和观测方程都满足线性条件且误差符合高斯分布的系统。虽然工程对象一般都是连续系统，但卡尔曼滤波常用离散化模型来描述系统。离散系统可以说是用离散化后的差分方程来描述的连续系统。

1. 状态方程

若不加控制输入量，线性系统的状态与系统输入的关系可以用一阶微分状态方程来描述：

$$\dot{\boldsymbol{X}}(t)=\boldsymbol{F}(t)\boldsymbol{X}(t)+\boldsymbol{G}(t)\boldsymbol{W}(t)$$

其中：$\boldsymbol{X}(t)$ 为状态 ($n\times1$ 维)；$\boldsymbol{F}(t)$ 为系统阵 ($n\times n$ 维)；$\boldsymbol{W}(t)$ 为过程噪声或系统噪声 ($p\times1$ 维)；$\boldsymbol{G}(t)$ 为过程噪声阵或系统噪声阵 ($n\times p$ 维)。对应的离散状态方程为

$$\boldsymbol{X}_k=\boldsymbol{\Phi}_{k,k-1}\boldsymbol{X}_{k-1}+\boldsymbol{\Gamma}_{k,k-1}\boldsymbol{W}_{k-1} \tag{5.3.1}$$

其中：$\boldsymbol{X}_k$ 为 k 时刻的状态，也是被估计量；$\boldsymbol{W}_{k-1}$ 为 k–1 时刻的过程噪声序列；$\boldsymbol{\Phi}_{k,k-1}$ 为 k–1 到 k 时刻的状态转移阵，它是一个矩阵指数，可以展开成一个无穷泰勒级数

$$\boldsymbol{\Phi}_{k,k-1} = \mathrm{e}^{\boldsymbol{F}_{k-1}T} = \boldsymbol{I} + \boldsymbol{F}_{k-1}T + \frac{T^2}{2!}\boldsymbol{F}_{k-1}^2 + \frac{T^3}{3!}\boldsymbol{F}_{k-1}^3 + \cdots$$

其解析解可采用拉普拉斯(Laplace)反变换获得(Zarchan et al.，2015)，即

$$\boldsymbol{\Phi}_{k,k-1} = L^{-1}\left[\left(s\boldsymbol{I} - \boldsymbol{F}\right)^{-1}\right]$$

其中：s 为拉普拉斯算子。状态转移阵一般取以下近似值，取泰勒级数的前 2 项，即

$$\boldsymbol{\Phi}_{k,k-1} = \boldsymbol{I} + \boldsymbol{F}_{k-1}T$$

其中：T 为滤波计算步长，$T=t_k-t_{k-1}$。

$\boldsymbol{\Gamma}_{k,k-1}$ 为过程噪声阵，它表征由 k–1 到 k 时刻的各个过程噪声分别影响 k 时刻各个状态的程度，计算式为

$$\boldsymbol{\Gamma}_{k,k-1} = \int_{k-1}^{k} \mathrm{e}^{\boldsymbol{F}_{k-1}(k-\tau)}\boldsymbol{G}(\tau)\mathrm{d}\tau$$

2．观测方程

线性系统的观测方程为

$$\boldsymbol{Z}(t) = \boldsymbol{H}(t)\boldsymbol{X}(t) + \boldsymbol{V}(t)$$

其中：$\boldsymbol{Z}$ 为观测向量(m 维)；$\boldsymbol{H}$ 为观测矩阵($m\times n$ 维)；$\boldsymbol{V}$ 为观测噪声向量(m 维)。其离散形式的观测方程为

$$\boldsymbol{Z}_k = \boldsymbol{H}_k\boldsymbol{X}_k + \boldsymbol{V}_k \tag{5.3.2}$$

其中：$\boldsymbol{Z}_k$ 为 k 时刻的观测序列；$\boldsymbol{H}_k$ 为 k 时刻的观测阵；$\boldsymbol{V}_k$ 为是 k 时刻的观测噪声序列。

以上状态方程(5.3.1)和观测方程(5.3.2)，构成了离散形式的动态系统线性模型。

3．模型的假设条件

有了动态系统模型，就可用卡尔曼滤波以递推方式进行滤波。为保证卡尔曼滤波方程的推导建立在严密的数学基础之上，需对模型作如下假设。

(1) 系统过程噪声 $\boldsymbol{W}$ 和观测噪声 $\boldsymbol{V}$ 是零均值的白噪声序列，即

$$\begin{cases} E\left(\boldsymbol{W}_k\right) = \boldsymbol{0} \\ E\left(\boldsymbol{W}_k\boldsymbol{W}_j^{\mathrm{T}}\right) = \boldsymbol{Q}_k\delta_{kj} \end{cases} \tag{5.3.3}$$

$$\begin{cases} E\left(\boldsymbol{V}_k\right) = \boldsymbol{0} \\ E\left(\boldsymbol{V}_k\boldsymbol{V}_j^{\mathrm{T}}\right) = \boldsymbol{R}_k\delta_{kj} \end{cases} \tag{5.3.4}$$

其中：$\boldsymbol{Q}$ 称为过程(系统)噪声方差阵($n\times n$ 维)；$\boldsymbol{R}$ 称为观测噪声方差阵($m\times m$ 维)；$\boldsymbol{Q}$ 为对称非负定阵；$\boldsymbol{R}$ 为对称正定阵；δ_{kj} 为克罗内克(Kronecker)δ 函数，即

$$\delta_{kj} = \begin{cases} 1, & k = j \\ 0, & k \neq j \end{cases}$$

(2) $\boldsymbol{W}_k$ 与 $\boldsymbol{V}_k$ 互不相关，即协方差满足

$$E\left(\boldsymbol{W}_k\boldsymbol{V}_j^{\mathrm{T}}\right) = \boldsymbol{0} \tag{5.3.5}$$

也就是说，观测传感器带入的噪声与外界风流等对舰体的扰动是互不相关的。

(3) 系统初始状态 $\boldsymbol{X}_0$ 是一个均值和方差已知的随机向量，分别为

$$\begin{cases} E\left(\boldsymbol{X}_0\right)=\boldsymbol{\mu}_0 \\ E\left(\boldsymbol{X}_0\boldsymbol{X}_0^{\mathrm{T}}\right)=\boldsymbol{P}_0 \end{cases} \tag{5.3.6}$$

卡尔曼滤波要求 $\boldsymbol{\mu}_0$ 和 $\boldsymbol{P}_0$ 已知，且 $\boldsymbol{X}_0$ 与 $\boldsymbol{W}_k$ 和 $\boldsymbol{V}_k$ 不相关。

(4) $\boldsymbol{W}_k$ 和 $\boldsymbol{V}_k$ 均与初始状态 $\boldsymbol{X}_0$ 无关，协方差满足

$$\begin{cases} E\left(\boldsymbol{X}_0,\boldsymbol{W}_k^{\mathrm{T}}\right)=\boldsymbol{0} \\ E\left(\boldsymbol{X}_0,\boldsymbol{V}_k^{\mathrm{T}}\right)=\boldsymbol{0} \end{cases} \tag{5.3.7}$$

5.3.2 卡尔曼滤波方程

卡尔曼滤波采用递推方法，采用线性最小方差准则实现对系统的动态估计。下面直接给出离散卡尔曼滤波方程，推导过程可参看卡尔曼滤波理论相关书籍。

1. 离散卡尔曼滤波方程

状态预测方程为

$$\hat{\boldsymbol{X}}_{k,k-1}=\boldsymbol{\Phi}_{k,k-1}\hat{\boldsymbol{X}}_{k-1} \tag{5.3.8a}$$

预测误差方差方程为

$$\boldsymbol{P}_{k,k-1}=\boldsymbol{\Phi}_{k,k-1}\boldsymbol{P}_{k-1}\boldsymbol{\Phi}_{k,k-1}^{\mathrm{T}}+\boldsymbol{\Gamma}_{k,k-1}\boldsymbol{Q}_{k-1}\boldsymbol{\Gamma}_{k,k-1}^{\mathrm{T}} \tag{5.3.8b}$$

滤波增益方程为

$$\boldsymbol{K}_k=\boldsymbol{P}_{k,k-1}\boldsymbol{H}_k^{\mathrm{T}}(\boldsymbol{H}_k\boldsymbol{P}_{k,k-1}\boldsymbol{H}_k^{\mathrm{T}}+\boldsymbol{R}_k)^{-1} \tag{5.3.8c}$$

状态估计方程为

$$\hat{\boldsymbol{X}}_k=\hat{\boldsymbol{X}}_{k,k-1}+\boldsymbol{K}_k(\boldsymbol{Z}_k-\boldsymbol{H}_k\hat{\boldsymbol{X}}_{k,k-1}) \tag{5.3.8d}$$

估计误差方差方程为

$$\boldsymbol{P}_k=(\boldsymbol{I}-\boldsymbol{K}_k\boldsymbol{H}_k)\boldsymbol{P}_{k,k-1}(\boldsymbol{I}-\boldsymbol{K}_k\boldsymbol{H}_k)^{\mathrm{T}}+\boldsymbol{K}_k\boldsymbol{R}_k\boldsymbol{K}_k^{\mathrm{T}} \tag{5.3.8e}$$

或

$$\boldsymbol{P}_k=(\boldsymbol{I}-\boldsymbol{K}_k\boldsymbol{H}_k)\boldsymbol{P}_{k,k-1} \tag{5.3.8e1}$$

或

$$\boldsymbol{P}_k=\boldsymbol{P}_{k,k-1}^{-1}+(\boldsymbol{I}-\boldsymbol{H}_k^{\mathrm{T}}\boldsymbol{R}_k^{-1}\boldsymbol{H}_k) \tag{5.3.8e2}$$

所谓卡尔曼滤波器，就是用来解算以上滤波方程以得到状态估计值的计算程序。

1) 滤波方程的物理意义

(1) 状态预测方程。

$\hat{\boldsymbol{X}}_{k,k-1}$ 是利用 $k-1$ 时刻的状态估计 $\hat{\boldsymbol{X}}_{k-1}$ 计算出 $\boldsymbol{X}_k$ 的一步预测，可认为是利用 $k-1$ 时刻和以前各时刻的观测值得到的。

(2) 预测误差方差方程。

$\boldsymbol{P}_{k,k-1}$ 是一步预测均方误差阵，即 $\boldsymbol{P}_{k,k-1}\triangleq E\left(\tilde{\boldsymbol{X}}_{k,k-1}\tilde{\boldsymbol{X}}_{k,k-1}^{\mathrm{T}}\right)$。因为 $\hat{\boldsymbol{X}}_{k,k-1}$ 具有无偏性，即 $\tilde{\boldsymbol{X}}_{k,k-1}$ 均值为零，所以 $\boldsymbol{P}_{k,k-1}$ 称为一步预测误差方差阵。从式(5.3.8b)可见，$\boldsymbol{P}_{k,k-1}$ 是从估计均方误差阵 $\boldsymbol{P}_{k-1}$ 转移过来的，并且加上了过程噪声方差 $\boldsymbol{Q}$ 的影响。

(3) 滤波增益方程。

$\boldsymbol{K}_k$ 选取的标准就是卡尔曼滤波的估计准则，即使估值 $\hat{\boldsymbol{X}}_k$ 的均方误差阵最小。为定性分析

预测精度和观测精度对滤波增益的影响，设状态和观测值都是一维的，且 $\boldsymbol{H}_k=1$，则式(5.3.8c)简化为 $\boldsymbol{K}_k = 1\big/\left(1+\boldsymbol{R}_k/\boldsymbol{P}_{k,k-1}\right)$。可见，$\boldsymbol{K}_k$ 与 $\boldsymbol{R}_k$ 反相关，与 $\boldsymbol{P}_{k,k-1}$ 正相关。若 $\boldsymbol{R}_k$ 大(观测精度低)或 $\boldsymbol{P}_{k,k-1}$ 小(预测精度高)，则 $\boldsymbol{K}_k$ 小，说明“新息”中一步预测误差 $\tilde{\boldsymbol{X}}_{k,k-1}$ 的比例小，即对观测值的利用程度小，对预测的利用权重大；反之亦然。可见，卡尔曼滤波器能定量识别各种信息的质量，自动确定对这些信息的利用程度，是一种具有一定智能功能的算法。

(4) 状态估计方程。

$\boldsymbol{Z}_k - \boldsymbol{H}_k\hat{\boldsymbol{X}}_{k,k-1}$ 称为“新息” $\boldsymbol{\varepsilon}_k$，$\boldsymbol{H}_k\hat{\boldsymbol{X}}_{k,k-1}$ 称为观测量 $\boldsymbol{Z}_k$ 的一步预测 $\boldsymbol{Z}_{k,k-1}$ (由观测方程且 $E(\boldsymbol{V}_k)=0$ 可知)，因此“新息”是实际观测量与观测量预测的差，即观测估计误差 $\tilde{\boldsymbol{Z}}_{k,k-1}$。

$\boldsymbol{K}_k(\boldsymbol{Z}_k - \boldsymbol{H}_k\hat{\boldsymbol{X}}_{k,k-1})$ 为预测误差估计 $\hat{\tilde{\boldsymbol{X}}}_{k,k-1}$，它是由滤波增益矩阵 $\boldsymbol{K}_k$ 对“新息”进行加权得到的。一步预测误差 $\tilde{\boldsymbol{X}}_{k,k-1} \triangleq \left(\boldsymbol{X}_k - \hat{\boldsymbol{X}}_{k,k-1}\right)$。

可见，状态估计 $\hat{\boldsymbol{X}}_k$ 是在一步预测 $\hat{\boldsymbol{X}}_{k,k-1}$ 基础上，用预测误差估计 $\hat{\tilde{\boldsymbol{X}}}_{k,k-1}$ 对其修正得到的。

以上四个方程说明了得到观测值 $\boldsymbol{Z}_k$ 后计算 $\hat{\boldsymbol{X}}_k$ 的过程。除转移阵 $\boldsymbol{\Phi}_{k,k-1}$ 和观测阵 $\boldsymbol{H}_k$ 及噪声方差阵 $\boldsymbol{Q}_{k-1}$ 和 $\boldsymbol{R}_k$ 必须已知外，还要有上一步计算的估值 $\hat{\boldsymbol{X}}_{k-1}$ 和估计均方误差阵 $\boldsymbol{P}_{k-1}$。因此，在计算 $\hat{\boldsymbol{X}}_k$ 的同时，还需计算 $\boldsymbol{P}_k$，为下一步所用。

(5) 估计误差方差方程。

估计误差方差阵定义为 $\boldsymbol{P}_k \triangleq E(\tilde{\boldsymbol{X}}_k\tilde{\boldsymbol{X}}_k^{\mathrm{T}})$，其中 $\tilde{\boldsymbol{X}}_{k-1}$ 为 $\hat{\boldsymbol{X}}_{k-1}$ 的估计误差$\left(\boldsymbol{X}_{k-1} - \hat{\boldsymbol{X}}_{k-1}\right)$。估计误差方差方程说明 $\boldsymbol{P}_k$ 是在 $\boldsymbol{P}_{k,k-1}$ 的基础上经过滤波估计演变过来的。由于滤波估计，$\hat{\boldsymbol{X}}_k$ 的均方误差阵 $\boldsymbol{P}_k$ 比 $\tilde{\boldsymbol{X}}_{k,k-1}$ 的均方误差阵 $\boldsymbol{P}_{k,k-1}$ 小，这点从式(5.3.8e1)能直接看出。式(5.3.8e)、式(5.3.8e1)和式(5.3.8e2)都是计算 $\boldsymbol{P}_k$ 的方程。式(5.3.8e1)形式简单，计算量小，但在计算机有舍入误差的条件下，不能始终保证计算的 $\boldsymbol{P}_k$ 非负定，甚至对称性都无法保证，实际应用常选用式(5.3.8e)。若对被估计量初值的统计特性缺乏了解，宜采用式(5.3.8e2)。

(6) 初值的确定。

在滤波开始时，必须有初始值 $\hat{\boldsymbol{X}}_0$ 和 $\boldsymbol{P}_0$。可证明，为保证估值的无偏性，应选择

$$\hat{\boldsymbol{X}}_0 = E\left(\boldsymbol{X}_0\right) = \boldsymbol{\mu}_0$$

从而有

$$\boldsymbol{P}_0 = E\left[\left(\boldsymbol{X}_0 - \hat{\boldsymbol{X}}_0\right)\left(\boldsymbol{X}_0 - \hat{\boldsymbol{X}}_0\right)^{\mathrm{T}}\right] = E\left[\left(\boldsymbol{X}_0 - \boldsymbol{\mu}_0\right)\left(\boldsymbol{X}_0 - \boldsymbol{\mu}_0\right)^{\mathrm{T}}\right] = \mathrm{Var}\left(\boldsymbol{X}_0\right)$$

这样，才能保证估计均方误差阵 $\boldsymbol{P}_k$ 始终是最小的。

如果不了解初始状态的统计特性，常令

$$\hat{\boldsymbol{X}}_0 = \boldsymbol{0}, \qquad \boldsymbol{P}_0 = \alpha \boldsymbol{I}$$

其中：α 为很大的正数。在此情况下，滤波器不能保证是无偏的。因为 $\boldsymbol{P}_0 \neq \mathrm{Var}\left(\boldsymbol{X}_0\right)$，所以实际的估计均方误差也不一定是最小的。事实上，如果系统是一致完全随机可控和一致完全随机可观测的，那么卡尔曼滤波器一定是渐进稳定的。随着滤波的推进，随意选取滤波初值 $\hat{\boldsymbol{X}}_0$ 和 $\boldsymbol{P}_0$ 对滤波值 $\hat{\boldsymbol{X}}_k$ 和 $\boldsymbol{P}_k$ 的影响将逐渐减弱直至消失，估计逐渐趋向无偏，估计均方误差也逐渐与 $\boldsymbol{P}_0 = \mathrm{Var}\left(\boldsymbol{X}_0\right)$ 时的结果一致。因此，在不了解初始状态统计特性的情况下，一般应将滤波器设计成一致渐进稳定的。

(7) 卡尔曼滤波过程的图形解释。

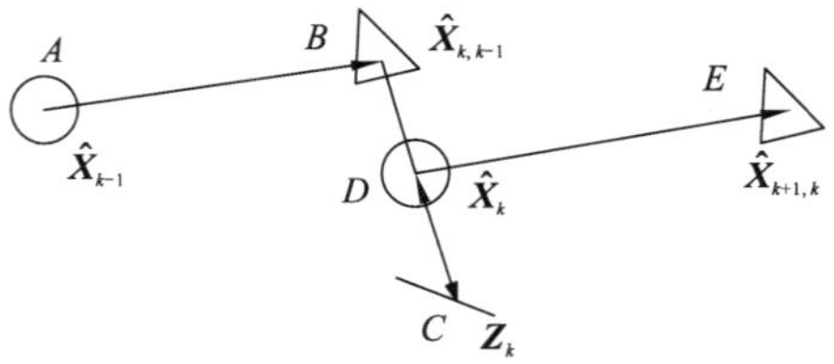

图 5.3.1 卡尔曼滤波意义的图形解释

综上所述，卡尔曼滤波的基本思想归结为“预测＋修正”，基本递推方程为

最优估计＝预测＋卡尔曼增益×(测量－预测)

估计方差＝预测方差×(单位阵－卡尔曼增益)

卡尔曼滤波的基本思想与海图作业得到船位的思路是相同的，如图 5.3.1 所示，○表示状态最优估计点，△表示状态预测点，／表示测量点。

考察从 k-1 时刻到 k 时刻的卡尔曼滤波，各点及线段的含义如下：点 B 为 k-1 时刻的状态预测 $\hat{\boldsymbol{X}}_{k,k-1}$；点 C 为 k 时刻的观测 $\boldsymbol{Z}_k$；点 D 为 k 时刻的最优状态估计 $\hat{\boldsymbol{X}}_k$；BC 段为“新息” $\boldsymbol{\varepsilon}_k=\boldsymbol{Z}_k-\boldsymbol{H}_k\hat{\boldsymbol{X}}_{k,k-1}$；$BD$ 段为 k 时刻的修正项 $\boldsymbol{K}_k\boldsymbol{\varepsilon}_k$。

2) 滤波步骤

图 5.3.2 给出了第 k 步的卡尔曼状态估计过程。其基本目的是由前一时刻的状态 $\hat{\boldsymbol{X}}_{k-1}$、估计误差方差 $\boldsymbol{P}_{k-1}$ 及当前时刻的观测值 $\boldsymbol{Z}_k$ 递推得到当前的最优状态估计 $\hat{\boldsymbol{X}}_k$。

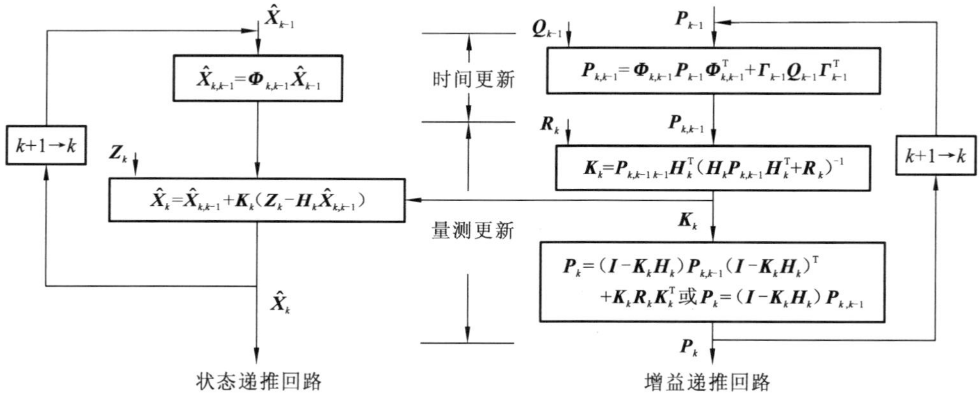

图 5.3.2 卡尔曼滤波离散滤波方程计算流程图

由图 5.3.2 可知，卡尔曼滤波递推中存在两个递推回路：第一个是从 $\hat{\boldsymbol{X}}_{k-1}$ 计算 $\hat{\boldsymbol{X}}_k$ 的状态递推回路，状态估计 $\hat{\boldsymbol{X}}_k$ 是滤波器的主要输出量。第二个是从 $\boldsymbol{P}_{k-1}$ 计算 $\boldsymbol{P}_k$ 的递推回路，一方面提供卡尔曼增益 $\boldsymbol{K}_k$，用于计算状态估计 $\hat{\boldsymbol{X}}_k$；另一方面计算状态估计方差 $\boldsymbol{P}_k$，它是评估滤波器估计性能的主要指标，$\boldsymbol{P}_k$ 阵对角线各元素的平方根就是各状态估值的误差标准差，是衡量估计精度的直接依据。

从先后顺序看，在一个滤波周期内，可以将卡尔曼滤波分成时间更新和观测更新两个过程。式(5.3.8a)状态一步预测和式(5.3.8b)一步预测误差方差计算，仅使用了与系统动态特性有关的信息，描述了卡尔曼滤波的时间更新过程；方程组(5.3.8)的其余方程用来计算对时间更新值的修正量，描述了卡尔曼滤波的观测更新过程。

3) 有控制输入和观测常值误差的卡尔曼滤波

若系统和观测值中都有已知确定性输入量，即系统状态方程和观测方程分别为

$$\boldsymbol{X}_k=\boldsymbol{\Phi}_{k,k-1}\boldsymbol{X}_{k-1}+\boldsymbol{\Gamma}_{k,k-1}\boldsymbol{W}_{k-1}+\boldsymbol{B}_{k-1}\boldsymbol{U}_{k-1} \tag{5.3.9a}$$

$$\boldsymbol{Z}_k=\boldsymbol{H}_k\boldsymbol{X}_k+\boldsymbol{V}_k+\boldsymbol{Y}_k \tag{5.3.9b}$$

其中：$\boldsymbol{U}_{k-1}$ 为系统确定性输入向量（s 维）；$\boldsymbol{B}_{k-1}$ 为输入矩阵（$n\times s$ 维）；$\boldsymbol{Y}_k$ 为观测值中确定性输入向量（m 维），即观测常值误差。则状态预测方程（5.3.8a）改为

$$\hat{\boldsymbol{X}}_{k,k-1}=\boldsymbol{\Phi}_{k,k-1}\hat{\boldsymbol{X}}_{k-1}+\boldsymbol{B}_{k-1}\boldsymbol{U}_{k-1} \tag{5.3.10a}$$

状态估值计算方程（5.3.8d）改为

$$\hat{\boldsymbol{X}}_k=\hat{\boldsymbol{X}}_{k,k-1}+\boldsymbol{K}_k(\boldsymbol{Z}_k-\boldsymbol{Y}_k-\boldsymbol{H}_k\hat{\boldsymbol{X}}_{k,k-1}) \tag{5.3.10b}$$

其他滤波方程不变。

2. 连续系统的卡尔曼滤波方程

离散卡尔曼滤波方程是一般情况下经常采用的滤波方程，也可以直接从连续系统的滤波方程求出系统状态的估值。设连续系统的状态方程和观测方程分别为

$$\dot{\boldsymbol{X}}(t)=\boldsymbol{F}(t)\boldsymbol{X}(t)+\boldsymbol{G}(t)\boldsymbol{W}(t) \tag{5.3.11a}$$

$$\boldsymbol{Z}(t)=\boldsymbol{H}(t)\boldsymbol{X}(t)+\boldsymbol{V}(t) \tag{5.3.11b}$$

其中：$\boldsymbol{X}(t)$ 和 $\boldsymbol{Z}(t)$ 分别为 t 时刻的系统状态向量和观测向量；$\boldsymbol{F}(t)$、$\boldsymbol{G}(t)$ 和 $\boldsymbol{H}(t)$ 分别为系统矩阵、过程噪声阵和观测阵；$\boldsymbol{W}(t)$ 和 $\boldsymbol{V}(t)$ 分别为系统过程噪声向量和观测噪声向量，卡尔曼滤波要求它们都是零均值的白噪声。

根据估计均方误差最小的估计准则，按上述系统和观测值，同样可以推导得到连续系统的滤波方程。滤波增益方程为

$$\boldsymbol{K}(t)=\boldsymbol{P}(t)\boldsymbol{H}^{\mathrm{T}}(t)\boldsymbol{R}^{-1}(t) \tag{5.3.12a}$$

状态估计微分方程为

$$\dot{\hat{\boldsymbol{X}}}(t)=\boldsymbol{F}(t)\hat{\boldsymbol{X}}(t)+\boldsymbol{K}(t)[\boldsymbol{Z}(t)-\boldsymbol{H}(t)\hat{\boldsymbol{X}}(t)] \tag{5.3.12b}$$

估计误差方差微分方程为

$$\dot{\boldsymbol{P}}(t)=\boldsymbol{P}(t)\boldsymbol{F}^{\mathrm{T}}(t)+\boldsymbol{F}(t)\boldsymbol{P}(t)-\boldsymbol{P}(t)\boldsymbol{H}^{\mathrm{T}}(t)\boldsymbol{R}^{-1}(t)\boldsymbol{H}(t)\boldsymbol{P}(t)+\boldsymbol{G}(t)\boldsymbol{Q}(t)\boldsymbol{G}^{\mathrm{T}}(t) \tag{5.3.12c}$$

其中：$\boldsymbol{R}^{-1}(t)$ 为观测噪声方差阵 $\boldsymbol{R}(t)$ 的逆阵，即

$$E\left[\boldsymbol{V}(t)\boldsymbol{V}^{\mathrm{T}}(\tau)\right]=\boldsymbol{R}(t)\delta(t-\tau)$$

其中：$\delta(t-\tau)$ 为脉冲函数；$\boldsymbol{Q}(t)$ 为过程噪声方差阵，即

$$E\left\{[\boldsymbol{G}(t)\boldsymbol{W}(t)][\boldsymbol{G}(\tau)\boldsymbol{W}(\tau)]^{\mathrm{T}}\right\}=\boldsymbol{G}(t)\boldsymbol{Q}(t)\boldsymbol{G}^{\mathrm{T}}(t)\delta(t-\tau)$$

类似离散系统，估计值 $\hat{\boldsymbol{X}}(t)$ 的计算需要滤波增益阵 $\boldsymbol{K}(t)$，而 $\boldsymbol{K}(t)$ 的计算需要估计均方程误差阵 $\boldsymbol{P}(t)$，$\boldsymbol{P}(t)$ 从其微分方程中求解得到。

5.3.3 卡尔曼滤波算例

下面以雷达测距为例，介绍卡尔曼滤波的具体实现方法，完整的 MATLAB 源程序见附录 B1。设某舰雷达对一目标的距离进行测量，已知条件如下。

(1) 某舰锚泊，目标作定向定速运动，距离为 $S(t)$，则速度 $U(t)$ 为常数。

(2) 每隔 3 s 测量一次。

(3) 系统过程噪声 W_k 为零均值白噪声序列，$\boldsymbol{Q}_k=\begin{bmatrix}0.3 & 0\\0 & 0.1\end{bmatrix}$，$W_k$ 与 S_0 和 U_0 均不相关。

均值 $E(\boldsymbol{W}_k)=0$；方差 $E\left(\boldsymbol{W}_k\boldsymbol{W}_j^{\mathrm{T}}\right)=\boldsymbol{Q}_k\delta_{kj}=\begin{bmatrix}0.3 & 0\\ 0 & 0.1\end{bmatrix}\delta_{kj}$；协方差

$$\mathrm{Cov}\{\boldsymbol{W}_k, S_0\}=0,\quad \mathrm{Cov}\{\boldsymbol{W}_k, U_0\}=0。$$

(4) 观测噪声 $\boldsymbol{V}_k$ 为零均值白噪声序列，$\boldsymbol{R}_k=0.2\ (\text{n mile})^2$，$\boldsymbol{V}_k$ 与 S_0 和 U_0 均不相关。

均值 $E(\boldsymbol{V}_k)=0$；方差 $E\left(\boldsymbol{V}_k\boldsymbol{V}_j^{\mathrm{T}}\right)=\boldsymbol{R}_k\delta_{kj}=0.2\delta_{kj}\left(\text{n mile}\right)^2$；协方差

$$\mathrm{Cov}\{\boldsymbol{V}_k, S_0\}=0,\quad \mathrm{Cov}\{\boldsymbol{V}_k, U_0\}=0。$$

(5) 初始状态的统计特性：初始条件为零均值，方差为常数，距离与速度不相关。

均值 $E(S_0)=30$ n mile，$E(U_0)=0$ n mile/s；

方差 $\mathrm{Var}\{S_0\}=\boldsymbol{P}_{S_0}=1.0\left(\text{n mile}\right)^2$，$\mathrm{Var}\{U_0\}=\boldsymbol{P}_{U_0}=1.0\left(\text{n mile/s}\right)^2$；

协方差 $\mathrm{Cov}\{S_0, U_0\}=0$。

(6) 进行 4 次观测，其距离测量值为

$$Z_1=20\ \text{n mile},\quad Z_2=19.1\ \text{n mile},\quad Z_3=17.8\ \text{n mile},\quad Z_4=17.1\ \text{n mile}$$

求距离 $S(t)$ 和速度 $U(t)$ 的卡尔曼滤波最佳估计及估计方差。求解过程如下。

1. 建立系统状态方程和观测方程

设状态变量 $\boldsymbol{X}(t)=\left[S(t),U(t)\right]^{\mathrm{T}}$，则系统在时域内的状态方程为

$$\begin{bmatrix}\dot{S}(t)\\ \dot{U}(t)\end{bmatrix}=\begin{bmatrix}0 & 1\\ 0 & 0\end{bmatrix}\begin{bmatrix}S(t)\\ U(t)\end{bmatrix}+\begin{bmatrix}W_S(t)\\ W_U(t)\end{bmatrix}$$

令 $\boldsymbol{X}_k=\left[S_k,U_k\right]^{\mathrm{T}}$，$\boldsymbol{W}_k=\left[w_{S_k},w_{U_k}\right]^{\mathrm{T}}$，则对应的离散状态方程为

$$\boldsymbol{X}_k=\boldsymbol{\Phi}_{k,k-1}\boldsymbol{X}_{k-1}+\boldsymbol{\Gamma}_{k,k-1}\boldsymbol{W}_{k-1}$$

其中：状态转移阵 $\boldsymbol{\Phi}_{k,k-1}$ 可按矩阵指数求得，即

$$\boldsymbol{\Phi}_{k,k-1}=\boldsymbol{I}+\boldsymbol{F}T=\begin{bmatrix}1 & 0\\ 0 & 1\end{bmatrix}+\begin{bmatrix}0 & 1\\ 0 & 0\end{bmatrix}T=\begin{bmatrix}1 & 3\\ 0 & 1\end{bmatrix}$$

$$\boldsymbol{\Gamma}_{k,k-1}=\begin{bmatrix}1 & 0\\ 0 & 1\end{bmatrix}$$

观测量为距离，则时域内的观测方程为

$$\boldsymbol{Z}(t)=[1,0]\begin{bmatrix}S(t)\\ U(t)\end{bmatrix}+\boldsymbol{V}_S(t)$$

令 $\boldsymbol{H}_k=[1, 0]$，$V_k=V_{S_k}$，则离散的观测方程为 $\boldsymbol{Z}_k=\boldsymbol{H}_k\boldsymbol{X}_k+\boldsymbol{V}_k$。

2. 卡尔曼滤波方程组

已知条件符合卡尔曼滤波的假设，因此可将上述系统模型直接带入卡尔曼滤波基本方程中，即得预测误差方差方程为

$$\boldsymbol{P}_{k,k-1}=\boldsymbol{\Phi}_{k,k-1}\boldsymbol{P}_{k-1}\boldsymbol{\Phi}_{k,k-1}^{\mathrm{T}}+\boldsymbol{\Gamma}_{k,k-1}\boldsymbol{Q}_{k-1}\boldsymbol{\Gamma}_{k,k-1}^{\mathrm{T}}=\begin{bmatrix}1 & 3\\ 0 & 1\end{bmatrix}\boldsymbol{P}_{k-1}\begin{bmatrix}1 & 0\\ 3 & 1\end{bmatrix}+\begin{bmatrix}0.3 & 0\\ 0 & 0.1\end{bmatrix}$$

增益方程为

$$K_k = P_{k,k-1}H_k^{\mathrm{T}}(H_kP_{k,k-1}H_k^{\mathrm{T}} + R_k)^{-1} = P_{k,k-1}\begin{bmatrix}1\\0\end{bmatrix}\left([1,0]P_{k,k-1}\begin{bmatrix}1\\0\end{bmatrix}+0.2\right)^{-1}$$

滤波方程为

$$\begin{aligned}\hat{X}_k &= \Phi_{k,k-1}\hat{X}_{k-1} + K_k(Z_k - H_k\Phi_{k,k-1}\hat{X}_{k-1})\\ &= \begin{bmatrix}1 & 3\\0 & 1\end{bmatrix}\hat{X}_{k-1} + K_k\left[Z_k - [1,0]\begin{bmatrix}1 & 3\\0 & 1\end{bmatrix}\hat{X}_{k-1}\right]\end{aligned}$$

估计误差方差方程为

$$\begin{aligned}P_k &= (I - K_kH_k)P_{k,k-1}(I - K_kH_k)^{\mathrm{T}} + K_kR_kK_k^{\mathrm{T}}\\ &= (I^{2\times 2} - K_k[1,0])P_{k,k-1}(I^{2\times 2} - K_k[1,0])^{\mathrm{T}} + K_k\cdot 0.2K_k^{\mathrm{T}}\end{aligned}$$

3. 确定初始状态及方差阵

初始状态估计 $\hat{X}_0$ 和初始状态误差方差阵 P_0 分别为

$$\hat{X}_0 = \begin{bmatrix}E(S_0)\\E(U_0)\end{bmatrix} = \begin{bmatrix}30\\0\end{bmatrix}$$

$$P_0 = \mathrm{Var}(X_0) = \begin{bmatrix}P_{S_0} & \mathbf{0}\\ \mathbf{0} & P_{U_0}\end{bmatrix} = \begin{bmatrix}1 & 0\\0 & 1\end{bmatrix}$$

4. 滤波递推计算结果

当 $k=1$ 时，测量值 $Z_1=20$ n mile。依次递推计算，各次测量值 Z_k、滤波结果即距离估计值 $\hat{S}_k$、速度估计 $\hat{U}_k$、距离估计方差 P_{S_k} 和速度估计方差 P_{U_k} 如表 5.3.1 所示。

表 5.3.1　算例数据表

滤波周次 k	观测值 Z_k /n mile	距离估计 $\hat{S}_k$ /n mile	距离估计方差 P_{S_k} /(n mile)^2	速度估计 $\hat{U}_k$ /(n mile/s)	速度估计方差 P_{U_k} /(n mile/s)^2
1	20.0	20.190 50	0.196 19	−2.857 10	0.244 86
2	19.1	18.638 58	0.187 67	−1.030 66	0.151 56
3	17.8	17.607 78	0.182 94	−0.546 76	0.147 10
4	17.1	16.999 98	0.182 33	−0.519 14	0.143 55

5. 小结

(1) 在进行卡尔曼滤波之前，首先要建立动态系统模型，包括求解状态转移阵和测量阵，给定系统干扰方差阵。

(2) 因给定的初始状态估计和估计方差阵存在误差，滤波的最初几周属非稳态。这一阶段中，预测误差方差阵 $P_{k,k-1}$、估计误差方差阵 P_k 和增益阵 K_k 都由大变小，最后逐渐趋于某一稳定值。例如，距离估计方差从 0.196 19 减小为 0.182 33，并缩小至稳定值，说明滤波是正常的。

(3) 同一时刻的估计距离 $\hat{S}_k$ 和测量距离 Z_k 不一致，这是因为两者都存在误差，但距离估计方差 P_{S_4} (0.182 33) 比测量距离方差 R_k (0.2) 小，可见距离的精度得到了提高。

(4) 从 4 次测量距离计算可见，用第 1 次和第 4 次测量可得目标平均速度为 (17.1−20.0)/9=

-0.321，对应速度估计 $\hat{U}_k$ 从-2.857 1 变为-0.519 194。用第 1 次和第 2 次测量可得平均速度为-0.3，对应速度估计值 $\hat{U}_k$ 从-2.857 1 变为-1.030 66，可见滤波的精度是随次数的增加而提高的。

(5) 滤波方程组的结构能使预测误差方差阵 $\boldsymbol{P}_{k,k-1}$ 和估计误差方差阵 $\boldsymbol{P}_k$ 始终保持一致对称性，它可以有效防止因计算机的舍入误差而引起滤波的发散。

5.3.4 实用卡尔曼滤波技术

1. 有色噪声条件下的卡尔曼滤波

已知卡尔曼滤波要求过程噪声和观测噪声均为白噪声，实际上这些噪声往往不是白噪声，即噪声均值为零，噪声在不同时刻的协方差函数也不为零。对噪声 $\boldsymbol{N}(t)$，有

$$E\left[\boldsymbol{N}(t)\boldsymbol{N}(\tau)\right] \neq 0 \quad (\tau \neq t)$$

这种噪声称为有色噪声。

若过程噪声和观测噪声均为有色噪声，则滤波估计前可以将有色噪声用以下高斯马尔可夫(Markov)过程描述：

$$\boldsymbol{N}_k = \boldsymbol{\varphi}_{k,k-1}\boldsymbol{N}_{k-1} + \boldsymbol{\zeta}_{k-1} \tag{5.3.13}$$

其中：$\boldsymbol{\zeta}_k$ 为零均值白噪声，称为激励白噪声。可理解为有色噪声是由白噪声驱动一个动态系统形成的。这个动态系统由反馈的一步滞后环节和 $\boldsymbol{\varphi}_{k,k-1}$ 环节组成。

1) 过程噪声为有色噪声

若系统为由式(5.3.13)描述的有色噪声，则在滤波估计时，可以将噪声也作为系统状态。这样，式(5.3.13)就是描述离散系统状态方程的一部分。这种在滤波中处理有色噪声的方法称为状态扩充法。以惯性导航系统初始对准为例，如果忽略对准时两个水平之间的交联关系，且设系统作开环对准，那么对东向加速度计和北向陀螺组成的回路来讲，平台误差角的微分方程为

$$\dot{\phi}_n = \varepsilon_n$$

其中：ε_n 为北向陀螺漂移，为有色噪声。其低频、高频和随机常值(也称为偏置)三种分量可以分别用一阶马尔可夫过程 ε_r、白噪声 ε_w 和随机常数 ε_b 近似描述，即

$$\varepsilon_n = \varepsilon_r + \varepsilon_b + \varepsilon_w$$

ε_r 和 ε_b 可由以下微分方程描述：

$$\dot{\varepsilon}_r = -\alpha_\varepsilon \varepsilon_r + \zeta_\varepsilon$$
$$\dot{\varepsilon}_b = 0$$

其中：α_ε 为反相关时间，即相关时间的倒数；ζ_ε 为激励白噪声。

将 ε_r 和 ε_b 作为系统的状态，则系统状态方程扩充为

$$\begin{bmatrix} \dot{\phi}_n \\ \dot{\varepsilon}_r \\ \dot{\varepsilon}_b \end{bmatrix} = \begin{bmatrix} 0 & 1 & 1 \\ 0 & -\alpha_\varepsilon & 0 \\ 0 & 0 & 0 \end{bmatrix} \begin{bmatrix} \phi_n \\ \varepsilon_r \\ \varepsilon_b \end{bmatrix} + \begin{bmatrix} \varepsilon_\omega \\ \zeta_\varepsilon \\ 0 \end{bmatrix}$$

这时的过程噪声是白噪声向量，符合卡尔曼滤波的要求。

2) 观测噪声为有色噪声

观测噪声为有色噪声时，若采用状态扩充法，则观测方程中无观测噪声，观测噪声方差阵

为零矩阵，不满足卡尔曼滤波要求观测噪声方差阵正定的条件。这时可以采用观测扩充法。

2. 卡尔曼滤波发散的抑制

将卡尔曼滤波应用到综合导航系统的信息评估上必须考虑稳定性问题。由卡尔曼滤波的原理可知，卡尔曼滤波器是在状态初值的基础上，根据一系列观测数据递推求得最优滤波估计值的。若系统初始状态和初始方差阵有较大误差，则滤波值也会产生较大误差，甚至出现滤波发散。针对造成滤波发散的不同原因，发展出了多种抑制滤波发散的方法。这些方法大多是以降低滤波的最优性为代价来抑制发散的，即多数是次优滤波算法。在构造卡尔曼滤波器时，应根据实际情况采用不同的抑制发散的方法，这里简要介绍以下三种方法。

(1) 衰减记忆滤波。其基本思想是，在计算滤波估计值时，逐渐减小旧数据的权重，加大新观测数据的作用，实现方法是增大以前的 $\boldsymbol{R}_k$、$\boldsymbol{Q}_k$ 和 $\boldsymbol{P}_0$ 值。

(2) 常值增益次优滤波。为保证卡尔曼滤波的实时性，需要设计一个计算量小、精度损失少的次优滤波器。采用常值增益次优滤波就是简化增益矩阵的计算过程，减弱系统变量间的耦合关系，同时保证相应的方差阵接近最优。常值增益滤波器初始阶段是次优的，稳态时是最优的。

(3) 自适应滤波。自适应滤波是利用观测数据进行递推滤波的同时，不断估计和修正模型中的不确定参数及噪声方差阵，从而降低模型误差，抑制滤波发散，提高滤波精度。自适应滤波有时变噪声统计估计器和带模型误差系统的自适应卡尔曼滤波等。

5.4　非线性卡尔曼滤波

5.4.1　非线性滤波简介

卡尔曼滤波只适用于噪声为高斯分布的线性系统，而实际系统大部分为非线性系统且噪声为非高斯分布的。对这类系统，如何有效甚至最优地进行状态估计，就是非线性滤波问题。

从广义上讲，非线性最优滤波的一般方法可以由递推贝叶斯方法统一描述。递推贝叶斯估计的核心思想是基于获得的观测量计算状态量的概率密度函数，即验后概率密度函数。对于线性系统而言，最优滤波的闭合解就是卡尔曼滤波；而对于非线性系统而言，要得到精确的最优滤波解是非常困难甚至是不可能的，因为需要进行无穷维积分运算。为此人们提出了许多近似非线性滤波方法。这些近似方法可以分为三类：第一类是解析近似(函数近似)的方法，如扩展卡尔曼滤波(extended Kalman filter，EKF)(以泰勒级数展开近似)和差分滤波(divided difference filter，DDF)/中心差分滤波(central difference filter，CDF)(以插值多项式展开近似)；第二类是基于确定性采样的方法，如无迹卡尔曼滤波(unscented Kalman filter，UKF)；第三类是基于随机采样近似的滤波方法，如粒子滤波(particle filter，PF)。近似滤波会影响估计精度，因此也称为次优滤波(付梦印 等，2010)。

(1)扩展卡尔曼滤波。针对非线性系统的卡尔曼滤波，传统方法是在标称点对系统进行泰勒级数展开实现线性化，将非线性系统转化为线性系统，再采用线性卡尔曼滤波方法进行滤波，这样会产生较大的误差。20 世纪 70 年代，扩展卡尔曼滤波被提出，其原理是围绕估计值线性化，得到线性系统模型，再用卡尔曼滤波进行最优估计。相对在标称点线性化的方法，EKF 可以获得更高的估计精度。

(2) 无迹卡尔曼滤波。"unscented"一词并无具体含义，中文翻译有多种，如无迹、无味、无损和不敏等。不同于 EKF 的一阶线性化展开，UKF 利用确定性采样方式，通过称为 UT 变换的非线性变换方法，可以获得二阶泰勒级数展开的精度。EKF 和 UKF 都是递推滤波算法，其基本思想是通过采用参数化的解析形式对系统的非线性进行近似，即"非线性系统的线性化"，而且都是基于高斯噪声假设。

(3) 粒子滤波。卡尔曼滤波是贝叶斯估计在线性条件下的实现形式。严格意义上，粒子滤波不属于卡尔曼滤波范畴，它是贝叶斯估计在非线性条件下的一般化形式。粒子滤波适用于强非线性、非高斯噪声系统的滤波，但计算量较大。

非线性滤波算法应根据具体应用，综合考虑精度、计算量和复杂度等多种因素来选取。目前实际工程应用大多采用 EKF 和 UKF。下面对 EKF 和 UKF 进行简要介绍。

5.4.2 扩展卡尔曼滤波

当一个动态系统为非线性时，要采用卡尔曼滤波方法，必须将非线性模型线性化。非线性函数 $f(x)$ 可以用某平衡点 x_0 处通过一阶泰勒级数展开的线性函数来近似，即

$$f(x) \approx f(x_0) + f'(x_0)(x - x_0)$$

在卡尔曼滤波中，常选择标称状态或估计值为展开点进行线性化。这种线性化属于局部线性化，线性化的前提是 $x-x_0$ 足够小(卞鸿巍 等，2010)。

1. 围绕标称状态线性化的卡尔曼滤波

考虑如下非线性系统：

$$\boldsymbol{X}_k = \boldsymbol{f}\left(\boldsymbol{X}_{k-1}, k-1\right) + \boldsymbol{\Gamma}\left(\boldsymbol{X}_{k-1}, k-1\right)\boldsymbol{W}_{k-1} \tag{5.4.1a}$$

$$\boldsymbol{Z}_k = \boldsymbol{h}\left(\boldsymbol{X}_k, k\right) + \boldsymbol{V}_k \tag{5.4.1b}$$

其中：状态量 $\boldsymbol{X}$ 和观测量 $\boldsymbol{Z}$ 分别为 n 维和 m 维向量；过程噪声 $\boldsymbol{W}_{k-1}$ 和观测噪声 $\boldsymbol{V}_k$ 均为零均值白噪声，其统计特性为

$$E(\boldsymbol{W}_k)=0\,,\quad E(\boldsymbol{W}_k\boldsymbol{W}_j^{\mathrm{T}})=\boldsymbol{Q}_k\delta_{kj}\,,\quad E(\boldsymbol{V}_k)=0\,,\quad E(\boldsymbol{V}_k\boldsymbol{V}_j^{\mathrm{T}})=\boldsymbol{R}_k\delta_{kj}\,,\quad E(\boldsymbol{W}_k\boldsymbol{V}_j^{\mathrm{T}})=0$$

1) 围绕标称状态线性化

非线性系统(5.4.1)的解称 $\boldsymbol{X}_k$ 和 $\boldsymbol{Z}_k$ 为"真轨迹"或"真状态"。不考虑 $\boldsymbol{W}_{k-1}$ 和 $\boldsymbol{V}_k$，对应的解 $\boldsymbol{X}_k^*$ 和 $\boldsymbol{Z}_k^*$ 称为"标称轨迹"或"标称状态"，即

$$\begin{cases} \boldsymbol{X}_k^* = \boldsymbol{f}\left(\boldsymbol{X}_{k-1}^*, k-1\right) \\ \boldsymbol{Z}_k^* = \boldsymbol{h}\left(\boldsymbol{X}_k^*, k\right) \end{cases}$$

定义状态偏差，它是真状态与标称状态的差，即

$$\begin{cases} \delta\boldsymbol{X}_k = \boldsymbol{X}_k - \boldsymbol{X}_k^* \\ \delta\boldsymbol{Z}_k = \boldsymbol{Z}_k - \boldsymbol{Z}_k^* \end{cases}$$

如果状态偏差足够小，将非线性函数 $\boldsymbol{f}(\cdot)$ 在标称状态 $\boldsymbol{X}_{k-1}^*$ 及 $\boldsymbol{h}(\cdot)$ 在标称状态 $\boldsymbol{X}_k^*$ 处进行一阶泰勒展开，可得到差分形式的线性化模型：

$$\begin{cases} \delta\boldsymbol{X}_k = \boldsymbol{\Phi}_{k,k-1}\delta\boldsymbol{X}_{k-1} + \boldsymbol{\Gamma}_{k,k-1}\boldsymbol{W}_{k-1} \\ \delta\boldsymbol{Z}_k = \boldsymbol{H}_k\delta\boldsymbol{X}_k + \boldsymbol{V}_k \end{cases} \tag{5.4.2}$$

式(5.4.2)称为非线性系统(5.4.1)的线性干扰方程或摄动方程。其中：

$$\boldsymbol{\Phi}_{k,k-1}=\left.\frac{\partial \boldsymbol{f}\left(\boldsymbol{X}_{k-1},k-1\right)}{\partial \boldsymbol{X}_{k-1}}\right|_{\boldsymbol{X}_{k-1}=\boldsymbol{X}_{k-1}^{*}}=\left.\begin{bmatrix}\dfrac{\partial f_1}{\partial \boldsymbol{X}_{k-1}^{1}} & \dfrac{\partial f_1}{\partial \boldsymbol{X}_{k-1}^{2}} & \cdots & \dfrac{\partial f_1}{\partial \boldsymbol{X}_{k-1}^{n}}\\ \dfrac{\partial f_2}{\partial \boldsymbol{X}_{k-1}^{1}} & \dfrac{\partial f_2}{\partial \boldsymbol{X}_{k-1}^{2}} & \cdots & \dfrac{\partial f_2}{\partial \boldsymbol{X}_{k-1}^{n}}\\ \vdots & \vdots & & \vdots\\ \dfrac{\partial f_n}{\partial \boldsymbol{X}_{k-1}^{1}} & \dfrac{\partial f_n}{\partial \boldsymbol{X}_{k-1}^{2}} & \cdots & \dfrac{\partial f_n}{\partial \boldsymbol{X}_{k-1}^{n}}\end{bmatrix}\right|_{\boldsymbol{X}_{k-1}=\boldsymbol{X}_{k-1}^{*}}$$

$$\boldsymbol{H}_{k}=\left.\frac{\partial \boldsymbol{h}\left(\boldsymbol{X}_{k},k\right)}{\partial \boldsymbol{X}_{k}}\right|_{\boldsymbol{X}_{k}=\boldsymbol{X}_{k}^{*}}=\left.\begin{bmatrix}\dfrac{\partial h_1}{\partial \boldsymbol{X}_{k}^{1}} & \dfrac{\partial h_1}{\partial \boldsymbol{X}_{k}^{2}} & \cdots & \dfrac{\partial h_1}{\partial \boldsymbol{X}_{k}^{n}}\\ \dfrac{\partial h_2}{\partial \boldsymbol{X}_{k}^{1}} & \dfrac{\partial h_2}{\partial \boldsymbol{X}_{k}^{2}} & \cdots & \dfrac{\partial h_2}{\partial \boldsymbol{X}_{k}^{n}}\\ \vdots & \vdots & & \vdots\\ \dfrac{\partial h_m}{\partial \boldsymbol{X}_{k}^{1}} & \dfrac{\partial h_m}{\partial \boldsymbol{X}_{k}^{2}} & \cdots & \dfrac{\partial h_m}{\partial \boldsymbol{X}_{k}^{n}}\end{bmatrix}\right|_{\boldsymbol{X}_{k}=\boldsymbol{X}_{k}^{*}}$$

$\boldsymbol{\Phi}_{k,k-1}$ 称为向量函数 $\boldsymbol{f}(\cdot)$ 的雅可比(Jacobi)矩阵，$\boldsymbol{H}_k$ 称为向量函数 $\boldsymbol{h}(\cdot)$ 的雅可比矩阵。

需要说明的是，以上线性化过程是针对非线性离散模型的，即先进行了离散化，再进行线性化，需要对离散变量求导计算雅可比矩阵。实际应用中，应尽量从连续型非线性模型出发，先线性化，再离散化，这样采用微分求导计算雅可比矩阵更为方便。该原则同样适用于 EKF 中的滤波模型处理。

2）线性化卡尔曼滤波方程

用围绕标称状态线性化模型进行的卡尔曼滤波称为线性化卡尔曼滤波，采用状态偏差作为估计量，对应的滤波方程如下：

状态预测方程为

$$\delta\hat{\boldsymbol{X}}_{k,k-1}=\boldsymbol{\Phi}_{k,k-1}\delta\hat{\boldsymbol{X}}_{k-1} \tag{5.4.3a}$$

预测误差方差方程为

$$\boldsymbol{P}_{k,k-1}=\boldsymbol{\Phi}_{k,k-1}\boldsymbol{P}_{k-1}\boldsymbol{\Phi}_{k,k-1}^{\mathrm{T}}+\boldsymbol{\Gamma}_{k,k-1}\boldsymbol{Q}_{k-1}\boldsymbol{\Gamma}_{k,k-1}^{\mathrm{T}} \tag{5.4.3b}$$

滤波增益方程为

$$\boldsymbol{K}_{k}=\boldsymbol{P}_{k,k-1}\boldsymbol{H}_{k}^{\mathrm{T}}(\boldsymbol{H}_{k}\boldsymbol{P}_{k,k-1}\boldsymbol{H}_{k}^{\mathrm{T}}+\boldsymbol{R}_{k})^{-1} \tag{5.4.3c}$$

状态估计方程为

$$\delta\hat{\boldsymbol{X}}_{k}=\delta\hat{\boldsymbol{X}}_{k,k-1}+\boldsymbol{K}_{k}(\delta\boldsymbol{Z}_{k}-\boldsymbol{H}_{k}\delta\hat{\boldsymbol{X}}_{k,k-1}) \tag{5.4.3d}$$

估计误差方差方程为

$$\boldsymbol{P}_{k}=(\boldsymbol{I}-\boldsymbol{K}_{k}\boldsymbol{H}_{k})\boldsymbol{P}_{k,k-1}(\boldsymbol{I}-\boldsymbol{K}_{k}\boldsymbol{H}_{k})^{\mathrm{T}}+\boldsymbol{K}_{k}\boldsymbol{R}_{k}\boldsymbol{K}_{k}^{\mathrm{T}} \tag{5.4.3e}$$

标称状态更新为

$$\boldsymbol{X}_{k}^{*}=\boldsymbol{f}\left(\boldsymbol{X}_{k-1}^{*},k-1\right) \tag{5.4.3f}$$

真状态估计为

$$\hat{\boldsymbol{X}}_{k}=\boldsymbol{X}_{k}^{*}+\delta\hat{\boldsymbol{X}}_{k} \tag{5.4.3g}$$

滤波初值和滤波误差方差阵的初值分别为 $\delta\hat{\boldsymbol{X}}_0=E\left(\delta\boldsymbol{X}_0\right)$，$P_0=\mathrm{Var}\left(\delta\boldsymbol{X}_0\right)$。

2. 围绕估计值线性化的扩展卡尔曼滤波算法

1）围绕估计值线性化

围绕标称状态线性化的缺点是真轨迹与标称轨迹间的状态偏差不能保证足够小。为此，采用围绕估计状态将非线性函数 $\boldsymbol{f}(\cdot)$ 和 $\boldsymbol{h}(\cdot)$ 一阶泰勒展开进行线性化得到线性化模型。围绕估计值进行线性化的卡尔曼滤波称为扩展卡尔曼滤波或广义卡尔曼滤波。

定义状态偏差，它是真状态与一步预测的差，即

$$\begin{cases}\delta \boldsymbol{X}_k = \boldsymbol{X}_k - \hat{\boldsymbol{X}}_{k,k-1} \\ \delta \boldsymbol{Z}_k = \boldsymbol{Z}_k - \boldsymbol{f}\left(\hat{\boldsymbol{X}}_{k-1}, k-1\right)\end{cases}$$

其中：$\hat{\boldsymbol{X}}_{k,k-1}$ 为状态一步预测；$\boldsymbol{f}\left(\hat{\boldsymbol{X}}_{k-1}, k-1\right)$ 为观测量一步预测。由状态方程(5.4.1a)，将非线性函数 $\boldsymbol{f}(\cdot)$ 围绕 $\hat{\boldsymbol{X}}_{k-1}$ 作一阶泰勒展开，有

$$\boldsymbol{X}_k \approx \boldsymbol{f}\left(\hat{\boldsymbol{X}}_{k-1}, k-1\right) + \left.\frac{\partial \boldsymbol{f}}{\partial \boldsymbol{X}_{k-1}}\right|_{\hat{\boldsymbol{X}}_{k-1}} \left(\boldsymbol{X}_{k-1} - \hat{\boldsymbol{X}}_{k-1}\right) + \boldsymbol{\Gamma}\left(\hat{\boldsymbol{X}}_{k-1}, k-1\right)\boldsymbol{W}_{k-1}$$

令 $\boldsymbol{\Phi}_{k,k-1} = \dfrac{\partial \boldsymbol{f}\left(\hat{\boldsymbol{X}}_{k-1}, k-1\right)}{\partial \hat{\boldsymbol{X}}_{k-1}}$，$\boldsymbol{U}_{k-1} = \boldsymbol{f}\left(\hat{\boldsymbol{X}}_{k-1}, k-1\right) - \left.\dfrac{\partial \boldsymbol{f}}{\partial \boldsymbol{X}_{k-1}}\right|_{\hat{\boldsymbol{X}}_{k-1}} \hat{\boldsymbol{X}}_{k-1}$，则状态方程为

$$\boldsymbol{X}_k = \boldsymbol{\Phi}_{k,k-1}\boldsymbol{X}_{k-1} + \boldsymbol{U}_{k-1} + \boldsymbol{\Gamma}\left(\hat{\boldsymbol{X}}_{k-1}, k-1\right)\boldsymbol{W}_{k-1} \tag{5.4.4}$$

初始值为 $\boldsymbol{X}_0 = E(\boldsymbol{X}_0)$。

到这里，非线性系统模型就变成了符合卡尔曼滤波器要求的线性模型了。同卡尔曼滤波基本方程相比，在求得前一步滤波值 $\hat{\boldsymbol{X}}_{k-1}$ 的条件下，只是增加了一项 $\boldsymbol{U}_{k-1}$，相当于控制输入项，可以证明它是与状态向量同维的确定性向量。

由观测方程(5.4.1b)，在 $\hat{\boldsymbol{X}}_{k,k-1}$ 处(注意不是 $\hat{\boldsymbol{X}}_{k-1}$)对非线性函数 $\boldsymbol{h}(\cdot)$ 一阶泰勒展开，得

$$\boldsymbol{Z}_k = \boldsymbol{h}(\hat{\boldsymbol{X}}_{k,k-1}, k) + \left.\frac{\partial \boldsymbol{h}}{\partial \boldsymbol{X}_k}\right|_{\hat{\boldsymbol{X}}_{k,k-1}} \left(\boldsymbol{X}_k - \hat{\boldsymbol{X}}_{k,k-1}\right) + \boldsymbol{V}_k$$

令 $\boldsymbol{H}_k = \left.\dfrac{\partial \boldsymbol{h}}{\partial \boldsymbol{X}_k}\right|_{\hat{\boldsymbol{X}}_{k,k-1}}$，$\boldsymbol{Y}_k = \boldsymbol{h}(\hat{\boldsymbol{X}}_{k,k-1}, k) - \left.\dfrac{\partial \boldsymbol{h}}{\partial \boldsymbol{X}}\right|_{\hat{\boldsymbol{X}}_{k,k-1}} \hat{\boldsymbol{X}}_{k,k-1}$，则观测方程为

$$\boldsymbol{Z}_k = \boldsymbol{H}_k\boldsymbol{X}_k + \boldsymbol{Y}_k + \boldsymbol{V}_k \tag{5.4.5}$$

相对标准卡尔曼模型，观测方程中多了一项 $\boldsymbol{Y}_k$，相当于观测设备的系统误差。$\boldsymbol{\Phi}_{k,k-1}$ 和 $\boldsymbol{H}_k$ 为离散型雅可比矩阵。

2）扩展卡尔曼滤波方程

应用卡尔曼滤波基本方程，采用状态本身作为估计量，可得扩展卡尔曼滤波方程如下：

$$\hat{\boldsymbol{X}}_{k,k-1} = \boldsymbol{f}\left(\hat{\boldsymbol{X}}_{k-1}, k-1\right) \tag{5.4.6a}$$

$$\boldsymbol{P}_{k,k-1} = \boldsymbol{\Phi}_{k,k-1}\boldsymbol{P}_{k-1}\boldsymbol{\Phi}_{k,k-1}^{\mathrm{T}} + \boldsymbol{\Gamma}\left(\hat{\boldsymbol{X}}_{k-1}, k-1\right)\boldsymbol{Q}_{k-1}\boldsymbol{\Gamma}^{\mathrm{T}}\left(\hat{\boldsymbol{X}}_{k-1}, k-1\right) \tag{5.4.6b}$$

$$\boldsymbol{K}_k = \boldsymbol{P}_{k,k-1}\boldsymbol{H}_k^{\mathrm{T}}\left[\boldsymbol{H}_k\boldsymbol{P}_{k,k-1}\boldsymbol{H}_k^{\mathrm{T}} + \boldsymbol{R}_k\right]^{-1} \tag{5.4.6c}$$

$$\hat{\boldsymbol{X}}_k = \hat{\boldsymbol{X}}_{k,k-1} + \boldsymbol{K}_k\left[\boldsymbol{Z}_k - \boldsymbol{h}\left(\hat{\boldsymbol{X}}_{k,k-1}, k\right)\right] \tag{5.4.6d}$$

$$\boldsymbol{P}_k=\left[\boldsymbol{I}-\boldsymbol{K}_k\boldsymbol{H}_k\right]\boldsymbol{P}_{k,k-1} \tag{5.4.6e}$$

其中：滤波初值和滤波方差阵的初值分别为

$$\hat{\boldsymbol{X}}_0=E\left(\boldsymbol{X}_0\right),\qquad \boldsymbol{P}_0=\mathrm{Var}(\boldsymbol{X}_0) \tag{5.4.6f}$$

例如，标量非线性系统为

$$x_k=(2+u_{k-1})x_{k-1}+w_{k-1} \tag{5.4.7}$$

$$z_k=x_k^2+v_k \tag{5.4.8}$$

其中：w_k和v_k为高斯白噪声序列，且$w_k\sim N(0,\ q)$，$v_k\sim N(0,\ r)$，$x_0\sim N(0,\ 1)$；w_k、v_k和x_0三者之间相互独立。求该非线性系统的扩展卡尔曼滤波方程。

解　假定已知 $k-1$ 时刻 $\hat{x}_{k-1}=\hat{E}(x_{k-1}/z_1^{k-1})$，$P_{k-1}=\mathrm{Cov}(x_{k-1},x_{k-1}/z_1^{k-1})$。根据状态方程(5.4.7)和观测方程(5.4.8)，有$\varPhi_{k,k-1}=2+u_{k-1}$，$\varGamma=1$，$H_k=2\hat{x}_{k,k-1}$。

根据扩展卡尔曼滤波方程(5.4.6)，有

$$\hat{x}_{k,k-1}=(2+u_{k-1})\,\hat{x}_{k-1}$$

$$P_{k,k-1}=(2+u_{k-1})^2P_{k-1}+q$$

$$\hat{z}_{k,k-1}=\hat{x}_{k,k-1}^2=(2+u_{k-1})^2\,\hat{x}_{k-1}^2$$

$$\hat{x}_k=\frac{2(2+u_{k-1})\hat{x}_{k-1}\left[(2+u_{k-1})^2P_{k-1}+q\right]}{4(2+u_{k-1})^2\hat{x}_{k-1}\left[(2+u_{k-1})^2P_{k-1}+q\right]+r}\left[z_k-(2+u_{k-1})^2\,\hat{x}_{k-1}^2\right]+(2+u_{k-1})\hat{x}_{k-1}$$

$$P_k=\frac{r\left[(2+u_{k-1})^2P_{k-1}+q\right]}{4(2+u_{k-1})^2\,\hat{x}_{k-1}^2\left[(2+u_{k-1})^2P_{k-1}+q\right]+r}$$

$$K_k=\frac{2(2+u_{k-1})\hat{x}_{k-1}\left[(2+u_{k-1})^2P_{k-1}+q\right]}{4(2+u_{k-1})^2\,\hat{x}_{k-1}^2\left[(2+u_{k-1})^2P_{k-1}+q\right]+r}$$

3. 局部线性化滤波小结

线性化卡尔曼滤波和 EKF 都采用局部线性化的方法，对非线性函数进行一阶泰勒近似，在卡尔曼滤波框架下获得次优解。对相同的非线性模型，线性化卡尔曼滤波和 EKF 有以下不同。

(1) 线性化模型形式不同。线性化卡尔曼滤波的估计量为导航参数误差，对应的滤波方式属于间接法滤波；EKF 的估计量为导航参数本身，滤波方式属于直接法，此时状态方程多了确定性控制输入项 $\boldsymbol{U}$，观测方程中多了常值噪声项 $\boldsymbol{Y}$。

(2) 泰勒展开点不同，状态偏差定义不同，EKF 估计精度要优于线性化卡尔曼滤波。线性化卡尔曼滤波的展开点是标称状态，状态偏差是真值与标称值之差，而实际标称值是无法得到的，只能采用近似值，因此偏差较大，而且受各种干扰作用，滤波时间越长，状态偏差越大；EKF 的状态偏差是真值与估计值(准确说是一步预测值)之差，估计值相对标称状态而言更接近于真状态，又由于 EKF 下不存在随时间积累的误差，因而估计精度要优于前者。

目前，EKF 得到了广泛的实际应用。同时，EKF 存在以下不足：①系统要求为弱非线性，若高阶项无法忽略时，线性化将产生较大的截断误差，甚至使滤波结果发散；②线性化以前一时刻的估计值为参考点，因此较依赖于给定初值的精度，初值精度较差可能会使得滤波发散；③EKF 线性化需要求导，这首先就要求明确非线性函数的具体形式，雅可比矩阵的计算十分复

杂，而且很多系统的雅可比矩阵并不存在。

5.4.3 无迹卡尔曼滤波

EKF 是通过局部线性化的方法实现对非线性函数的近似，英国牛津大学的尤利耶尔(Julier)和乌尔曼(Uhlmann)提出 UT 变换(unscented transaction)，采用确定性采样方法对非线性函数的概率密度进行近似，这就是无迹卡尔曼滤波。

高斯滤波算法的积分形式，无论是求解先验概率密度还是求解后验概率密度，可表示为一般形式：

$$\boldsymbol{I}=\int g(\hat{\boldsymbol{x}})N(\hat{\boldsymbol{x}},\boldsymbol{P})\mathrm{d}\boldsymbol{x} \tag{5.4.9}$$

其中：$g(\hat{\boldsymbol{x}})$ 为非线性广义模型；$N(\hat{\boldsymbol{x}},\boldsymbol{P})$ 为高斯概率密度。UT 变换就是将式(5.4.9)近似表达为

$$\boldsymbol{I}\approx\sum_{i=0}^{2n}\boldsymbol{w}_i g(\boldsymbol{\chi}_i) \tag{5.4.10}$$

其中：$\boldsymbol{\chi}_i$ 为 UT 变换过程中根据均值 $\hat{\boldsymbol{x}}$ 和方差 P 产生的 $2n+1$ 个 sigma 点；w_i 为对应的 sigma 点权重。$\boldsymbol{\chi}_i$ 产生形式为

$$\boldsymbol{\chi}_i=\begin{cases}\hat{\boldsymbol{x}}, & i=0\\ \hat{\boldsymbol{x}}+\left[\sqrt{(n+\lambda)\boldsymbol{P}}\right]_i, & i=1,2,\cdots,n\\ \hat{\boldsymbol{x}}-\left[\sqrt{(n+\lambda)\boldsymbol{P}}\right]_i, & i=n+1,n+2,\cdots,2n\end{cases} \tag{5.4.11}$$

对应的权重为

$$\boldsymbol{w}_i=\begin{cases}\dfrac{\lambda}{n+\lambda}, & i=0\\ \dfrac{1}{2(n+\lambda)}, & i=1,2,\cdots,2n\end{cases}$$

$$\lambda=\alpha^2(n+\kappa)-n$$

其中：λ 为一个微调标量参数；α 和 κ 控制着 λ 的大小，λ 的大小与样本矩大小有关，控制着 sigma 点到均值点的距离。权重 w_i 需要满足归一化条件：

$$\sum_{i=0}^{2n}\boldsymbol{w}_i=1 \tag{5.4.12}$$

根据以上 UT 变换的逼近方式，可以获得非线性动态模型的二阶或二阶以上的代数精度，而 EKF 采用泰勒级数展开进行线性化，只能获得一阶的代数精度。对于 UT 变换这种固定的采样方式，为阐述简便，统一采用 sigma$(\hat{x},P)$ 来代替。在固定微调标量参数后，sigma 点的采样只与均值 $\hat{\boldsymbol{x}}$ 和方差 $\boldsymbol{P}$ 有关，这也正是 UT 变换是确定性采样的原因。基于 UT 变换的思想，进而提出 UKF，得到 UKF 基本计算流程。

(1) 时间更新。

① 确定性采样 sigma$(\hat{\boldsymbol{x}}_{k-1},\boldsymbol{P}_{k-1})$ 得到 $\boldsymbol{\chi}_{k-1}(i)$ 和 $\boldsymbol{w}_i$。

② 利用状态方程传递 sigma 点：$\boldsymbol{\chi}_{k,k-1}(i)=f[\boldsymbol{\chi}_{k-1}(i)]$。

③ 计算预测值和预测误差方差：

$$\hat{\boldsymbol{x}}_{k,k-1}=\sum_{i=1}^{2n}\boldsymbol{w}_i\boldsymbol{\chi}_{k,k-1}(i) \tag{5.4.13a}$$

$$\boldsymbol{P}_{k,k-1}=\sum_{i=1}^{2n}\boldsymbol{w}_i\boldsymbol{\chi}_{k,k-1}(i)\boldsymbol{\chi}_{k,k-1}^{\mathrm{T}}(i)-\hat{\boldsymbol{x}}_{k,k-1}\hat{\boldsymbol{x}}_{k,k-1}^{\mathrm{T}}+\boldsymbol{Q}_{k-1} \tag{5.4.13b}$$

(2) 观测更新。

④ 重采样 sigma$(\hat{\boldsymbol{x}}_{k,k-1},\boldsymbol{P}_{k,k-1})$ 得到 $\boldsymbol{\chi}'_{k,k-1}(i)$ 。

⑤ 观测预测值计算：

$$\hat{\boldsymbol{y}}_{k,k-1}=\sum_{i=0}^{2n}\boldsymbol{w}_i\boldsymbol{h}\left[\boldsymbol{\chi}'_{k,k-1}(i)\right] \tag{5.4.13c}$$

⑥滤波观测方差、协方差及 k 时刻估计值和估计误差方差：

$$\boldsymbol{P}_{yy,k}=\sum_{i=0}^{2n}\boldsymbol{w}_i\boldsymbol{h}\left[\boldsymbol{\chi}'_{k,k-1}(i)\right]\boldsymbol{h}^{\mathrm{T}}\left[\boldsymbol{\chi}'_{k,k-1}(i)\right]-\hat{\boldsymbol{y}}_{k,k-1}\hat{\boldsymbol{y}}_{k,k-1}^{\mathrm{T}}+\boldsymbol{R}_k \tag{5.4.13d}$$

$$\boldsymbol{P}_{xy,k}=\sum_{i=1}^{2n}\boldsymbol{w}_i\boldsymbol{\chi}'_{k,k-1}(i)\boldsymbol{h}^{\mathrm{T}}\left[\boldsymbol{\chi}'_{k,k-1}(i)\right]-\hat{\boldsymbol{x}}_{k,k-1}\hat{\boldsymbol{y}}_{k,k-1}^{\mathrm{T}} \tag{5.4.13e}$$

$$\boldsymbol{K}_k=\boldsymbol{P}_{xy,k}/\boldsymbol{P}_{yy,k} \tag{5.4.13f}$$

$$\hat{\boldsymbol{x}}_k=\hat{\boldsymbol{x}}_{k,k-1}+\boldsymbol{K}_k(\boldsymbol{y}_k-\hat{\boldsymbol{y}}_k) \tag{5.4.13g}$$

$$\boldsymbol{P}_k=\boldsymbol{P}_{k,k-1}-\boldsymbol{K}_k\boldsymbol{P}_{yy,k}\boldsymbol{K}_k^{\mathrm{T}} \tag{5.4.13h}$$

下面对 UKF 的特点总结。

(1) 对非线性函数的概率密度分布进行近似，而不是对非线性函数近似；

(2) 可以处理不可导的非线性函数；

(3) 不需要求导计算雅可比矩阵；

(4) 对高斯输入的非线性函数近似时，使均值精确到三阶，方差精确到二阶；

(5) 计算量与 EKF 相当。

5.4.4　滤波实例

下面以弹道目标再入时的运动参数估计问题为例，比较 EKF 和 UKF 的滤波效果。弹道目标再入模型是三维非线性模型，在目标跟踪和雷达探测中应用广泛，弹道目标再入问题的系统连续时间模型如下：

$$\begin{aligned}\dot{x}_1(t)&=-x_2(t)+w_1(t)\\\dot{x}_2(t)&=-\mathrm{e}^{-\beta x_1(t)}x_2^2(t)x_3(t)+w_2(t)\\\dot{x}_3(t)&=w_3(t)\end{aligned}$$

其中状态量由目标位置 $x_1(t)$、速度 $x_2(t)$ 和弹道常数 $x_3(t)$ 组成。系统状态方程表明，目标只受大气阻力和重力的影响，其中 $\beta=5\times10^{-5}$ 为常值参量。通过测距雷达探测目标与雷达间的距离，构成系统观测方程：

$$y(t)=\sqrt{M^2+\left[x_1(t)-h\right]^2}+r(t)$$

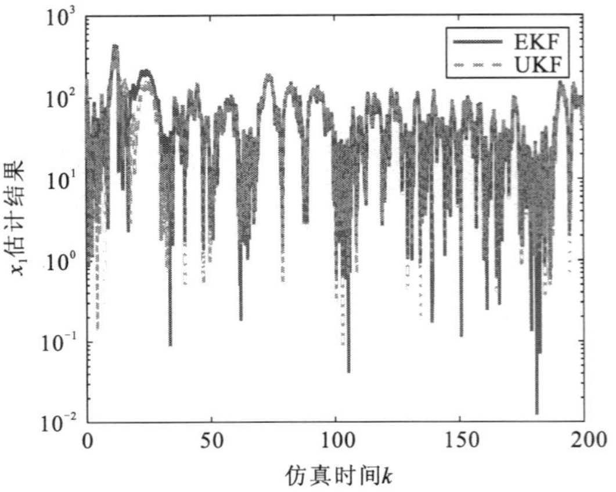

图 5.4.1　目标位置估计结果

测距雷达探测更新时间为 1 s，对观测时间进行 40 等分，并在间隔时间内采用欧拉(Euler)法进行离散化处理。其他模型参量为雷达与目标间距离 $M=10^5$，雷达所在高度位置 $h=10^5$，观测噪声 $r(t)=0$。仿真初始值设定与真实初始值相同，即状态初值 $\boldsymbol{x}_0=[3\times10^5,2\times10^4,10^{-3}]^{\mathrm{T}}$，滤波方差为 $\boldsymbol{P}_{0|0}=\mathrm{diag}(10^6,4\times10^6,10^{-4})$，仿真时间为 200 s，比较 UKF 和 EKF 的估计精度如图 5.4.1～5.4.3 所示。

由该例可见，UKF 在估计精度上要优于 EKF，这是由于 UT 变换采样相比于 EKF 的线性化逼近精度更高。但是，UKF 的滤波高精度是基于较高计算量的。因此，相比于 EKF，UKF 在工程实践中的应用略逊色于 EKF。保持精度，降低计算量，也是 UKF 研究中的热点和难点问题之一。

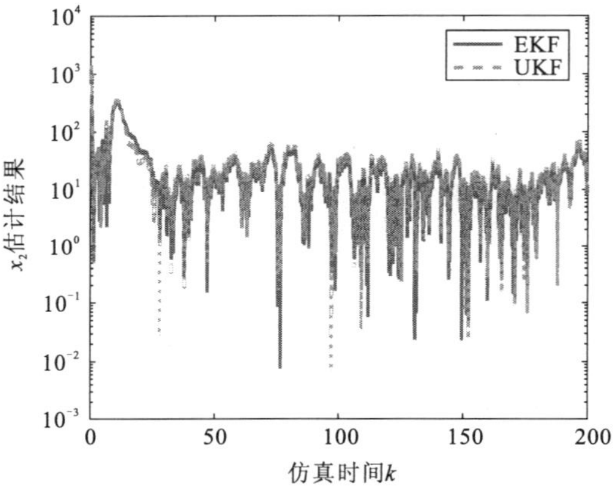

图 5.4.2　目标速度估计结果

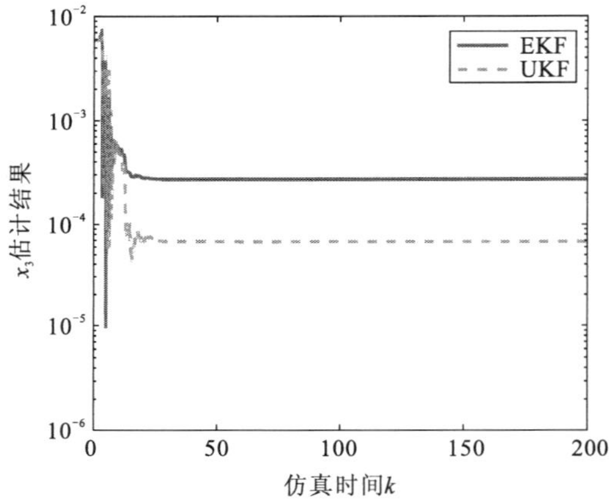

图 5.4.3　弹道常数估计结果

5. 5　容错导航与联邦卡尔曼滤波

可靠性是导航系统的重要指标。系统的可靠性受各种因素的影响，任何一个系统都无法完全避免故障出现。因此，这就需要用提高系统可靠性水平的方法——容错。国外著名学者B.W.约翰逊(B.W.Johson)在其著作中对容错和容错系统进行了定义：容错是指系统在发生错误后，计算机仍能按照既定的程序继续执行未完成任务的能力；容错系统是指在软件或硬件发生故障后，仍能在可控制和可接受的范围内继续完成操作的系统。

为保证综合导航系统的可靠性和可维修性，必须在系统中引入故障诊断和容错技术。

5.5.1　故障诊断和容错设计

1. 容错综合导航系统的体系结构

图 5.5.1 给出了一种典型的容错综合导航系统，它采用硬件冗余、解析冗余和软件冗余等

多种容错手段，可以显著提高系统的可靠性(张亚崇 等，2009)。

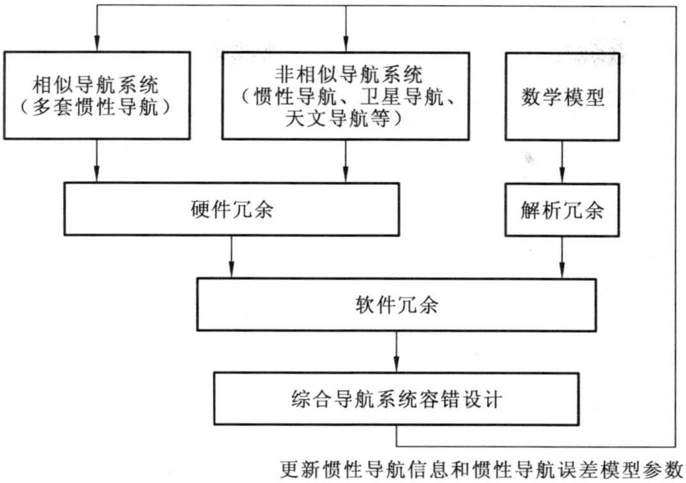

图 5.5.1　典型的容错综合导航系统体系结构

在容错综合导航系统中，一般选取惯性导航系统作为参考系统，其可靠性是至关重要的。对惯性导航系统本身常采用余度技术和容错技术来提高其可靠性，常采用多个惯性传感器构成余度惯性组件或采用多套惯性导航系统。

1) 硬件冗余

硬件冗余是指当某部件发生故障后，将故障部件用具有相似特性的设备替换，保证系统正常运行。硬件冗余技术按工作方式可分为静态冗余、动态冗余和混合态冗余三种。静态冗余是采用表决和屏蔽故障模块的方式来实现硬件切换，俗称“热备份”，系统工作时，所有模块同时工作，无主次之分。如图 5.5.2 所示，动态冗余中模块有主次之分，运行时，若主用模块故障，则系统切换到相同功能的备用模块工作，俗称“冷备份”。混合态冗余是两种硬件容错技术的结合，运行时部分模块用于静态冗余，其他模块为备份模块，实现动态冗余功能。

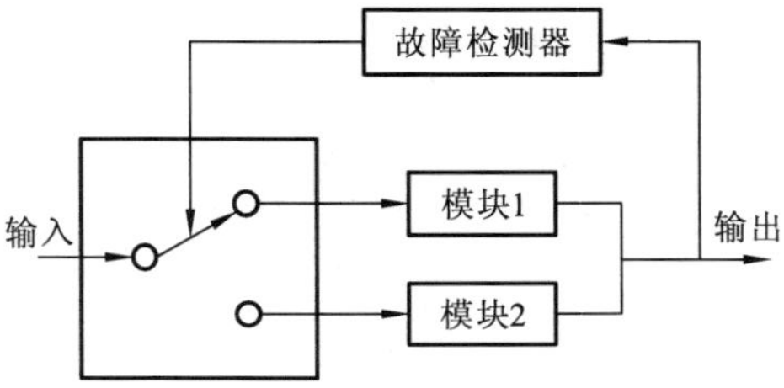

图 5.5.2　硬件冗余切换图

2) 解析冗余

美国麻省理工学院比尔德(Beard)于 1971 年首先提出了用解析冗余代替硬件冗余实现故障检测的思想，其核心思想是通过比较观测器的输出得到系统故障信息。解析冗余主要通过分析不同系统之间的内在联系和功能冗余，当系统的某些部件失效时，采用解析的方法维持系统的功能或者系统性能降级使用。

3) 软件冗余

随着导航系统复杂度增大，软件规模也越来越大，软件可靠性问题变得非常突出，软件故障将导致整个余度系统的失效。软件冗余是采用设计相异性原理，用多个相同的模块同步执行相同的任务来避免由于软件和计算可能引起的错误，以获得一个安全、可靠的导航方案。

2. 故障诊断技术

故障是指系统出现异常或部分器件功能失效而导致整个系统性能恶化的现象。系统故障时各种状态(可测的或不可测的)表现出与正常状态的差异就包含了故障信息。找到这种故障的特征描述，并利用其进行故障检测与隔离，就是故障诊断。故障诊断包括特征提取、故障的分离与估计及故障的评价与决策等内容。故障诊断技术有基于硬件冗余的故障诊断和基于解析冗余的故障诊断两类方法。

1）基于硬件冗余的故障诊断

基于硬件冗余的故障诊断是利用冗余部件提供的信息按少数服从多数的原则确定故障部件，如表决法常用三倍或更多的冗余部件。

2）基于解析冗余的故障诊断

基于解析件冗余的故障诊断是利用不同部件功能上的冗余关系，通过估计技术获得系统的冗余信息。基于解析冗余的故障诊断技术可分为基于状态估计的故障诊断和基于参数估计的故障诊断两类。

按故障程度分，故障可分为渐变故障、突变故障和间隙故障三类。渐变故障是指元器件参数或系统状态误差缓慢变化的故障；突变故障是元件参数或系统状态误差突然出现很大偏差的故障；间隙故障是指由于元器件老化、容差不足或接触不良引起的时隐时现的故障。研究表明，针对突变型故障宜采用联邦型滤波算法；对于渐变型故障则可采用基于观测品质的滤波算法，其观测品质通过模糊评估方法来获得。按照上述滤波设计思路，可以给出一种惯性导航(INS)/卫星(GNSS)/星光(CNS)综合导航的容错滤波结构方案，如图 5.5.3 所示。

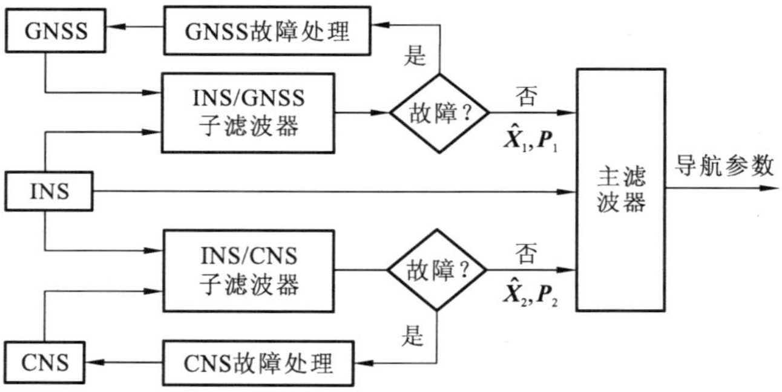

图 5.5.3　INS/GNSS/CNS 容错滤波结构方案

在 INS/GNSS/CNS 综合导航系统中，一个重要的前提条件是惯性导航系统必须是稳定的，即惯性导航系统除误差积累外，不可能出现其他的硬故障或软故障。这也是舰船任务性质所要求的。因此，在 INS/GNSS/CNS 综合导航系统中，所谓的故障诊断与容错，是指在辅助导航子系统出现故障的情况下，系统能完成故障检测及相应情况下的滤波和导航的任务。

5.5.2　联邦卡尔曼滤波

综合导航滤波有两种方式，一种是集中式卡尔曼滤波，一种是分散化卡尔曼滤波。集中式卡尔曼滤波是利用一个滤波器集中处理所有导航子系统的信息，理论上可给出误差状态的最优估计。随着导航信号源的增加，多传感器综合导航系统的状态量和观测量数量可能很大，给集中式卡尔曼滤波带来两个问题：第一是计算负担过重，不利于实时滤波；降维滤波又会损失滤波精度，甚至使滤波发散。第二是容错能力差，任一传感器上的错误或故障会传播到全部导航状态和传感器偏差估计中去，不利于故障诊断。随着并行计算技术的成熟，在分散化滤波思想基础上，1988 年卡尔森(Calson)提出联邦滤波理论，为容错导航系统设计提供了理论基础。

1. 联邦卡尔曼滤波器结构

联邦卡尔曼滤波(federal Kalman filter，FKF)的基本思想是先分散处理，再全局融合。外部传感器分别在各局部滤波器输出局部最优的估计结果。主滤波器依次处理和综合所有的局部输出，给出全局最优状态估计。具体实现方法为：在各非相似子系统中，选择一个信息全、输出速率高、可靠性绝对保证的子系统作为公共参考系统，其输出 $\boldsymbol{Z}_r$ 一方面直接给主滤波器，另一方面与其他子系统两两结合，形成若干局部滤波器。各局部滤波器并行运行，获得建立在子滤波器局部观测基础上的局部最优估计 $\hat{\boldsymbol{X}}_i$ 。这些局部最优估计在主滤波器内按融合算法合成，从而获得建立在所有观测基础上的全局估计 $\hat{\boldsymbol{X}}_{\mathrm{m}}$ 。各局部滤波器与传统卡尔曼滤波器没有多大区别。联邦卡尔曼滤波的一般结构如图 5.5.4 所示(秦永元 等，2012)。

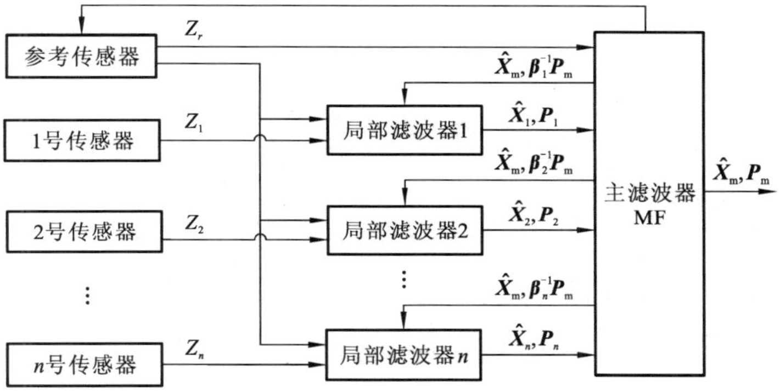

图 5.5.4　联邦卡尔曼滤波的一般结构

分块估计、两步级联联合滤波结构的实现是以平行滤波技术和信息共享原理为基础的，因此联合滤波具有实时性好、容错性强和精度高的优点。

联合滤波的结构可分成最优滤波器和次优滤波器两类。最优滤波器的主滤波器进行估计后需向局部滤波器反馈，次优滤波器则没有从主滤波器向局部滤波器反馈。最优滤波器能以较高的更新速率获得很高的导航精度；次优滤波器的容错性能特别优异，某一局部传感器故障时，系统立即剔除它所给出的数据而不影响其他传感器间的组合，当该传感器恢复正常，即可重新参与组合。

2. 联邦卡尔曼滤波器算法

假设有 n 个观测单元，每个观测单元都可以构成一个滤波子系统，建立各子滤波器状态方程和观测方程：

$$\boldsymbol{X}_{ik} = \boldsymbol{\Phi}_{k,k-1}^{i}\boldsymbol{X}_{i,k-1} + \boldsymbol{\Gamma}_{k,k-1}^{i}\boldsymbol{W}_{i,k-1} \tag{5.5.1a}$$

$$\boldsymbol{Z}_{ik} = \boldsymbol{H}_{ik}\boldsymbol{X}_{ik} + \boldsymbol{V}_{ik} \tag{5.5.1b}$$

子系统状态 $\boldsymbol{X}_{ik}$ 与总系统状态 $\boldsymbol{X}_k$ 可以是同一状态量，也可以是不同状态量，对此联邦滤波器有不同的处理方法。对于后者，联邦滤波只对各系统的公共状态量进行全局滤波。这里先假

设 $\boldsymbol{X}_k$ 与 $\boldsymbol{X}_i$ 为同一状态量。

1) 各子滤波器估计不相关时的融合算法

若有 n 个局部状态估计 $\hat{\boldsymbol{X}}_1$，$\hat{\boldsymbol{X}}_2$，…，$\hat{\boldsymbol{X}}_n$ 及其相应的估计误差协方差阵 $\boldsymbol{P}_{11}$，$\boldsymbol{P}_{22}$，…，$\boldsymbol{P}_{nn}$，且各局部估计不相关，即 $\boldsymbol{P}_{ij}=\boldsymbol{0}$ $(i \neq j)$，则全局最优估计可表示为

$$\hat{\boldsymbol{X}}_{\mathrm{m}} = \boldsymbol{P}_{\mathrm{m}}\sum_{i=1}^{n}\boldsymbol{P}_{ii}^{-1}\hat{\boldsymbol{X}}_i \tag{5.5.2a}$$

$$\boldsymbol{P}_{\mathrm{m}} = \left(\sum_{i=1}^{n}\boldsymbol{P}_{ii}^{-1}\right)^{-1} \tag{5.5.2b}$$

其中：$\hat{\boldsymbol{X}}_{\mathrm{m}}$ 为状态量的全局最优估计；$\boldsymbol{P}_{\mathrm{m}}$ 为 $\hat{\boldsymbol{X}}_{\mathrm{m}}$ 的估计协方差阵。各子滤波器的滤波信息可以根据各自的状态方程和观测方程独立计算。由式(5.5.2b)可知，$\boldsymbol{P}_{\mathrm{m}}<\boldsymbol{P}_{ii}$，即全局估计优于局部估计。由式(5.5.2a)可知，$\hat{\boldsymbol{X}}_i$ 的估计精度越差，即 $\boldsymbol{P}_{ii}$ 越大，那么它在全局估计中的贡献 $\boldsymbol{P}_{ii}^{-1}\hat{\boldsymbol{X}}_i$ 就越小。

上述算法是基于各子滤波器状态不相关的条件得到的，但实际系统的子滤波器往往是相关的，下面讨论各子系统相关的融合算法。

2) 各子滤波器估计相关时的融合算法

各子滤波器的局部估计值 $\hat{\boldsymbol{X}}_i$ 及其协方差阵 $\boldsymbol{P}_i$ 送入主滤波器，并与主滤波器的估计值一起进行融合进而得到全局最优估计。由子滤波器与主滤波器合成的全局估计值 $\hat{\boldsymbol{X}}_{\mathrm{m}}$ 及其相应的协方差阵 $\boldsymbol{P}_{\mathrm{m}}$ 放大为原来的 $1/\beta_i$ 倍后反馈到各子滤波器，用来重置子滤波器的估计值：

$$\hat{\boldsymbol{X}}_i = \hat{\boldsymbol{X}}_{\mathrm{m}}, \qquad \boldsymbol{P}_{ii} = \beta_i^{-1}\boldsymbol{P}_{\mathrm{m}} \tag{5.5.3}$$

同时，主滤波器估计误差协方差阵 $\boldsymbol{P}_{\mathrm{m}}$ 也可被重置为 $\boldsymbol{P}_{\mathrm{m}}/\beta_{\mathrm{m}}$。$\beta_i$ $(i=1，2，…，n)$ 称为信息分配系数，可以按照“信息分配”原则确定 β_i 的值。系统中的信息主要有两类：一类是状态方程信息，包括过程噪声和估计误差协方差初值，分别用 $\boldsymbol{Q}^{-1}$ 和 $\boldsymbol{P}_0^{-1}$ 表征；另一类是观测方程信息，用观测噪声方差的逆 $\boldsymbol{R}^{-1}$ 表征。

假设将过程噪声总信息量 $\boldsymbol{Q}^{-1}$ 分配到各局部滤波器和主滤波器中，则

$$\boldsymbol{Q}^{-1} = \sum_{i=1}^{n}\boldsymbol{Q}_i^{-1} + \boldsymbol{Q}_{\mathrm{m}}^{-1} \tag{5.5.4}$$

而

$$\boldsymbol{Q}_i = \beta_i^{-1}\boldsymbol{Q} \tag{5.5.5}$$

故

$$\boldsymbol{Q}^{-1} = \sum_{i=1}^{n}\beta_i\boldsymbol{Q}^{-1} + \beta_{\mathrm{m}}\boldsymbol{Q}^{-1} \tag{5.5.6}$$

根据信息守恒原理，由式(5.5.6)可知

$$\sum_{i=1}^{n}\beta_i + \beta_{\mathrm{m}} = 1 \tag{5.5.7}$$

同理，假设状态估计的信息也可同样分配，则有

$$\boldsymbol{P}_{\mathrm{m}}^{-1} = \sum_{i=1}^{n}\beta_i\boldsymbol{P}_{\mathrm{m}}^{-1} + \beta_{\mathrm{m}}\boldsymbol{P}_{\mathrm{m}}^{-1} \tag{5.5.8}$$

不同的信息分配系数 β 可得到不同的联邦滤波器结构。典型的联合滤波器结构有四种工作模式：融合-复位式、零化式、无复位式和重调式。不同的滤波结构对系统的滤波精度、容错

能力和计算量有不同的影响，用户可根据估计精度、实时处理能力、故障检测与隔离及容错水平要求选择合适的工作模式。

3) 联邦滤波器对公共状态量的处理

联邦滤波可以采用各子滤波器和主滤波器有相同的状态量和相同的状态方程，全局滤波器只须将相同状态量进行数据融合，从而简化算法流程。在综合导航系统中，这样处理会使状态量的维数过高。这时也可以对局部滤波器的系统方程进行简化，使得子滤波器和主滤波器的状态向量都包含公共状态 $\boldsymbol{X}_{ci}$ 和各子系统的特定状态 $\boldsymbol{X}_{bi}$ (i=1，2，…，n，m)，而无须包含过多的其他状态量。以导航系统为例，公共状态 $\boldsymbol{X}_c$ 可取为位置、速度和姿态等误差量，特定状态 $\boldsymbol{X}_b$ 可以取为 GPS 伪距误差和陀螺漂移误差等。联邦滤波器只对公共状态进行信息融合，以获得全局估计。各子系统的误差状态由各自的子滤波器估计，但公共状态和子系统的误差状态相互交联。局部滤波器的协方差阵可写为

$$\boldsymbol{P}_i=\begin{bmatrix}\boldsymbol{P}_{ci} & \boldsymbol{P}_{ci,bi}\\ \boldsymbol{P}_{bi,ci} & \boldsymbol{P}_{bi}\end{bmatrix}$$

其中：$\boldsymbol{P}_{ci,bi}$ 和 $\boldsymbol{P}_{bi,ci}$ 就是公共状态和子系统误差状态的交联项。联邦滤波只是对公共状态量进行全局滤波，并将滤波结果反馈到各局部滤波器。例如，将 $\boldsymbol{X}_\mathrm{m}$ 和 $\boldsymbol{P}_\mathrm{m}$ 的全部或部分反馈给 $\boldsymbol{X}_{ci}$ 和 $\boldsymbol{P}_{ci}$。由于全局滤波器综合更多的观测信息，使得公共状态估计精度提高，这样局部滤波器的协方差阵 $\boldsymbol{P}_{ci}$ 会下降。通过状态间的耦合影响，$\boldsymbol{P}_{bi}$ 也会下降，即子系统的误差估计也会有一定程度的改善。

3. 联邦卡尔曼滤波器算法流程

综上所述，联邦卡尔曼滤波器的设计步骤如下：

(1) 将子滤波器和主滤波器的估计协方差阵初值 $\boldsymbol{P}_0$ 设置为综合系统初值的 β_i^{-1} (i=1，2，…，n，m)倍，利用方差上界技术，保障各子滤波器的估计不相关，β_i^{-1} 满足式(5.5.7)表示的信息守恒原则。

(2) 子滤波器和主滤波器的过程噪声方差阵 $\boldsymbol{Q}$ 设为综合系统过程噪声方差阵的 β_i^{-1} 倍。

(3) 各子滤波器处理自己的观测信息，获得局部估计。

(4) 得到各子滤波器局部估计和主滤波器估计后，按式(5.5.2)进行最优合成。

(5) 用全局滤波解来重置各子滤波器和主滤波器的滤波值和协方差阵。

(6) 从第(2)步重复上述步骤。

5.5.3　综合导航系统容错设计实例

下面通过一个例子简单介绍容错综合导航系统的设计方法。假定一个综合导航系统由捷联惯性导航系统(SINS)、GPS 和多普勒计程仪三种导航系统构成。在该综合导航系统中，主导航系统为 SINS，GPS 和 Doppler 分别与 SINS 进行组合，得到两个子系统，即 SINS/GPS 和 SINS/Doppler。为此综合导航系统设计一个容错方案，过程如下：

该综合导航系统的状态方程和观测方程为

$$\dot{\boldsymbol{X}}(t)=\boldsymbol{F}(t)\boldsymbol{X}(t)+\boldsymbol{G}(t)\boldsymbol{W}(t)$$
$$\boldsymbol{Z}(t)=\boldsymbol{H}(t)\boldsymbol{X}(t)+\boldsymbol{V}(t)$$

观测方程可分为两个部分，即 $\boldsymbol{Z}_i(t)=\boldsymbol{H}_i(t)\boldsymbol{X}(t)+\boldsymbol{V}_i(t)$ (i=1，2)，其中 $\boldsymbol{Z}_1(t)$ 和 $\boldsymbol{Z}_2(t)$ 分别为子

系统 SINS/GPS 和 SINS/ Doppler 的观测值，可分别表示为

$$\boldsymbol{Z}_1(t)=\begin{bmatrix}\rho_{\mathrm{G}}-\rho_{\mathrm{I}}\\ \dot{\rho}_{\mathrm{G}}-\dot{\rho}_{\mathrm{I}}\end{bmatrix}=\boldsymbol{H}_1(t)\boldsymbol{X}(t)+\boldsymbol{V}_1(t)$$

$$\boldsymbol{Z}_2(t)=\left[v_{\mathrm{I}}-v_{\mathrm{D}}\right]=\boldsymbol{H}_2(t)\boldsymbol{X}(t)+\boldsymbol{V}_2(t)$$

其中：ρ_{G} 和 $\dot{\rho}_{\mathrm{G}}$ 分别为 GPS 给出的伪距和伪距率；ρ_{I} 和 $\dot{\rho}_{\mathrm{I}}$ 分别为 SINS 给出的舰船到选定的 4 颗卫星的伪距和伪距率的估算值；v_{I} 和 v_{D} 分别为 SINS 和多普勒计程仪提供的对地速度。

综合导航系统离散化后得到状态方程和观测方程分别为

$$\begin{cases}\boldsymbol{X}_{ik}=\boldsymbol{\Phi}_{k,k-1}\boldsymbol{X}_{ik-1}+\boldsymbol{\Gamma}_{k-1}\boldsymbol{W}_{k-1}\\ \boldsymbol{Z}_{ik}=\boldsymbol{H}_{ik}\boldsymbol{X}_k+\boldsymbol{V}_{ik}\end{cases}\quad(i=1,2)$$

其中：$E(\boldsymbol{W}_k\boldsymbol{W}_j^{\mathrm{T}})=\boldsymbol{Q}_k\delta_{kj}$，$E(\boldsymbol{V}_k\boldsymbol{V}_j^{\mathrm{T}})=\boldsymbol{R}_k\delta_{kj}$。

在容错方案中，采用冗余来提高系统可靠性。系统通过检测子系统，便可确定导航系统是否故障，以及哪部分发生了故障。判定方法为：若子系统 SINS/GPS 故障，则判定 GPS 系统故障；若子系统 SINS/ Doppler 故障，则判定多普勒计程仪故障。

为 SINS/GPS 和 SINS/Doppler 两个子系统分别设计局部滤波器，信息分配系数 $\beta_1=\beta_2=1/2$。通过局部滤波器获得误差状态局部估计值。再设计一个主滤波器，其中 $\beta_{\mathrm{m}}=0$。利用联邦卡尔曼滤波算法，将局部滤波器估计值综合起来，得出全局估计值。

该容错综合导航系统结构图如图 5.5.5 所示。导航系统是否正常工作，主要是通过局部滤波器中的故障检测和隔离算法来确定的。一旦判定某系统发生了故障，那么它所对应的局部滤波器输出的状态估计值就是错误的，该值将不能输入主滤波器中。这时主滤波器只能利用没有发生故障的子系统提供的状态估计值得出整个系统的状态估计值，同时还要对失效的导航系统

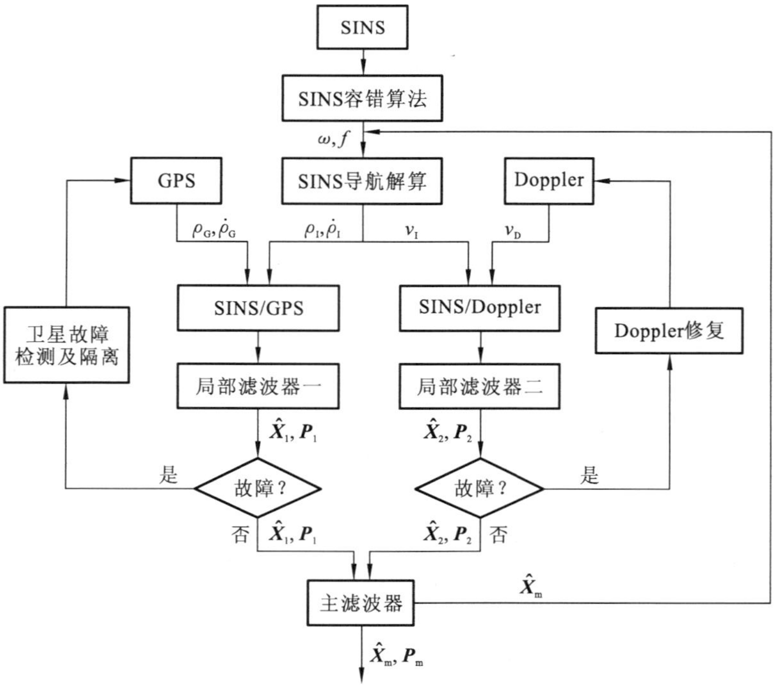

图 5.5.5　SINS/GPS/Doppler 容错综合导航系统结构图

进行修复或者通道切换。失效的导航系统一旦修复完成，局部滤波器输出局部状态估计值就可以传送给主滤波器，保证综合导航系统的准确性和稳定性。

根据联邦卡尔曼滤波算法，设 SINS/GPS 和 SINS/ Doppler 系统对应的两个局部滤波器输出的状态估计值和协方差阵分别为 $\hat{\boldsymbol{X}}_1$、$\boldsymbol{P}_1$ 和 $\hat{\boldsymbol{X}}_2$、$\boldsymbol{P}_2$，系统没有故障时，最终得到的整体状态估计值为

$$\hat{\boldsymbol{X}}_{\mathrm{m}} = \boldsymbol{P}_{\mathrm{m}}(\boldsymbol{P}_1^{-1}\hat{\boldsymbol{X}}_1 + \boldsymbol{P}_2^{-1}\hat{\boldsymbol{X}}_2)$$

$$\boldsymbol{P}_{\mathrm{m}} = (\boldsymbol{P}_1^{-1} + \boldsymbol{P}_2^{-1})^{-1}$$

若子系统 SINS/ Doppler 出现故障，则对应局部滤波器输出的状态估计值 $\hat{\boldsymbol{X}}_2$ 是不正确的，不能输入主滤波器中，而这时系统的整体状态估计值将由 SINS/GPS 系统提供的状态估计值决定，即 $\hat{\boldsymbol{X}}_{\mathrm{m}} = \hat{\boldsymbol{X}}_1$。失效子系统的输出估计值为 $\hat{\boldsymbol{Z}}_2 = \boldsymbol{H}_2\hat{\boldsymbol{X}}_{\mathrm{m}}$。

同理，若子系统 SINS/GPS 故障，系统的整体状态估计值则为 $\hat{\boldsymbol{X}}_{\mathrm{m}} = \hat{\boldsymbol{X}}_2$。失效子系统的输出估计值为 $\hat{\boldsymbol{Z}}_1 = \boldsymbol{H}_1\hat{\boldsymbol{X}}_{\mathrm{m}}$。

通过上述计算可以看出，容错综合导航系统的设计，能够使得到的导航信息更加准确、可靠，为舰船航行和武器装备提供更好的保障。

5.6　导航系统性能评估

性能评估是检验综合导航系统是否满足设计要求，提高导航系统的精度、可靠性和实时性等重要性能的基本依据和前提。

5.6.1　导航系统性能参数

一般说来，导航系统常用的性能参数包括精度、覆盖范围、信息更新率、可用性、可靠性、完善性、信息维数、多值性和用户容量 9 个参数。不同的导航设备对性能参数的要求侧重点可能不同(李跃，2008)。

1. 精度

导航系统的精度指系统为载体所提供的导航参数与真实值之间的重合度。受各种各样因素的影响，这种重合度时好时差，即导航误差是一个随机变化的量，因此只能用统计的度量单位来描述，即用误差不超过一个数值的概率来描述。

1) 一维参数精度

(1) 均方根误差(root mean square，RMS)及其倍数。一维参数的精度常用均方根误差 σ 及其倍数来描述，σ 相当于约 68.27%的置信度(即每次测量结果有 68.27%的可能性不超过该指标)，2σ 相当于 95.45%的置信度，3σ 相当于 99.73%的置信度。用 RMS 描述的导航参数包括航向、绝对速度、角速度、角加速度、姿态、甲板横倾角、甲板纵倾角和垂向位移等。

(2) 最大值 $\Delta Y_{\max}$。用测量值与标准值之差的最大值 $\Delta Y_{\max}$ 来描述的参数，如航向和相对速度等。

2) 二维参数精度

(1) 距离均方根误差(distance root mean square，DRMS)。

定位误差一般采用置信椭圆描述样本的分布，置信椭圆的长、短半轴分别采用经度标准差

σ_λ和纬度标准差σ_φ。实际应用中，采用等概率误差圆，它不管偏差的方向，只管偏差的径向距离，这些距离的均方根值便是DRMS。此外，还可以用双倍距离均方根误差2DRMS表示位置精度。DRMS的概率为63%~68%，2DRMS的概率为95%~98%，具体取值取决于误差的椭圆度。一般地，DRMS取67%的概率，2DRMS取95%的概率。DRMS和2DRMS满足以下关系：

$$\mathrm{DRMS}=\sqrt{\sigma_\lambda^2+\sigma_\varphi^2} \quad 和 \quad 2\mathrm{DRMS}=2\sqrt{\sigma_\lambda^2+\sigma_\varphi^2}$$

(2) 圆概率误差(circular error probability，CEP)。

圆概率误差是以真实位置为圆心的圆半径，在所有可能的定位值中，有50%的概率落在这个圆内，即相当于50%的置信度。CEP满足：

$$\mathrm{CEP}=0.59\left(\sigma_\lambda+\sigma_\varphi\right)$$

对于相同定位精度，一般来说，DRMS值等于CEP的1.2倍左右，2DRMS值等于CEP的2.4倍左右。

2. 覆盖范围

覆盖范围指导航设备(系统)保证以规定精度提供导航信号的空间范围。覆盖范围受到系统几何关系(许多无线电导航系统，当运载体与导航台之间的距离或方位不一样时，导航精度便不同)、发射信号功率电平、接收机灵敏度、大气噪声条件和其他影响信号可用性等因素的影响。

3. 信息更新率

信息更新率是指导航设备(系统)在单位时间内提供导航数据的次数，常用单位为Hz。

4. 可用性和可靠性

可用性是提供可用的导航服务时间的百分比，其量化指标是周期内系统无故障运行的总时间。可靠性是指规定时间内系统无故障运行的概率，其量化指标是周期内系统平均无故障运行时间，描述的是系统发生故障的频度。两者既有区别又相互关联。例如，A系统每年因故障中断10次，每次恢复平均要20 min，B系统每年因故障中断2次，每次恢复要5h，则A系统的可用性好于B系统，而可靠性比B系统差。

5. 完善性

完善性指的是当导航系统发生任何故障或误差变得超出允许范围时，自动向驾驶员发出及时报警的能力。这显然是必要的。例如，飞机向跑道下滑的阶段，如果导航系统发生了故障或误差超过了允许的范围而驾驶员未及时发觉，而继续按仪表飞行，便有可能使飞机偏离或滑出跑道甚至撞到地上，酿成事故。

6. 信息维数

导航信息的维数指的是导航系统为用户所提供的导航信息是一维、二维还是三维的。例如，要描述载体的位置，高度是一维信息，经度和纬度是二维信息，经度、纬度和高度则是三维信息。导航系统从导航信号中导出的第四维(如时间)信息也属于这个参数。

7. 多值性

导航参数测定不具有唯一性，这就是多值性问题。例如，无线电导航系统等基于位置线相交原理进行定位，就可能产生多值性问题，此时需要辅助其他手段解决该问题。

8. 用户容量

对于需要主动发送信号并与外部设备配合工作的有源系统，存在用户容量的限制。例如，“北斗一号”系统就需要考虑用户容量参数，而对 GPS 和“北斗二号”系统等无源系统来说，用户容量是无限的。

5.6.2　导航参数精度评估

1. 评估试验项目及要求

下面简要介绍舰艇综合导航系统导航参数的精度试验及其评估方法。实际上，精度只是导航系统性能的一个指标，各种指标评估的方法是不同的。综合导航系统精度评估的主要项目包括位置(经度和纬度)精度、航向精度、水平(纵摇角和横摇角)精度、线速度(东向、北向、垂向、横荡、纵荡和垂荡速度)精度和角速度(艏摇、纵摇和横摇角速度)精度等。这里以位置和航向精度评估介绍综合导航系统试验中的精度评估计算方法。水平精度、线速度精度和角速度精度等一维参数的精度评估与航向精度评估完全相同。

舰艇综合导航系统精度测试包括系泊试验测试和航行试验测试。其基本要求为：基准测量设备的测量精度应至少为被测设备精度的三倍。录取数据时，基准测量设备与被试设备的数据采集应同步。数据采集周期一般为：位置精度 1 s，航向精度和水平精度 0.1 s。可疑数据按格拉布斯准则予以剔除。航行试验时，舰艇按规定航路航行，各项试验做 5～10 个航次。

2. 参数评估计算方法

1) 航向精度评估

航向精度用航向误差的均方根误差 RMS 或最大值 $\Delta Y_{\max}$ 进行衡量(GJB 4727A，2012)。

设 $\Delta\psi_{ij}$ 为第 j 航次第 i 个测量点的航向误差值，n 为测点数，m 为有效航次数，则航向误差均值为

$$\hat{\mu}_{\psi} = \frac{1}{mn}\sum_{j=1}^{m}\sum_{i=1}^{n}\Delta\psi_{ij} \tag{5.6.1}$$

第 i 测点的航向误差标准差为

$$\hat{\sigma}_{\psi i} = \sqrt{\frac{1}{m-1}\sum_{j=1}^{m}\left(\Delta\psi_{ij} - \hat{\mu}_{\psi}\right)^2} \tag{5.6.2}$$

航向误差标准差为

$$\hat{\sigma}_{\psi} = \sqrt{\frac{1}{n}\sum_{i=1}^{n}\hat{\sigma}_{\psi i}^2} \tag{5.6.3}$$

航向均方根误差为

$$\text{RMS}_{\psi} = \sqrt{\hat{\mu}_{\psi}^2 + \hat{\sigma}_{\psi}^2} \tag{5.6.4}$$

航向误差最大值为

$$\Delta Y_{\psi\max} = \left|\hat{\mu}_{\psi}\right| + 2.576\hat{\sigma}_{\psi} \tag{5.6.5}$$

2) 位置精度评估

位置精度可以用综合位置径向误差σ_r、位置径向误差最大值$r_{\max}$和圆概率误差R_{50}三种参数衡量。

(1) 综合位置径向误差σ_r。

设$(\lambda_{i0}, \varphi_{i0})$为第$i$定位点的经纬度基准值，$(\lambda_{ij}, \varphi_{ij})$为经纬度测量值，则经度误差一次差$\Delta\lambda_{ij}$和纬度误差一次差$\Delta\varphi_{ij}$分别为

$$\begin{cases}\Delta\varphi_{ij} = \varphi_{ij} - \varphi_{i0} \\ \Delta\lambda_{ij} = \lambda_{ij} - \lambda_{i0}\end{cases} \tag{5.6.6}$$

纬度误差X_{ij}和经度误差Y_{ij}(n mile)分别为

$$\begin{cases}X_{ij} = \Delta\varphi_{ij} \\ Y_{ij} = \Delta\lambda_{ij}\cos\varphi_{ij}\end{cases} \tag{5.6.7}$$

位置径向误差为

$$r_{ij} = \sqrt{\left(X_{ij}\right)^2 + \left(Y_{ij}\right)^2} \tag{5.6.8}$$

综合位置径向误差为

$$\sigma_r = \sqrt{\frac{1}{n}\sum_{i=1}^{n}\left(\frac{1}{m}\sum_{j=1}^{m} r_{ij}^2\right)} \tag{5.6.9}$$

其中：下标ij表示第j航次第i个测量点；m为有效航次数；n为有效定位点数。

(2) 位置径向误差最大值$r_{\max}$。

$$r_{\max} = \max\{r_{ij}\} \quad (i=1, 2, \cdots, n;\ j=1, 2, \cdots, m) \tag{5.6.10}$$

(3) 位置圆概率误差R_{50}。

将各航次位置误差的一次差按时间序列对齐，求取各时间点的位置圆概率误差R_{50i}，将其最大值作为被试系统的位置误差R_{50}。具体统计方法由公式(5.6.11)～(5.6.17)计算如下：

第i测点m个航次的纬度误差均值$\bar{X}_i$和经度误差均值$\bar{Y}_i$分别为

$$\begin{cases}\bar{X}_i = \dfrac{1}{m}\displaystyle\sum_{j=1}^{m} X_{ij} \\ \bar{Y}_i = \dfrac{1}{m}\displaystyle\sum_{j=1}^{m} Y_{ij}\end{cases} \tag{5.6.11}$$

第i测点m个航次的纬度误差标准差σ_{xi}和经度误差标准差σ_{yi}分别为

$$\begin{cases}\sigma_{xi} = \sqrt{\dfrac{1}{m-1}\displaystyle\sum_{j=1}^{m}\left(X_{ij} - \bar{X}_i\right)^2} \\ \sigma_{yi} = \sqrt{\dfrac{1}{m-1}\displaystyle\sum_{j=1}^{m}\left(Y_{ij} - \bar{Y}_i\right)^2}\end{cases} \tag{5.6.12}$$

中间计算参量分别为

$$\eta_i = \left(\bar{X}_i^2 + \sigma_{xi}^2\right) + \left(\bar{Y}_i^2 + \sigma_{yi}^2\right) \tag{5.6.13}$$

$$\zeta_i = \left(\sigma_{xi}^4 + 2\overline{X}_i^2\sigma_{xi}^2\right) + \left(\sigma_{yi}^4 + 2\overline{Y}_i^2\sigma_{yi}^2\right) \tag{5.6.14}$$

$$\rho_i = 1 - \frac{2\zeta_i}{9\eta_i^2} \tag{5.6.15}$$

第 i 测点的位置圆概率误差为

$$R_{50i} = \sqrt{\eta_i \rho_i^3} \tag{5.6.16}$$

被试系统的位置圆概率误差为

$$R_{50} = \max\left(R_{50i}\right) \quad \left(i = 1, 2, \cdots, n\right) \tag{5.6.17}$$

思　考　题

1. 常月的导航信息预处理包括哪些?其各自的目的是什么?
2. 试述采用格拉布斯准则进行野值剔除的适用条件及其基本思想。
3. 进行舰船动态系统建模时，状态向量和观测向量选择的依据是什么?
4. 卡尔曼滤波的基本思想是什么?
5. 试列写卡尔曼滤波的基本方程，并说明其物理含义。
6. 进行卡尔曼滤波器设计时，要确定哪些参数?常用方法是什么?
7. 卡尔曼滤波是否只能对可观测量进行估计?
8. 试说明扩展卡尔曼滤波相对传统卡尔曼滤波的改进之处。
9. 容错导航系统设计有哪些常用方法?
10. 将联邦卡尔曼滤波方法引入综合导航系统的主要目的是什么?
11. 导航系统有哪些主要性能参数?其含义分别是什么?
12. 综合导航系统精度评估中，航向精度和位置精度分别用哪些统计参数进行评估?

第6章

舰船组合导航模式

6.1 组合导航基本模式

组合导航的核心是通过组合不同导航传感器信息，利用卡尔曼滤波等信息处理技术对导航参数(或导航参数误差)进行估计，以提高导航定位精度。信息组合的一般原则是导航传感器的误差特性具有互补性。例如，船位推算和惯性导航系统的误差都具有慢变化和随时间积累的特性；卫星/无线电导航系统(如 GPS、北斗和罗兰 C 等)的误差具有高频特性且不随时间变化。这两类导航信息相互组合是适宜的。一般地，无论哪种类型的综合导航系统，都是以一种连续定位的导航系统为基础，再组合连续或间断的测位系统，对不同的导航信息进行综合处理。

当前舰船综合导航系统的组合导航模式主要可分为三类，即基于船位推算的组合模式、基于惯性导航的组合模式和多源组合模式。

1. 基于船位推算的组合模式

基于船位推算(dead reckoning，DR)的组合模式常采用推算/无线电卫星导航方式，如推算/北斗、推算/GPS 和推算/罗兰 C 等。

罗经和计程仪属于自主导航系统。利用罗经输出的航向和计程仪输出的航速可进行推算定位，推算过程可由导航计算机自动完成。船位推算系统的特点是：推算误差在短时间内比较稳定，定位精度受流、风、浪及航向传感器和速度传感器测量精度的影响，定位误差随时间积累。北斗、GPS、罗兰 C 的误差不随时间积累，但由于干扰、传播路径噪声、跳周跳相和信号失锁等因素，定位误差的短期特性可能不佳。将两类信息进行组合滤波，具有取长补短的互补作用，可提高导航定位精度和可靠性。

过去大多数舰船采用基于船位推算的组合模式，随着惯性导航系统更多地装备舰船，基于惯性导航系统的组合模式逐渐占主导地位。

2. 基于惯性导航系统的组合模式

1）参与组合的设备选择

综合导航可以实现各种设备性能的互补。以惯性导航系统为基础，将惯性导航信息与外部参考信息源进行组合，可构成基于惯性导航系统的综合导航系统，简称为惯性基组合导航系统。由于组合的核心是利用滤波器估计导航参数或导航参数误差，只要外部信息源提供的信息有助于这种估计，就可与惯性导航系统组合。它可以有多种组合方式，但参与组合的导航设备的误差特性应与惯性导航误差特性具有互补性。

惯性导航/卫星导航组合是目前比较理想的组合模式。GPS 等卫星导航系统可实现全球、全天候、连续、高精度三维定位、测速和授时，但存在不足：动态响应能力较差、信号易受干扰或遮挡。对比卫星导航与惯性导航的误差特性，惯性导航短期精度高，长期精度低、不受外界干扰，误差主要为大致可预测的低频振荡和偏移。卫星导航长期精度高、短期精度易受干扰而降低，误差集中于高频带，两者互补性很强。

惯性导航/卫星导航组合能带来互补作用：①卫星导航给出的三维位置和三维速度信息可以用于惯性导航的初始对准和校正，提高导航精度；②惯性导航给出的位置和速度可用来估算伪距和伪距变化率，加快卫星导航系统对卫星信号的捕获和再捕获，提高导航效率。由于伪距和伪距变化可以预测，该组合改善了卫星导航码环和载波跟踪环性能，提高了信噪比和抗干扰性能。

此外，对于军事应用，惯性导航/天文导航组合、惯性导航/多普勒计程仪组合、“惯性导航/静电陀螺监控器”及惯性导航与地球物理场匹配导航组合都具有广阔的应用前景。

天文导航和惯性导航都为自主导航，两者组合有很高的军事价值。天文导航通过星光探测器等天文导航设备观测星体来确定载体位置。惯性导航/天文导航系统主要由平台式惯性导航和星光探测器构成。星光探测器安装于惯性导航稳定平台上，导航计算机实时计算恒星指向和恒星跟踪指令，驱动惯性导航的环架结构，使得星光探测器跟踪对准恒星，并计算出位置误差。恒星定位值可对惯性导航的位置积累误差进行修正。组合系统输出载体位置、速度和姿态等信息。

多普勒计程仪可以输出对地速度，利用其速度误差不随时间积累、并具有一定自主性的优点，与惯性导航系统组合，是提高导航系统精度的有效途径。

地球物理场匹配包括地形匹配、重力场匹配和磁力场匹配等。将地球物理场测量传感器测量的信息(如重力异常场、磁异常场、地形场、光学场和温度场等)与储存在导航计算机中的地球物理场信息(如数字图等)比较，并通过信息融合处理进行定位。其显著优点是自主性和全球性，特别适用于潜艇导航。

2) 惯性基组合导航系统的优点

惯性基组合导航系统具有以下优点。

(1) 利用外部信息对惯性导航系统误差进行校正，提高了惯性导航系统长期定位精度。

(2) 能利用惯性导航系统和其他导航系统的输出信息，进行综合处理，取长补短，使组合系统输出的导航参数精度优于单个导航设备。

(3) 提高了整个系统的可靠性，运用故障检测及识别技术，在一个子系统失效时，系统可以自动转换成其余子系统的组合方式，整个系统仍可输出导航信息。

(4) 可实现对惯性导航系统和其他子系统及其元件的校正，从而放宽对惯性导航和其他单个系统的精度要求，因而有利于用低成本的系统及元件构成高精度的组合式惯性导航系统。

(5) 由于增加了观测量，增强了系统状态可观性，组合式惯性导航系统能实现惯性导航在动基座时的对准，提高了惯性导航的快速反应能力。

3. 多源组合模式

现行舰船上几乎都装备有罗经、GPS/GLONASS 导航仪、北斗导航仪、罗兰 C 导航仪、计程仪、测深仪和气象仪等导航传感设备，此外还可能配备惯性导航系统和天文导航设备等，通过卡尔曼滤波等手段处理这些导航设备输出的各种导航信息，为舰船提供高精度、高可靠性的导航信息支持是目前切实可行的组合模式。

该组合模式的特点是：①信息资源多，为综合导航系统提供的观测数据冗余量大；②各导航设备提供的信息精度等级、输出间隔、可靠性和可信度等不一致，需要建立复杂的信息处理模型；③导航设备(特别是一些关键设备)的工作状态对系统整体影响很大，必须建立完善的监控环境，并随时能调整传感器信息的组合逻辑，保证整个综合导航系统的信息质量。

从以上几种组合模式可见，用户希望将更多的传感器信息组合到系统中，并能灵活调整组合逻辑，但这必然是以增加软件难度、降低系统可靠性为代价的。因此，如何合理选择传感器信息并正确进行信息组合是综合导航系统需要进一步深化研究与开发的内容。实际上，与之相关的多源信息融合(multi-source information fusion)技术是现在的研究热点。

本章介绍以基于船位推算的组合模式的数据处理方法，并简要介绍基于惯性导航的几种组合导航模式，其具体数据处理方法将在第 7 章重点阐述。

6.2 舰船动态系统模型及滤波参数设计

设计综合导航系统的卡尔曼滤波器的主要内容之一就是构造符合实际情况的舰船动态系统的数学模型。

首先我们分析一下船舶运动动态系统的构成。船舶航行系统是一个动态系统，其主体是舰体，舰体在主机推力作用下纵向运动，又在转舵力矩作用下改变或保持航向。该系统还存在各种噪声，包括舰体受到风、流、浪等环境干扰以及导航仪器测量时的观测噪声。以上这些相互联系的部分构成了舰船动态系统。系统的输入量是车、舵等控制量和环境干扰，输出量是导航仪器的观测量。

1. 状态量和观测量的选择

系统状态是和观测量是由设计者选定的，必须满足能控性和能观性要求。能控性是指控制作用对被控系统的状态和输出进行控制的可能性。能观性是指由能直接测量的输入/输出的观测值确定系统内部状态的可能性。此外还需要考虑如下问题。

1) 状态量选择的一般原则

(1) 满足系统功能要求。

若只考虑导航需要，只要估计舰船的运动参数，状态可选为

$$\boldsymbol{X}=\left(\varphi,\lambda,V,\psi\right)^{\mathrm{T}} \quad 或 \quad \boldsymbol{X}=\left(\varphi,\lambda,V,\psi,r\right)^{\mathrm{T}}$$

其中：φ 为纬度弧长；λ 为经度弧长；V 为航速；ψ 为航向；r 为航向变化率。在此基础上，若要估计舰船纵摇角 θ 和横摇角 ϕ，供武器系统使用，则可将状态扩充为

$$\boldsymbol{X}=\left(\varphi,\lambda,V,\psi,r,\theta,\phi\right)^{\mathrm{T}}$$

若要考虑航向、航迹自动保持功能，则要将航速分量分解成纵向速度 u 和横向速度 v，再考虑对应的纵向加速度 $\dot{u}$ 和横向加速度 $\dot{v}$，则状态向量扩充为

$$\boldsymbol{X}=\left(\varphi,\lambda,\psi,r,u,v,\dot{u},\dot{v}\right)^{\mathrm{T}}$$

(2) 满足滤波的要求。

滤波过程中，有时需要同时估计一些非舰船运动参数，如海流马尔可夫量和仪器的系统误差等，这时状态向量应扩展为

$$X=\left(\varphi,\lambda,V_{cN},V_{cE},V,\psi,r\right)^{\mathrm{T}}$$

其中：V_{cN}和 V_{cE}分别为流速的北向分量和东向分量。

(3) 符合计算机实时运算的要求。

卡尔曼滤波需占用一定机时和存储空间，占用机时 T 与状态向量维数 n 的三次方成正比，即 $T\propto n^3$，占用机时越多，滤波实时性越差。

2) 观测向量的选择

各导航设备采集的数据较多，可以通过数据压缩预处理后，变成低维的观测量进入卡尔曼滤波器，但采集的数据并不等同于观测向量，观测向量还应满足以下条件。

(1) 系统精度和可靠性要求。观测向量来自实际观测，它是状态估计的依据，观测量的总体精度与滤波输出精度有密切关系。若观测精度很差，要得到高精度的状态估计是不可能的。另外，单一导航设备都存在局限性，为取长补短和提高可靠性，采入数据应有冗余。

(2) 系统能观性要求。若系统不能观，无法通过观测手段得到的数据对状态进行最佳估计，则这样的观测量是无法应用的。

(3) 观测向量维数 m 不大于状态向量维数 n。

卡尔曼滤波进行递推计算前，必须确定过程噪声方差阵 Q_k 和观测噪声方差阵 R_k。下面讨论它们的确定方法。

2. 过程噪声方差阵的确定

过程噪声方差阵 Q 表示状态向量各分量的扰动方差。确定 Q 阵的方法主要有以下三种。

1) 根据航海经验给定

根据航行经验给定 Q 阵的主对角线元，不考虑各分量间的相关性，即非主对角线元设为零。在滤波中，扰动、偏差和误差是同义语，如果没有外界干扰，偏差就不存在了。因此，这里给定的 Q 阵对以状态向量 X 或状态偏差向量 δX 构成的系统模型都适用。

若系统状态 $X=\left(\varphi,\lambda,V_{cN},V_{cE},V,\psi,r\right)^{\mathrm{T}}$，对应的过程噪声方差阵 Q 为 7×7 方阵，即

$$Q=\mathrm{diag}\{[Q_\varphi,\ Q_\lambda,\ Q_{V_{cN}},\ Q_{V_{cE}},\ Q_V,\ Q_\psi,\ Q_r]\} \tag{6.2.1}$$

下面对 Q 阵中各元素，即各状态的过程噪声方差分别按航海经验给定。

(1) 经度弧长和纬度弧长扰动方差 Q_φ 和 Q_λ (m^2)。卡尔曼滤波的预测误差与推算船位误差的特征类似，可以根据推算船位误差确定经纬度扰动方差。推算船位误差的均方差一般为航程的 2%～3%，即 $Q_\varphi=Q_\lambda=\left(0.03VT\right)^2$。例如，若航速 V=18 kn≈9 m/s，滤波周期 T=1 s，则 $Q_\varphi=Q_\lambda=0.07\ \mathrm{m}^2$。

(2) 北向流速和东向流速扰动方差 $Q_{V_{cN}}$ 和 $Q_{V_{cE}}$ $[(\mathrm{m/s})^2]$。用海流资料估计海流的误差为 0.25 m/s，可视为海流随机扰动的一倍均方差，则 $Q_{V_{cN}}=Q_{V_{cE}}=0.25^2=0.06\ (\mathrm{m/s})^2$。

(3) 航速扰动方差 Q_V $[(\mathrm{m/s})^2]$。航速扰动主要是外界作用和主机转速漂移引起推力变化产生的。扰动均方差约为 0.5 m/s，则 $Q_V=0.5^2=0.25\left(\mathrm{m/s}\right)^2$。

(4) 航向扰动方差 Q_ψ (rad^2)。航向扰动主要是风、浪及操舵产生的。扰动均方差约为 0.7°，则 $Q_\psi=0.7^2(°)^2=1.493\times10^{-4}\ \mathrm{rad}^2$。

(5) 航向变化率扰动方差 Q_r $[(\mathrm{rad/s})^2]$。可假设无扰动，设为零。

2) 由功率谱密度变换得到

零均值白噪声方差阵 $\boldsymbol{Q}$ 的元素 Q_k 可由其对应的功率谱密度 $q(t)$通过傅里叶(Fourier)积分计算：

$$Q_k = \int_{t-T}^{t} \boldsymbol{\Phi}(t,\tau) q(\tau) \boldsymbol{\Phi}^{\mathrm{T}}(t,\tau)\mathrm{d}\tau \tag{6.2.2}$$

对于随机游走过程 $\dot{x}(t) = w(t)$，式(6.2.2)简化为

$$Q_k = q(t)T = \sigma^2 \tag{6.2.3}$$

对于一阶马尔可夫过程 $\dot{x}(t) = -\beta x(t) + w(t)$，式(6.2.2)简化为

$$Q_k = q(t)/(2\beta) \times (1 - \mathrm{e}^{-2\beta T}) = \sigma^2 (1 - \mathrm{e}^{-2\beta T}) \tag{6.2.4}$$

其中：T 为计算步长；σ 为噪声均方根误差，噪声方差 $\sigma^2 = q/(2\beta)$；β 为反向相关时间。可见，只要已知噪声均方根误差 σ 或功率谱密度 $q(t)$，则可求出各离散过程噪声分量的方差 Q_k，进而由式(6.2.1)得到过程噪声方差阵 $\boldsymbol{Q}$。

经度弧长、纬度弧长、航速、航向和航向变化率等参数的过程噪声一般可视为随机游走过程，流速过程噪声可视为一阶马尔可夫过程，过程噪声方差阵一般如下：

$$\boldsymbol{Q}_k = \begin{bmatrix} q_\varphi T & & & & & & \\ & q_\lambda T & & & \boldsymbol{0} & & \\ & & \sigma_c^2(1-\mathrm{e}^{-2\beta_c T}) & & & & \\ & & & \sigma_c^2(1-\mathrm{e}^{-2\beta_c T}) & & & \\ & \boldsymbol{0} & & & q_V T & & \\ & & & & & q_\psi T & \\ & & & & & & q_r T \end{bmatrix} \tag{6.2.5}$$

其中：σ_c 为流速噪声均方根误差；β_c 为海流反向相关时间。功率谱密度可以通过海上实船测量得到。现给出美国 DD−963 驱逐舰综合导航系统中卡尔曼滤波器中所用的功率谱密度，它是由美国“罗经岛”试验舰在切萨皮克湾(Chesapeake Bay)近海测定的[①]。

$$q_\varphi = q_\lambda = 0.165\,\mathrm{ft}^2/s = 0.015\,3\,\mathrm{m}^2/\mathrm{s}$$

$$q_{V_{c\mathrm{N}}} = q_{V_{c\mathrm{E}}} = 1.321\times10^{-5}\,(\mathrm{m/s})^2/\mathrm{s}$$

$$q_\psi = 2.816\,7\times10^{-6}\,(^\circ)^2/\mathrm{s}$$

$$q_V = 3.462\times10^{-4}\,(\mathrm{m/s})^2/\mathrm{s}$$

取计算步长 T=1 s，相关时间 β_c^{-1} =3 600 s，按式(6.2.3)计算过程噪声方差阵各元素如下：

经纬度弧长噪声谱密度 q_φ 和 q_λ 取 0.057 m²/s，则 $Q_\varphi = Q_\lambda$ =0.057×1 m²=0.057 m²；

海流噪声均方根误差 σ_c 取 0.3 kn(0.154 m/s)，则

$$Q_{V_{c\mathrm{N}}} = Q_{V_{c\mathrm{E}}} = 0.154^2(1-\mathrm{e}^{-2\times1/3\,600})\ (\mathrm{m/s})^2 = 1.317\times10^{-5}\ (\mathrm{m/s})^2$$

航速噪声功率谱密度 q_V 取 3.97×10^{-4} (m/s)²/s，则 $Q_V = 3.97\times10^{-4}\times1\ (\mathrm{m/s})^2 = 3.97\times10^{-4}\ (\mathrm{m/s})^2$；

航向噪声功率谱密度 q_ψ 取 2.17×10^{-4} rad²/s，则 $Q_\psi = 2.17\times10^{-4}\times1\ \mathrm{rad}^2 = 2.17\times10^{-4}\ \mathrm{rad}^2$。

① 引自：金青华，1992.舰船综合导航数据处理 [M].大连：大连舰艇学院

航向变化率认为没有扰动，故 $Q_r=0$。于是，过程噪声方差阵为

$$\boldsymbol{Q}=\mathrm{diag}\{[0.057, 0.057, 1.317\times10^{-5}, 1.317\times10^{-5}, 3.97\times10^{-4}, 2.17\times10^{-4}, 0]\} \quad (6.2.6)$$

3）根据实测给定

利用海上实测数据，采用寻优程序，不断改变 $\boldsymbol{Q}$ 阵中主对角线元，以滤波器的精度效能最优为指标，得到最优的 $\boldsymbol{Q}$ 阵，用经过大量海试数据寻优得到的平均 $\boldsymbol{Q}$ 值作为给定的 $\boldsymbol{Q}$ 阵。

3. 观测噪声方差阵的确定

观测噪声方差阵 $\boldsymbol{R}$ 反映了测量精度，通常有以下两种方法确定其大小。

1）根据航海经验给定

若系统模型采用观测偏差向量形式 $\delta\boldsymbol{Z}$，则 $\boldsymbol{R}$ 中主对角线元素按如下方法给定：观测偏差量是观测量与标称量之差，即 $\Delta\boldsymbol{Z}=\boldsymbol{Z}-\boldsymbol{H}\boldsymbol{X}_n$，因此观测偏差向量方差 $\sigma_{\delta\boldsymbol{Z}}^2$ 是观测向量方差 $\sigma_{\boldsymbol{Z}}^2$ 与标称向量方差 $\sigma_{\boldsymbol{X}_n}^2$ 之差，即 $\sigma_{\delta\boldsymbol{Z}}^2=\sigma_{\boldsymbol{Z}}^2-\sigma_{\boldsymbol{X}_n}^2$。标称向量由前一状态估计向量 $\hat{\boldsymbol{X}}_{k-1}$ 递推得到，其方差与 $\hat{\boldsymbol{X}}_{k-1}$ 的精度有关，可简单地取为 $\sigma_{\delta\boldsymbol{Z}}^2=\sigma_{\boldsymbol{Z}}^2/2$。

观测向量方差 $\sigma_{\boldsymbol{Z}}^2$ 可按前述方法获得。

2）根据实测给定

和 $\boldsymbol{Q}$ 阵的实测方法相同，利用海上实验数据，寻优得到平均的 $\boldsymbol{R}$ 阵作为给定的 $\boldsymbol{R}$ 阵。

确定导航传感器的观测方差需要根据航海经验和航海学方法求得。

(1) 罗兰 C 船位方差。

根据航海经验，在罗兰 C 系统地波工作区内观测时差的标准差为 0.1～0.3 μs，设纬向与经向散布相同，则罗兰 C 船位方差 $\sigma_{\mathrm{p\_lc}}^2$ (m^2) 可按下式求得：

$$\sigma_{\mathrm{p\_lc}}^2=\left[1\Big/\sin\left(\frac{\alpha_1+\alpha_2}{2}\right)\cdot\sqrt{\left[\frac{44.4}{\sin(\alpha_1/2)}\right]^2+\left[\frac{44.4}{\sin(\alpha_2/2)}\right]^2}\,\right]^2$$

其中：α_1、α_2 分别为左、右台对夹角。该式对其他双曲线无线电定位系统同样适用。台对夹角可用到两台站的大圆方位角 K 之差求得，即 $\alpha=K_1-K_2$。大圆方位角 K 按下列计算式得到：

$$\begin{aligned}
\beta_0&=\tan^{-1}\left[(1-e)\tan\varphi_0\right]\\
\beta_{\mathrm{m}}&=\tan^{-1}\left[(1-e)\tan\varphi_{\mathrm{m}}\right]\\
C_1&=\cos\beta_{\mathrm{m}}\sin(\lambda_{\mathrm{m}}-\lambda_0)\\
C_2&=\cos\beta_0\sin\beta_{\mathrm{m}}-\sin\beta_0\cos\beta_{\mathrm{m}}\cos(\lambda_{\mathrm{m}}-\lambda_0)\\
K&=\tan^{-1}(C_1/C_2)
\end{aligned}$$

其中：$(\varphi_0,\ \lambda_0)$ 为推算船位；$(\varphi_{\mathrm{m}},\ \lambda_{\mathrm{m}})$ 为罗兰台址；e 为地球偏心率，$e=0.081\,813\,3$。

(2) GPS 船位方差。

GPS 用 C/A 码定位时，其标准差约为 10 m，则 GPS 船位方差为 $\sigma_{\mathrm{p\_gp}}^2=100\ \mathrm{m}^2$。

(3) 导航雷达船位方差。

导航雷达通常用三标距离定位，船位方差为

$$\sigma_{\mathrm{p\_radar}}^2=\sigma_{\mathrm{d\_radar}}^2\left[3\big/(\sin^2 Q_{23}+\sin^2 Q_{13}+\sin^2 Q_{12})\right]$$

其中：$\sigma_{\mathrm{d\_radar}}$ 为雷达测距标准差，约为 1 cab；Q_{23}、Q_{13} 和 Q_{12} 分别为三标间的夹角，可用雷达方位角之差求得。

(4) 罗经航向观测方差。

航向测量误差由采样误差、舰艏随机漂移和剩余系统误差组成。若陀螺罗经的均方误差为 $1°/3\times\sec\varphi$，可取为 0.5°，则陀螺罗经的航向观测方差 $\sigma_{\psi gy}^2=(0.5°)^2\ \text{rad}^2=7.615\times10^{-5}\ \text{rad}^2$。

(5) 计程仪航速观测方差。

以电磁计程仪为航速测量设备，其航速测量均方误差约为 0.2 kn，则航速观测方差 $\sigma_{\text{v\_log}}^2=0.04\ \text{kn}^2=0.01\ (\text{m/s})^2$。

6.3 基于船位推算的组合模式

6.3.1 船位推算系统模型

船位推算是从已知位置点出发，基于罗经航向和计程仪航速通过连续推算获得船位。舰船航行时会受到风、流干扰而偏离船位，其中海流对船位影响最大。推算船位系统建模的基本方法和步骤为：基于舰船海上运动规律，建立与舰船位置有关的运动微分方程；考虑各种过程噪声，并对非线性方程进行线性化，对连续微分方程进行离散化，从而建立能用于卡尔曼滤波的线性离散状态方程。此外，根据罗经、计程仪及参与组合的定位设备的观测误差模型，建立相应的观测方程。

1. 状态的选择

船位推算系统是要解决运动舰船位置计算问题，因此应选择与舰船位置机动有关的导航参数作为系统状态。舰船机动包括纵向速度机动和转向机动。由于舰船的纵向加速度一般较小，而导航系统采样周期又很短，因而速度机动可以忽略($\dot{V}=0$)，或者被考虑到速度噪声中去。对于转向机动，可以用航向变化率 r 为常值($\dot{r}=0$，$r=\text{const}$)的匀速圆周运动近似描述。实际上，匀速直线运动可看成是匀速圆周运动的特例($r=0$)。因此，可将舰船运动统一用匀速圆周运动来描述。此外，海流的运动直接影响到舰船的对地速度，进而改变船位，因此还需考虑海流的影响。综上所述，依据舰船航行的定位需要，系统状态取为

$$\boldsymbol{X}(t)=\left(\varphi,\lambda,V_{c\text{N}},V_{c\text{E}},V,\psi,r\right)^{\text{T}}$$

其中：λ 和 φ 分别为经度弧长和纬度弧长，即东西距和南北距离；$V_{c\text{N}}$ 和 $V_{c\text{E}}$ 为流速的北向分量和东向分量；V 为航速；ψ 为航向；r 为航向变化率。在以下计算中，各参数的量纲：经度和纬度弧长为 m，流速与航速为 m/s，航向为 rad，航向变化率为 rad/s。

2. 舰船运动微分方程

设舰船从位置 $M_0(\varphi_0,\lambda_0)$ 出发，按当前时刻的航向 ψ_0、航速 V_0 航行，同时受海流 V_c 的作用，经过时间 T 到达 $M_1(\varphi_1,\lambda_1)$。舰船的位置变化为

$$\begin{cases}\varphi_1=\varphi_0+\dfrac{V_0\cos\psi_0+V_{c\text{N}0}}{R_\text{M}}T\\[2ex]\lambda_1=\lambda_0+\dfrac{V_0\sin\psi_0+V_{c\text{E}0}}{R_\text{N}\cos\varphi_0}T\end{cases}$$

其中：R_M 和 R_N 分别为子午圈曲率半径和卯酉圈曲率半径。令纬度弧长 $\widehat{\varphi}(t)=\varphi(t)R_\text{M}$，经度弧长 $\widehat{\lambda}(t)=\lambda(t)R_\text{N}\cos\varphi$，则有

$$\begin{cases}\Delta\widehat{\varphi}(t)=\widehat{\varphi}_1(t)-\widehat{\varphi}_0(t)=\left[V_{cN}(t)+V\cos\psi(t)\right]\cdot T\\ \Delta\widehat{\lambda}(t)=\widehat{\lambda}_1(t)-\widehat{\lambda}_0(t)=\left[V_{cE}(t)+V\sin\psi(t)\right]\cdot T\end{cases}$$

为表述方便，以下在推算系统滤波模型中，将纬度弧长 $\widehat{\varphi}$ 记为 φ，将经度弧长 $\widehat{\lambda}$ 记为 λ，有

$$\begin{cases}\Delta\varphi(t)=\varphi_1(t)-\varphi_0(t)=\left[V_{cN}(t)+V\cos\psi(t)\right]\cdot T\\ \Delta\lambda(t)=\lambda_1(t)-\lambda_0(t)=\left[V_{cE}(t)+V\sin\psi(t)\right]\cdot T\end{cases}$$

写成微分形式为

$$\begin{cases}\dot{\varphi}(t)=V_{cN}(t)+V(t)\cos\psi(t)\\ \dot{\lambda}(t)=V_{cE}(t)+V(t)\sin\psi(t)\end{cases}$$

对于海流，若假定为定海流，则其导数为零。实际上，海流随时间和空间而变化，在不太长的时间区间内，海流流速是空间的函数，可用空间相关的一阶马尔可夫过程来表示。一阶马尔可夫过程的特点是下一时刻的状态由前一时刻的状态唯一确定。由于舰船运动，海流又可由空间相关转化为时间相关的一阶马尔可夫过程，其对应的离散方程和微分方程分别为

$$\begin{cases}V_{cNk}=\mathrm{e}^{-\beta_c T}\cdot V_{cN(k-1)}\\ V_{cEk}=\mathrm{e}^{-\beta_c T}\cdot V_{cE(k-1)}\end{cases}$$

$$\begin{cases}\dot{V}_{cN}(t)=-\beta_c V_{cN}\\ \dot{V}_{cE}(t)=-\beta_c V_{cE}\end{cases}$$

其中：T 为计算步长(也称为滤波周期)；β_c 为反向相关时间，相关时间 $\beta_c^{-1}=L/V$；L 为空间相关距离；V 为航速。例如，L=15 n mile，V=15 kn，则 β_c=1/3 600 s^{-1}。

综上所述，并加入相应过程噪声 $\boldsymbol{W}(t)=\left[w_\varphi,w_\lambda,w_{V_{cN}},w_{V_{cE}},w_V,w_\psi,w_r\right]^{\mathrm{T}}$，可写出如下舰船运动微分方程：

$$\begin{cases}\dot{\varphi}(t)=V_{cN}(t)+V(t)\cos\psi(t)+w_\varphi\\ \dot{\lambda}(t)=V_{cE}(t)+V(t)\sin\psi(t)+w_\lambda\\ \dot{V}_{cN}(t)=-\beta_c V_{cN}+w_{V_{cN}}\\ \dot{V}_{cE}(t)=-\beta_c V_{cE}+w_{V_{cE}}\\ \dot{V}(t)=w_V\\ \dot{\psi}(t)=r+w_\psi\\ \dot{r}(t)=w_r\end{cases}\tag{6.3.1}$$

微分方程(6.3.1)中的经度弧长和纬度弧长微分方程中含有三角函数项，为非线性方程，方程(6.3.1)可改写为非线性函数 $\boldsymbol{f}\left[\boldsymbol{X}(t),t\right]$ 表示的矢量形式：

$$\dot{\boldsymbol{X}}(t)=\boldsymbol{f}\left[\boldsymbol{X}(t),t\right]+\boldsymbol{W}(t)\tag{6.3.2}$$

3. 船位推算系统状态方程

若采用线性卡尔曼滤波，必须对非线性方程进行线性化从而获得线性模型。

一种最常用的线性化方法是选择某种含义的点进行一阶泰勒展开，展开点 $\boldsymbol{X}^n$ 可以是标称状态 $\boldsymbol{X}^*$ 或前一时刻的估计值 $\hat{\boldsymbol{X}}$。此外，对于状态量形式，可选择导航参数本身，也可选择导

航参数误差(偏差)，对应采用直接法滤波和间接法滤波。下面从非线性微分方程出发，通过线性化和离散化，建立船位推算系统的线性离散状态方程。

1）微分方程的线性化

设展开点为 $\boldsymbol{X}^n(t)=\left[\varphi^n(t),\lambda^n(t),V_{cN}^n(t),V_{cE}^n(t),V^n(t),\psi^n(t),r^n(t)\right]^{\mathrm{T}}$。对非线性方程在 $\boldsymbol{X}^n(t)$ 处进行一阶泰勒级数展开线性化：

$$\dot{\boldsymbol{X}}(t)=\dot{\boldsymbol{X}}^n(t)+\left.\frac{\partial \boldsymbol{f}\left[\boldsymbol{X}(t),t\right]}{\partial \boldsymbol{X}^{\mathrm{T}}(t)}\right|_{\boldsymbol{X}(t)=\boldsymbol{X}^n(t)}\left[\boldsymbol{X}(t)-\boldsymbol{X}^n(t)\right]+\boldsymbol{W} \tag{6.3.3}$$

对式(6.3.3)作不同形式的变换，可以分别得到状态及状态误差表示的线性化方程。

(1) 线性化的状态误差微分方程。

式(6.3.3)可变换为如下误差微分方差：

$$\delta\dot{\boldsymbol{X}}(t)=\dot{\boldsymbol{X}}(t)-\dot{\boldsymbol{X}}^n(t)=\left.\frac{\partial \boldsymbol{f}\left[\boldsymbol{X}(t),t\right]}{\partial \boldsymbol{X}^{\mathrm{T}}(t)}\right|_{\boldsymbol{X}(t)=\boldsymbol{X}^n(t)}\cdot\delta\boldsymbol{X}(t)+\boldsymbol{W} \tag{6.3.4}$$

令

$$\boldsymbol{F}(t)=\left.\frac{\partial \boldsymbol{f}\left[\boldsymbol{X}(t),t\right]}{\partial \boldsymbol{X}^{\mathrm{T}}(t)}\right|_{\boldsymbol{X}(t)=\boldsymbol{X}^n(t)} \tag{6.3.5}$$

则线性化的状态误差微分方程为

$$\delta\dot{\boldsymbol{X}}(t)=\boldsymbol{F}(t)\delta\boldsymbol{X}(t)+\boldsymbol{W} \tag{6.3.6}$$

其中：$\boldsymbol{F}$ 为系统阵，可表示为

$$\boldsymbol{F}(t)=\begin{bmatrix} 0 & 0 & 1 & 0 & \cos\psi^n(t) & -V^n(t)\sin\psi^n(t) & 0 \\ 0 & 0 & 0 & 1 & \sin\psi^n(t) & V^n(t)\cos\psi^n(t) & 0 \\ 0 & 0 & -\beta_c & 0 & 0 & 0 & 0 \\ 0 & 0 & 0 & -\beta_c & 0 & 0 & 0 \\ 0 & 0 & 0 & 0 & 0 & 0 & 0 \\ 0 & 0 & 0 & 0 & 0 & 0 & 1 \\ 0 & 0 & 0 & 0 & 0 & 0 & 0 \end{bmatrix} \tag{6.3.7}$$

(2) 线性化的状态微分方程。

对式(6.3.3)，将确定项进行组合，可变换为

$$\dot{\boldsymbol{X}}(t)=\left.\frac{\partial \boldsymbol{f}\left[\boldsymbol{X}(t),t\right]}{\partial \boldsymbol{X}^{\mathrm{T}}(t)}\right|_{\boldsymbol{X}(t)=\boldsymbol{X}^n(t)}\boldsymbol{X}(t)+\left[\dot{\boldsymbol{X}}^n(t)-\left.\frac{\partial \boldsymbol{f}\left[\boldsymbol{X}(t),t\right]}{\partial \boldsymbol{X}^{\mathrm{T}}(t)}\right|_{\boldsymbol{X}(t)=\boldsymbol{X}^n(t)}\boldsymbol{X}^n(t)\right]+\boldsymbol{W} \tag{6.3.8}$$

令确定项

$$\boldsymbol{U}(t)=\dot{\boldsymbol{X}}^n(t)-\left.\frac{\partial \boldsymbol{f}\left[\boldsymbol{X}(t),t\right]}{\partial \boldsymbol{X}^{\mathrm{T}}(t)}\right|_{\boldsymbol{X}(t)=\boldsymbol{X}^n(t)}\boldsymbol{X}^n(t) \tag{6.3.9}$$

则线性化的状态微分方程为

$$\dot{\boldsymbol{X}}(t)=\boldsymbol{F}(t)\boldsymbol{X}(t)+\boldsymbol{U}(t)+\boldsymbol{W} \tag{6.3.10}$$

其中：系统阵 $\boldsymbol{F}$ 同上；$\boldsymbol{U}(t)$为确定性输入量(矩阵中各项都不是随机量)，有

$$\boldsymbol{U}(t)=\left[V^n(t)\sin\psi^n(t)\cdot\psi^n(t),V^n(t)\cos\psi^n(t)\cdot\psi^n(t),0,0,0,0,0\right]^{\mathrm{T}} \tag{6.3.11}$$

下面以纬度为例，给出 $\boldsymbol{F}$ 阵和 $\boldsymbol{U}$ 阵的推导过程。由式(6.3.2)，不考虑过程噪声，有

$$\begin{aligned}
\left.\frac{\partial\dot{\varphi}}{\partial \boldsymbol{X}^{\mathrm{T}}(t)}\right|_{\boldsymbol{X}^n(t)} &= \left.\frac{\partial\left(V_{c\mathrm{N}}+V\cos\psi\right)}{\partial \boldsymbol{X}^{\mathrm{T}}(t)}\right|_{\boldsymbol{X}^n(t)} \\
&= \left[\frac{\partial\left(V_{c\mathrm{N}}+V\cos\psi\right)}{\partial\varphi},\frac{\partial\left(V_{c\mathrm{N}}+V\cos\psi\right)}{\partial\lambda},\frac{\partial\left(V_{c\mathrm{N}}+V\cos\psi\right)}{\partial V_{c\mathrm{N}}},\right. \\
&\quad \left.\left.\frac{\partial\left(V_{c\mathrm{N}}+V\cos\psi\right)}{\partial V_{c\mathrm{E}}},\frac{\partial\left(V_{c\mathrm{N}}+V\cos\psi\right)}{\partial V},\frac{\partial\left(V_{c\mathrm{N}}+V\cos\psi\right)}{\partial\psi},\frac{\partial\left(V_{c\mathrm{N}}+V\cos\psi\right)}{\partial r}\right]\right|_{\boldsymbol{X}^n(t)} \\
&= \left[0,0,1,0,\cos\psi^n(t),-V^n(t)\sin\psi^n(t),0\right]
\end{aligned}$$

$$\begin{aligned}
U_{\varphi} &= \left[V_{c\mathrm{N}}^n(t)+V^n(t)\cos\psi^n(t)\right] \\
&\quad -\left[0,0,1,0,\cos\psi^n(t),-V^n(t)\sin\psi^n(t),0\right]\left[\varphi^n(t),\lambda^n(t),V_{c\mathrm{N}}^n(t),V_{c\mathrm{E}}^n(t),V^n(t),\psi^n(t),r^n(t)\right]^{\mathrm{T}} \\
&= \left[V_{c\mathrm{N}}^n(t)+V^n(t)\cos\psi^n(t)\right]-\left[V_{c\mathrm{N}}^n(t)+V^n(t)\cos\psi^n(t)-V^n(t)\sin\psi^n(t)\cdot\psi^n(t)\right] \\
&= V^n(t)\sin\psi^n(t)\cdot\psi^n(t)
\end{aligned}$$

2）微分方程的离散化

下面直接给出状态误差离散方程和状态离散方程：状态误差离散方程为

$$\delta\boldsymbol{X}_k=\boldsymbol{\Phi}_{k,k-1}\delta\boldsymbol{X}_{k-1}+\boldsymbol{W}_{k-1} \tag{6.3.12}$$

状态离散方程为

$$\boldsymbol{X}_k=\boldsymbol{\Phi}_{k,k-1}\boldsymbol{X}_k+\boldsymbol{U}_{k-1}+\boldsymbol{W}_{k-1} \tag{6.3.13}$$

状态转移阵 $\boldsymbol{\Phi}_{k,k-1}$ 的计算有解析式和近似计算式两种，解析式由 $\mathrm{e}^{\boldsymbol{F}_{k-1}T}$ 按拉普拉斯变换计算，近似式一般可取指数级数的前两项，分别为

$$\boldsymbol{\Phi}_{k,k-1}=\mathrm{e}^{\boldsymbol{F}_{k-1}T}=\begin{bmatrix}
1 & 0 & \dfrac{1-\mathrm{e}^{-\beta_c T}}{\beta_c} & 0 & \cos\psi_{k-1}^n\cdot T & -V_{k-1}^n\sin\psi_{k-1}^n\cdot T & 0 \\
0 & 1 & 0 & \dfrac{1-\mathrm{e}^{-\beta_c T}}{\beta_c} & \sin\psi_{k-1}^n\cdot T & V_{k-1}^*\cos\psi_{k-1}^n\cdot T & 0 \\
0 & 0 & \mathrm{e}^{-\beta_c T} & 0 & 0 & 0 & 0 \\
0 & 0 & 0 & \mathrm{e}^{-\beta_c T} & 0 & 0 & 0 \\
0 & 0 & 0 & 0 & 1 & 0 & 0 \\
0 & 0 & 0 & 0 & 0 & 1 & T \\
0 & 0 & 0 & 0 & 0 & 0 & 1
\end{bmatrix} \tag{6.3.14}$$

$$\boldsymbol{\Phi}_{k,k-1}=\boldsymbol{I}+\boldsymbol{F}_{k-1}T=\begin{bmatrix}
1 & 0 & T & 0 & \cos\psi_{k-1}^n\cdot T & -V_{k-1}^n\sin\psi_{k-1}^n\cdot T & 0 \\
0 & 1 & 0 & T & \sin\psi_{k-1}^n\cdot T & V_{k-1}^n\cos\psi_{k-1}^n\cdot T & 0 \\
0 & 0 & 1-\beta_c T & 0 & 0 & 0 & 0 \\
0 & 0 & 0 & 1-\beta_c T & 0 & 0 & 0 \\
0 & 0 & 0 & 0 & 1 & 0 & 0 \\
0 & 0 & 0 & 0 & 0 & 1 & T \\
0 & 0 & 0 & 0 & 0 & 0 & 1
\end{bmatrix} \tag{6.3.15}$$

离散形式的确定性输入量为

$$\boldsymbol{U}_{k-1}=\left[V_{k-1}^{n}\sin\psi_{k-1}^{n}\cdot\psi_{k-1}^{n},V_{k-1}^{n}\cos\psi_{k-1}^{n}\cdot\psi_{k-1}^{n},0,0,0,0,0\right]^{\mathrm{T}} \tag{6.3.16}$$

采用式(6.3.15)近似计算的误差主要与滤波步长 T 有关，T 越小，近似误差越小。例如，取 $T=5\,\mathrm{s}$，$\beta_c=1/3\,600\,\mathrm{s}^{-1}$，取 $(1-\mathrm{e}^{-\beta_c T})/\beta_c\approx T$，$\mathrm{e}^{-\beta_c T}\approx 1-\beta_c T$ 的近似误差仅为 0.07%和 10^{-4}%，推荐采用式(6.3.15)计算，计算量较小。需要说明，若舰船作变速和转向机动，状态转移阵是时变的，每次滤波都要重新计算；否则可以在递推滤波前计算好，以降低计算量。

以上我们并未指定展开点含义，只是区分状态为全量或误差，推导出了两种数学形式的线性离散状态方程。推算船位系统为非线性系统，可以采用线性化卡尔曼滤波和扩展卡尔曼滤波两种非线性滤波方法，其采用的具体数学模型明确如下。

(1) 线性化卡尔曼滤波。展开点为标称状态 $\boldsymbol{X}^{*}$，状态误差方程为式(6.3.12)，状态转移阵为式(6.3.15)。

(2) 扩展卡尔曼滤波。展开点为估计值 $\hat{\boldsymbol{X}}$，状态方程为式(6.3.13)，状态转移阵为式(6.3.14)或式(6.3.15)，确定性输入向量为式(6.3.16)。

3) 标称状态的获得

实际动态系统中，标称状态只能取近似值。获得标称状态的一种常用方法是以 k−1 时刻状态估计 $\hat{\boldsymbol{X}}_{k-1}$ 为基础，按以下简化的线性模型进行预测得到，即

$$\boldsymbol{X}_k^{*}=\boldsymbol{\Phi}_{k,k-1}\hat{\boldsymbol{X}}_{k-1} \tag{6.3.17}$$

对船位推算系统，式(6.3.17)可具体写为

$$\boldsymbol{X}_k^{*}=\begin{bmatrix}\varphi_k^{*}\\ \lambda_k^{*}\\ V_{c\mathrm{N}(k)}^{*}\\ V_{c\mathrm{E}(k)}^{n}\\ V_k^{*}\\ \psi_k^{*}\\ r_k^{*}\end{bmatrix}=\begin{bmatrix}\hat{\varphi}_{k-1}+\hat{V}_{c\mathrm{N}(k-1)}\cdot T+\hat{V}_{k-1}\cos\hat{\psi}_{k-1}\cdot T\\ \hat{\lambda}_{k-1}+\hat{V}_{c\mathrm{E}(k-1)}\cdot T+\hat{V}_{k-1}\sin\hat{\psi}_{k-1}\cdot T\\ (1-\beta_c T)\hat{V}_{c\mathrm{N}(k-1)}\\ (1-\beta_c T)\hat{V}_{c\mathrm{E}(k-1)}\\ \hat{V}_{k-1}\\ \hat{\psi}_{k-1}+\hat{r}_{k-1}\cdot T\\ \hat{r}_{k-1}\end{bmatrix} \tag{6.3.18}$$

此外，标称船位、航速和航向值可由历史估计值或平滑值外推计算(张凤宽 等，2000)。标称船位取 k−3、k−2 和 k−1 时刻估计船位的拟合值，航速标称值取航速的平滑值，航向标称值取 k−1 时刻航向。

线性化卡尔曼滤波的状态估计 $\hat{\boldsymbol{X}}_k$ 由标称值 $\boldsymbol{X}_k^{*}$ 按式(6.3.19)计算得到：

$$\hat{\boldsymbol{X}}_k=\boldsymbol{X}_k^{*}+\delta\hat{\boldsymbol{X}}_k \tag{6.3.19}$$

4. 船位推算组合系统观测方程

船位推算系统是由状态方程和观测方程共同来描述的。以上讨论了系统状态方程的建立，它是舰船运动规律的体现。基于船位推算的组合导航系统，是以航向测量设备(如罗经)、航速测量设备(如计程仪)为基础，与其他定位设备(如 GPS/北斗、罗兰 C)组合，以获得连续的、优化的位置参数。下面讨论组合系统观测方程的建立。

1）观测量的确定与观测微分方程的建立

假设组合系统的信息源设备为罗经、计程仪和某定位设备，实际可观测的参数包括定位设备输出的经度 φ_{m} 和纬度 λ_{m}，计程仪输出的航速 V_1 及罗经输出的航向 ψ_{g}。对应地，取观测向量为 $\boldsymbol{Z}(t)=\left[\varphi_{\mathrm{m}}(t),\lambda_{\mathrm{m}}(t),V_1(t),\psi_{\mathrm{g}}(t)\right]^{\mathrm{T}}$，设各观测量满足：

$$
\begin{aligned}
\varphi_{\mathrm{m}} &= \varphi + v_{\varphi_{\mathrm{m}}} \\
\lambda_{\mathrm{m}} &= \lambda + v_{\lambda_{\mathrm{m}}} \\
V_1 &= V + v_{V_1} \\
\psi_{\mathrm{g}} &= \psi + v_{\psi_{\mathrm{g}}}
\end{aligned} \tag{6.3.20}
$$

其中：$v_{\varphi_{\mathrm{m}}}$ 和 $v_{\lambda_{\mathrm{m}}}$ 为定位设备的距离观测噪声；v_{V_1} 和 $v_{\psi_{\mathrm{g}}}$ 分别为计程仪和罗经的观测噪声，均为高斯白噪声。设观测噪声向量 $\boldsymbol{V}(t)=[v_{\varphi_{\mathrm{m}}},v_{\lambda_{\mathrm{m}}},v_{V_1},v_{\psi_{\mathrm{g}}}]^{\mathrm{T}}$，与式(6.3.20)对应的观测方程为

$$
\boldsymbol{Z}(t)=\boldsymbol{H}(t)\boldsymbol{X}(t)+\boldsymbol{V}(t) \tag{6.3.21}
$$

其中：$\boldsymbol{H}(t)$ 为观测阵，这里为定常阵，记为 $\boldsymbol{H}$，有

$$
\boldsymbol{H}=[1\ 0\ 0\ 0\ 0\ 0\ 0;\ 0\ 1\ 0\ 0\ 0\ 0\ 0;\ 0\ 0\ 0\ 0\ 1\ 0\ 0;\ 0\ 0\ 0\ 0\ 0\ 1\ 0]
$$

由于连续观测方程(6.3.21)为线性方程，因而不必线性化，可直接进行离散化，获得相应的离散观测方程和离散误差观测方程。

2）离散观测方程

离散观测方程为

$$
\boldsymbol{Z}_k=\boldsymbol{H}_k\boldsymbol{X}_k+\boldsymbol{V}_k \tag{6.3.22}
$$

该方程即为扩展卡尔曼滤波所采用的观测方程。观测阵 $\boldsymbol{H}_k$ 为定常阵，$\boldsymbol{H}_k=\boldsymbol{H}$，$\boldsymbol{V}_k$ 为观测噪声序列。

3）离散观测误差方程

与状态误差方程对应，观测误差方程用观测量误差来表示，观测误差 $\delta\boldsymbol{Z}_k$ 为观测量 $\boldsymbol{Z}_k$ 与标称量 $\boldsymbol{Z}_k^*$ 之差，即

$$
\delta\boldsymbol{Z}_k=\boldsymbol{Z}_k-\boldsymbol{Z}_k^* \tag{6.3.23}
$$

其中：标称向量 $\boldsymbol{Z}_k^*$ 中的变量与观测向量 $\boldsymbol{Z}_k$ 对应一致。

线性化卡尔曼滤波所采用的观测误差方程为

$$
\delta\boldsymbol{Z}_k=\boldsymbol{H}_k\delta\boldsymbol{X}_k+\boldsymbol{V}_k \tag{6.3.24}
$$

其中：$\delta\boldsymbol{X}_k$ 为状态误差向量；$\boldsymbol{H}_k$ 为观测阵，$\boldsymbol{H}_k=\boldsymbol{H}$；$\boldsymbol{V}_k$ 为观测误差噪声序列。

6.3.2　船位推算/罗兰 C 组合

1. 状态方程的建立

选择 7 个导航参数的误差构成状态误差向量，即

$$
\delta\boldsymbol{X}(t)=\left(\delta\varphi,\delta\lambda,\delta V_{\mathrm{cN}},\delta V_{\mathrm{cE}},\delta V,\delta\psi,\delta r\right)^{\mathrm{T}}
$$

各状态误差：纬度弧长误差为 $\delta\varphi$，经度弧长误差为 $\Delta\lambda$，北向流速误差为 δV_{cN}，东向流速误差为 δV_{cE}，航速误差为 δV，航向误差为 $\delta\psi$，航向变化率误差为 δr(赵琳 等，1996)。根据船位推算系统模型，直接给出如下状态误差方程：

$$\delta \boldsymbol{X}_k = \boldsymbol{\Phi}_{k,k-1}\delta \boldsymbol{X}_{k-1} + \boldsymbol{W}_{k-1} \tag{6.3.25}$$

$$\boldsymbol{\Phi}_{k,k-1} = \begin{bmatrix} 1 & 0 & T & 0 & \cos\psi_{k-1}^* \cdot T & -V_{k-1}^*\sin\psi_{k-1}^* \cdot T & 0 \\ 0 & 1 & 0 & T & \sin\psi_{k-1}^* \cdot T & V_{k-1}^*\cos\psi_{k-1}^* \cdot T & 0 \\ 0 & 0 & 1-\beta_c T & 0 & 0 & 0 & 0 \\ 0 & 0 & 0 & 1-\beta_c T & 0 & 0 & 0 \\ 0 & 0 & 0 & 0 & 1 & 0 & 0 \\ 0 & 0 & 0 & 0 & 0 & 1 & T \\ 0 & 0 & 0 & 0 & 0 & 0 & 1 \end{bmatrix} \tag{6.3.26}$$

其中：经纬度弧长的量纲为 m；流速和航速的量纲为 m/s；航向的量纲为 rad。

2. 观测方程的建立

1) 观测量的确定

推算船位组合系统实际的观测信息包括罗兰 C 经纬度$\left(B_{1c}, L_{1c}\right)$、罗经航向 ψ_g 和计程仪航速 V_1。与状态方程对应，位置观测量不直接选取经纬度$\left(B_{1c}, L_{1c}\right)$，而是选取纬度弧长和经度弧长($\varphi_{1c}$，$\lambda_{1c}$)，即北向距离差和东向距离差，观测向量为 $\boldsymbol{Z} = (\varphi_{1c}, \lambda_{1c}, V_1, \psi_g)^{\mathrm{T}}$ 。

对应状态误差方程，观测误差方程采用观测误差量作为观测量，$\delta \boldsymbol{Z} = (\delta\varphi_{1c}, \delta\lambda_{1c}, \delta V_1, \delta\psi_g)^{\mathrm{T}}$ 。它是各导航传感器测量值 $\boldsymbol{Z}_k$ 与标称值 $\boldsymbol{Z}_k^*$ 之差，即

$$\delta \boldsymbol{Z}_k = \boldsymbol{Z}_k - \boldsymbol{Z}_k^*$$

其中：标称观测量 $\boldsymbol{Z}^* = (\varphi^*, \lambda^*, V^*, \psi^*)^{\mathrm{T}}$，可由式(6.3.18)计算得到。

2) 观测误差方程

根据船位推算系统模型，直接给出如下观测误差方程：

$$\delta \boldsymbol{Z}_k = \boldsymbol{H}\delta X_k + \boldsymbol{V}_k \tag{6.3.27}$$

其中：$\delta \boldsymbol{X}_k$ 为状态误差向量；$\boldsymbol{V}_k$ 为观测误差噪声序列，即 $\boldsymbol{V}(t) = [v_{\varphi_{1c}}, v_{\lambda_{1c}}, v_{V_1}, v_{\psi_g}]^{\mathrm{T}}$；观测阵为

$$\boldsymbol{H} = [1\,0\,0\,0\,0\,0\,0;\ 0\,1\,0\,0\,0\,0\,0;\ 0\,0\,0\,0\,1\,0\,0;\ 0\,0\,0\,0\,0\,1\,0]$$

3) 观测噪声方差阵的确定(陆恺 等，1990)

罗兰 C 通过测量时间差 TD 获得船位，根据接收机的技术指标可以知道时差测量误差方差 σ_{TD}^2，因此我们需要利用北向距离 φ_{1c}、东向距离 λ_{1c} 与经纬度$\left(B_{1c}, L_{1c}\right)$的关系，以及经纬度测量与时差测量的关系，由时差测量误差方差 $\boldsymbol{R}_{\mathrm{TD}}$ 推导出距离差观测噪声方差 $\boldsymbol{R}_{\Delta d}$。

设舰船到罗兰 C 两个台对的时差 TD_1 和 TD_2 的观测噪声为 $\boldsymbol{v}_{\mathrm{TD}} = (v_{\mathrm{TD}_1}, v_{\mathrm{TD}_2})^{\mathrm{T}}$，经纬度观测噪声为 $\boldsymbol{v}_{BL} = \left(v_B, v_L\right)^{\mathrm{T}}$，北向和东向距离差 φ_{1c} 和 λ_{1c} 的观测噪声为 $\boldsymbol{v}_{\Delta d} = (v_\varphi, v_\lambda)^{\mathrm{T}}$ 。

(1) 时差观测噪声方差 $\boldsymbol{R}_{\mathrm{TD}}$。

设时差观测噪声 v_{TD_1} 和 v_{TD_2} 是零均值、相互独立的白噪声，方差分别为 $\sigma_{\mathrm{TD}_1}^2$ 和 $\sigma_{\mathrm{TD}_2}^2$ 。时差观测误差方差阵 $\boldsymbol{R}_{\mathrm{TD}}$ 为

$$\boldsymbol{R}_{\mathrm{TD}} = \begin{bmatrix} \sigma_{\mathrm{TD}_1}^2 & 0 \\ 0 & \sigma_{\mathrm{TD}_2}^2 \end{bmatrix} \tag{6.3.28}$$

(2) 由时差观测噪声方差 $\boldsymbol{R}_{\mathrm{TD}}$ 确定距离差观测噪声方差 $\boldsymbol{R}_{\Delta d}$($\boldsymbol{R}_{\mathrm{TD}}\to\boldsymbol{R}_{\Delta d}$)。

① 时差观测噪声 $\boldsymbol{v}_{\mathrm{TD}}$ 与经纬度观测噪声 $\boldsymbol{v}_{BL}$（$\boldsymbol{v}_{\mathrm{TD}}\to\boldsymbol{v}_{BL}$）。

设当前船位为(B，L)，罗兰 C 主副台位置为(B_i，L_i)（i=1，2，3）。将地球视为圆球体，船位到各台的角距 α_i 可由球面三角计算：

$$\cos\alpha_i=\sin B_i\sin B+\cos B_i\cos B\cos\left(L-L_i\right) \tag{6.3.29}$$

假定电波由各台传播到船位的时间为 T_i，则有

$$T_i=nR_{\mathrm{e}}\alpha_i/c$$

其中：R_{e} 为地球平均半径；c 为自由空间光速；n 为大气折射指数。

罗兰 C 接收机测量的是主、副台信号到达船位的时间差，即 $\mathrm{TD}_1=T_1-T_2$，$\mathrm{TD}_2=T_1-T_3$。因此有

$$\begin{cases}\mathrm{TD}_1=n\dfrac{R_{\mathrm{e}}}{c}\left[\alpha_1(B,L)-\alpha_2(B,L)\right]\\ \mathrm{TD}_2=n\dfrac{R_{\mathrm{e}}}{c}\left[\alpha_1(B,L)-\alpha_3(B,L)\right]\end{cases}$$

求全微分，并变换，得到经纬度测量误差与时差测量误差的关系为

$$\begin{bmatrix}\mathrm{d}B\\ \mathrm{d}L\end{bmatrix}=\boldsymbol{C}_R^{-1}\begin{bmatrix}\mathrm{dTD}_1\\ \mathrm{dTD}_2\end{bmatrix} \tag{6.3.30}$$

其中

$$\boldsymbol{C}_R=n\frac{R_{\mathrm{e}}}{c}\begin{bmatrix}\dfrac{\partial\alpha_1}{\partial B}-\dfrac{\partial\alpha_2}{\partial B} & \dfrac{\partial\alpha_1}{\partial L}-\dfrac{\partial\alpha_2}{\partial L}\\ \dfrac{\partial\alpha_1}{\partial B}-\dfrac{\partial\alpha_3}{\partial B} & \dfrac{\partial\alpha_1}{\partial L}-\dfrac{\partial\alpha_3}{\partial L}\end{bmatrix}$$

其中：$\dfrac{\partial\alpha_i}{\partial B}$ 和 $\dfrac{\partial\alpha_i}{\partial L}$ 分别是对式(6.3.29)中的 B 和 L 求偏导得到的，即

$$\begin{cases}\dfrac{\partial\alpha_i}{\partial B}=\dfrac{\cos B_i\cos\left(L-L_i\right)\sin B-\sin B_i\cos B}{\sin\alpha_i}\\ \dfrac{\partial\alpha_i}{\partial L}=\dfrac{\cos B_i\cos B\sin\left(L-L_i\right)}{\sin\alpha_i}\end{cases}$$

与式(6.3.30)对应，若将时差观测噪声和经纬度观测噪声视为小量，则经纬度观测噪声和时差观测噪声满足：

$$\boldsymbol{v}_{BL}=\begin{bmatrix}v_B\\ v_L\end{bmatrix}=\boldsymbol{C}_R^{-1}\begin{bmatrix}v_{\mathrm{TD}_1}\\ v_{\mathrm{TD}_2}\end{bmatrix} \tag{6.3.31}$$

其中：$\boldsymbol{R}_{\Delta d}$ 为距离差观测噪声的方差阵，$E[\boldsymbol{v}_{\Delta d(i)}\boldsymbol{v}_{\Delta d(j)}^{\mathrm{T}}]=\boldsymbol{R}_{\Delta d}\delta_{ij}$。

② 距离差观测噪声 $\boldsymbol{v}_{\Delta d}$ 和经纬度观测噪声 $\boldsymbol{v}_{BL}$。

对于地球圆球体，地球表面两点之间的经纬度弧长$(\delta\varphi,\delta\lambda)$与其经纬度之差$(\delta B,\delta L)$之间满足以下几何关系：

$$\begin{bmatrix}\delta\varphi\\ \delta\lambda\end{bmatrix}=\begin{bmatrix}R_{\mathrm{e}} & 0\\ 0 & R_{\mathrm{e}}\cos B\end{bmatrix}\begin{bmatrix}\delta B\\ \delta L\end{bmatrix}$$

对应地，距离差观测噪声 $\boldsymbol{v}_{\Delta d}$ 和经纬度观测噪声 $\boldsymbol{v}_{BL}$ 满足：

$$\boldsymbol{v}_{\Delta d}=\begin{bmatrix} v_{\varphi} \\ v_{\lambda} \end{bmatrix}=\begin{bmatrix} R_{\mathrm{e}} & 0 \\ 0 & R_{\mathrm{e}}\cos B^{*} \end{bmatrix}\begin{bmatrix} v_{B} \\ v_{L} \end{bmatrix}=\boldsymbol{C}_{0}\boldsymbol{v}_{BL} \tag{6.3.32}$$

$$\boldsymbol{C}_{0}=\begin{bmatrix} R_{\mathrm{e}} & 0 \\ 0 & R_{\mathrm{e}}\cos B^{*} \end{bmatrix}$$

③ 距离差观测噪声 $\boldsymbol{v}_{\Delta d}$ 和时差观测噪声 $\boldsymbol{v}_{\mathrm{TD}}$。

联立式(6.3.31)和式(6.3.32)，有

$$\boldsymbol{v}_{\Delta d}=\boldsymbol{C}_{0}\boldsymbol{C}_{R}^{-1}\boldsymbol{v}_{\mathrm{TD}}$$

到此，我们找到了距离差观测噪声与时差观测噪声的关系。下面计算距离差观测噪声方差阵 $\boldsymbol{R}_{\Delta d}$。

④ 距离差观测误差方差阵 $\boldsymbol{R}_{\Delta d}$。

$$\begin{aligned}\boldsymbol{R}_{\Delta d}&=E\left(\boldsymbol{v}_{\Delta d}\boldsymbol{v}_{\Delta d}^{\mathrm{T}}\right)=E\left[\boldsymbol{C}_{0}\boldsymbol{C}_{R}^{-1}\boldsymbol{v}_{\mathrm{TD}}\left(\boldsymbol{C}_{0}\boldsymbol{C}_{R}^{-1}\boldsymbol{v}_{\mathrm{TD}}\right)^{\mathrm{T}}\right]\\&=\boldsymbol{C}_{0}\boldsymbol{C}_{R}^{-1}E\left[\left(\boldsymbol{v}_{\mathrm{TD}}\boldsymbol{v}_{\mathrm{TD}}^{\mathrm{T}}\right)\left(\boldsymbol{C}_{0}\boldsymbol{C}_{R}^{-1}\right)^{\mathrm{T}}\right]\end{aligned}$$

$$\boldsymbol{R}_{\Delta d}=\boldsymbol{C}_{0}\boldsymbol{C}_{R}^{-1}\boldsymbol{R}_{\mathrm{TD}}\left(\boldsymbol{C}_{0}\boldsymbol{C}_{R}^{-1}\right)^{\mathrm{T}} \tag{6.3.33}$$

时差观测噪声方差阵 $\boldsymbol{R}_{\mathrm{TD}}$ 已知，由式(6.3.28)给定，因此 $\boldsymbol{R}_{\Delta d}$ 可由式(6.3.33)计算。最后给出系统观测噪声方差阵 $\boldsymbol{R}$：

$$\boldsymbol{R}=\begin{bmatrix} \boldsymbol{R}_{\Delta d} & & \begin{matrix} 0 \\ \boldsymbol{0} \end{matrix} \\ 0 & \sigma_{V}^{2} & 0 \\ 0 & 0 & \sigma_{\psi}^{2} \end{bmatrix} \tag{6.3.34}$$

其中：σ_{V}^{2} 为航速观测噪声方差；σ_{ψ}^{2} 为航向观测噪声方差。

3. 状态最优估计

1）卡尔曼滤波方程

根据上面建立的状态方程(6.3.25)和观测方程(6.3.27)，利用离散系统的卡尔曼滤波公式，便可对系统状态进行最优滤波估计：

$$\delta\hat{\boldsymbol{X}}_{k,k-1}=\boldsymbol{\varPhi}_{k,k-1}\delta\hat{\boldsymbol{X}}_{k-1}$$

$$\boldsymbol{P}_{k,k-1}=\boldsymbol{\varPhi}_{k,k-1}\boldsymbol{P}_{k-1}\boldsymbol{\varPhi}_{k,k-1}^{\mathrm{T}}+\boldsymbol{Q}_{k-1}$$

$$\boldsymbol{K}_{k}=\boldsymbol{P}_{k,k-1}\boldsymbol{H}_{k}^{\mathrm{T}}\left(\boldsymbol{H}_{k}\boldsymbol{P}_{k,k-1}\boldsymbol{H}_{k}^{\mathrm{T}}+\boldsymbol{R}_{k}\right)^{-1}$$

$$\delta\hat{\boldsymbol{X}}_{k}=\delta\hat{\boldsymbol{X}}_{k,k-1}+\boldsymbol{K}_{k}(\delta\boldsymbol{Z}_{k}-\boldsymbol{H}_{k}\delta\hat{\boldsymbol{X}}_{k,k-1})$$

$$\boldsymbol{P}_{k}=\left(\boldsymbol{I}-\boldsymbol{K}_{k}\boldsymbol{H}_{k}\right)\boldsymbol{P}_{k,k-1}$$

2）闭环卡尔曼滤波

如果利用估计的船位、海流、航速和航向误差对系统的船位、航速和航向等量进行修正，可使综合导航系统的输出精度得到提高，但系统内部的误差并未得到改善。因为，此时的卡尔

曼滤波是开环的。若在估计的同时，利用估计出的误差量对系统进行控制，就可直接在系统中消除误差，这称为闭环卡尔曼滤波。这时，在系统状态方程中加入控制项：

$$\boldsymbol{X}_k = \boldsymbol{\Phi}_{k,k-1}\boldsymbol{X}_{k-1} + \boldsymbol{\Psi}_{k,k-1}\boldsymbol{u}_{k-1} + \boldsymbol{W}_{k-1}$$

为消除误差，应有 $\boldsymbol{\Psi}_{k,k-1} = \boldsymbol{\Phi}_{k,k-1}$。因 $\hat{\boldsymbol{X}}_{k-1}$ 已得到，取 $\boldsymbol{u}_{k-1} = -\hat{\boldsymbol{X}}_{k-1}$，带有控制输入项的状态预测方程为

$$\hat{\boldsymbol{X}}_{k,k-1} = \boldsymbol{\Phi}_{k,k-1}\hat{\boldsymbol{X}}_{k-1} + \boldsymbol{\Psi}_{k,k-1}\boldsymbol{u}_{k-1}$$

将所选控制量代入，有 $\hat{\boldsymbol{X}}_{k,k-1} = \boldsymbol{0}$，则状态估计方程

$$\hat{\boldsymbol{X}}_k = \hat{\boldsymbol{X}}_{k,k-1} + \boldsymbol{K}_k\left[\boldsymbol{Z}_k - \boldsymbol{H}_k\hat{\boldsymbol{X}}_{k,k-1}\right]$$

简化为

$$\hat{\boldsymbol{X}}_k = \boldsymbol{K}_k\boldsymbol{Z}_k$$

这便是加入控制后闭环系统的卡尔曼滤波方程。

3）船位推算/罗兰 C 组合卡尔曼滤波

下面介绍船位推算/罗兰 C 组合系统的卡尔曼滤波的计算步骤。

(1) 按式(6.3.26) 计算状态转移阵 $\boldsymbol{\Phi}_{k,k-1}$，按式(6.2.3)计算过程噪声方差阵 $\boldsymbol{Q}_{k-1}$。

(2) 按式(6.3.18)计算标称状态。

(3) 按式(6.3.28)、(6.3.33)和(6.3.34)计算观测噪声方差阵 $\boldsymbol{R}_k$。

(4) 观测数据预处理。设 k 时刻罗兰 C 接收机的经纬度测量值为 $\left(B_{\mathrm{lc}(k)}, L_{\mathrm{lc}(k)}\right)$，计程仪和罗经的测量值为 $V_{\mathrm{l}(k)}$、$\psi_{\mathrm{g}(k)}$，滤波器观测向量 $\delta\boldsymbol{Z}_k = (\delta\varphi_{\mathrm{lc}(k)}, \delta\lambda_{\mathrm{lc}(k)}, \delta V_{\mathrm{l}(k)}, \delta\psi_{\mathrm{g}(k)})^{\mathrm{T}}$，有

$$\begin{cases} \delta\varphi_{\mathrm{lc}(k)} = (B_{\mathrm{lc}(k)} - B_k^*)R_{\mathrm{e}} \\ \delta\lambda_{\mathrm{lc}(k)} = (L_{\mathrm{lc}(k)} - L_k^*)R_{\mathrm{e}}\cos B_k^* \\ \delta V_{\mathrm{l}(k)} = V_{\mathrm{l}(k)} - V_k^* \\ \delta\psi_{\mathrm{g}(k)} = \psi_{\mathrm{m}} - \psi_k^* \end{cases}$$

(5) 计算估计误差方差阵

$$\boldsymbol{P}_{k,k-1} = \boldsymbol{\Phi}_{k,k-1}\boldsymbol{P}_{k-1}\boldsymbol{\Phi}_{k,k-1}^{\mathrm{T}} + \boldsymbol{Q}_{k-1}$$

(6) 计算卡尔曼增益矩阵

$$\boldsymbol{K}_k = \boldsymbol{P}_{k,k-1}\boldsymbol{H}_k^{\mathrm{T}}\left[\boldsymbol{H}_k\boldsymbol{P}_{k,k-1}\boldsymbol{H}_k^{\mathrm{T}} + \boldsymbol{R}_k\right]^{-1}$$

(7) 计算滤波误差协方差阵

$$\boldsymbol{P}_k = \left[\boldsymbol{I} - \boldsymbol{K}_k\boldsymbol{H}_k\right]\boldsymbol{P}_{k,k-1}$$

(8) 计算状态最优估计

$$\hat{\boldsymbol{X}} = \boldsymbol{K}_k\boldsymbol{Z}_k$$

(9) 由于状态为偏差量，需计入标称量，计算出舰船运动状态变量的估计值。

$$\hat{B}_k = B_k^* + \delta\hat{\varphi}/R$$

$$\hat{L}_k = L_k^* + \delta\hat{\lambda}\Big/\left(R\cos\hat{B}_k\right)$$

$$\hat{V}_{c\mathrm{N}(k)} = V_{c\mathrm{N}(k)}^* + \delta\hat{V}_{c\mathrm{N}k}$$

$$\hat{V}_{c\mathrm{E}(k)} = V_{c\mathrm{E}(k)}^* + \delta\hat{V}_{c\mathrm{E}k}$$

$$\hat{V}_k = \hat{V}_{k-1} + \delta\hat{V}_k$$
$$\hat{\psi}_k = \psi_k^* + \delta\hat{\psi}_k$$

由步骤(9)再返回步骤(1)，如此由计算机反复迭代，使状态变量的估计值逐步趋向真值。若舰船在航行过程中改变航速，则航速标称值应采用新的航速进行计算。

6.3.3 船位推算/GPS组合

船位推算和GPS组合的方式与上述船位推算和罗兰C位置组合方式类似。这里，不是选取舰船运动要素的误差量，而是选取舰船运动要素的全量作为系统状态变量。同时，应用扩展卡尔曼滤波算法处理非线性问题。

1. 系统模型的建立

系统状态量取 $\boldsymbol{X}(t)=\left(\varphi,\lambda,V_{cN},V_{cE},V,\psi,r\right)^{\mathrm{T}}$，其中：$\lambda$ 和 φ 为经度弧长和纬度弧长；V_{cN}、V_{cE} 为北向流速和东向流速；V 为航速；ψ 为航向；r 为航向变化率。参数量纲同前面的约定。

舰船运动动态方程组如下：

$$\begin{cases}\dot{\varphi}(t)=V_{cN}(t)+V(t)\cos\psi(t)+w_{\varphi}\\ \dot{\lambda}(t)=V_{cE}(t)+V(t)\sin\psi(t)+w_{\lambda}\\ \dot{V}_{cN}(t)=-\beta_c V_{cN}+w_{V_{cN}}\\ \dot{V}_{cE}(t)=-\beta_c V_{cE}+w_{V_{cE}}\\ \dot{V}(t)=w_V\\ \dot{\psi}(t)=r+w_{\psi}\\ \dot{r}(t)=w_r\end{cases} \tag{6.3.35}$$

其中：各过程噪声为独立的高斯白噪声。航向变化率非常小，故取 $w_r=0$。

观测量为GPS所测经纬度换算的经纬度弧长(φ_{gp}，λ_{gp})，计程仪测量的对水速度 V_1，罗经测得的航向 ψ_g，则观测方程为

$$\begin{bmatrix}\varphi_{gp}\\ \lambda_{gp}\\ V_1\\ \psi_g\end{bmatrix}=\begin{bmatrix}1&0&0&0&0&0&0\\0&1&0&0&0&0&0\\0&0&0&0&1&0&0\\0&0&0&0&0&1&0\end{bmatrix}\begin{bmatrix}\varphi\\ \lambda\\ V_{cN}\\ V_{cE}\\ V\\ \psi\\ r\end{bmatrix}+\begin{bmatrix}v_{\varphi_{gp}}\\ v_{\lambda_{gp}}\\ v_{V_1}\\ v_{\psi_g}\end{bmatrix} \tag{6.3.36}$$

其中：$v_{\varphi_{gp}}$ 和 $v_{\lambda_{gp}}$ 为GPS观测噪声；v_{V_1} 和 v_{ψ_g} 分别为计程仪和罗经的观测噪声，均为高斯白噪声(孙枫 等，1996)。

2. 状态估计

对于式(6.3.35)和(6.3.36)描述的非线性系统，采用扩展卡尔曼滤波方法进行状态估计。算法如下：

$$\hat{\boldsymbol{X}}_{k,k-1}=f(\hat{\boldsymbol{X}}_{k-1},k-1) \tag{6.3.37a}$$

$$\boldsymbol{P}_{k,k-1}=\boldsymbol{\Phi}_{k,k-1}\boldsymbol{P}_{k-1}\boldsymbol{\Phi}_{k,k-1}^{\mathrm{T}}+\boldsymbol{Q}_{k-1} \tag{6.3.37b}$$

$$\boldsymbol{K}_k=\boldsymbol{P}_{k,k-1}\boldsymbol{H}_k^{\mathrm{T}}(\boldsymbol{H}_k\boldsymbol{P}_{k,k-1}\boldsymbol{H}^{\mathrm{T}}{}_k+\boldsymbol{R}_k)^{-1} \tag{6.3.37c}$$

$$\hat{\boldsymbol{X}}_k=\hat{\boldsymbol{X}}_{k,k-1}+\boldsymbol{K}_k[\boldsymbol{Z}_k-h(\hat{\boldsymbol{X}}_{k,k-1},k)] \tag{6.3.37d}$$

$$\boldsymbol{P}_k=\left(\boldsymbol{I}-\boldsymbol{K}_k\boldsymbol{H}_k\right)\cdot\boldsymbol{P}_{k,k-1} \tag{6.3.37e}$$

$$\hat{\boldsymbol{X}}_0=E[\boldsymbol{X}(0)],\qquad \boldsymbol{P}_0=\mathrm{Var}\,[\boldsymbol{X}(0)] \tag{6.3.37f}$$

式(6.3.37)中，$\boldsymbol{h}(\hat{\boldsymbol{X}}_{k,k-1},k)=\boldsymbol{H}_k\hat{\boldsymbol{X}}_{k,k-1}$，状态一步预测 $\hat{\boldsymbol{X}}_{k,k-1}$ 的具体计算公式为

$$\begin{cases}\hat{\varphi}_{k,k-1}=\hat{\varphi}_{k-1}+\frac{1-\mathrm{e}^{-\beta_c T}}{\beta_c}\hat{V}_{c\mathrm{N}(k-1)}+\hat{V}_{k-1}\cos(\hat{\psi}_{k-1}+\frac{T}{2}\hat{r}_{k-1})T\\ \hat{\lambda}_{k,k-1}=\hat{\lambda}_{k-1}+\frac{1-\mathrm{e}^{-\beta_c T}}{\beta_c}\hat{V}_{c\mathrm{E}(k-1)}+\hat{V}_{k-1}\sin(\hat{\psi}_{k-1}+\frac{T}{2}\hat{r}_{k-1})T\\ \hat{V}_{c\mathrm{N}(k,k-1)}=\mathrm{e}^{-\beta_c T}\hat{V}_{c\mathrm{N}(k-1)}\\ \hat{V}_{c\mathrm{E}(k,k-1)}=\mathrm{e}^{-\beta_c T}\hat{V}_{c\mathrm{E}(k-1)}\\ \hat{V}_{k,k-1}=\hat{V}_{k-1}\\ \hat{\psi}_{k,k-1}=\hat{\psi}_{k-1}+\hat{r}_{k-1}T\\ \hat{r}_{k,k-1}=\hat{r}_{k-1}\end{cases} \tag{6.3.38}$$

系统状态转移阵为

$$\boldsymbol{\Phi}_{k,k-1}=\begin{bmatrix}1&0&T&0&\cos\hat{\psi}_{k-1}\cdot T&-\hat{V}_{k-1}\sin\hat{\psi}_{k-1}\cdot T&0\\0&1&0&T&\sin\hat{\psi}_{k-1}\cdot T&\hat{V}_{k-1}\cos\hat{\psi}_{k-1}\cdot T&0\\0&0&1-\beta_c T&0&0&0&0\\0&0&0&1-\beta_c T&0&0&0\\0&0&0&0&1&0&0\\0&0&0&0&0&1&T\\0&0&0&0&0&0&1\end{bmatrix} \tag{6.3.39}$$

观测矩阵为

$$\boldsymbol{H}_k=[1\,0\,0\,0\,0\,0\,0;\ 0\,1\,0\,0\,0\,0\,0;\ 0\,0\,0\,0\,1\,0\,0;\ 0\,0\,0\,0\,0\,1\,0] \tag{6.3.40}$$

3. 滤波仿真

取滤波步长 $T=1$ s，北向流速 1 kn，东向流速 2 kn，海流相关时间 $\beta_c^{-1}=3\,600$ s，过程噪声方差阵取式(6.2.6)给出的值：

$$\boldsymbol{Q}=\mathrm{diag}\{[0.057,\ 0.057,\ 1.317\times10^{-5},\ 1.317\times10^{-5},\ 3.97\times10^{-4},\ 2.17\times10^{-4},\ 0]\}$$

$\boldsymbol{Q}$ 阵各元素的单位分别为 $\mathrm{m^2/s}$、$\mathrm{m^2/s}$、$\mathrm{m^2/s^3}$、$\mathrm{m^2/s^3}$、$\mathrm{m^2/s^3}$、$\mathrm{rad^2/s}$ 和 $\mathrm{rad^2/s}$。设 GPS、计程仪和罗经的噪声均为高斯白噪声，各导航设备观测噪声均方根为：GPS 经度弧长、纬度弧长为 20 m，计程仪航速为 0.2 kn，罗经航向为 0.5°，因此有 $R_\varphi=R_\lambda=20^2=400\ \mathrm{m^2}$，$R_V=0.04\ \mathrm{kn^2}=0.01\ (\mathrm{m/s})^2$，$R_\psi=(0.5°)^2=7.615\times10^{-5}\ \mathrm{rad^2}$，观测噪声方差阵为

$$\boldsymbol{R}=\mathrm{diag}\{[400,\ 400,\ 0.01,\ 7.615\times10^{-5}]\}$$

状态估计初值及估计方差初值设置为

$$\hat{\boldsymbol{X}}_0=\left[100,\ 100,\ 0,\ 0,\ 5.14,\ 1.05,\ 0\right],\quad \boldsymbol{P}_0=5\times\mathrm{diag}\left\{\left[20,\ 20,\ 0.25,\ 0.25,\ 0.3,\ 0.02,\ 0\right]\right\}^2$$

仿真分两种情况进行，即直线航行和回转机动航行。如表 6.3.1 的 1～3 列所示，直线航行

仿真选择 7 条典型航线进行，每条航线作 4 个航次的仿真，每个航次的航行时间为 60 min，共 28 个航次，各条直航线对应的船位推算、GPS 测量及组合滤波情况下的径向位置误差均方根如表 6.3.1 的 4～6 列所示。组合滤波相对 GPS 测量的精度改善倍数如表 6.3.1 最后 1 列所示。

表 6.3.1　推算、GPS 和组合滤波时的径向位置误差对比(直航线)

序号	航向/(°)	航速/kn	船位推算/m	GPS/m	组合滤波/m	滤波改善倍数
1	20	10	12 529	25.2	3.3	7.64
2	35	15	19 191	25.1	3.4	7.38
3	45	20	22 488	25.0	3.1	8.06
4	55	18	14 920	25.2	3.2	7.88
5	65	17	17 790	25.0	3.4	7.35
6	75	15	14 379	25.0	3.2	7.81
7	85	12	14 884	24.9	3.1	8.03
平均	—	—	16 579	25.1	3.2	7.72

回转机动航线为：初始航向 80°，匀速直线航行 20 min 后，以 0.3 °/s 的航向变化率回转，回转 20 min 后又转入直线航行，航行 20min 后结束本航次。整个过程航速为 15 kn。反复进行 10 个航次的仿真，航行轨迹的理想值、估计值和量测值曲线如图 6.3.1 所示，滤波器的位置、速度、航向和海流的估计误差的均方根统计曲线如图 6.3.2～6.3.5 所示。

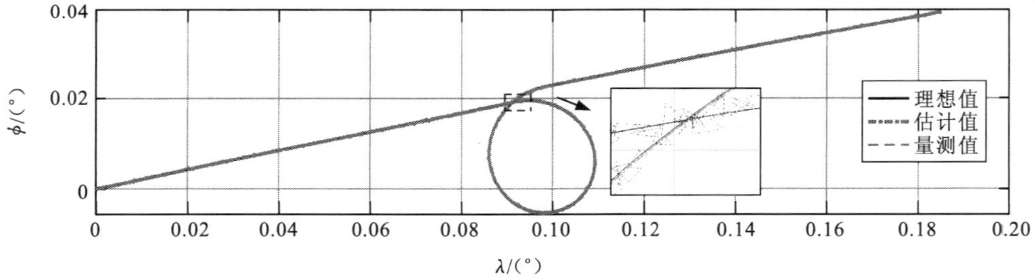

图 6.3.1　航行轨迹的理想值、估计值和量测值

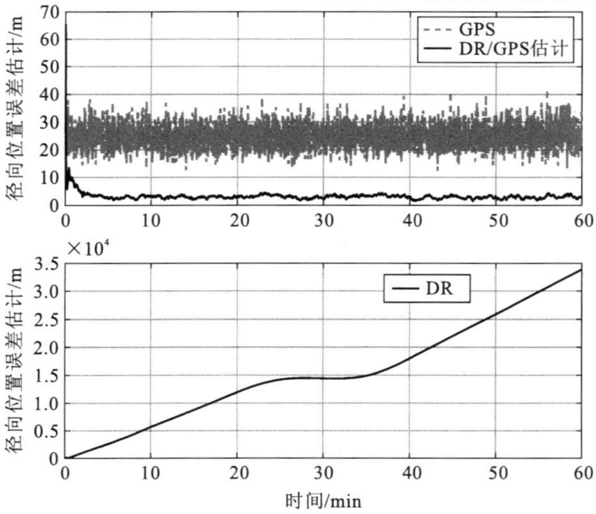

图 6.3.2　径向位置估计误差

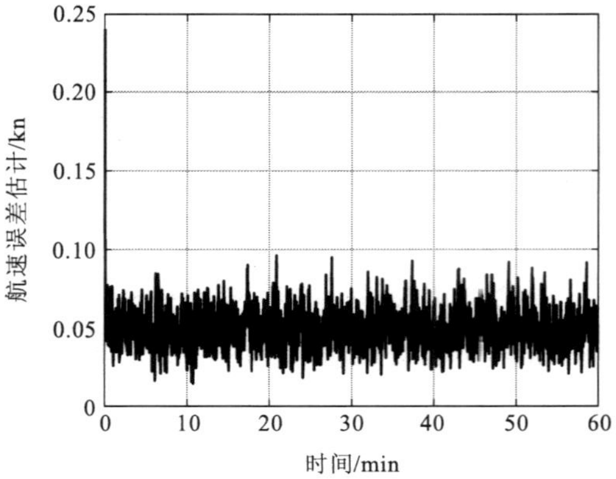

图 6.3.3　速度估计误差

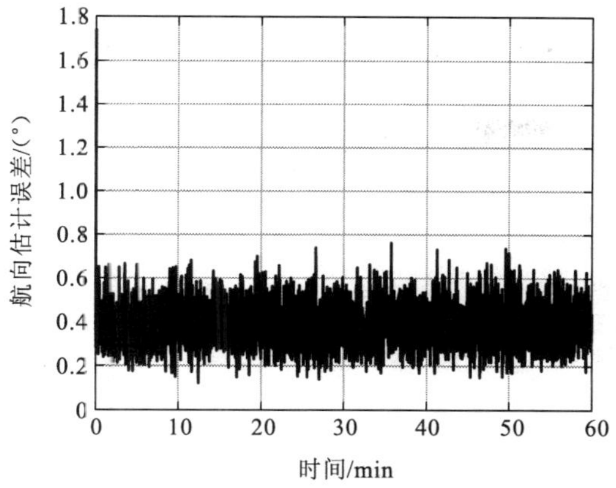

图 6.3.4　航向估计误差

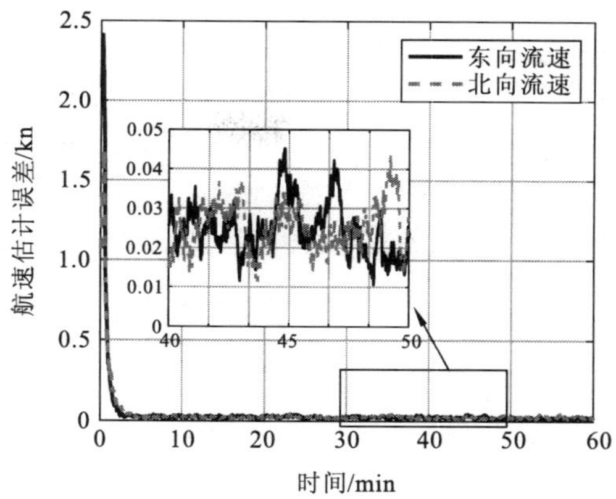

图 6.3.5　海流估计误差

从航迹曲线来看，估计值相对理想值吻合很好。对于位置误差，由图 6.3.2 可见，未加滤波的船位推算的位置误差呈发散状态，而组合模式下，经过约 2 min，估计误差从 65 m 收敛到 5 m 以内。由图 6.3.3 和 6.3.4 可见，航向和航速估计收敛速度很快，经过几个滤波周期，航速估计误差就从 0.23 kn 收敛到 0.1 kn 以内，航向估计误差从 1.8°收敛到 0.8°以内。海流估计收敛速度稍慢，如图 6.3.5 所示，东向与北向流速估计误差在 4 min 左右稳定地收敛。所有参数的估计误差都在各航行段保持平稳，未受到机动方式切换影响。

6.4　惯性基组合导航系统的组合模式

6.4.1　惯性导航系统组合校正

1. 惯性导航误差的校正

惯性导航误差随着工作时间增长而增大。要克服惯性导航的积累误差，必须对惯性导航进行校正。所谓校正，就是估计出惯性导航的积累误差并将其消除。惯性导航系统本身无法知道其误差，必须有外部的其他信息源作为参考(陈永冰 等，2007)。

1) 惯性导航重调

GPS 误差不随时间积累，其输出位置可以作为惯性导航定位基准，计算出系统积累的定位误差，并在惯性导航系统定位输出中扣除此误差，这种方法是惯性导航校正中最简单的一种形式，称为惯性导航的重调。由于外部信息源也是有误差的，简单地对惯性导航进行重调后，惯性导航的最高输出精度就是外部信息源的精度，重调后惯性导航误差又从新起点开始积累。

2) 惯性导航综合校正

为获得更好的校正效果，可以将惯性导航系统与外部参考信息源进行组合构成惯性基组合导航系统。通过信息组合可以达到两个目的。①估计出惯性导航的误差并加以消除。估计的惯性导航速度误差和定位误差等，可直接从惯性导航输出中扣除；估计的惯性导航平台误差角可通过向相应的陀螺施矩来消除，也可直接估计出正确的导航参数并输出。②估计出惯性元件的一些误差源(陀螺漂移和加速度计零位误差)，采用相应的办法克服。这种通过与外部信息源组合来消除惯性导航误差的方法，也就是对惯性导航的校正，称为综合校正。

通过构成组合系统实施对惯性导航综合校正的核心，是准确估计惯性导航输出误差和惯性元件误差。由于惯性导航系统和外部导航设备的误差很大部分是随机误差，采用卡尔曼滤波器估计导航参数比较合适。这样，惯性导航系统和外信息源的组合问题便归结为卡尔曼滤波器设计问题。从滤波估计的角度来说，由于观测信息增多，系统状态可观性增加，有利于惯性导航误差的估计并对其实施校正。

2. 惯性导航校正的滤波器结构

在惯性基组合导航系统中，根据滤波器所要估计的状态类型不同，可以分为直接法和间接法，直接法估计的状态是导航参数本身，间接法估计的状态是导航参数误差。

1）直接法滤波

卡尔曼滤波器以惯性导航输出参数和其他导航设备的输出参数为测量值，直接对导航参数本身进行估计，如载体位置、速度和姿态等，如图 6.4.1 所示，此时卡尔曼滤波器的输出就是导航参数。直接法的滤波方程一般是非线性的，要运用非线性滤波方法。

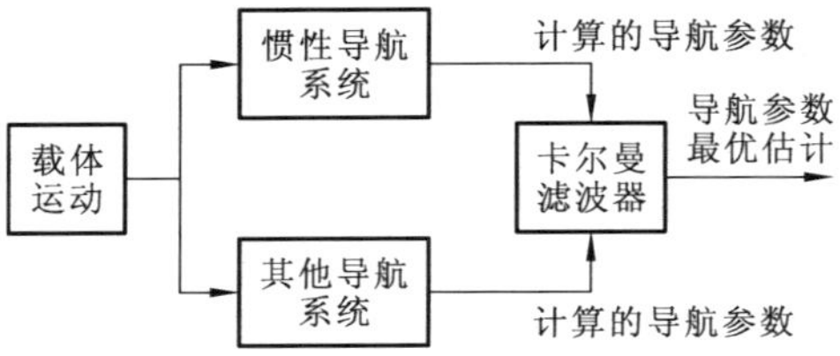

图 6.4.1　惯性基组合导航系统的直接法滤波

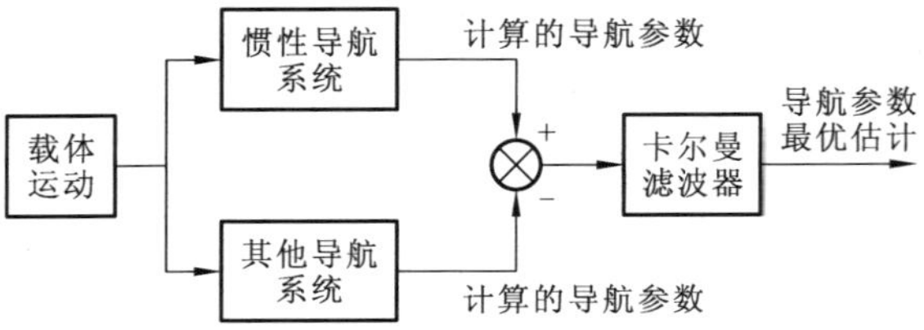

图 6.4.2　惯性基组合导航系统的间接法滤波

2）间接法滤波

卡尔曼滤波器以惯性导航系统和其他导航设备输出的导航参数之差为测量值，估计惯性导航的误差，如图 6.4.2 所示。由于估计的是误差，可以用近似线性化的惯性导航误差方程构成卡尔曼滤波状态方程，采用线性系统的滤波方法。

采用间接法滤波，由卡尔曼滤波器估计出惯性导航误差后，有两种对惯性导航进行校正的方式，即输出校正与反馈校正。

(1) 输出校正。

如图 6.4.3 所示，输出校正方式并不对惯性导航系统本身进行校正，而是直接从惯性导航输出导航参数中扣除估计出来的惯性导航误差作为组合系统的输出。记惯性导航输出的导航参数(向量)为 $\boldsymbol{X}_{\mathrm{I}}$，滤波器估计出的惯性导航误差(向量)为 $\Delta\hat{\boldsymbol{X}}_{\mathrm{I}}$，则组合系统输出为 $\hat{\boldsymbol{X}}=\boldsymbol{X}_{\mathrm{I}}-\Delta\hat{\boldsymbol{X}}_{\mathrm{I}}$。

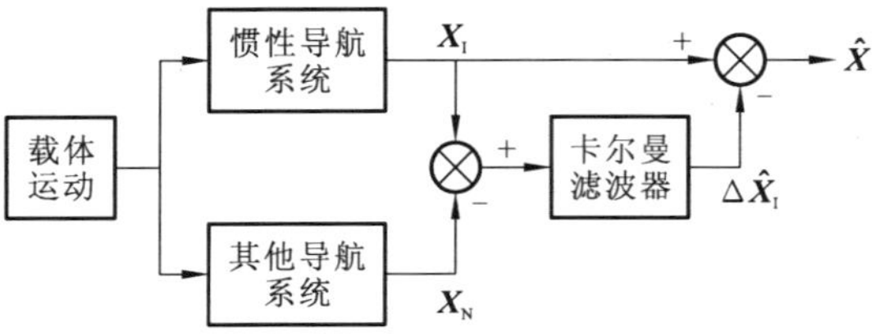

图 6.4.3　组合式惯性导航系统输出校正

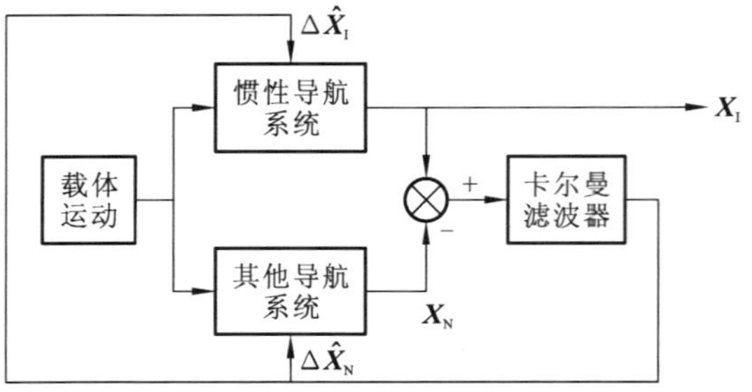

图 6.4.4　组合式惯性导航系统反馈校正

(2) 反馈校正。

如图 6.4.4 所示，反馈校正是将滤波器输出的惯性导航参数误差 $\Delta\boldsymbol{X}_{\mathrm{I}}$ 的估计值 $\Delta\hat{\boldsymbol{X}}_{\mathrm{I}}$ 反馈到

惯性导航系统内部对惯性导航参数进行校正。此时，惯性导航的输出 X_I 是经校正后系统的输出。对速度和位置的校正方法是，根据估计的速度误差和位置误差改变积分计算速度和位置的初始条件；对平台误差的校正方法是，根据估计出来的平台误差角对相应的陀螺施矩，使平台以与误差相反的方向转动相应的角度；对估计出的惯性器件误差也可进行补偿。

(3) 输出校正与反馈校正的对比。

从形式上看，输出校正只校正惯性导航的输出，而反馈校正校正了惯性导航内部的状态。可以证明，若滤波器是最优的(状态方程较准确地描述实际系统)，则滤波器输出校正与反馈校正具有相同的输出精度。但在实际应用中，两种校正方式存在较大区别。两种方式下，卡尔曼滤波状态方程都是以惯性导航误差方程为基础，惯性导航误差方程都是经过一阶近似的线性方程，误差状态的量值越小，则近似的准确性越好。输出校正在工程上实现方便，组合滤波器出现故障不会影响惯性导航系统工作，缺点是滤波器估计的是未经校正的导航参数误差，而惯性导航误差随时间积累，长时间工作时惯性导航误差不再是小量，会使滤波方程的模型误差越来越大，导致滤波精度下降。采用反馈校正时，滤波器估计的是经校正的导航参数误差，惯性导航输出就是组合系统的输出，误差始终保持为小量，模型误差较小，因此长时间工作时可以保持滤波精度。反馈校正的缺点是实现相对复杂，而且如果滤波器出现故障将直接污染惯性导航输出，使系统可靠性降低。两种校正方式对比如表 6.4.1 所示。

表 6.4.1　输出校正与反馈校正对比

校正方式	输出校正	反馈校正
校正量	惯性导航的输出	惯性导航内部状态
估计量	未校正的惯性导航误差状态	校正后的惯性导航误差状态
实现复杂度	简单	较复杂
滤波器故障对惯性导航的影响	不影响	影响
误差状态量	大	小
选用原则	惯性导航精度高、工作时间短时选用	工作时间长，工程上优选

综上所述，校正方法选择的原则是：只要状态能够具体实施反馈校正，组合式惯性导航系统宜尽量采用反馈校正方式。实际应用中，若惯性导航系统精度较高，且连续工作时间不长，则采用输出校正；反之，若惯性导航系统精度较差，且连续工作时间较长，则需采用反馈校正。也可以根据需要，混合使用两种校正方式。

对惯性导航系统实施校正是实时连续进行的，组合系统的输出始终保持“最优”。实施校正后组合系统输出中已消除了惯性导航误差，包括振荡性误差，对惯性导航的阻尼也不需要了。另外，若采用反馈校正，惯性导航系统实际上在不断校正，包括对平台误差角的消除，因此，平台的对准已经包括在惯性导航的校正过程中了。从这个角度说，运用反馈校正，可以实现动基座的惯性导航对准。

6.4.2　惯性导航/卫星导航组合

按照组合深度，惯性导航和卫星导航的组合可以分为三类：松组合(也称为简易组合)、紧组合和深组合(也称为超紧组合)(刘建业 等，2010)。

1. 松组合

松组合的特点是卫星导航接收机和惯性导航系统独立工作，组合作用仅表现在用卫导接收机辅助惯性导航系统。

1) 位置/速度组合

如图 6.4.5 所示，位置/速度组合是用惯性导航和卫星导航输出的位置差(或位置差、速度差)为测量值，用卡尔曼滤波器估计惯性导航系统的误差，然后对惯性导航进行输出校正或反馈校正。

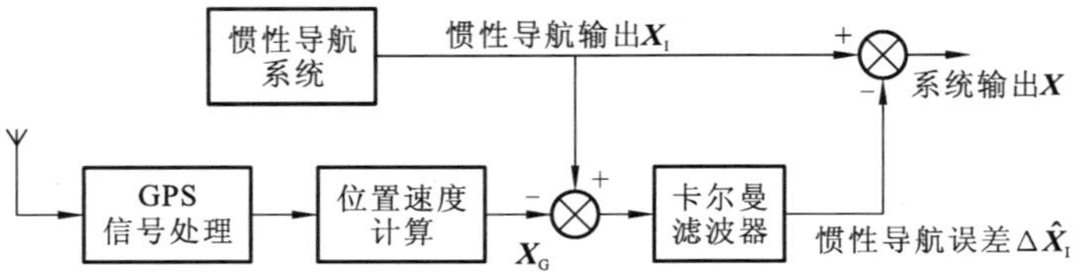

图 6.4.5 INS/GPS 位置/速度组合(输出校正)

2) 位置/速度/姿态组合(全信息组合)

位置/速度组合方式可以满足一般的导航要求，其技术和应用已经十分成熟。由于惯性导航对天向平台误差角的观测性相对东向和北向平台误差角要弱，组合系统对惯性导航天向平台误差角的校正效果较差，往往无法满足对方位角精度要求较高的系统需求。随着多天线卫星测姿技术的成熟，将 GPS 接收机与惯性导航系统的姿态信息加以组合，可以提高组合系统对天向平台误差角的估计精度，消除载体不进行机动运动时天向平台误差角误差增大的现象。

2. 紧组合

紧组合的主要特点是 GPS 接收机和惯性导航系统相互辅助。紧组合的基本方式是伪距和伪距率的组合。高动态载体上的惯性/GPS 组合导航系统通常都采用紧组合方式。为更好地实现相互辅助，通常对 GPS 接收机和惯性导航系统按组合要求进行一体化设计。

如图 6.4.6 所示，伪距/伪距率组合导航的基本原理是：用 GPS 接收机给出的星历数据及惯性导航系统的位置和速度，解算对应于惯性导航位置和速度的伪距 ρ_I 和伪距率 $\dot{\rho}_I$ (称为惯性导航伪距和伪距率)，用 GPS 的卫星伪距信息 ρ_G 和 $\dot{\rho}_G$ 与惯性导航伪距信息 ρ_I 和 $\dot{\rho}_I$ 之差为测量值，用卡尔曼滤波器估计惯性导航系统和 GPS 的误差，并对惯性导航和 GPS 进行校正。

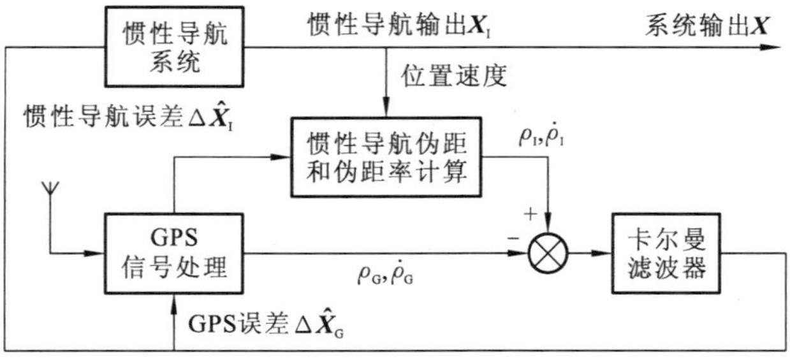

图 6.4.6 INS/GPS 伪距/伪距率组合(反馈校正)

由于 GPS 接收机的测距误差容易建模，可以把它扩充为状态，通过组合滤波器加以估计，然后对 GPS 接收机进行校正。GPS 接收机的误差状态为有色噪声，通常取两个，一个是等效时钟误差对应的距离 δt_u，另一个是等效时钟频率误差对应的距离率 δt_{ru}。

因此，伪距/伪距率组合比位置/速度组合一般具有更高的组合导航精度。这种组合方式中，GPS 接收机只是提供星历数据和伪距/伪距率即可，可以省去导航解算部分。当然，也可保留 GPS 导航解算部分作为备用导航信息，提高导航信息冗余度。

3. 深组合

为解决卫星导航易受干扰的问题，20 世纪 90 年代中后期深组合概念被提出，深组合技术已成为美国新一代军用导航系统的典型特征。不同于以伪距/伪距率为特征的紧组合，深组合技术的核心是利用卫星/惯性组合的导航结果辅助接收机的环路跟踪，并直接采用相关器的输出为观测量，利用一个组合滤波器完成组合导航和接收机的误差估计。

INS/GPS 各层次组合既有区别又有联系，其基本关系可参见图 6.4.7。

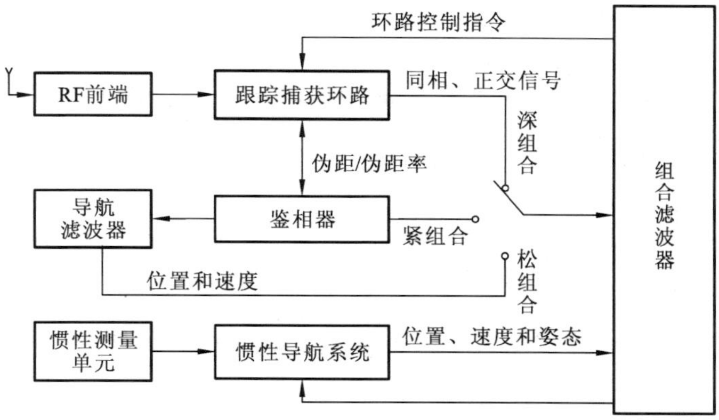

图 6.4.7　INS/GPS 各种组合方式的关系

6.4.3　惯性导航/天文导航组合

天文导航系统与惯性导航的组合方法早在 20 世纪 50 年代就开始研究。早期，惯性导航/天文导航组合只能采用简单组合模式，这主要受当时天文导航技术的限制，当时的星体检测只限于单星观测或者在不同时刻完成对不同星体的检测。

到了 20 世纪 90 年代中后期，由于大视场星体快速检测技术的发展，天文导航系统能完成某一时刻的多星同步检测，且在不需要任何外部初始信息(包括水平基准)的前提下确定载体坐标相对惯性坐标的姿态信息，惯性导航/天文导航组合开始向最优补偿惯性导航陀螺漂移的模式发展。随着高精度自主光学水平基准技术的发展，到 20 世纪末，天文/惯性组合模式开始向全面最优校正模式发展，且天文导航进行自主导航的精度越来越高(定位精度为 50～200 m)，推动了天文导航技术的进一步应用(袁赣南 等，2009)。

在天文/惯性组合导航系统中，一般提供以下四种工作模式。

(1) 纯惯性导航工作模式。它适应于全程工作，但误差随时间而积累，需外测信息进行校正。

(2) 天文/惯性组合校正航行体导航数据(简单组合模式)。其校正方式分两种，一种是在已知准确位置的前提下，通过天文导航精确测量航行体的航向和姿态，用此信息直接校正惯性导航输出的相应数据，可使导航精度提高 10%～20%；另一种是根据惯性导航提供的水平姿态信息，通过天文导航系统校正航行体的位置和航向。

(3) 天文/惯性组合精确补偿陀螺的随机漂移。新型大视场天文导航系统在不需任何外部基准信息的前提下，可直接精确地提供航行体载体坐标系相对于惯性坐标系的姿态信息，且精度在全程保持稳定；而捷联式惯性导航系统的陀螺组件也是直接敏感航行体载体相对于惯性空间的角速度，通过积分求出航行体载体坐标系相对于惯性坐标系的姿态，但其精度随时间增长而降低。因此，该组合方式可有效地补偿捷联式惯性导航系统中因陀螺漂移而引起的导航误差。

(4) 天文/惯性最优组合模式。除(3)中的功能之外，天文导航系统利用自身的高精度光学水平基准进行高精度自主确定位置(三维坐标)、航向和姿态，从而对惯性导航系统实现彻底全面的最优校正。

6.4.4 惯性导航/多普勒计程仪组合

多普勒计程仪利用反射回声波的多普勒频移，测量水面或水下航行器相对水底的绝对速度或对水的相对速度，具有一定的实时性和自主性。利用多普勒计程仪速度误差不随时间积累的特性，将其与惯性导航系统组合，是提高导航系统精度的有效途径。尤其对于无法接收卫星导航信号的水下航行体，这种组合方式具有重要应用价值。

1) 多普勒计程仪辅助惯性导航动基座对准

多普勒计程仪有测速精度高的优点，因此可以用其速度信息辅助惯性导航进行动基座对准。首先，惯性导航系统利用地球自转角速率和重力加速度进行自主式粗对准。然后对多普勒计程仪测量的速度与惯性导航的速度进行匹配，利用卡尔曼滤波器对状态进行估计，并根据状态估计值对惯性导航参数进行修正，完成惯性导航系统的初始对准。

2) 多普勒计程仪与惯性导航组合

将惯性导航系统和多普勒计程仪组合，通过卡尔曼滤波器进行信息融合，并利用其输出的参数误差估计值直接校正系统输出的导航参数，用于构建高精度、高可靠性、自主的水下组合导航系统。图 6.4.8 给出了惯性导航/多普勒计程仪组合的原理框图。

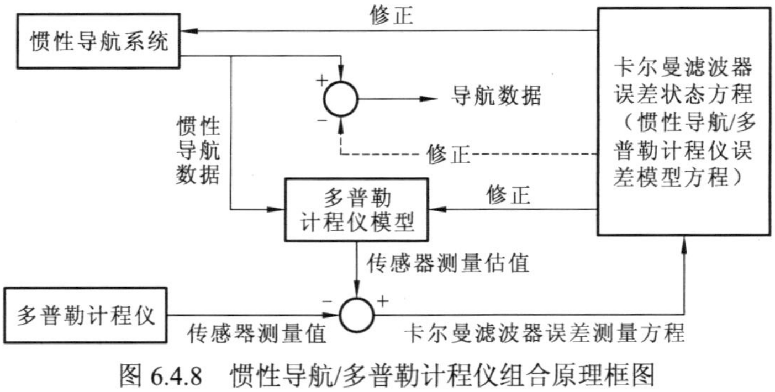

图 6.4.8 惯性导航/多普勒计程仪组合原理框图

图 6.4.8 中给出的组合方案采取了输出校正与反馈校正相结合的办法。估计过程中首先采用输出校正，等滤波器稳定(即估计误差稳定)后进行反馈校正，并以校正后的导航参数作为导航参数输出。

6.4.5 惯性导航/静电陀螺监控器组合

惯性导航系统的误差主要来自于陀螺漂移，寻求漂移小的高精度陀螺是提高惯性导航系统精度的最有效途径。静电陀螺(electrostatic suspended gyroscope，ESG)具有很高的精度，用这样高精度陀螺组成惯性导航系统可以满足潜艇长时间水下航行的定位和舰船武器发射的要求。但是，静电陀螺施矩困难，尚不能应用于半解析式的惯性导航系统中，只能应用在解析式或几何式系统中。然而，静电陀螺监控器(electrostatic suspended gyroscope monitor，ESGM)可以与半解析式惯性导航组合使用，大大提高惯性导航系统的精度，延长惯性导航系统的工作时间。静电陀螺监控器是在静电陀螺研制取得成功后的一种过渡形式的应用，然而，由于其高精度和高可靠性，以及不改变现有配套设备的特性，静电陀螺监控器获得了日益广泛的应用。

静电陀螺监控器的输出信息比船用半解析式惯性导航精度高 1～2 个数量级，一般将静电陀螺监控器作为潜艇内部的一个定位数据源，用来对艇内惯性导航进行监控。采用卡尔曼滤波技术进行惯性导航/静电陀螺监控器组合系统设计，不仅可以有效地提高惯性导航的定位精度，而且可以补偿惯性导航系统的陀螺漂移和加速度计误差，提高系统的可靠性和可应用性，从根本上改善了惯性导航的性能，是一种比较理想的组合方案。

6.5　舰船组合导航模式实例

下面以某水面舰艇综合导航系统为例，分析舰船综合导航系统的组合模式。

6.5.1　系统简介

1. 系统组成

如图 6.5.1 所示，该综合导航系统由惯性导航分系统、导航信息处理和航海作业分系统和分导设备组成。

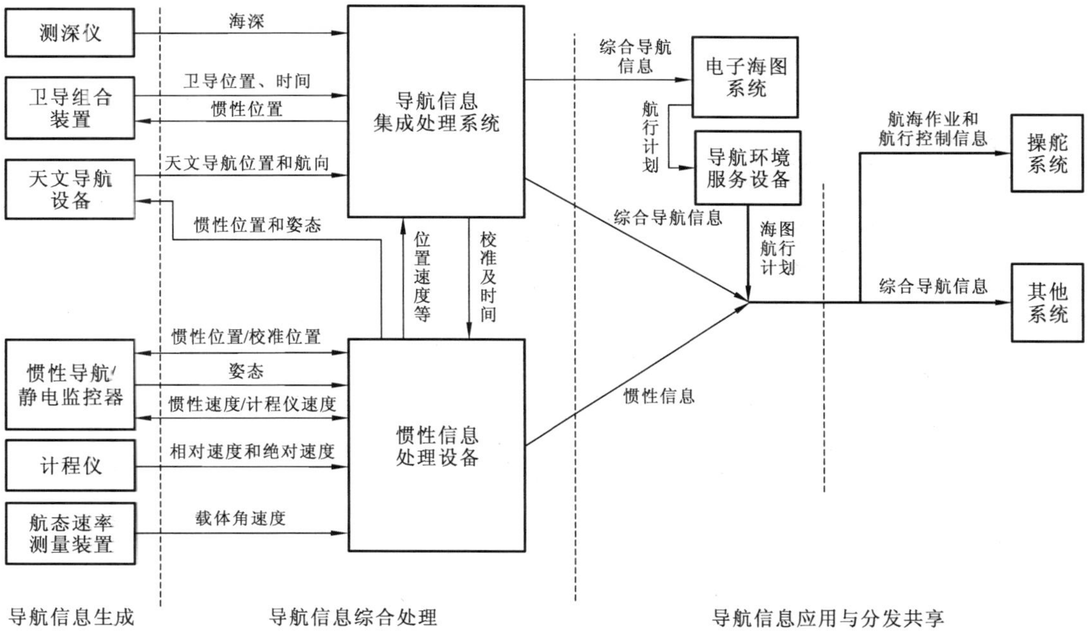

图 6.5.1　某舰船综合导航系统功能流程图

1) 惯性导航分系统

惯性导航分系统包括惯性导航系统、静电陀螺监控器、航态速率测量装置和惯性信息处理设备等。

惯性导航系统和静电陀螺监控器构成惯性组合系统，即惯性导航输出主要导航信息，包括位置、姿态、速度、垂向位移和垂向速度等，静电陀螺监控器对惯性导航位置和航向差进行实时监控，提高自主导航能力。航态速率测量装置进行角速度和角加速度信息测量。

2) 导航信息处理分系统

导航信息处理和航海作业分系统由以下系统或设备组成。

(1) 导航信息集成处理系统。导航信息集成处理系统由导航信息集成处理装置、导航设备综合管理装置和导航授时信息发送装置等组成。导航信息集成处理装置对各类信息集成处理，得到统一最优的导航信息发送给用户。导航设备综合管理装置对各导航设备工作状态实时监视，进行网络报文分析和设备性能评估等。导航授时信息发送装置向导航系统内用户发送时码和秒脉冲信息，提供统一的基准时间信息，实现系统内各设备间的时间同步。

(2) 电子海图系统。它用来进行计划航线制定及海图作业。

(3) 导航环境信息服务设备。它用来提供海图数据、航行计划、航迹和目标等航海作业信息。

3) 其他导航设备

(1) 卫星导航组合装置，输出位置和授时数据。

(2) 陀螺罗经，输出舰艇航向。

(3) 计程仪，输出相对速度和绝对速度。

(4) 天文导航设备，输出航向和位置信息。

(5) 回声测深仪，输出海深信息。

2. 功能流程

综合导航系统的功能流程从逻辑上可以划分为导航信息的测量、处理与应用分发三个过程环节，功能流程如图 6.5.1 所示。

(1) 导航信息测量。系统通过惯性设备、测速设备、卫星导航和天文导航等传感器设备，完成对舰艇运动状态参数的测量，生成位置、姿态、速度和海深等导航信息。

(2) 导航信息处理。惯性信息处理设备和导航信息集成处理系统对各类传感器信息进行综合处理，形成系统最优信息。

(3) 信息应用分发。信息应用是指航海作业设备完成航行计划编制及海图等数据的更新管理。信息分发是指系统为作战系统和操舵系统等提供导航信息。输出信息分为实时信息和弱实时信息两类，前者如位置、姿态、速度和角运动等参数等，后者如计划航线等。

6.5.2 数据融合与组合模式

导航信息集成处理系统实现对综合导航系统内各导航信息和状态的集成处理与监视，并向系统内外用户发送统一的导航数据。

1. 数据融合层次

该系统的组合导航数据融合分为三个层次，即传感器级融合、惯性级组合和顶层融合。

1）传感器级融合

(1) 惯性组合，即惯性导航系统/静电陀螺监控器组合。

(2) 卫星导航/无线电导航组合，即多种卫星导航(GPS、GLONASS 和北斗)与罗兰 C 位置信息融合。

2）惯性级组合

惯性级组合是指惯性设备之间及与其他导航设备的组合，包括以下模式。

(1) 惯性导航系统与静电陀螺监控器的惯性组合。静电陀螺监控器利用惯性导航系统提供的姿态信息稳定工作，反过来又提供精确的位置和航向差信息实时校准惯性导航系统，实现惯性参量的长周期保精度能力。

(2) 卫星导航与惯性导航组合系统的组合或校准。卫星信息连续可用时，利用卫星导航与惯性导航组合系统的组合模式实现高精度导航；卫星信息断续可用时，利用卫导校准模式通过校准惯性组合系统，保持导航精度。

(3) 天文导航与惯性导航组合系统的校准。卫星导航信息不可用时，利用天文导航信息实现对静电陀螺监控器的校准，保持导航系统精度。

3）顶层融合

顶层融合是在传感器层融合和惯性级组合的基础上，通过系统处理设备实现对多重信息的时间和空间坐标的统一处理，提高导航参数的置信度。

(1) 对位置、速度、角速度和航向角加速度等信息融合处理，进行坐标系归一化处理。

(2) 对导航信息进行数据有效性和完整性的检验与评估，提高导航基准信息的可用度和可信度。

2. 组合导航模式

该系统的组合导航模式以完全自主的惯性导航系统为核心，并根据卫星导航信息是否连续可用设置不同的组合方式。所有导航模式按优先级由高到低的次序排列为：①惯性导航/卫星导航组合导航；②惯性设备自主导航；③卫星导航/罗兰 C 组合导航；④卫星导航模式；⑤罗兰 C 导航模式；⑥罗经和计程仪进行船位推算模式。

思 考 题

1. 综合导航系统的基本组合模式有哪几种?确定组合模式的基本原则是什么?
2. 试以推算/罗兰 C 组合导航为例，说明综合导航系统数据处理的基本步骤。
3. 惯性导航系统误差校正方法有重调法和综合校正法两种。试比较两种校正方法。
4. 惯性导航系统误差的输出校正和反馈校正有何异同点?

第7章

惯性基组合导航滤波

组合导航滤波技术是综合导航系统的基础性技术之一，而滤波技术应用最多的是卡尔曼滤波。根据卡尔曼滤波理论可知，系统状态方程体现了系统的运动本质，观测方程体现了外部信息源的观测方式和规律。在组合导航系统中，外部信息源及其获取方式多样，使得建立的观测方程不尽相同。然而，从状态方程考虑这个问题，就会简单很多。对于舰船综合导航系统来说，以惯性导航系统为核心的组合导航是目前最常用、最重要的一种舰船组合导航方式。本章重点讨论惯性基组合导航滤波技术中的相关方法。所谓“惯性基”组合导航是指以惯性导航系统为核心，其他外部信息源辅助修正惯性导航系统的组合导航模式。惯性基组合导航中，对于辅助修正惯性导航系统的外部信息源，水面上可使用计程仪、天文导航、无线电导航或卫星导航系统，水下则可以依靠计程仪、长基线或短基线水声定位系统以及正在逐步发展的“水下北斗”系统等。根据接收信号的机制或方式不同，惯性基组合导航的观测方式往往具有较大不同，但是无论外部信息源如何变化，系统状态方程仍是基于惯性导航系统基本运动规律的，因而系统状态方程不会改变。本章重点介绍惯性基组合导航滤波技术相关的基础理论、典型滤波方法及其滤波效果的对比与分析，按照滤波模型建立、滤波方法和仿真实验分析的思路进行内容的阐述。

7.1 姿态表达

惯性导航系统可以分为平台式惯性导航系统和捷联式惯性导航系统，姿态在两类惯性导航系统中的表达含义有一定差异。平台式惯性导航系统具备跟踪地理坐标系的物理平台，所以姿态表达主要为平台误差角或失准角，体现为 n 系与 g 系间的误差，坐标系定义详见 2.1.2 节。捷联式惯性导航系统与载体固连，所以系统的输出量是定义在 b 系下的。但是，导航解算通常是在 n 系下进行的，因此，捷联式惯性导航系统采用一种“数学平台”来模拟导航坐标系。这里所说的“数学平台”就是载体的姿态转移阵 $\boldsymbol{C}_{\mathrm{b}}^{\mathrm{n}}$①。姿态阵描述了 b 系与 n 系之间的坐标转换关系，而这种转换可以用多种姿态表达来实现。捷联式惯性导航系统的导航解算需要获取姿态阵，这也是捷联式惯性导航系统与平台式惯性导航系统最重要的差异。因此，在建立捷联惯性基组合导航系统模型时，如何获取姿态阵就成了问题的关键。姿态阵中所有矩阵元素也均是用姿态来表达的，因此，本章首先简单介绍几种典型的姿态表达方法。

7.1.1 欧拉角

如图 7.1.1 所示，设三维直角坐标系 $OXYZ$，任一向量 $\boldsymbol{R}$ 在该坐标系中的空间指向由其单位方向向量 $\boldsymbol{e}$（$\boldsymbol{e}$ 的模 $\|\boldsymbol{e}\|=1$）决定。$\boldsymbol{e}$ 在 X 轴、Y 轴和 Z 轴上的分量 $\boldsymbol{e}_X$、$\boldsymbol{e}_Y$ 和 $\boldsymbol{e}_Z$ 满足：

---

① 这里默认 n 系与 g 系重合，同时假设计算导航系 n′系与理想导航系 n 系间没有误差，即 $\boldsymbol{C}_{\mathrm{n}}^{\mathrm{n'}}=\boldsymbol{I}$，则 $\boldsymbol{C}_{\mathrm{b}}^{\mathrm{n'}}=\boldsymbol{C}_{\mathrm{n}}^{\mathrm{n'}}\boldsymbol{C}_{\mathrm{b}}^{\mathrm{n}}=\boldsymbol{C}_{\mathrm{b}}^{\mathrm{n}}$

$$\begin{cases} \boldsymbol{e}_X = \cos\theta_X^{\boldsymbol{R}} \\ \boldsymbol{e}_Y = \cos\theta_Y^{\boldsymbol{R}} \\ \boldsymbol{e}_Z = \cos\theta_Z^{\boldsymbol{R}} \end{cases} \tag{7.1.1}$$

其中：$\theta_X^{\boldsymbol{R}}$、$\theta_Y^{\boldsymbol{R}}$和$\theta_Z^{\boldsymbol{R}}$称为方向角，是向量$\boldsymbol{R}$相对$X$轴、$Y$轴和$Z$轴的夹角；$\cos\theta_X^{\boldsymbol{R}}$、$\cos\theta_Y^{\boldsymbol{R}}$和$\cos\theta_Z^{\boldsymbol{R}}$称为向量$\boldsymbol{R}$在坐标系$OXYZ$中的方向余弦。方向余弦确定了，向量$\boldsymbol{R}$相对坐标系$OXYZ$的指向也随之确定了。可以证明，各方向余弦满足以下关系式：

$$\cos^2\theta_X^{\boldsymbol{R}} + \cos^2\theta_Y^{\boldsymbol{R}} + \cos^2\theta_Z^{\boldsymbol{R}} = 1 \tag{7.1.2}$$

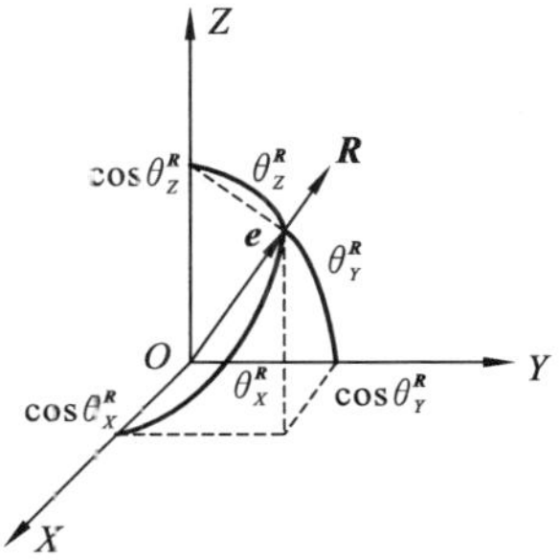

图 7.1.1　方向余弦

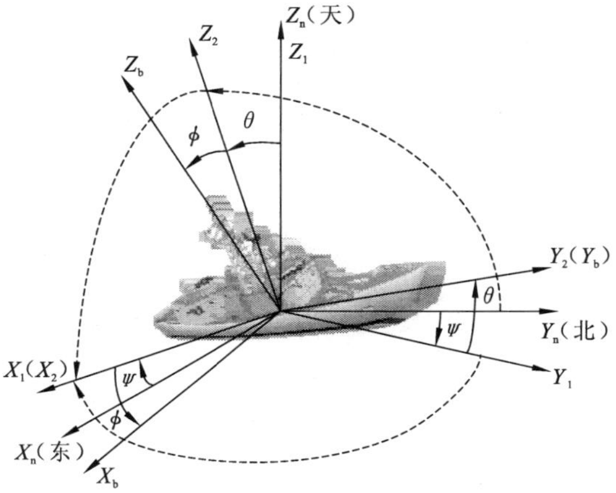

图 7.1.2　从 n 系到 b 系的三次旋转

进一步考察两个三维直角坐标系之间的空间关系，选取其中一个坐标系作为参考。通过平移，可以使两个坐标系原点相同，则一个坐标系可以由参考坐标系通过某种旋转得到。可以证明，任意两个三维直角坐标系之间的角度关系完全可以由三个角度来描述。

一般以 g 系为 n 系 $OX_nY_nZ_n$，并规定X_n、Y_n和Z_n依次为东、北和天。b 系$OX_bY_bZ_b$中，X_b指右，Y_b指前，Z_b指天。为直观地求取中间变换的方向余弦矩阵，假定从 n 系经过以下三次旋转得到 b 系，如图 7.1.2 所示。

$$OX_nY_nZ_n \xrightarrow{\text{绕负}Z_n\text{轴旋转}\psi} OX_1Y_1Z_1 \xrightarrow{\text{绕}X_1\text{轴旋转}\theta} OX_2Y_2Z_2 \xrightarrow{\text{绕}Y_2\text{轴旋转}\phi} OX_bY_bZ_b$$

(ψ,θ,ϕ)称为欧拉角，其中：ψ为航向角（北偏东为正）；θ为纵摇角（艏抬为正）；ϕ为横摇角（右倾为正）。改变三个欧拉角，可以形成原点与$OX_bY_bZ_b$相同的任意三维直角坐标系。反过来说，任意一个三维直角坐标系均可从$OX_nY_nZ_n$经过上述三次旋转得到，所以三个欧拉角完全反映了两坐标系之间的角度关系。由三次基本旋转对应的变换矩阵依次为

$$\boldsymbol{C}_n^1 = \begin{bmatrix} \cos\psi & -\sin\psi & 0 \\ \sin\psi & \cos\psi & 0 \\ 0 & 0 & 1 \end{bmatrix},\quad \boldsymbol{C}_1^2 = \begin{bmatrix} 1 & 0 & 0 \\ 0 & \cos\theta & \sin\theta \\ 0 & -\sin\theta & \cos\theta \end{bmatrix},\quad \boldsymbol{C}_2^b = \begin{bmatrix} \cos\phi & 0 & -\sin\phi \\ 0 & 1 & 0 \\ \sin\phi & 0 & \cos\phi \end{bmatrix} \tag{7.1.3}$$

三个变换矩阵依次相乘，得到

$$\begin{aligned} \boldsymbol{C}_n^b &= \boldsymbol{C}_2^b\boldsymbol{C}_1^2\boldsymbol{C}_n^1 \\ &= \begin{bmatrix} \cos\phi\cos\psi + \sin\phi\sin\psi\sin\theta & -\cos\phi\sin\psi + \sin\phi\cos\psi\sin\theta & -\sin\phi\cos\theta \\ \sin\psi\cos\theta & \cos\psi\cos\theta & \sin\theta \\ \sin\phi\cos\psi - \cos\phi\sin\psi\sin\theta & -\sin\phi\sin\psi - \cos\phi\cos\psi\sin\theta & \cos\phi\cos\theta \end{bmatrix} \end{aligned} \tag{7.1.4}$$

C_n^b 即为从 n 系到 b 系的姿态转移阵，简称姿态阵，它是由欧拉角表示的。需说明的是，姿态阵 C_n^b 与旋转顺序有关，旋转顺序不同，C_n^b 也不同，b 系最终的位置也不同。旋转顺序固定时，两坐标系之间的欧拉角是唯一的(秦永元，2014)。

从 n 系到 b 系旋转过程中，坐标系始终保持为直角坐标系，所以 C_n^b 为单位正交矩阵，有

$$C_b^n = (C_n^b)^{-1} = (C_n^b)^T$$

7.1.2 四元数

四元数已经被证明是具备全局非奇异性最小维数的一种姿态表达方法，同时，四元数具有定义简单和姿态模型为线性等优点，是目前捷联惯性基组合导航模型建立中最重要的一种姿态表达方法(Markley，2004)。

1. 四元数的定义

四元数有不同的表示形式，包括矩阵式、复数式、三角式、指数式和向量式等(Markley et al，2014)。

1) 矩阵式

四元数 $\boldsymbol{q}$ 是由一个三维向量 $\boldsymbol{\rho}$ 和一个空间冗余的标量 q_0 (或 q_4)组成的，其向量定义形式为

$$\boldsymbol{q} = \begin{bmatrix} q_0 \\ \boldsymbol{\rho} \end{bmatrix}, \qquad \boldsymbol{\rho} = [q_1, q_2, q_3]^T \tag{7.1.5a}$$

或

$$\boldsymbol{q} = \begin{bmatrix} \boldsymbol{\rho} \\ q_4 \end{bmatrix}, \qquad \boldsymbol{\rho} = [q_1, q_2, q_3]^T \tag{7.1.5b}$$

两种方式意义相同，需要注意在滤波算法中应对表达方式予以统一，否则会产生计算错误。

2) 复数式

根据哈密顿(Hamilton)提出的四元数定义，可以将四元数定义在空间坐标系范围为，即定义为复数形式：

$$\boldsymbol{q} = q_0 + q_1\boldsymbol{i} + q_2\boldsymbol{j} + q_3\boldsymbol{k} \tag{7.1.6}$$

其中：$\boldsymbol{i}$、$\boldsymbol{j}$ 和 $\boldsymbol{k}$ 既是相互正交的单位向量，又是虚数单位 $\sqrt{-1}$ ，满足

$$\boldsymbol{i}^2 = \boldsymbol{j}^2 = \boldsymbol{k}^2 = -1, \quad \boldsymbol{ij} = -\boldsymbol{ji} = \boldsymbol{k}, \quad \boldsymbol{jk} = -\boldsymbol{kj} = \boldsymbol{i}, \quad \boldsymbol{ki} = -\boldsymbol{ik} = \boldsymbol{j}。$$

3) 三角式

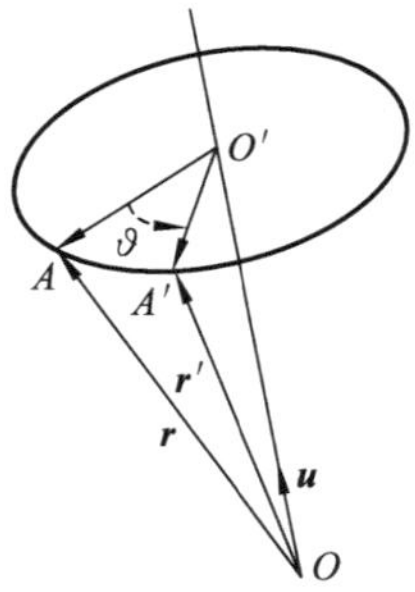

图 7.1.3 刚体的等效旋转

如图 7.1.3 所示，四元数的定义可以通过刚体相对参考系作定点旋转得到，即刚体从 A 位置到 A'位置可通过 $\overline{OA}$ 绕瞬轴 $\boldsymbol{u}$(单位向量)的一次旋转 ϑ 得到，ϑ 为旋转角。

相应地，四元数的各元数可以分别表示为

$$q_0 = \cos\frac{\vartheta}{2}, \quad q_1 = \boldsymbol{l}\sin\frac{\vartheta}{2}, \quad q_2 = \boldsymbol{m}\sin\frac{\vartheta}{2}, \quad q_3 = \boldsymbol{n}\sin\frac{\vartheta}{2}$$

其中：$\boldsymbol{l}$、$\boldsymbol{m}$ 和 $\boldsymbol{n}$ 表示瞬轴 $\boldsymbol{u}$ 在直角坐标系下的分向量，即 $\boldsymbol{u}=\boldsymbol{l}+\boldsymbol{m}+\boldsymbol{n}$。因此，四元数也可以定义为三角函数形式：

$$\boldsymbol{q} = \|q\|\left(\cos\frac{\vartheta}{2} + \boldsymbol{u}\sin\frac{\vartheta}{2}\right) \tag{7.1.7}$$

其中，$\|q\|$ 为四元数 q 的模，满足 $\|q\| = \sqrt{q_0^2 + q_1^2 + q_2^2 + q_3^2}$ 。

式(7.1.7)是四元数与其他姿态表示方式转换的重要依据。

4) 指数式

根据式(7.1.7)也可以将四元数定义为指数形式：

$$\boldsymbol{q}=\|q\|\exp\left\{\boldsymbol{u}\cdot\frac{\vartheta}{2}\right\} \tag{7.1.8}$$

2. 四元数运算法则

四元数具有一定形式的运算法则，包括加减法、乘法和逆运算等。

1) 四元数加减法

设 $\boldsymbol{q}$ 和 $\boldsymbol{q}'$ 为两个四元数，其加减运算可表示为

$$\boldsymbol{q}\pm\boldsymbol{q}'=(q_0\pm q_0')+(q_1\pm q_1')\boldsymbol{i}+(q_2\pm q_2')\boldsymbol{j}+(q_3\pm q_3')\boldsymbol{k} \tag{7.1.9}$$

2) 四元数乘法

四元数乘法有两种形式，即

$$\boldsymbol{q}'\otimes\boldsymbol{q}=\begin{bmatrix} q_0\boldsymbol{\rho}+q_0'\boldsymbol{\rho}-\boldsymbol{\rho}'\times\boldsymbol{\rho} \\ q_0'q_0-\boldsymbol{\rho}'\boldsymbol{\rho} \end{bmatrix}=\begin{bmatrix} q_0'q_1+q_3'q_2-q_2'q_3+q_1'q_0 \\ -q_3'q_1+q_0'q_2+q_1'q_3+q_2'q_0 \\ q_2'q_1-q_1'q_2+q_0'q_3+q_3'q_0 \\ -q_1'q_1-q_2'q_2-q_3'q_3+q_0'q_0 \end{bmatrix} \tag{7.1.10}$$

$$\boldsymbol{q}'\odot\boldsymbol{q}=\begin{bmatrix} q_0\boldsymbol{\rho}+q_0'\boldsymbol{\rho}+\boldsymbol{\rho}'\times\boldsymbol{\rho} \\ q_0'q_0-\boldsymbol{\rho}'\boldsymbol{\rho} \end{bmatrix} \tag{7.1.11}$$

其中：×表示三维向量的叉乘。设两个三维向量 $\boldsymbol{x}=[x_1,x_2,x_3]$， $\boldsymbol{y}=[y_1,y_2,y_3]$，则二者的叉乘定义为

$$\boldsymbol{x}\times\boldsymbol{y}=[\boldsymbol{x}\times]\boldsymbol{y}=\begin{bmatrix} 0 & -x_3 & x_2 \\ x_3 & 0 & -x_1 \\ -x_2 & x_1 & 0 \end{bmatrix}\begin{bmatrix} y_1 \\ y_2 \\ y_3 \end{bmatrix}=\begin{bmatrix} x_2y_3-x_3y_2 \\ x_3y_1-x_1y_3 \\ x_1y_2-x_2y_1 \end{bmatrix}=-\boldsymbol{y}\times\boldsymbol{x}$$

其中：$[\boldsymbol{x}\times]$ 为斜对称矩阵，即

$$[\boldsymbol{x}\times]=\begin{bmatrix} 0 & -x_3 & x_2 \\ x_3 & 0 & -x_1 \\ -x_2 & x_1 & 0 \end{bmatrix}$$

因此

$$\boldsymbol{q}'\otimes\boldsymbol{q}=\begin{bmatrix} q_0'q_1+q_3'q_2-q_2'q_3+q_1'q_0 \\ -q_3'q_1+q_0'q_2+q_1'q_3+q_2'q_0 \\ q_2'q_1-q_1'q_2+q_0'q_3+q_3'q_0 \\ -q_1'q_1-q_2'q_2-q_3'q_3+q_0'q_0 \end{bmatrix}$$

另外，两种四元数乘法有如下转换关系：

$$\boldsymbol{q}\otimes\boldsymbol{q}'=[\boldsymbol{q}\otimes]\cdot\boldsymbol{q}'=\boldsymbol{q}'\odot\boldsymbol{q} \tag{7.1.12}$$

$$\boldsymbol{q}\odot\boldsymbol{q}'=[\boldsymbol{q}\odot]\cdot\boldsymbol{q}'=\boldsymbol{q}'\otimes\boldsymbol{q} \tag{7.1.13}$$

其中

$$[\boldsymbol{q}\otimes]=\begin{bmatrix} q_0\boldsymbol{I}_3-[\boldsymbol{\rho}\times] & \boldsymbol{\rho} \\ -\boldsymbol{\rho}^T & q_0 \end{bmatrix}=[\varPsi(\boldsymbol{q}) \quad \boldsymbol{q}] \tag{7.1.14a}$$

$$[\boldsymbol{q}\odot]=\begin{bmatrix} q_0\boldsymbol{I}_3+[\boldsymbol{\rho}\times] & \boldsymbol{\rho} \\ -\boldsymbol{\rho}^{\mathrm{T}} & q_0 \end{bmatrix}=[\varXi(\boldsymbol{q}) \quad \boldsymbol{q}] \tag{7.1.14b}$$

其中
$$\Psi(\boldsymbol{q})=\begin{bmatrix} q_0 & q_3 & -q_2 \\ -q_3 & q_0 & q_1 \\ q_2 & -q_1 & q_0 \\ -q_1 & -q_2 & -q_3 \end{bmatrix},\quad \Xi(\boldsymbol{q})=\begin{bmatrix} q_0 & -q_3 & q_2 \\ q_3 & q_0 & -q_1 \\ -q_2 & q_1 & q_0 \\ -q_1 & -q_2 & -q_3 \end{bmatrix}$$

式(7.1.14a)和式(7.1.14b)中矩阵的秩为3，表明四元数中的标量 q_0 是一个冗余量。

另外，四元数的乘法满足结合律和分配律，即

$$\boldsymbol{q}\otimes\boldsymbol{q}'\otimes\boldsymbol{q}''=(\boldsymbol{q}\otimes\boldsymbol{q}')\otimes\boldsymbol{q}''=\boldsymbol{q}\otimes(\boldsymbol{q}'\otimes\boldsymbol{q}'') \tag{7.1.15a}$$

$$\boldsymbol{q}\otimes(\boldsymbol{q}'+\boldsymbol{q}'')=\boldsymbol{q}\otimes\boldsymbol{q}'+\boldsymbol{q}\otimes\boldsymbol{q}'' \tag{7.1.15b}$$

3）四元数逆运算

定义四元数的伴随四元数向量 $\boldsymbol{q}^*$ 为

$$\boldsymbol{q}^*=\begin{bmatrix} q_0 \\ \boldsymbol{\rho} \end{bmatrix}^*=\begin{bmatrix} q_0 \\ -\boldsymbol{\rho} \end{bmatrix} \tag{7.1.16}$$

根据式(7.1.12)，有

$$\boldsymbol{q}\otimes\boldsymbol{q}^*=q_0^2+q_1^2+q_2^2+q_3^2=\|\boldsymbol{q}\|^2 \tag{7.1.17}$$

记 $\boldsymbol{q}\otimes\boldsymbol{q}'=1$，则 $\boldsymbol{q}'$ 称为 $\boldsymbol{q}$ 的逆，即 $\boldsymbol{q}'=\boldsymbol{q}^{-1}$，有

$$\boldsymbol{q}\otimes\frac{\boldsymbol{q}^*}{\|\boldsymbol{q}\|^2}=1 \tag{7.1.18}$$

所以，$\boldsymbol{q}^*/\|\boldsymbol{q}\|^2$ 为 $\boldsymbol{q}$ 的逆，即

$$\boldsymbol{q}^{-1}=\frac{\boldsymbol{q}^*}{\|\boldsymbol{q}\|^2} \tag{7.1.19}$$

又因为四元数一般要进行归一化处理，即 $\|\boldsymbol{q}\|=1$，从而有 $\boldsymbol{q}^{-1}=\boldsymbol{q}^*$。

4）三维向量与四元数间的运算

定义 $\boldsymbol{x}$ 为一个三维向量，则有如下三维向量与四元数间的运算规律：

$$\boldsymbol{x}\otimes\boldsymbol{q}=\begin{bmatrix} \boldsymbol{x} \\ 0 \end{bmatrix}\otimes\boldsymbol{q}=[\boldsymbol{x}\otimes]\cdot\boldsymbol{q},\quad \boldsymbol{q}\otimes\boldsymbol{x}=\boldsymbol{q}\otimes\begin{bmatrix} \boldsymbol{x} \\ 0 \end{bmatrix}$$

其中
$$[\boldsymbol{x}\otimes]=\begin{bmatrix} -[\boldsymbol{x}\times] & \boldsymbol{x} \\ -\boldsymbol{x}^{\mathrm{T}} & 0 \end{bmatrix}=\boldsymbol{\Omega}(\boldsymbol{x}),\quad [\boldsymbol{x}\odot]=\begin{bmatrix} [\boldsymbol{x}\times] & \boldsymbol{x} \\ -\boldsymbol{x}^{\mathrm{T}} & 0 \end{bmatrix}=\boldsymbol{\Gamma}(\boldsymbol{x}) \tag{7.1.20}$$

且满足以下性质：

$$\boldsymbol{x}\otimes\boldsymbol{q}=\boldsymbol{q}\odot\boldsymbol{x}=[\Xi(\boldsymbol{q})\quad \boldsymbol{q}]\cdot\begin{bmatrix} \boldsymbol{x} \\ 0 \end{bmatrix}=\Xi(\boldsymbol{q})\cdot\boldsymbol{x}$$

分别基于四元数加减法法则和四元数乘法规则，推导出两种形式的四元数误差量 $\Delta\boldsymbol{q}$ 和 $\delta\boldsymbol{q}$，即

$$\Delta\boldsymbol{q}=\boldsymbol{q}-\boldsymbol{q}',\quad \delta\boldsymbol{q}=\boldsymbol{q}\otimes(\boldsymbol{q}')^{-1}$$

基于四元数加减法法则产生的四元数误差量 $\Delta\boldsymbol{q}$ 称为加性四元数(additive quaternion)，基于四元数乘法法则产生的四元数误差量 $\delta\boldsymbol{q}$ 称为乘性四元数(multiplicative quaternion)。采用四元数

表示的姿态滤波算法时，往往需要四元数误差量参与计算。根据使用四元数运算性质的不同，基于四元数滤波算法也分为加性四元数算法和乘性四元数算法(Crassidis et al，2007；Markley，2004，2003)。

3. 姿态阵的四元数表示及四元数与欧拉角的相互转换

1) 姿态阵的四元数表示

根据四元数与旋转向量等的关系，可以推导出以四元数表示的姿态阵

$$C_{\mathrm{b}}^{\mathrm{n}}(\boldsymbol{q})=\begin{bmatrix} q_0^2+q_1^2-q_2^2-q_3^2 & 2(q_1q_2-q_0q_3) & 2(q_1q_3+q_0q_2) \\ 2(q_1q_2+q_0q_3) & q_0^2-q_1^2+q_2^2-q_3^2 & 2(q_2q_3-q_0q_1) \\ 2(q_1q_3-q_0q_2) & 2(q_2q_3+q_0q_1) & q_0^2-q_1^2-q_2^2+q_3^2 \end{bmatrix} \tag{7.1.21}$$

2) 四元数到欧拉角的转换

记 $C_{\mathrm{b}}^{\mathrm{n}}(\boldsymbol{q})=\begin{bmatrix} T_{11} & T_{12} & T_{13} \\ T_{21} & T_{22} & T_{23} \\ T_{31} & T_{32} & T_{33} \end{bmatrix}$，因为 n 系到 b 系旋转过程中坐标系始终保持为直角坐标系，所以 $C_{\mathrm{b}}^{\mathrm{n}}$ 为正交矩阵，有

$$C_{\mathrm{n}}^{\mathrm{b}}(\boldsymbol{q})=\left[C_{\mathrm{b}}^{\mathrm{n}}(\boldsymbol{q})\right]^{\mathrm{T}}=\begin{bmatrix} T_{11} & T_{21} & T_{31} \\ T_{12} & T_{22} & T_{32} \\ T_{13} & T_{23} & T_{33} \end{bmatrix} \tag{7.1.22}$$

欧拉角表示的姿态阵为

$$C_{\mathrm{n}}^{\mathrm{b}}=\begin{bmatrix} \cos\phi\cos\psi+\sin\phi\sin\psi\sin\theta & -\cos\phi\sin\psi+\sin\phi\cos\psi\sin\theta & -\sin\phi\cos\theta \\ \sin\psi\cos\theta & \cos\psi\cos\theta & \sin\theta \\ \sin\phi\cos\psi-\cos\phi\sin\psi\sin\theta & -\sin\phi\sin\psi-\cos\phi\cos\psi\sin\theta & \cos\phi\cos\theta \end{bmatrix} \tag{7.1.23}$$

由 $C_{\mathrm{n}}^{\mathrm{b}}(\boldsymbol{q})=C_{\mathrm{n}}^{\mathrm{b}}$，比较式(7.1.22)和式(7.1.23)，可得由四元数到欧拉角的转换公式为

$$\begin{cases} \theta=\arcsin T_{32} \\ \phi=\operatorname{atan2}\left(-\dfrac{T_{31}}{T_{33}}\right) \\ \psi=\operatorname{atan2}\left(\dfrac{T_{12}}{T_{22}}\right) \end{cases} \quad 或 \quad \begin{cases} \theta=\arcsin\left[2(q_2q_3+q_0q_1)\right] \\ \phi=\operatorname{atan2}\left[\dfrac{2(q_0q_2-q_1q_3)}{q_0^2-q_1^2-q_2^2+q_3^2}\right] \\ \psi=\operatorname{atan2}\left[\dfrac{2(q_1q_2-q_0q_3)}{q_0^2-q_1^2+q_2^2-q_3^2}\right] \end{cases} \tag{7.1.24}$$

其中：arcsin 为反正弦函数，取值范围为[−π/2，π/2]，满足 θ 取值范围要求；atan2 为四象限反正切函数，取值范围为[−π，π]，若采用反正切函数 arctan，其取值范围为[−π/2，π/2]，则需要按自变量不同情况对计算结果进一步分类处理。

3) 欧拉角到四元数的转换

按照图 7.1.2 所示的绕负 Z 轴转 ψ →绕 X 轴转 θ →绕 Y 轴转 ϕ 的旋转顺序，各次旋转对应的四元数如表 7.1.1 所示。

表 7.1.1 各次旋转对应的四元数

旋转角	旋转轴	(*i*，*j*，*k*)	对应四元数
航向角 ψ	负 *Z* 轴	(0，0，−1)	$\boldsymbol{q}_\psi=\cos\frac{\psi}{2}+0\boldsymbol{i}+0\boldsymbol{j}-\sin\frac{\psi}{2}\boldsymbol{k}$
纵摇角 θ	*X* 轴	(1，0，0)	$\boldsymbol{q}_\theta=\cos\frac{\theta}{2}+\sin\frac{\theta}{2}\boldsymbol{i}+0\boldsymbol{j}+0\boldsymbol{k}$
横摇角 ϕ	*Y* 轴	(0，1，0)	$\boldsymbol{q}_\phi=\cos\frac{\phi}{2}+0\boldsymbol{i}+\sin\frac{\phi}{2}\boldsymbol{j}+0\boldsymbol{k}$

设旋转前坐标为(x_0，y_0，z_0)，对应四元数$\boldsymbol{q}_0=0+x_0\boldsymbol{i}+y_0\boldsymbol{j}+z_0\boldsymbol{k}$；旋转后坐标为($x_3$，$y_3$，$z_3$)，对应四元数$\boldsymbol{q}_3=0+x_3\boldsymbol{i}+y_3\boldsymbol{j}+z_3\boldsymbol{k}$。定义从 $\boldsymbol{q}_0$ 旋转到 $\boldsymbol{q}_3$ 的四元数$\boldsymbol{q}=q_0+q_1\boldsymbol{i}+q_2\boldsymbol{j}+q_3\boldsymbol{k}$，按照给定的旋转顺序，则有$\boldsymbol{q}=\boldsymbol{q}_\phi\boldsymbol{q}_\theta\boldsymbol{q}_\psi$，又$\boldsymbol{q}_3=\boldsymbol{q}\boldsymbol{q}_0\boldsymbol{q}^{-1}$，因此有$\boldsymbol{q}_3=\boldsymbol{q}_\phi\boldsymbol{q}_\theta\boldsymbol{q}_\psi\cdot\boldsymbol{q}_0\cdot(\boldsymbol{q}_\phi\boldsymbol{q}_\theta\boldsymbol{q}_\psi)^{-1}$，故

$$(0+x_3\boldsymbol{i}+y_3\boldsymbol{j}+z_3\boldsymbol{k})=\boldsymbol{q}_\phi\boldsymbol{q}_\theta\boldsymbol{q}_\psi(0+x_0\boldsymbol{i}+y_0\boldsymbol{j}+z_0\boldsymbol{k})(\boldsymbol{q}_\phi\boldsymbol{q}_\theta\boldsymbol{q}_\psi)^{-1}$$

将表 7.1.1 各四元数复数式带入上式，又$\boldsymbol{i}^2=\boldsymbol{j}^2=\boldsymbol{k}^2=-1$，$\boldsymbol{ij}=-\boldsymbol{ji}=\boldsymbol{k}$，$\boldsymbol{jk}=-\boldsymbol{kj}=\boldsymbol{i}$，$\boldsymbol{ki}=-\boldsymbol{ik}=\boldsymbol{j}$，可得

$$\begin{aligned}\boldsymbol{q}&=q_0+q_1\boldsymbol{i}+q_2\boldsymbol{j}+q_3\boldsymbol{k}\\&=\left(\cos\frac{\phi}{2}+\sin\frac{\phi}{2}\boldsymbol{j}\right)\left(\cos\frac{\theta}{2}+\sin\frac{\theta}{2}\boldsymbol{i}\right)\left(\cos\frac{\psi}{2}-\sin\frac{\psi}{2}\boldsymbol{k}\right)\end{aligned}$$

整理可得，按照负 *Z* 轴$\psi\to X$轴$\theta\to Y$轴ϕ的旋转顺序，欧拉角到四元数的转换公式为

$$\boldsymbol{q}=\begin{bmatrix}q_0\\q_1\\q_2\\q_3\end{bmatrix}=\begin{bmatrix}\cos\frac{\psi}{2}\cos\frac{\theta}{2}\cos\frac{\phi}{2}-\cos\frac{\psi}{2}\sin\frac{\theta}{2}\sin\frac{\phi}{2}\\\cos\frac{\psi}{2}\sin\frac{\theta}{2}\cos\frac{\phi}{2}-\sin\frac{\psi}{2}\cos\frac{\theta}{2}\sin\frac{\phi}{2}\\\cos\frac{\psi}{2}\cos\frac{\theta}{2}\sin\frac{\phi}{2}+\sin\frac{\psi}{2}\sin\frac{\theta}{2}\cos\frac{\phi}{2}\\-\cos\frac{\psi}{2}\sin\frac{\theta}{2}\sin\frac{\phi}{2}-\sin\frac{\psi}{2}\cos\frac{\theta}{2}\cos\frac{\phi}{2}\end{bmatrix}\tag{7.1.25}$$

7.1.3 罗德里格斯参数族

罗德里格斯(Rodrigues)参数族是定义在三维空间上的姿态表示方法。之所以称为“族”，是因为它包括多种姿态参数表示方法，并且可以由统一的三角函数来表示。

1. 罗德里格斯参数族的定义

罗德里格斯参数族主要包括罗德里格斯参数(Rodrigues parameter，RP)、修正罗德里格斯参数(modified Rodrigues parameter，MRP)和高阶罗德里格斯参数(high-order Rodrigues parameter，HORP)等(Karlgaard et al，2009；Tsiotras et al，1997)。各种罗德里格斯参数的姿态表示可以统一定义为三角函数形式，即

$$\mathrm{RP}_{\mathrm{family}}=\boldsymbol{e}\tan\frac{\vartheta}{2N}\tag{7.1.26}$$

其中：$\mathrm{RP}_{\mathrm{family}}$表示罗德里格斯参数族的姿态表示参数；$\boldsymbol{e}$为单位向量；$\vartheta$为旋转角；$N$为正整数。

当 $N=1$ 时，即为 RP，即 $\boldsymbol{g}=\boldsymbol{e}\tan\frac{\vartheta}{2}$；当 $N=2$ 时，即为 MRP，即 $\boldsymbol{\sigma}=\boldsymbol{e}\tan\frac{\vartheta}{2}$；当 $N>2$ 时，一般称为 HORP。图 7.1.4 呈现了 ϑ 在[0，-4π]范围内的 RP、MRP 和 HORP 随 ϑ 变化的情况，其中 HORP 采用 $N=4$ 时的高阶罗德里格斯参数。

如图 7.1.4 所示，在[0，-4π]范围内，当 $\vartheta=\pi$ 或 2π 时，RP 和 MRP 曲线趋近于无穷大，也就是说在该角度时，RP 和 MRP 出现了角度表示的奇异，而且这种奇异值点是周期性出现的，这就是定义在三维空间内的罗德里格斯参数角度表示的奇异性。因此，在构建基于罗德里格斯参数族的姿态表示的滤波算法时，必须考虑奇异值的避免方法。另外，可以发现，MRP 的类线性曲线的角度范围明显大于 RP 的范围(图 7.1.4 中直线夹角)。类线性曲线角度范围越大，姿态估计的精度和可靠性就越高，而这个性质对于 HORP 更为突出，理论上达到奇异值的角度将会更大，这对于旋转角度较小的情况更适用。

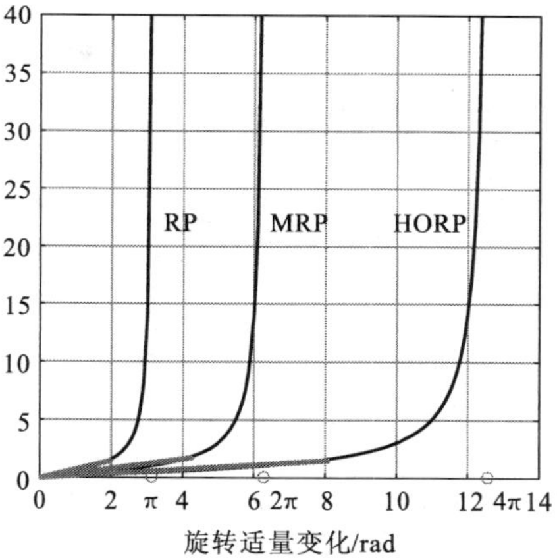

图 7.1.4　罗德里格斯参数族

罗德里格斯参数族与四元数具有密切关系，这种关系在拓扑上可以视为三维空间与四维空间的转换关系，或者说罗德里格斯参数是四元数在三维超平面上的投影。由于省略了冗余的标量，利用其进行姿态表示时，往往可以降低计算量。

对于RP来说，可以用四元数来定义，即

$$\boldsymbol{g}=\frac{\boldsymbol{\rho}}{q_0} \tag{7.1.27}$$

式(7.1.27)的逆形式为四元数用 RP 定义的关系：

$$\boldsymbol{q}=\frac{\pm 1}{\sqrt{1+\|\boldsymbol{g}\|^2}}\begin{bmatrix}\boldsymbol{g}\\1\end{bmatrix} \tag{7.1.28}$$

其中：$\|\boldsymbol{g}\|^2=\boldsymbol{g}\cdot\boldsymbol{g}$。

对于 MRP 来说，用四元数定义为

$$\boldsymbol{\sigma}=\frac{\boldsymbol{\rho}}{1+q_0} \tag{7.1.29}$$

其逆形式为

$$\boldsymbol{q}=\frac{1}{1+\|\boldsymbol{\sigma}\|^2}\begin{bmatrix}2\boldsymbol{\sigma}\\1-\|\boldsymbol{\sigma}\|^2\end{bmatrix} \tag{7.1.30}$$

MRP 有一个重要的性质，就是 MRP 及其影子 MRP(shadow MRP，SMRP) $\boldsymbol{\sigma}^{\mathrm{s}}$ 具有如下关系(O'Keefe et al，2014)：

$$\boldsymbol{\sigma}^{\mathrm{s}}=-\boldsymbol{e}\cot\frac{\vartheta}{4} \tag{7.1.31}$$

则有

$$\boldsymbol{\sigma}^{\mathrm{s}}=-\frac{\boldsymbol{\sigma}}{\|\boldsymbol{\sigma}\|^2} \tag{7.1.32}$$

式(7.1.32)表明，$\boldsymbol{\sigma}$ 与 $\boldsymbol{\sigma}^{\mathrm{s}}$ 奇异值出现的周期之差为 2π。在[0，4π]范围内，$\boldsymbol{\sigma}^{\mathrm{s}}$ 的奇异值出现在 0 和 4π 处，而在该角度处，$\boldsymbol{\sigma}$ 是不会出现奇异的，可见 $\boldsymbol{\sigma}$ 和 $\boldsymbol{\sigma}^{\mathrm{s}}$ 出现奇异值的角度是不相同的。因此，可以通过 $\boldsymbol{\sigma}$ 和 $\boldsymbol{\sigma}^{\mathrm{s}}$ 的双姿态组合表示来实现全局非奇异的效果。

2. 罗德里格斯参数族运算法则

对于 RP，具有如下乘法法则：

$$\boldsymbol{g}' * \boldsymbol{g} = \frac{\boldsymbol{g}' + \boldsymbol{g} - \boldsymbol{g}' \times \boldsymbol{g}}{1 - \boldsymbol{g}'\boldsymbol{g}} \tag{7.1.33}$$

其中：*为类似四元数乘法⊗或⊙的罗德里格斯参数族乘法符号，并区别于四元数乘法。

对于 MRP，具有如下乘法法则：

$$\boldsymbol{\sigma}' * \boldsymbol{\sigma} = \frac{(1 - \|\boldsymbol{\sigma}\|^2)\boldsymbol{\sigma}' + (1 - \|\boldsymbol{\sigma}'\|^2)\boldsymbol{\sigma} - 2\boldsymbol{\sigma}' \times \boldsymbol{\sigma}}{1 + \|\boldsymbol{\sigma}\|^2 \|\boldsymbol{\sigma}'\|^2 - 2\boldsymbol{\sigma}'\boldsymbol{\sigma}} \tag{7.1.34}$$

需注意的是，RP和MRP的运算法则不同于四元数运算，难以推导两个罗德里格斯参数的误差表达形式。

3. 姿态转换矩阵的罗德里格斯参数表示

根据RP和MRP与旋转向量和四元数等的关系，利用凯莱(Cayley)变换可以推导出基于RP和基于MRP的姿态转换矩阵为

$$\boldsymbol{C}_{\mathrm{n}}^{\mathrm{b}}(\boldsymbol{g}) = \frac{\boldsymbol{I}_3 - [\boldsymbol{g}\times]}{\boldsymbol{I}_3 + [\boldsymbol{g}\times]} = \frac{1}{1 + \|\boldsymbol{g}\|^2}\begin{bmatrix} 1 + g_1^2 - g_2^2 - g_3^2 & 2(g_1 g_2 + g_3) & 2(g_1 g_3 - g_2) \\ 2(g_1 g_2 - g_3) & 1 - g_1^2 + g_2^2 - g_3^2 & 2(g_2 g_3 + g_1) \\ 2(g_1 g_3 + g_2) & 2(g_2 g_3 - g_1) & 1 - g_1^2 - g_2^2 + g_3^2 \end{bmatrix} \tag{7.1.35}$$

$$\boldsymbol{C}_{\mathrm{n}}^{\mathrm{b}}(\boldsymbol{\sigma}) = \left(\frac{\boldsymbol{I}_3 - [\boldsymbol{\sigma}\times]}{\boldsymbol{I}_3 + [\boldsymbol{\sigma}\times]}\right)^2 = \boldsymbol{I}_3 + \frac{8[\boldsymbol{\sigma}\times]^2 - 4\left(1 - \|\boldsymbol{\sigma}\|^2\right)[\boldsymbol{\sigma}\times]}{\left(1 + \|\boldsymbol{\sigma}\|^2\right)^2} \tag{7.1.36}$$

由于人们通常用欧拉角来表示姿态量，RP和MRP仍需要转换为欧拉角来表示，一般先将RP和MRP转换为四元数，再按7.1.2节的方法将四元数转换为欧拉角。

关于HORP，目前在组合导航滤波当中应用十分有限，主要还停留在理论研究上(Tsiotras et al，1997)。

现将在姿态表示中几种重要的姿态表示方法总结如表7.1.2所示。

表 7.1.2 几种姿态表示方法总结比较

姿态表示方法		优点	缺点
四维	四元数	姿态表示全局非奇异，姿态表示连续	设计非线性滤波面临四元数规范性约束问题，计算量较大
三维	RP	三维空间向量，通过与自身影子姿态切换能够实现全局非奇异，同时没有冗余量，计算量一般较小	$\pi \pm 2n\pi$ 处奇异，n 为整数
	MRP		$2(\pi \pm 2n\pi)$ 处奇异
	HORP		$N(\pi \pm 2n\pi)$ 处奇异，N 为大于 2 的整数
	欧拉角	三维空间向量，物理意义最为明确	$\pi/2$ 整周期出现奇异值

值得指出的是，以上姿态表达均可以通过结合不同滤波算法构成特定的组合导航滤波算法，只是在实际滤波过程中，所有的三维姿态表达方式均存在奇异值问题。因此，在构造全局非奇异组合导航滤波算法时必须考虑设计奇异值避免方法，而四元数作为全局非奇异最小维数表达方式，则不需要考虑这一点，这也是四元数独特的优势所在。

7.2　平台惯性基组合导航滤波

组合导航滤波模型包括系统状态方程和观测方程。由于外部信息源多种多样，观测方程也千差万别。对于惯性基组合导航系统，惯性导航系统是核心，其状态方程主要由惯性导航系统本身的运动规律所决定。因此，本节重点阐述平台惯性基组合导航系统状态方程的建立。

关于滤波对象的模型和滤波算法的关系，需要建立起以下三方面的总体认识。

(1) 按被估计量是全量还是误差量，组合导航滤波方法可以分为直接法滤波和间接法滤波，具体内容在6.3.1节中已阐述。

(2) 按照系统状态方程是线性还是非线性，滤波方法又可以分为线性滤波和非线性滤波。直接法滤波的系统状态方程采用非线性的惯性导航基本方程，因此采用非线性滤波，如EKF、UKF等；间接法滤波的系统状态方程采用线性的惯性导航误差方程，因此采用线性滤波。线性滤波的最优估计是线性卡尔曼滤波，因此，线性卡尔曼滤波就是最适用的方法。

(3) 从姿态表达上看，建立惯性基组合导航状态方程的关键问题在于采用何种姿态表达方式，姿态表达方式不同，建立的系统状态方程就不同，对应的滤波方法、结构和特性也不同。直接法滤波的姿态表达可以采用欧拉角、四元数和罗德里格斯参数族等，而间接法滤波的姿态表达往往采用欧拉角。

以上三个方面的认识既有独特的研究切入点，同时也有密切的关联性。总体上来说，惯性基组合导航系统状态方程主要集中于惯性导航基本方程和惯性导航误差方程。

本节首先讨论基于平台式惯性导航系统的组合导航滤波算法。平台式惯性导航系统由于采用了机械平台，平台误差角一般较小，滤波算法中一般可采用误差量作为状态量建立惯性导航误差线性状态方程，并采用线性卡尔曼滤波算法进行组合导航滤波。本节以平台惯性导航/GPS 位置组合和位置/速度组合为例，介绍基于平台式惯性导航系统的组合导航算法及滤波效果。

7.2.1　平台惯性导航/GPS 组合系统模型

1. 惯性导航误差状态方程

将惯性导航误差量(平台误差角、速度和位置)作为滤波器的估计对象，这里平台误差角用欧拉角表达，动基座无阻尼惯性导航的误差方程如下：惯性平台误差角方程为

$$
\begin{cases}
\dot{\phi}_E = -\dfrac{1}{R_M}\delta v_N + \left(\omega_{ie}\sin\varphi + \dfrac{v_E}{R_N}\tan\varphi\right)\phi_N - \left(\omega_{ie}\cos\varphi + \dfrac{v_E}{R_N}\right)\phi_Z + \varepsilon_E \\
\dot{\phi}_N = \dfrac{1}{R_N}\delta v_E - \omega_{ie}\sin\varphi\cdot\delta\varphi - \left(\omega_{ie}\sin\varphi + \dfrac{v_E}{R_N}\tan\varphi\right)\phi_E - \dfrac{v_N}{R_M}\phi_Z + \varepsilon_N \\
\dot{\phi}_Z = \dfrac{\tan\varphi}{R_N}\cdot\delta v_E + \left(\omega_{ie}\cos\varphi + \dfrac{V_E}{R_N}\sec^2\varphi\right)\delta\varphi + \left(\omega_{ie}\cos\varphi + \dfrac{v_E}{R_N}\right)\phi_E + \dfrac{v_N}{R_M}\phi_N + \varepsilon_Z
\end{cases}
\tag{7.2.1a}
$$

速度误差方程为

$$\begin{cases}\delta\dot{v}_{\mathrm{E}}=\dfrac{v_{\mathrm{N}}}{R_{\mathrm{M}}}\tan\varphi\cdot\delta v_{\mathrm{E}}+\left(2\omega_{\mathrm{ie}}\sin\varphi+\dfrac{v_{\mathrm{E}}}{R_{\mathrm{N}}}\tan\varphi\right)\delta v_{\mathrm{N}}+\left(2\omega_{\mathrm{ie}}v_{\mathrm{N}}\cos\varphi+\dfrac{v_{\mathrm{E}}v_{\mathrm{N}}}{R_{\mathrm{N}}}\sec^2\varphi\right)\delta\varphi-g\phi_{\mathrm{N}}+\Delta A_{\mathrm{E}}\\ \delta\dot{v}_{\mathrm{N}}=-2\left(\omega_{\mathrm{ie}}\sin\varphi+\dfrac{v_{\mathrm{E}}}{R_{\mathrm{N}}}\tan\varphi\right)\delta v_{\mathrm{E}}-\left(2\omega_{\mathrm{ie}}\cos\varphi+\dfrac{v_{\mathrm{E}}}{R_{\mathrm{N}}}\sec^2\varphi\right)v_{\mathrm{E}}\cdot\delta\varphi+g\phi_{\mathrm{E}}+\Delta A_{\mathrm{N}}\end{cases}\tag{7.2.1b}$$

位置误差方程为

$$\begin{cases}\delta\dot{\varphi}=\dfrac{\delta v_{\mathrm{N}}}{R_{\mathrm{M}}}\\ \delta\dot{\lambda}=\dfrac{\sec\varphi}{R_{\mathrm{N}}}\cdot\delta v_{\mathrm{E}}+\dfrac{v_{\mathrm{E}}}{R_{\mathrm{N}}}\tan\varphi\sec\varphi\cdot\delta\varphi\end{cases}\tag{7.2.1c}$$

其中：ϕ_{E}、ϕ_{N}和ϕ_Z分别为东、北和天方向的平台误差角；v_{E}和v_{N}分别为 g 系中的载体东向和北向速度；地球自转角速度 ω_{ie}＝15.041 08 °/h；φ 为纬度，λ 为经度；R_{M}和R_{N}分别为地球子午圈半径和卯酉圈半径，$1/R_{\mathrm{M}}=\left(1+2f-3f\sin^2\varphi\right)/R_{\mathrm{e}}$，$1/R_{\mathrm{N}}=\left(1-f\sin^2\varphi\right)/R_{\mathrm{e}}$，在 WGS-84 坐标系中，地球半径 R_{e}＝6 378 137 m，扁率 f＝1/298.257，重力加速度 g＝9.780 49 m/s^2。

为对惯性器件的误差进行估计，将陀螺漂移 ε_{E}、ε_{N}、ε_Z 及加速度计误差 ΔA_{E} 和 ΔA_{N} 表示成系统的状态。

(1) 陀螺漂移误差模型。

取陀螺漂移为

$$\varepsilon=\varepsilon_{\mathrm{b}}+\varepsilon_{\mathrm{m}}+w_{\mathrm{g}}\tag{7.2.2}$$

其中：ε_{m} 为漂移中的一阶马尔可夫过程；ε_{b} 为随机常数(偏置)；w_{g} 为白噪声分量。

假定三个陀螺的误差模型相同，都为

$$\begin{cases}\dot{\varepsilon}_{\mathrm{bi}}=0\\ \dot{\varepsilon}_{\mathrm{mi}}=-\dfrac{1}{T_{\mathrm{g}}}\varepsilon_{\mathrm{mi}}+w_{\mathrm{mi}}\end{cases}\quad(\mathrm{i}=\mathrm{E}、\mathrm{N}\text{ 或 }Z)\tag{7.2.3}$$

其中：T_{g} 为一阶马尔可夫过程的相关时间；w_{m} 为激励白噪声。

(2) 加速度计误差。

加速度计误差 ΔA_{E} 和 ΔA_{N} 主要含有零位偏置 ∇_{E} 和 ∇_{N} 及白噪声 $w_{A_{\mathrm{E}}}$ 和 $w_{A_{\mathrm{N}}}$：

$$\begin{cases}\Delta A_{\mathrm{E}}=\nabla_{\mathrm{E}}+w_{A_{\mathrm{E}}}\\ \Delta A_{\mathrm{N}}=\nabla_{\mathrm{N}}+w_{A_{\mathrm{N}}}\end{cases}\tag{7.2.4}$$

偏置 ∇_{E} 和 ∇_{N} 的微分方程为

$$\begin{cases}\dot{\nabla}_{\mathrm{E}}=0\\ \dot{\nabla}_{\mathrm{N}}=0\end{cases}\tag{7.2.5}$$

这样，汇总方程(7.2.1)～(7.2.5)，可以得到平台式惯性导航误差状态方程如下：

$$\dot{\boldsymbol{X}}(t)=\boldsymbol{F}(t)\boldsymbol{X}(t)+\boldsymbol{W}(t)\tag{7.2.6}$$

其中：状态向量 $\boldsymbol{X}$ 含 15 个状态

$$\boldsymbol{X}=[\phi_{\mathrm{E}},\phi_{\mathrm{N}},\phi_Z,\delta v_{\mathrm{E}},\delta v_{\mathrm{N}},\delta\varphi,\delta\lambda,\varepsilon_{\mathrm{mE}},\varepsilon_{\mathrm{mN}},\varepsilon_{\mathrm{m}Z},\varepsilon_{\mathrm{bE}},\varepsilon_{\mathrm{bN}},\varepsilon_{\mathrm{b}Z},\nabla_{\mathrm{E}},\nabla_{\mathrm{N}}]^{\mathrm{T}}$$

$\boldsymbol{W}$ 为过程噪声向量：

$$\boldsymbol{W}=[w_{gE},w_{gN},w_{gZ},w_{A_E},w_{A_N},0,0,w_{mE},w_{mN},w_{mZ},0,0,0,0,0]^{T}$$

其强度可用方差强度阵 $\boldsymbol{Q}(t)$ 描述：

$$E[\boldsymbol{W}(t)\boldsymbol{W}^{T}(\tau)]=\boldsymbol{Q}(t)\delta(t-\tau) \tag{7.2.7}$$

系统矩阵 $\boldsymbol{F}$(15×15 维)的非零项如下：

$F_{1,2}=\omega_{ie}\sin\varphi+\dfrac{v_E}{R_N}\tan\varphi$，$F_{1,3}=-\omega_{ie}\cos\varphi-\dfrac{v_E}{R_N}$，$F_{1,5}=-\dfrac{1}{R_M}$，$F_{1,8}=1$，$F_{1,11}=1$

$F_{2,1}=-\omega_{ie}\sin\varphi-\dfrac{v_E}{R_N}\tan\varphi$，$F_{2,3}=-\dfrac{v_N}{R_M}$，$F_{2,4}=\dfrac{1}{R_N}$，$F_{2,6}=-\omega_{ie}\sin\varphi$，$F_{2,9}=1$，$F_{2,12}=1$

$F_{3,1}=\omega_{ie}\cos\varphi+\dfrac{v_E}{R_N}$，$F_{3,2}=\dfrac{v_N}{R_M}$，$F_{3,4}=\dfrac{\tan\varphi}{R_N}$，$F_{3,6}=\omega_{ie}\cos\varphi+\dfrac{v_E}{R_N}\sec^2\varphi$，$F_{3,10}=1$，$F_{3,13}=1$

$F_{4,2}=-g$，$F_{4,4}=\dfrac{v_N}{R_M}\tan\varphi$，$F_{4,5}=2\omega_{ie}\sin\varphi+\dfrac{v_E}{R_N}\tan\varphi$，$F_{4,6}=2\omega_{ie}v_N\cos\varphi+\dfrac{v_Ev_N}{R_N}\sec^2\varphi$，$F_{4,14}=1$

$F_{5,1}=g$，$F_{5,4}=-2\left(\omega_{ie}\sin\varphi+\dfrac{v_E}{R_N}\tan\varphi\right)$，$F_{5,6}=-\left(2\omega_{ie}\cos\varphi+\dfrac{v_E}{R_N}\sec^2\varphi\right)v_E$，$F_{5,15}=1$

$F_{6,5}=\dfrac{1}{R_M}$；$F_{7,4}=\dfrac{\sec\varphi}{R_N}$，$F_{7,6}=\dfrac{v_E}{R_N}\tan\varphi\sec\varphi$；$F_{8,8}=-\dfrac{1}{T_{gE}}$；$F_{9,9}=-\dfrac{1}{T_{gN}}$；$F_{10,10}=-\dfrac{1}{T_{gZ}}$

2. 观测方程

观测量分别取位置、位置和速度，建立系统观测方程。

1) INS/GPS 位置组合

假定(φ_t，λ_t)为载体真位置，则惯性导航系统输出的位置(φ_I，λ_I)可表示为

$$\begin{cases}\varphi_I=\varphi_t+\delta\varphi\\ \lambda_I=\lambda_t+\delta\lambda\end{cases} \tag{7.2.8}$$

GPS 输出的位置(φ_G，λ_G)可表示为

$$\begin{cases}\varphi_G=\varphi_t-N_N/R_M\\ \lambda_G=\lambda_t-N_E/(R_N\cos\varphi)\end{cases} \tag{7.2.9}$$

其中：N_E 和 N_N 分别为 GPS 位置的东向和北向距离误差，它是时间相关的随机量。为简便计，这里将 N_E、N_N 视为白噪声。

将惯性导航位置与 GPS 位置之差作为滤波器观测输入，定义观测向量 $\boldsymbol{Z}_p$ 为惯性导航系统与 GPS 的北向距离差与东向距离差，即

$$\boldsymbol{Z}_p=\begin{bmatrix}(\varphi_I-\varphi_G)R_M\\(\lambda_I-\lambda_G)R_N\cos\varphi\end{bmatrix} \tag{7.2.10}$$

将式(7.2.8)和式(7.2.9)代入式(7.2.10)，有

$$\boldsymbol{Z}_p=\begin{bmatrix}R_M\cdot\delta\varphi\\R_N\cos\varphi\cdot\delta\lambda\end{bmatrix}+\begin{bmatrix}N_N\\N_E\end{bmatrix} \tag{7.2.11}$$

令 $\boldsymbol{H}_p=\left[\ \boldsymbol{0}_{2\times5}\ \vdots\ \mathrm{diag}\{R_M,R_N\cos\varphi\}\ \vdots\ \boldsymbol{0}_{2\times8}\right]$，$\boldsymbol{V}_p=[\ N_N\quad N_E\ ]^{T}$，则滤波器观测方程为

$$\boldsymbol{Z}_p=\boldsymbol{H}_p(t)\boldsymbol{X}(t)+\boldsymbol{V}_p(t) \tag{7.2.12}$$

2) INS/GPS 位置/速度组合

假定(v_{Et}, v_{Nt})为载体真速度，则惯性导航系统输出的速度(v_{EI}, v_{NI})可表示为

$$\begin{cases} v_{EI} = v_{Et} + \delta v_E \\ v_{NI} = v_{Nt} + \delta v_N \end{cases} \tag{7.2.13}$$

GPS 输出的速度(v_{EG}, v_{NG})可表示为

$$\begin{cases} v_{EG} = v_{Et} - M_E \\ v_{NG} = v_{Nt} - M_N \end{cases} \tag{7.2.14}$$

其中：M_E和M_N分别为 GPS 东向速度误差和北向速度误差，这里视为白噪声。

以惯性导航速度与GPS速度之差及惯性导航位置与GPS位置之差作为滤波器的观测输入。定义观测向量$\boldsymbol{Z}_{pv}$为

$$\boldsymbol{Z}_{pv} = \begin{bmatrix} v_{EI} - v_{EG} \\ v_{NI} - v_{NG} \\ (\varphi_I - \varphi_G)R_M \\ (\lambda_I - \lambda_G)R_N \cos\varphi \end{bmatrix} \tag{7.2.15}$$

将式(7.2.13)和式(7.2.14)代入式(7.2.15)，有

$$\boldsymbol{Z}_{pv} = \begin{bmatrix} \delta v_E \\ \delta v_N \\ R_M \cdot \delta\varphi \\ R_N \cos\varphi \cdot \delta\lambda \end{bmatrix} + \begin{bmatrix} M_E \\ M_N \\ N_N \\ N_E \end{bmatrix} \tag{7.2.16}$$

令 $\boldsymbol{H}_{pv} = \left[\boldsymbol{0}_{4\times 3} \vdots \operatorname{diag}\{1,1,R_M,R_N\cos\varphi\} \vdots \boldsymbol{0}_{4\times 8} \right]$，$\boldsymbol{V}_{pv} = \left[w_{V_{EG}}, w_{V_{NG}}, N_{NG}, N_{EG} \right]^T$，则观测方程为

$$\boldsymbol{Z}_{pv} = \boldsymbol{H}_{pv}(t)\boldsymbol{X}(t) + \boldsymbol{V}_{pv}(t) \tag{7.2.17}$$

3. 系统离散模型

对 INS/GPS 位置组合，综合式(7.2.6)和式(7.2.12)，就有了卡尔曼滤波器的状态方程与观测方程。由于式(7.2.6)为连续一阶微分方程组，应化为离散化的一阶差分方程组。观测方程(7.2.12)离散化后形式不变。离散形式的卡尔曼滤波模型为

$$\begin{cases} \boldsymbol{X}_k = \boldsymbol{\Phi}_{k,k-1}\boldsymbol{X}_{k-1} + \boldsymbol{W}_{k-1} \\ \boldsymbol{Z}_{pk} = \boldsymbol{H}_{pk}\boldsymbol{X}_k + \boldsymbol{V}_{pk} \end{cases} \tag{7.2.18}$$

其中：$\boldsymbol{\Phi}_{k,k-1}$为状态转移阵，可用级数展开取有限项的方法求得

$$\boldsymbol{\Phi}_{k,k-1} = \boldsymbol{I} + \boldsymbol{F}(t)T + \frac{\boldsymbol{F}^2(t)T^2}{2}$$

$\boldsymbol{W}_k$和$\boldsymbol{V}_k$分别为离散的过程噪声和观测噪声，其性质如下：

$$E(\boldsymbol{W}_k) = 0, \quad E(\boldsymbol{W}_k\boldsymbol{W}_j^T) = \boldsymbol{Q}_k\delta_{kj}$$

$$E(\boldsymbol{V}_{pk}) = 0, \quad E(\boldsymbol{V}_{pk}\boldsymbol{V}_{pj}^T) = \boldsymbol{R}_{pk}\delta_{kj}$$

$\boldsymbol{Q}_k$可通过式(7.2.7)中的$\boldsymbol{Q}(t)$近似计算：

$$\boldsymbol{Q}_k = \boldsymbol{Q}(t)/T$$

$\boldsymbol{R}_{pk}$ 由 GPS 定位误差 N_N 和 N_E 的方差确定：

$$\boldsymbol{R}_{pk} = \mathrm{diag}\left\{\sigma_{N_N}^2, \sigma_{N_E}^2\right\}$$

对 INS/GPS 位置/速度组合，其状态方程与位置组合情况下相同，只是观测方程不同，其离散的系统模型为

$$\begin{cases} \boldsymbol{X}_k = \boldsymbol{\Phi}_{k,k-1}\boldsymbol{X}_{k-1} + \boldsymbol{W}_{k-1} \\ \boldsymbol{Z}_{pvk} = \boldsymbol{H}_{pvk}\boldsymbol{X}_k + \boldsymbol{V}_{pvk} \end{cases} \tag{7.2.19}$$

观测噪声 $\boldsymbol{V}_{pvk}$ 满足：

$$E(\boldsymbol{V}_{pvk}) = 0, \qquad E(\boldsymbol{V}_{pvk}\boldsymbol{V}_{pvj}^{\mathrm{T}}) = \boldsymbol{R}_{pvk}\delta_{kj}$$

其中 $\boldsymbol{R}_{pvk}$ 由 GPS 测速误差 M_E 和 M_N 的方差及 GPS 定位误差 N_N 和 N_E 的方差确定：

$$\boldsymbol{R}_{pvk} = \mathrm{diag}\left\{\sigma_{M_E}^2, \sigma_{M_N}^2, \sigma_{N_N}^2, \sigma_{N_E}^2\right\}$$

7.2.2 滤波实例

运用以上滤波模型，采用线性卡尔曼滤波算法进行状态估计，并用计算机仿真评估卡尔曼滤波器的估计精度。由于对惯性导航采用输出校正，组合系统输出的导航参数误差就是滤波估计误差，可以用滤波递推计算中的估计误差方差阵 $\boldsymbol{P}$ 的对角线元素平方根来评估组合后导航参数的精度。

选用精度约为 10 n mile/h 的低精度惯性导航系统，其陀螺漂移零偏为 0.1 °/h，随机噪声为 0.1 °/h，相关时间为 3 600 s，加速度计零位偏置为 $10^{-4}\,g$。惯性导航平台初始误差为 $\phi_{E0}=400''$，$\phi_{N0}=400''$，$\phi_{Z0}=1\,800''$，惯性导航初始定位误差在北向及东向均为 500 m，初始速度误差为 2 m/s。假定 GPS 定位误差为 $\sigma_{N_N}=\sigma_{N_E}=35$ m。设舰船航速为 10 kn，其航迹如图 7.2.1 所示，包括正东向航行、圆周航行、正北向航行、西南向航行和锚泊五个阶段，设计这样的航线目的是观察载体运动与滤波效果间的联系。滤波周期为 2 s，在此仿真条件下，滤波误差均方根随时间变化曲线如图 7.2.2 所示。

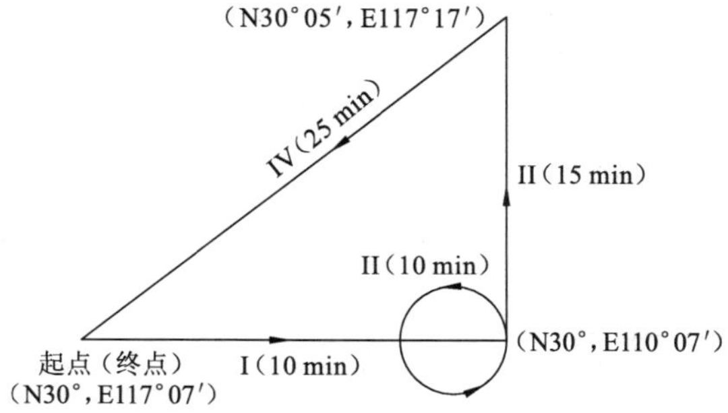

图 7.2.1 仿真时的舰船航迹

由图 7.2.2 可知，卡尔曼滤波对惯性导航误差的估计效果有特点：①滤波器对定位误差、速度误差和平台水平误差的估计最快、效果好，十几个滤波周期后，滤波误差就衰减到稳态，东向和西向速度误差均降低到 0.1 m/s，定位误差稳态值降低到 9 m 左右，水平误差角降低到 25″；②对平台方位误差的估计效果也较好，尤其是载体转向时，方位估计误差迅速降低，这是由于方位改变时方位误差的可观性增强了；③对东向陀螺漂移和北向陀螺漂移的估计有效果，但不显著，当载体改变航向时，对东向陀螺漂移的估计效果明显增强；④对方位陀螺漂移和加速度计零位误差的估计没有明显效果。

从上述结果看，虽然选用的是低精度惯性导航系统，初始误差也较大，但与GPS组合后，惯性导航的误差能很快估计出来，组合系统可以达到较高的精度，定位误差远高于单一的惯性

导航系统或GPS。若对惯性导航系统采用反馈校正，则惯性导航系统的初始对准过程也不需要单独进行。因此，组合系统具有良好优越性。

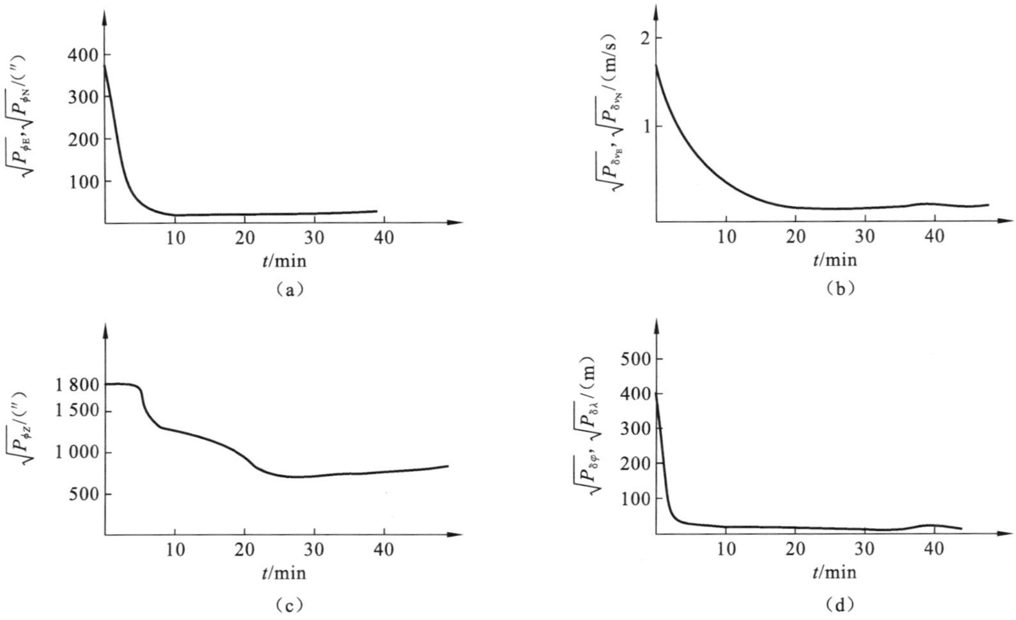

图 7.2.2　INS/GPS 组合系统(位置组合方式)均方根误差曲线

7.3　捷联惯性基组合导航滤波

相比平台式惯性导航系统，捷联式惯性导航系统模型要复杂一些。组合导航滤波模型包括系统状态方程和观测方程。由于外部信息源多种多样，观测方程也千差万别。对于捷联惯性基组合导航系统，捷联式惯性导航系统是核心，其状态方程主要由捷联式惯性导航系统本身的运动规律所决定。本节重点阐述捷联惯性基组合导航系统状态方程的建立。

关于滤波对象的模型和滤波算法的关系，需要建立起以下三方面的总体认识。

(1) 按被估计量是全量还是误差量，组合导航滤波方法可以分为直接法滤波和间接法滤波，具体内容在6.3.1节中已阐述。

(2) 按照系统状态方程是线性还是非线性，滤波方法又可以分为线性滤波和非线性滤波。直接法滤波的系统状态方程采用非线性的惯性导航基本方程，因此采用非线性滤波，如EKF、UKF等；间接法滤波的系统状态方程采用线性的惯性导航误差方程，因此采用线性滤波。线性滤波的最优估计是线性卡尔曼滤波，因此，线性卡尔曼滤波就是最适用的方法。

(3) 从姿态表达上看，建立惯性基组合导航状态方程的关键问题在于采用何种姿态表达方式，姿态表达方式不同，建立的系统状态方程就不同，对应的滤波方法、结构和特性也不同。直接法滤波的姿态表达可以采用欧拉角、四元数和罗德里格斯参数族等，而间接法滤波的姿态表达往往采用欧拉角。

以上三个方面的认识既有独特的研究切入点，同时也有密切的关联性。总体上来说，惯性基组合导航系统状态方程主要集中于惯性导航基本方程和惯性导航误差方程，因此，本节主要阐述捷联惯性导航基本方程和捷联惯性导航误差方程及两者的关系。

7.3.1　捷联惯性导航方程

1. 捷联惯性导航基本方程

捷联惯性导航基本方程体现了捷联式惯性导航的本质特点。相比于平台式惯性导航方程，主要差异在于有无姿态转换矩阵。捷联惯性导航基本方程包括姿态微分方程、速度微分方程、位置微分方程和惯性器件误差微分方程。同时，在不考虑器件标定系数等问题时，一般构造成包含三轴姿态、速度、位置、陀螺常值漂移和加速度值常值零偏等状态的15维状态微分方程。

1）姿态微分方程

对于姿态微分方程，用四元数可表示为

$$\dot{\boldsymbol{q}}=\frac{1}{2}\Xi(\boldsymbol{q})\boldsymbol{\omega}_{\mathrm{nb}}^{\mathrm{b}}=\frac{1}{2}\Omega(\boldsymbol{\omega}_{\mathrm{nb}}^{\mathrm{b}})\boldsymbol{q} \tag{7.3.1}$$

其中：$\boldsymbol{\omega}_{\mathrm{nb}}^{\mathrm{b}}$ 表示从n系到b系在b系下表达的旋转角速度；$\Omega(\boldsymbol{\omega}_{\mathrm{nb}}^{\mathrm{b}})=\begin{bmatrix}-[\boldsymbol{\omega}_{\mathrm{nb}}^{\mathrm{b}}\times] & \boldsymbol{\omega}_{\mathrm{nb}}^{\mathrm{b}}\\ -(\boldsymbol{\omega}_{\mathrm{nb}}^{\mathrm{b}})^{\mathrm{T}} & \boldsymbol{0}\end{bmatrix}$。同时有

$$\boldsymbol{\omega}_{\mathrm{nb}}^{\mathrm{b}}=\boldsymbol{\omega}_{\mathrm{ib}}^{\mathrm{b}}-\boldsymbol{C}_{\mathrm{n}}^{\mathrm{b}}(\boldsymbol{q})\boldsymbol{\omega}_{\mathrm{in}}^{\mathrm{n}} \tag{7.3.2}$$

其中：$\boldsymbol{C}_{\mathrm{n}}^{\mathrm{b}}(\boldsymbol{q})$ 是用四元数表示的姿态阵；$\boldsymbol{\omega}_{\mathrm{ib}}^{\mathrm{b}}$ 是计算惯性器件误差的陀螺输出量；$\boldsymbol{\omega}_{\mathrm{in}}^{\mathrm{n}}$ 包含地球自转和载体相对于地球运动的旋转角速度。

姿态微分方程也可以用欧拉角或罗德里格斯参数族等表示。采用欧拉角表示时，姿态微分方程一般表示为

$$\begin{bmatrix}\dot{\theta}\\ \dot{\phi}\\ \dot{\psi}\end{bmatrix}=\frac{1}{\cos\theta}\begin{bmatrix}\cos\theta\cos\phi & 0 & \cos\theta\sin\phi\\ \sin\theta\sin\phi & \cos\theta & -\cos\phi\sin\theta\\ -\sin\phi & 0 & \cos\phi\end{bmatrix}\boldsymbol{\omega}_{\mathrm{nb}}^{\mathrm{b}} \tag{7.3.3}$$

当用MRP表示姿态微分方程时，一般表示为

$$\dot{\boldsymbol{\sigma}}=\frac{1}{4}\left\{\left(1-\|\boldsymbol{\sigma}\|^2\right)\boldsymbol{I}_3+2[\boldsymbol{\sigma}\times]+2\boldsymbol{\sigma}\boldsymbol{\sigma}^{\mathrm{T}}\right\}\boldsymbol{\omega}_{\mathrm{nb}}^{\mathrm{b}} \tag{7.3.4}$$

式(7.3.3)和式(7.3.4)中的 $\boldsymbol{\omega}_{\mathrm{nb}}^{\mathrm{b}}$ 同样涉及姿态转换阵的计算，因为式(7.3.3)采用欧拉角表示姿态更新，所以姿态转换阵也是由欧拉角表达，即式(7.1.21)；同样，式(7.3.4)采用MRP表示姿态更新，姿态转换阵表达形式如式(7.1.36)。另外，姿态微分方程还可以用RP或HORP等表示，但是，同样需要考虑姿态转换矩阵的表达形式及特殊的奇异值避免等问题。

2）速度与位置微分方程

以下介绍速度、位置和惯性器件误差微分方程，速度微分方程为

$$\dot{\boldsymbol{v}}^{\mathrm{n}}=\boldsymbol{C}_{\mathrm{b}}^{\mathrm{n}}\boldsymbol{f}^{\mathrm{b}}-\left(2\boldsymbol{\omega}_{\mathrm{ie}}^{\mathrm{n}}+\boldsymbol{\omega}_{\mathrm{en}}^{\mathrm{n}}\right)\times\boldsymbol{v}^{\mathrm{n}}+\boldsymbol{g}^{\mathrm{n}} \tag{7.3.5}$$

显然，式(7.3.5)与姿态量是耦合在一起的，这种耦合关系是通过 $\boldsymbol{C}_{\mathrm{b}}^{\mathrm{n}}$ 体现的。同样，这里 $\boldsymbol{C}_{\mathrm{b}}^{\mathrm{n}}$ 可以由各种姿态方法来表达。位置微分方程如下：纬度为

$$\dot{\varphi}=\frac{v_{\mathrm{N}}}{R_{\mathrm{M}}+h} \tag{7.3.6a}$$

经度为

$$\dot{\lambda}=\frac{v_{\mathrm{E}}}{(R_{\mathrm{N}}+h)\cos\varphi} \tag{7.3.6b}$$

高度为 $$\dot{h}=v_Z \tag{7.3.6c}$$

位置微分方程与速度是直接耦合在一起的，而与姿态是通过速度量间接耦合的。

3）惯性器件微分方程

惯性器件误差微分方程主要分为陀螺常值漂移和加速度计常值零偏，即

$$\tilde{\boldsymbol{\omega}}_{\mathrm{ib}}^{\mathrm{b}}=\boldsymbol{\omega}_{\mathrm{ib}}^{\mathrm{b}}+\boldsymbol{\varepsilon}^{\mathrm{b}}+\boldsymbol{\eta}_{\mathrm{gv}} \tag{7.3.7a}$$

$$\dot{\boldsymbol{\varepsilon}}^{\mathrm{b}}=\boldsymbol{\eta}_{\mathrm{gu}} \tag{7.3.7b}$$

式(7.3.7a)和式(7.3.7b)表示陀螺常值漂移微分方程，其中：$\tilde{\boldsymbol{\omega}}_{\mathrm{ib}}^{\mathrm{b}}$ 表示实际加计输出量；$\boldsymbol{\varepsilon}^{\mathrm{b}}$ 表示陀螺常值漂移；$\boldsymbol{\eta}_{\mathrm{gv}}$ 和 $\boldsymbol{\eta}_{\mathrm{gu}}$ 表示高斯白噪声，其方差分别为 $\boldsymbol{\sigma}_{\mathrm{gv}}^2$ 和 $\boldsymbol{\sigma}_{\mathrm{gu}}^2$，体现陀螺的品质和特性。

$$\tilde{\boldsymbol{f}}^{\mathrm{b}}=\boldsymbol{f}^{\mathrm{b}}+\boldsymbol{\nabla}^{\mathrm{b}}+\boldsymbol{\eta}_{\mathrm{av}} \tag{7.3.8a}$$

$$\dot{\boldsymbol{\nabla}}^{\mathrm{b}}=\boldsymbol{\eta}_{\mathrm{au}} \tag{7.3.8b}$$

式(7.3.8a)和式(7.3.8b)为加速度计常值零偏微分方程，其中：$\tilde{\boldsymbol{f}}^{\mathrm{b}}$ 为实际陀螺输出量；$\boldsymbol{\nabla}^{\mathrm{b}}$ 为加速度计常值零偏；$\boldsymbol{\eta}_{\mathrm{av}}$ 和 $\boldsymbol{\eta}_{\mathrm{au}}$ 为高斯白噪声，其方差 $\boldsymbol{\sigma}_{\mathrm{av}}^2$ 和 $\boldsymbol{\sigma}_{\mathrm{au}}^2$ 体现了加速度计的品质和特性。

综上所述，式(7.3.1)～(7.3.8b)的方程组即构成了捷联惯性导航基本方程。该方程组姿态、速度、位置和惯性器件误差等或直接或间接的耦合在一起，因此，该方程组是非线性较高的非线性方程组。若直接采用捷联惯性导航基本方程作为组合导航滤波状态方程，则需要非线性滤波方法来解决。采用非线性滤波无疑增加了组合导航的复杂度和实现难度，加重了硬件计算负担。因此，在过去很长一段时间里，人们更乐于将非线性的捷联惯性导航基本方程通过一定的近似，转化为线性方程来解决，这就是捷联惯性导航误差方程。

2. 捷联惯性导航误差方程

捷联惯性导航基本方程是非线性方程组，在建立状态方程过程中没有线性化高阶项，模型是精度无损的，能更真实、准确地反映载体运动规律。捷联惯性导航误差方程是线性方程组，是对捷联惯性导航基本方程进行近似假定或省略高阶无穷小项获得的，模型的精度是有损的。

1）姿态误差方程

捷联惯性导航误差方程通常采用欧拉角表示姿态误差。姿态误差微分方程的建立，体现了其他姿态表达法向欧拉角误差演变的过程。假设捷联惯性导航基本方程中的姿态微分方程采用四元数表达，下面讨论其演变过程。

理论上，姿态四元数满足如下微分方程：

$$\dot{\boldsymbol{q}}=\frac{1}{2}\boldsymbol{q}\otimes(\boldsymbol{\omega}_{\mathrm{ib}}^{\mathrm{b}}-\boldsymbol{\omega}_{\mathrm{in}}^{\mathrm{b}}) \tag{7.3.9}$$

式(7.3.9)是式(7.3.1)的展开形式，其中 $\boldsymbol{\omega}_{\mathrm{nb}}^{\mathrm{b}}=\boldsymbol{\omega}_{\mathrm{ib}}^{\mathrm{b}}-\boldsymbol{\omega}_{\mathrm{in}}^{\mathrm{b}}$。然而，在实际应用中，$\boldsymbol{\omega}_{\mathrm{nb}}^{\mathrm{b}}$ 必然会受到各种外界干扰和器件误差影响。因此，实际的姿态速率 $\hat{\boldsymbol{\omega}}_{\mathrm{nb}}^{\mathrm{b}}$ 可表示为

$$\hat{\boldsymbol{\omega}}_{\mathrm{nb}}^{\mathrm{b}}=\tilde{\boldsymbol{\omega}}_{\mathrm{ib}}^{\mathrm{b}}-\hat{\boldsymbol{\omega}}_{\mathrm{in}}^{\mathrm{b}} \tag{7.3.10}$$

其中：$\tilde{\boldsymbol{\omega}}_{\mathrm{ib}}^{\mathrm{b}}$ 为含有误差量的陀螺实际输出角速率；$\hat{\boldsymbol{\omega}}_{\mathrm{in}}^{\mathrm{b}}$ 为真实的对数字平台的指令角速率；$\hat{\boldsymbol{\omega}}_{\mathrm{in}}^{\mathrm{b}}$ 由惯性导航系统解算确定。因此，在实际解算时，式(7.3.9)转换为

$$\dot{\hat{\boldsymbol{q}}}=\frac{1}{2}\hat{\boldsymbol{q}}\otimes(\tilde{\boldsymbol{\omega}}_{\mathrm{ib}}^{\mathrm{b}}-\hat{\boldsymbol{\omega}}_{\mathrm{in}}^{\mathrm{b}}) \tag{7.3.11}$$

其中：$\hat{\boldsymbol{q}}$ 为真实解算的姿态四元数。设 $\hat{\boldsymbol{q}}$ 所相对应的姿态转换阵为 $\boldsymbol{C}_{\mathrm{b}}^{\mathrm{n}'}$，再根据姿态四元数和姿态转移矩阵的等价关系，得到 $\boldsymbol{C}_{\mathrm{b}}^{\mathrm{n}'}=\boldsymbol{C}_{\mathrm{n}}^{\mathrm{n}'}\boldsymbol{C}_{\mathrm{b}}^{\mathrm{n}}$ 所对应的姿态四元数为

$$\hat{\boldsymbol{q}}=\left(\delta\boldsymbol{q}\right)^{*}\otimes\boldsymbol{q} \tag{7.3.12a}$$

$$\delta\boldsymbol{q}=\boldsymbol{q}\otimes(\hat{\boldsymbol{q}})^{*} \tag{7.3.12b}$$

其中：$(\bullet)^{*}$ 表示共轭四元数；$\delta\boldsymbol{q}$ 表示误差四元数，是由 $\hat{\boldsymbol{q}}$ 引起的四元数的误差量。到这里，就实现了姿态量到姿态误差量的演变。接下来将推导从误差四元数到欧拉角误差的演变。

对式(7.3.12b)两边对时间求导数，整理得

$$\delta\dot{\boldsymbol{q}}=-\frac{1}{2}\delta\tilde{\boldsymbol{\omega}}_{\mathrm{ib}}^{\mathrm{n}}\otimes\delta\boldsymbol{q}-\frac{1}{2}\boldsymbol{\omega}_{\mathrm{in}}^{\mathrm{n}}\otimes\delta\boldsymbol{q}+\frac{1}{2}\delta\boldsymbol{q}\otimes\hat{\boldsymbol{\omega}}_{\mathrm{in}}^{\mathrm{n}} \tag{7.3.13}$$

式(7.3.13)也是误差四元数的更新方程，将 $\delta\boldsymbol{q}$ 写成三角形式：

$$\delta\boldsymbol{q}=\cos\frac{\boldsymbol{\phi}}{2}+\frac{\boldsymbol{\phi}}{\|\boldsymbol{\phi}\|}\sin\frac{\boldsymbol{\phi}}{2} \tag{7.3.14}$$

其中：$\boldsymbol{\phi}$ 是用欧拉角表示的，由 $\hat{\boldsymbol{q}}$ 确定的计算导航坐标系（n′系）相对于 $\boldsymbol{q}$ 所确定的导航坐标系（n 系）的偏差角向量，即姿态误差角。$\boldsymbol{\phi}=[\theta,\phi,\psi]^{\mathrm{T}}$ 推导到这里，实现了从误差四元数到欧拉角误差的演变过程。

当 $\boldsymbol{\phi}$ 是小角度时，式(7.3.14)变为

$$\delta\boldsymbol{q}\approx 1+\frac{\boldsymbol{\phi}}{2} \tag{7.3.15}$$

两边对时间求导，得

$$\delta\dot{\boldsymbol{q}}=\frac{\dot{\boldsymbol{\phi}}}{2} \tag{7.3.16}$$

将式(7.3.15)和式(7.3.16)代入式(7.3.13)整理，并忽略二阶无穷小量，得到欧拉角误差表示的姿态误差角的更新方程为

$$\dot{\boldsymbol{\phi}}^{\mathrm{n}}=-\boldsymbol{\omega}_{\mathrm{in}}^{\mathrm{n}}\times\boldsymbol{\phi}^{\mathrm{n}}+(\delta\boldsymbol{\omega}_{\mathrm{ie}}^{\mathrm{n}}+\delta\boldsymbol{\omega}_{\mathrm{en}}^{\mathrm{n}})-\delta\tilde{\boldsymbol{\omega}}_{\mathrm{ib}}^{\mathrm{n}} \tag{7.3.17}$$

2) 速度和位置误差方程

下面进行速度和位置状态方程演变的推导。与姿态状态方程不同，速度和位置状态方程的演变过程，状态量没有参量表示上的变换，主要体现为状态量向状态误差量的演变。

对于速度状态方程，式(7.3.5)是理想状态下的速度状态方程。同样，在实际系统应用中，必然会存在各种误差量。因此，实际的速度状态方程为

$$\dot{\tilde{\boldsymbol{v}}}^{\mathrm{n}}=\hat{\boldsymbol{C}}_{\mathrm{b}}^{\mathrm{n}}\tilde{\boldsymbol{f}}^{\mathrm{b}}-\left(2\tilde{\boldsymbol{\omega}}_{\mathrm{ie}}^{\mathrm{n}}+\tilde{\boldsymbol{\omega}}_{\mathrm{en}}^{\mathrm{n}}\right)\times\tilde{\boldsymbol{v}}^{\mathrm{n}}+\tilde{\boldsymbol{g}}^{\mathrm{n}} \tag{7.3.18}$$

其中：$\hat{\boldsymbol{C}}_{\mathrm{b}}^{\mathrm{n}}$、$\tilde{\boldsymbol{v}}^{\mathrm{n}}$、$\tilde{\boldsymbol{f}}^{\mathrm{b}}$、$\tilde{\boldsymbol{g}}^{\mathrm{n}}$ 和 $2\tilde{\boldsymbol{\omega}}_{\mathrm{ie}}^{\mathrm{n}}+\tilde{\boldsymbol{\omega}}_{\mathrm{en}}^{\mathrm{n}}$ 等都是含有误差的导航参量，并且这里 $\hat{\boldsymbol{C}}_{\mathrm{b}}^{\mathrm{n}}$ 是用欧拉角表示的。在不考虑器件刻度系数误差和安装角误差等情况下，与式(7.3.5)相比，有

$$\tilde{\boldsymbol{v}}^{\mathrm{n}}=\boldsymbol{v}^{\mathrm{n}}+\delta\boldsymbol{v}^{\mathrm{n}}$$

$$\tilde{\boldsymbol{\omega}}_{\mathrm{ie}}^{\mathrm{n}}=\boldsymbol{\omega}_{\mathrm{ie}}^{\mathrm{n}}+\delta\boldsymbol{\omega}_{\mathrm{ie}}^{\mathrm{n}}$$

$$\tilde{\boldsymbol{\omega}}_{\mathrm{en}}^{\mathrm{n}}=\boldsymbol{\omega}_{\mathrm{en}}^{\mathrm{n}}+\delta\boldsymbol{\omega}_{\mathrm{en}}^{\mathrm{n}}$$

$$\tilde{\boldsymbol{g}}^{\mathrm{n}}=\boldsymbol{g}^{\mathrm{n}}+\delta\boldsymbol{g}^{\mathrm{n}}$$

$$\hat{\boldsymbol{C}}_{\mathrm{b}}^{\mathrm{n}} = (\boldsymbol{I}_{3\times3} - \boldsymbol{\phi}^{\mathrm{n}}\times)\boldsymbol{C}_{\mathrm{b}}^{\mathrm{n}}$$

$$\tilde{\boldsymbol{f}}^{\mathrm{b}} = \boldsymbol{f}^{\mathrm{b}} + \boldsymbol{\nabla}^{\mathrm{b}}$$

代入式(7.3.18)，忽略二阶无穷小量和 $\delta\boldsymbol{g}^{\mathrm{n}}$ 的影响，整理速度误差量的更新方程，也就是间接式状态方程中的速度误差方程，得

$$\delta\dot{\boldsymbol{v}}^{\mathrm{n}} = \boldsymbol{f}^{\mathrm{n}} \times \boldsymbol{\phi}^{\mathrm{n}} - (2\boldsymbol{\omega}_{\mathrm{ie}}^{\mathrm{n}} + \boldsymbol{\omega}_{\mathrm{en}}^{\mathrm{n}}) \times \delta\boldsymbol{v}^{\mathrm{n}} + \boldsymbol{v}^{\mathrm{n}} \times (2\delta\boldsymbol{\omega}_{\mathrm{ie}}^{\mathrm{n}} + \delta\boldsymbol{\omega}_{\mathrm{en}}^{\mathrm{n}}) + \delta\boldsymbol{f}^{\mathrm{n}} \tag{7.3.19}$$

对于位置状态方程，位置微分方程等式两边对位置和速度取全微分，忽略二阶无穷小量，整理得

$$\delta\dot{\varphi} = \frac{1}{R_{\mathrm{M}} + h}\delta v_{\mathrm{N}} - \delta h \frac{v_{\mathrm{N}}}{(R_M + h)^2} \tag{7.3.20a}$$

$$\delta\dot{\lambda} = \frac{\delta v_{\mathrm{E}}}{(R_{\mathrm{N}} + h)\cos\varphi} + \delta\lambda \frac{v_{\mathrm{E}}\tan\varphi}{(R_{\mathrm{N}} + h)\cos\varphi} - \frac{\delta v_{\mathrm{E}}}{(R_{\mathrm{N}} + h)^2\cos\varphi} \tag{7.3.20b}$$

$$\delta\dot{h} = \delta v_Z \tag{7.3.20c}$$

以上详细推导了从捷联惯性导航基本方程向捷联惯性导航误差方程演变的过程。通过推导可知，捷联惯性导航误差方程相对于捷联惯性导航基本方程具有较大的模型精度损失，即在推导的演变过程中，需要许多假定近似条件、简化及忽略项等。虽然这实现了捷联惯性导航误差方程的线性化，但在某些运动剧烈或含有模型误差的情况下，会影响组合导航估计的效果。

3. 捷联惯性导航方程小结

关于捷联惯性导航基本方程和误差方程，总结如下几点。

(1) 捷联惯性导航误差方程是通过捷联惯性导航基本方程经过等效变换及近似化处理构成的。

(2) 捷联惯性导航误差方程是线性化的方程，而捷联惯性导航基本方程是非线性方程。

(3) 相对于捷联惯性导航误差方程，捷联惯性导航基本方程更能直接反应导航参数的变化，因此也更能真实体现载体实际运动情况，无需反馈过程。

(4) 对于姿态误差方程，方程线性化的前提是姿态误差角是小角度；而对于大失准角，该方程将失去线性化假定条件。

捷联惯性导航基本方程具有模型精度的无损性，但考虑到该方程是非线性方程，在非线性滤波技术还不够完备的情况下，人们往往退而求其次，采用更易于实现、更简单的方式来处理。长期以来，捷联惯性导航误差方程几乎成为“教科书式”的捷联惯性导航基组合导航滤波模型。出于对非线性滤波稳定性的顾虑，捷联惯性导航基本方程多应用于航天领域组合导航(航天器捷联惯性导航基组合导航模型可以不考虑地球自转对运动载体的影响，使模型简化)；但在航海领域，考虑到安全性和滤波稳定性等要求，组合模型仍多采用捷联惯性导航误差方程。实际上，随着非线性滤波研究的深入，捷联惯性导航基本方程的应用会越来越广泛，并可逐步替代捷联惯性导航误差方程。下一节我们将重点介绍几种最典型的基于捷联惯性导航基本方程的组合导航滤波算法。

7.3.2 捷联惯性基组合导航滤波

滤波技术是组合导航的基础，也是实现组合导航软件的核心。组合导航滤波实现的基础是姿态表达和滤波方法，由不同姿态表达和滤波方法的组合可以构造不同的组合导航滤波算法。

图7.3.1概述了当前捷联惯性基组合导航各主要滤波方法的关系，以便读者对捷联惯性基组合导航滤波有一个整体认识。

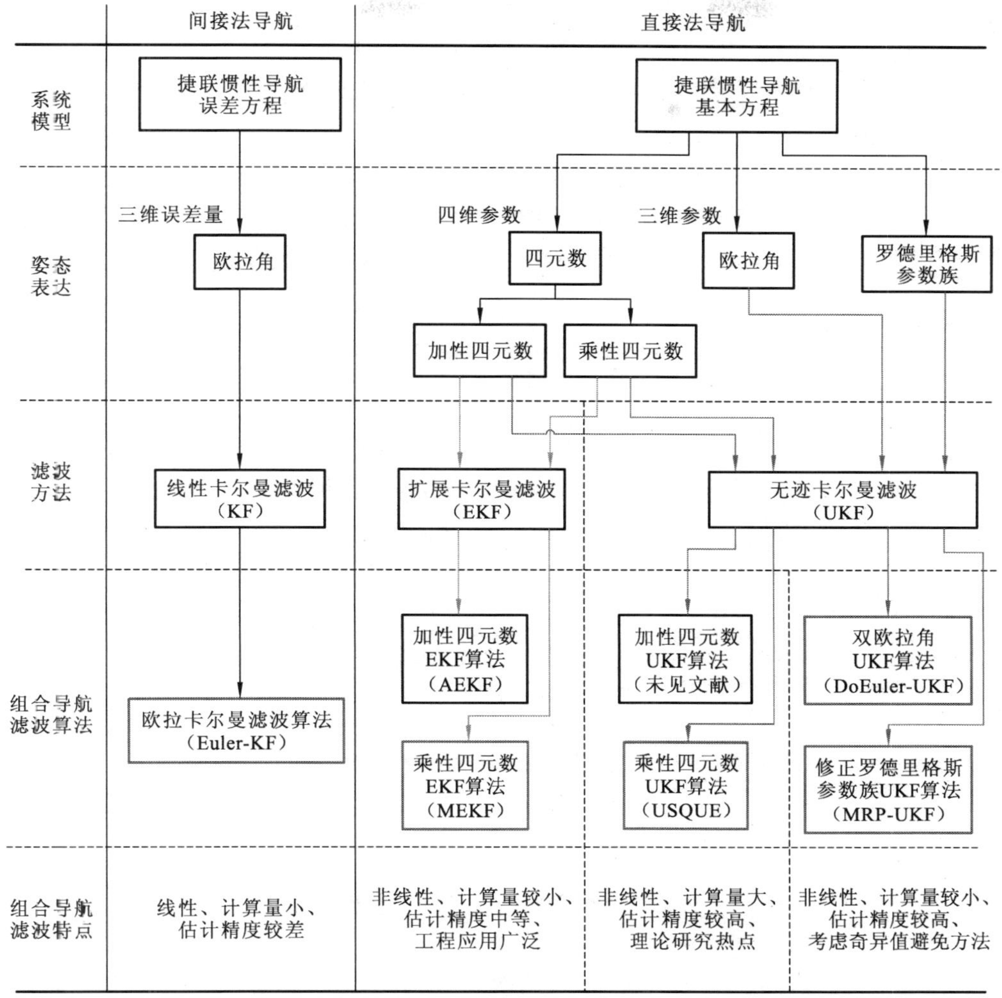

图 7.3.1　捷联惯性基组合导航滤波算法

图7.3.1展示了当前最主要的捷联惯性基组合导航滤波算法的系统模型、姿态表达、滤波方法及其主要特点，概述了捷联惯性基组合导航滤波的构造方法及其内在联系。这里采用“姿态表达+滤波方法”来命名组合导航滤波方法，如Euler-KF表示姿态以欧拉角表示的卡尔曼滤波算法。对于Euler-KF，前面章节已详细讨论。在直接法导航滤波中，根据姿态表达参数的维数不同，它分为四维参数的四元数和三维参数的欧拉角及罗德里格斯参数族方法。由于四元数在产生四元数误差量时存在加性和乘性运算，四元数分为加性四元数和乘性四元数，结合EKF或UKF滤波算法，构造出加性四元数EKF算法（additive quaternion EKF，AEKF）、乘性四元数EKF算法（multiplicative quaternion EKF，MEKF）和乘性四元数UKF算法（即四元数无迹估计器，unscented quaternion estimator，USQUE）。从理论上讲，存在加性四元数UKF算法，但笔者并未找到相关文献资料。相比于AEKF，MEKF更为常用，在工程上应用十分广泛，而USQUE出现时间较晚，是目前组合导航研究的热点（Crassidis，2006；Crassidis et al，2003）。对于三维

参数的欧拉角和罗德里格斯参数族主要是结合UKF算法构造组合导航滤波算法，有双欧拉角UKF算法(double Euler UKF，DoEuler-UKF)和修正罗德里格斯参数UKF算法(modified rodrigues parameters，UKF，MRP-UKF)。由于三维参数姿态表达法存在姿态奇异值问题，其组合导航滤波方法需要考虑构造奇异值避免方法，其中，DoEuler-UKF主要利用正反欧拉角的切换避免奇异值，而MRP-UKF主要利用MRP与其影子SMRP的切换避免奇异，两种姿态表达在避免奇异值问题上采用的思想是基本一致的(Lee et al，2009；Pittelkau，2003)。

目前，组合导航滤波的研究已经逐步向提高抗干扰性、精简计算量、提高稳定性和构造更高效奇异值避免方法等方向发展(Zhang et al，2019)，而最基础的组合导航滤波算法仍是其他改进算法的根本。因此，本节重点介绍应用最广泛的两种典型组合导航滤波算法，即MEKF和USQUE。

1. MEKF 算法

MEKF算法构造的关键在于如何实现滤波方差的传递和更新，与EKF滤波相同，即如何利用雅可比矩阵和偏微分实现捷联惯性导航基本方程的线性化。MEKF中姿态量采用四元数表达，四元数是四维的数学姿态表示方法，本质上并不具备物理意义，因此，四元数不能直接求导获取姿态误差量。另外，四元数是四维的参数，而滤波方差中姿态部分是三维矩阵，这样就存在姿态量和滤波方差的维数匹配问题。MEKF巧妙地将四元数误差进行了合理的近似，不仅解决了求取姿态误差量的问题，同时也将四维的姿态参量降为了三维参量，解决了滤波方差维数匹配问题(Markley et al，2014)。根据乘性四元数法则，有

$$\delta\boldsymbol{q} = \boldsymbol{q} \otimes \hat{\boldsymbol{q}}^{-1}, \qquad \delta\boldsymbol{q} = [\delta\boldsymbol{\rho}^{\mathrm{T}},\quad \delta\boldsymbol{q}_4]^{\mathrm{T}}$$

进一步，可以得到姿态转换矩阵乘积形式为

$$\boldsymbol{C}_{\mathrm{b}}^{\mathrm{n}}(\delta\boldsymbol{q}) = \boldsymbol{C}_{\mathrm{b}}^{\mathrm{n}}(\boldsymbol{q})\left[\boldsymbol{C}_{\mathrm{b}}^{\mathrm{n}}(\hat{\boldsymbol{q}})\right]^{\mathrm{T}} \tag{7.3.21}$$

通常来说，姿态误差量是一个小量，即 $\delta\boldsymbol{q}$ 可以合理近似表示为 $\delta\boldsymbol{\rho} \approx \delta\boldsymbol{\alpha}/2$ 和 $\delta q_4 \approx 1$。将近似的四元数误差和式(7.3.21)带入式(7.3.1)，推导可得

$$\delta\dot{\boldsymbol{\alpha}} = -[\hat{\boldsymbol{\omega}}_{\mathrm{nb}}^{\mathrm{b}} \times]\delta\boldsymbol{\alpha} + \delta\boldsymbol{\omega}_{\mathrm{ib}}^{\mathrm{b}} - \boldsymbol{C}_{\mathrm{b}}^{\mathrm{n}}(\hat{\boldsymbol{q}})\delta\boldsymbol{\omega}_{\mathrm{in}}^{\mathrm{n}} \tag{7.3.22a}$$

$$\delta\dot{q}_4 = 0 \tag{7.3.22b}$$

其中：$\delta\boldsymbol{\omega}_{\mathrm{ib}}^{\mathrm{b}} = \boldsymbol{\omega}_{\mathrm{ib}}^{\mathrm{b}} - \hat{\boldsymbol{\omega}}_{\mathrm{ib}}^{\mathrm{b}}$；$\delta\boldsymbol{\omega}_{\mathrm{in}}^{\mathrm{n}} = \boldsymbol{\omega}_{\mathrm{in}}^{\mathrm{n}} - \hat{\boldsymbol{\omega}}_{\mathrm{in}}^{\mathrm{n}}$。由于计算四元数和真实四元数差值很小，$\delta\boldsymbol{q}$ 可以由 $\delta\boldsymbol{\alpha}$ 近似表达为 $\delta\boldsymbol{\alpha}(\hat{\boldsymbol{q}})$，这也是MEKF的精髓所在。假设状态量为 $\hat{\boldsymbol{x}} = [\delta\boldsymbol{\alpha}(\hat{\boldsymbol{q}}), \hat{\boldsymbol{p}}, \hat{\boldsymbol{v}}, \hat{\boldsymbol{\varepsilon}}, \hat{\boldsymbol{\nabla}}]^{\mathrm{T}}$，进一步，将 $\delta\boldsymbol{\omega}_{\mathrm{ib}}^{\mathrm{b}} = -[\boldsymbol{I}_{3\times3}\Delta\boldsymbol{\varepsilon} + \boldsymbol{I}_{3\times3}\boldsymbol{\eta}_{\mathrm{gv}}]$、$\Delta\boldsymbol{\varepsilon} = \boldsymbol{\varepsilon} - \hat{\boldsymbol{\varepsilon}}$ 和 $\delta\boldsymbol{\omega}_{\mathrm{in}}^{\mathrm{n}}$ 的一阶泰勒级数展开式代入式(7.3.22a)，可得

$$\delta\dot{\boldsymbol{\alpha}} = -\left[(\tilde{\boldsymbol{\omega}}_{\mathrm{ib}}^{\mathrm{b}} - \hat{\boldsymbol{\varepsilon}})\times\right]\delta\boldsymbol{\alpha} - \Delta\boldsymbol{\varepsilon} - \boldsymbol{\eta}_{\mathrm{gv}} - \boldsymbol{C}_{\mathrm{n}}^{\mathrm{b}}(\boldsymbol{q})\left.\frac{\partial\boldsymbol{\omega}_{\mathrm{in}}^{\mathrm{n}}}{\partial\boldsymbol{p}}\right|_{\hat{\boldsymbol{p}},\hat{\boldsymbol{v}}}\Delta\boldsymbol{p} - \boldsymbol{C}_{\mathrm{n}}^{\mathrm{b}}(\boldsymbol{q})\left.\frac{\partial\boldsymbol{\omega}_{\mathrm{in}}^{\mathrm{n}}}{\partial\boldsymbol{v}}\right|_{\hat{\boldsymbol{p}}}\Delta\boldsymbol{v} \tag{7.3.23}$$

其中：$\Delta\boldsymbol{p} = \boldsymbol{p} - \hat{\boldsymbol{p}}$；$\Delta\boldsymbol{v} = \boldsymbol{v} - \hat{\boldsymbol{v}}$，其他项为

$$\frac{\partial\boldsymbol{\omega}_{\mathrm{in}}^{\mathrm{n}}}{\partial\boldsymbol{p}} = \begin{bmatrix} \dfrac{v_{\mathrm{N}}}{(R_{\mathrm{M}}+h)^2}\dfrac{\partial R_{\mathrm{M}}}{\partial\varphi} & 0 & \dfrac{v_{\mathrm{N}}}{(R_{\mathrm{M}}+h)^2} \\ -\omega_{\mathrm{ie}}\sin\varphi - \dfrac{v_{\mathrm{E}}}{(R_{\mathrm{N}}+h)^2}\dfrac{\partial R_{\mathrm{N}}}{\partial\varphi} & 0 & -\dfrac{v_{\mathrm{E}}}{(R_{\mathrm{N}}+h)^2} \\ \omega_{\mathrm{ie}}\cos\varphi + \dfrac{v_{\mathrm{E}}\sec^2\varphi}{R_{\mathrm{N}}+h} - \dfrac{v_{\mathrm{E}}\tan\varphi}{(R_{\mathrm{N}}+h)^2}\dfrac{\partial R_{\mathrm{N}}}{\partial\varphi} & 0 & -\dfrac{v_{\mathrm{E}}\tan\varphi}{(R_{\mathrm{N}}+h)^2} \end{bmatrix}$$

$$\frac{\partial \boldsymbol{\omega}_{\text{in}}^{\text{n}}}{\partial \boldsymbol{v}}=\begin{bmatrix} 0 & -\dfrac{1}{R_{\text{M}}+h} & 0 \\ \dfrac{1}{R_{\text{N}}+h} & 0 & 0 \\ \dfrac{\tan\varphi}{R_{\text{N}}+h} & 0 & 0 \end{bmatrix}$$

其中：$\dfrac{\partial R_{\text{N}}}{\partial \varphi}=\dfrac{Re^2\sin\varphi\cos\varphi}{(1-e^2\sin^2\varphi)^{3/2}}$；$\dfrac{\partial R_{\text{M}}}{\partial \varphi}=\dfrac{3R_{\text{e}}(1-e^2)e^2\sin\varphi\cos\varphi}{(1-e^2\sin^2\varphi)^{5/2}}$；$R_{\text{e}}$为等效地球半径(6 378 137 m)。

由状态量进一步得到状态误差量为 $\Delta \boldsymbol{x}=\left[\delta\boldsymbol{\alpha}(\hat{\boldsymbol{q}}),\Delta\hat{\boldsymbol{p}},\Delta\hat{\boldsymbol{v}},\Delta\hat{\boldsymbol{\varepsilon}},\Delta\hat{\boldsymbol{\nabla}}\right]^{\text{T}}$，因此有如下误差量微分方程表达形式：

$$\Delta\dot{\boldsymbol{x}}=\boldsymbol{F}\Delta\boldsymbol{x}+\boldsymbol{G}\boldsymbol{w}$$

其中关键项为线性化系统矩阵

$$\boldsymbol{F}=\begin{bmatrix} \boldsymbol{F}_{11} & \boldsymbol{F}_{12} & \boldsymbol{F}_{13} & \boldsymbol{F}_{14} & \boldsymbol{0}_{3\times3} \\ \boldsymbol{0}_{3\times3} & \boldsymbol{F}_{22} & \boldsymbol{F}_{23} & \boldsymbol{0}_{3\times3} & \boldsymbol{0}_{3\times3} \\ \boldsymbol{F}_{31} & \boldsymbol{F}_{32} & \boldsymbol{F}_{33} & \boldsymbol{0}_{3\times3} & \boldsymbol{F}_{35} \\ \boldsymbol{0}_{3\times3} & \boldsymbol{0}_{3\times3} & \boldsymbol{0}_{3\times3} & \boldsymbol{0}_{3\times3} & \boldsymbol{0}_{3\times3} \\ \boldsymbol{0}_{3\times3} & \boldsymbol{0}_{3\times3} & \boldsymbol{0}_{3\times3} & \boldsymbol{0}_{3\times3} & \boldsymbol{0}_{3\times3} \end{bmatrix}$$

过程噪声 $\boldsymbol{w}=\left[\boldsymbol{\eta}_{\text{gv}};\boldsymbol{\eta}_{\text{gu}};\boldsymbol{\eta}_{\text{av}};\boldsymbol{\eta}_{\text{au}}\right]$，噪声方差为

$$\boldsymbol{Q}=\begin{bmatrix} \boldsymbol{\sigma}_{\text{gv}}^2\boldsymbol{I}_{3\times3} & \boldsymbol{0}_{3\times3} & \boldsymbol{0}_{3\times3} & \boldsymbol{0}_{3\times3} \\ \boldsymbol{0}_{3\times3} & \boldsymbol{\sigma}_{\text{gu}}^2\boldsymbol{I}_{3\times3} & \boldsymbol{0}_{3\times3} & \boldsymbol{0}_{3\times3} \\ \boldsymbol{0}_{3\times3} & \boldsymbol{0}_{3\times3} & \boldsymbol{\sigma}_{\text{av}}^2\boldsymbol{I}_{3\times3} & \boldsymbol{0}_{3\times3} \\ \boldsymbol{0}_{3\times3} & \boldsymbol{0}_{3\times3} & \boldsymbol{0}_{3\times3} & \boldsymbol{\sigma}_{\text{au}}^2\boldsymbol{I}_{3\times3} \end{bmatrix}$$

它由陀螺和加速度计特性决定。过程噪声阵为

$$\boldsymbol{G}=\begin{bmatrix} -\boldsymbol{I}_{3\times3} & \boldsymbol{0}_{3\times3} & \boldsymbol{0}_{3\times3} & \boldsymbol{0}_{3\times3} \\ \boldsymbol{0}_{3\times3} & \boldsymbol{0}_{3\times3} & \boldsymbol{0}_{3\times3} & \boldsymbol{0}_{3\times3} \\ \boldsymbol{0}_{3\times3} & \boldsymbol{0}_{3\times3} & -\boldsymbol{C}_{\text{b}}^{\text{n}}(\hat{\boldsymbol{q}}) & \boldsymbol{0}_{3\times3} \\ \boldsymbol{0}_{3\times3} & \boldsymbol{I}_{3\times3} & \boldsymbol{0}_{3\times3} & \boldsymbol{0}_{3\times3} \\ \boldsymbol{0}_{3\times3} & \boldsymbol{0}_{3\times3} & \boldsymbol{0}_{3\times3} & \boldsymbol{I}_{3\times3} \end{bmatrix}$$

$\boldsymbol{F}$阵的各项为

$$\boldsymbol{F}_{11}=-\left[(\tilde{\boldsymbol{\omega}}_{\text{ib}}^{\text{b}}-\hat{\boldsymbol{\varepsilon}})\times\right],\quad \boldsymbol{F}_{12}=-\boldsymbol{C}_{\text{n}}^{\text{b}}(\hat{\boldsymbol{q}})\left.\frac{\partial \boldsymbol{\omega}_{\text{in}}^{\text{n}}}{\partial \boldsymbol{p}}\right|_{\hat{\boldsymbol{p}},\hat{\boldsymbol{v}}},\quad \boldsymbol{F}_{13}=-\boldsymbol{C}_{\text{n}}^{\text{b}}(\hat{\boldsymbol{q}})\left.\frac{\partial \boldsymbol{\omega}_{\text{in}}^{\text{n}}}{\partial \boldsymbol{v}}\right|_{\hat{\boldsymbol{p}}},\quad \boldsymbol{F}_{14}=\boldsymbol{I}_{3\times3},\quad \boldsymbol{0}_{3\times3},$$

$$\boldsymbol{0}_{3\times3},\quad \boldsymbol{F}_{22}=\left.\frac{\partial \dot{\boldsymbol{p}}}{\partial \boldsymbol{p}}\right|_{\hat{\boldsymbol{p}},\hat{\boldsymbol{v}}},\quad \boldsymbol{F}_{23}=\left.\frac{\partial \dot{\boldsymbol{p}}}{\partial \boldsymbol{v}}\right|_{\hat{\boldsymbol{p}}},\quad \boldsymbol{0}_{3\times3},\quad \boldsymbol{0}_{3\times3},$$

$$\boldsymbol{F}_{31}=-\boldsymbol{C}_{\text{b}}^{\text{n}}(\hat{\boldsymbol{q}})\left[\boldsymbol{f}^{\text{b}}\times\right],\quad \boldsymbol{F}_{32}=\left.\frac{\partial \dot{\boldsymbol{v}}}{\partial \boldsymbol{p}}\right|_{\hat{\boldsymbol{p}},\hat{\boldsymbol{v}}},\quad \boldsymbol{F}_{33}=\left.\frac{\partial \dot{\boldsymbol{v}}}{\partial \boldsymbol{v}}\right|_{\hat{\boldsymbol{p}},\hat{\boldsymbol{v}}},\quad \boldsymbol{0}_{3\times3},\quad \boldsymbol{F}_{35}=-\boldsymbol{C}_{\text{b}}^{\text{n}}(\hat{\boldsymbol{q}})$$

其中
$$\frac{\partial \dot{\boldsymbol{p}}}{\partial \boldsymbol{p}}=\begin{bmatrix} -\frac{v_N}{(R_M+h)^2}\frac{\partial R_M}{\partial \varphi} & 0 & -\frac{v_N}{(R_M+h)^2} \\ -\frac{v_E\sec\varphi}{(R_N+h)^2}\frac{\partial R_N}{\partial \varphi}+\frac{v_E\sec\varphi\tan\varphi}{R_N+h} & 0 & -\frac{v_E\sec\varphi}{(R_N+h)^2} \\ 0 & 0 & 0 \end{bmatrix}$$

$$\frac{\partial \dot{\boldsymbol{p}}}{\partial \boldsymbol{v}}=\begin{bmatrix} 0 & \frac{1}{R_M+h} & 0 \\ \frac{\sec\varphi}{R_N+h} & 0 & 0 \\ 0 & 0 & 1 \end{bmatrix}$$

$$\frac{\partial \dot{\boldsymbol{v}}}{\partial \boldsymbol{p}}=\begin{bmatrix} Y_{11} & 0 & Y_{13} \\ Y_{21} & 0 & Y_{23} \\ Y_{31} & 0 & Y_{33} \end{bmatrix},\quad \frac{\partial \dot{\boldsymbol{v}}}{\partial \boldsymbol{v}}=\begin{bmatrix} Z_{11} & Z_{12} & Z_{13} \\ Z_{21} & Z_{22} & Z_{23} \\ Z_{31} & Z_{32} & 0 \end{bmatrix}$$

$$Y_{11}=\frac{v_E v_N\sec^2\varphi}{R_N+h}-\frac{v_E v_N\tan\varphi}{(R_N+h)^2}\frac{\partial R_N}{\partial \varphi}+2\omega_{ie}v_N\cos\varphi+\frac{v_E v_Z}{(R_N+h)^2}\frac{\partial R_N}{\partial \varphi}+2\omega_{ie}v_Z\sin\varphi$$

$$Y_{13}=\frac{v_E v_Z-v_E v_N\tan\varphi}{(R_N+h)^2},\quad Y_{21}=-\frac{v_E^2\sec^2\varphi}{R_N+h}+\frac{v_E^2\tan\varphi}{(R_N+h)^2}\frac{\partial R_N}{\partial \varphi}-2\omega_{ie}v_E\cos\varphi+\frac{v_E v_Z}{(R_M+h)^2}\frac{\partial R_M}{\partial \varphi}$$

$$Y_{23}=\frac{v_E^2\tan\varphi}{(R_N+h)^2}+\frac{v_E v_Z}{(R_M+h)^2},\quad Y_{31}=-\frac{v_E^2}{(R_N+h)^2}\frac{\partial R_N}{\partial \varphi}-\frac{v_N^2}{(R_M+h)^2}\frac{\partial R_M}{\partial \varphi}-2\omega_{ie}v_E\sin\varphi-\frac{\partial g}{\partial \varphi}$$

$$Y_{33}=-\frac{v_E^2}{(R_N+h)^2}-\frac{v_N^2}{(R_M+h)^2}-\frac{\partial g}{\partial h}$$

$$Z_{11}=\frac{-v_Z+v_N\tan\varphi}{R_N+h},\quad Z_{12}=\frac{v_E\tan\varphi}{R_N+h}+2\omega_{ie}\sin\varphi,\quad Z_{13}=-\frac{v_E}{R_N+h}-2\omega_{ie}\cos\varphi$$

$$Z_{21}=\frac{-2v_E\tan\varphi}{R_N+h}+2\omega_{ie}\sin\varphi,\quad Z_{22}=\frac{-v_Z}{R_M+h},\quad Z_{23}=\frac{-v_N}{R_M+h}$$

$$Z_{31}=\frac{2v_E}{R_N+h}+2\omega_{ie}\cos\varphi,\quad Z_{32}=\frac{2v_N}{R_M+h}$$

$$\frac{\partial g}{\partial \varphi}=9.780\,327\times\left[1.060\,48\times10^{-2}\sin\varphi\cos\varphi-4.64\times10^{-5}(\sin\varphi\cos^3\varphi-\sin^3\varphi\cos\varphi)\right]$$

$$\frac{\partial g}{\partial h}=-3.087\,7\times10^{-6}+4.4\times10^{-9}\sin^2\varphi+1.44\times10^{-13}h$$

以上即为系统阵$\boldsymbol{F}$的全部元素。另外，由于滤波是离散递推形式，需将$\boldsymbol{F}$阵转换为离散形式，假设

$$\boldsymbol{\varGamma}=\begin{bmatrix} -\boldsymbol{F} & \boldsymbol{GQG}^{\mathrm{T}} \\ \boldsymbol{0} & \boldsymbol{F} \end{bmatrix}T$$

其中：T为计算周期，则

$$\boldsymbol{B}=\boldsymbol{e}^{\boldsymbol{\varGamma}}=\begin{bmatrix} \boldsymbol{B}_{11} & \boldsymbol{B}_{12} \\ \boldsymbol{0} & \boldsymbol{B}_{22} \end{bmatrix}=\begin{bmatrix} \boldsymbol{B}_{11} & \boldsymbol{\varPhi}_{k-1}^{-1}\boldsymbol{W}_{k-1} \\ \boldsymbol{0} & \boldsymbol{\varPhi}_{k-1}^{\mathrm{T}} \end{bmatrix}$$

因此，离散系统矩阵 $\boldsymbol{\Phi}_{k-1}=\boldsymbol{B}_{22}^{\mathrm{T}}$，离散过程噪声方差为 $\boldsymbol{W}_{k-1}=\boldsymbol{TGQG}^{\mathrm{T}}$。同时，为了阐述方便，这里观测方程均采用线性模型。MEKF滤波算法总结如表7.3.1所示。

表 7.3.1　MEKF 算法

更　新	内　容
时间更新	定义状态量 $\hat{\boldsymbol{x}}_{k-1}(\hat{\boldsymbol{q}})$ 和滤波方差 $\boldsymbol{P}_{k-1}$ 根据捷联惯性导航基本方程 $\boldsymbol{f}(\cdot)$，状态一步预测：$\hat{\boldsymbol{x}}_{k,k-1}(\hat{\boldsymbol{q}})=\boldsymbol{f}(\hat{\boldsymbol{x}}_{k-1}(\hat{\boldsymbol{q}}))$ 滤波方差一步预测：$\boldsymbol{P}_{k,k-1}=\boldsymbol{\Phi}_{k-1}\boldsymbol{P}_{k-1}\boldsymbol{\Phi}_{k-1}^{\mathrm{T}}+\boldsymbol{W}_{k-1}$
观测更新	滤波增益：$\boldsymbol{K}_k=\boldsymbol{P}_{k,k-1}\boldsymbol{H}_k^{\mathrm{T}}(\boldsymbol{H}_k\boldsymbol{P}_{k,k-1}\boldsymbol{H}_k^{\mathrm{T}}+\boldsymbol{R}_k)^{-1}$ 状态误差量：$\delta\hat{\boldsymbol{x}}_k=\boldsymbol{K}_k\left[\boldsymbol{y}_k-\boldsymbol{h}(\hat{\boldsymbol{x}}_{k,k-1})\right]=\begin{bmatrix}\delta\hat{\boldsymbol{\alpha}}_k\\ \delta\hat{\boldsymbol{x}}_k^{\mathrm{e}}\end{bmatrix}$ 其中：$\boldsymbol{y}_k$ 为观测量；$\boldsymbol{h}(\cdot)$ 为观测方程；$\boldsymbol{H}_k$ 为观测方程矩阵；$\delta\hat{\boldsymbol{x}}_k^{\mathrm{e}}=\left[\delta\hat{\boldsymbol{p}}_k;\delta\hat{\boldsymbol{v}}_k;\delta\hat{\boldsymbol{\varepsilon}}_k;\delta\hat{\boldsymbol{\nabla}}_k\right]$
状态更新	姿态量更新：$\hat{\boldsymbol{q}}_k=\hat{\boldsymbol{q}}_{k,k-1}+\frac{1}{2}\Xi(\hat{\boldsymbol{q}}_{k,k-1})\delta\hat{\boldsymbol{\alpha}}_k$ 其他状态量更新：$\hat{\boldsymbol{x}}_k^{\mathrm{e}}=\hat{\boldsymbol{x}}_{k,k-1}^{\mathrm{e}}+\delta\hat{\boldsymbol{x}}_k^{\mathrm{e}}$ 滤波方差更新：$\boldsymbol{P}_k=(\boldsymbol{I}_n-\boldsymbol{K}_k\boldsymbol{H}_k)\boldsymbol{P}_{k,k-1}$

需要注意的是，MEKF与EKF在滤波流程中主要的区别在于状态更新，因为四元数 $\hat{\boldsymbol{q}}_k$ 的维数与三维姿态误差量 $\delta\hat{\boldsymbol{\alpha}}_k$ 不同，所以需要特殊的四元数乘积运算参与，不能写成传统的状态更新形式（$\hat{\boldsymbol{x}}_k=\hat{\boldsymbol{x}}_{k,k-1}+\boldsymbol{K}_k\left[\boldsymbol{y}_k-\boldsymbol{h}(\hat{\boldsymbol{x}}_{k,k-1})\right]$），需要将姿态量单独进行状态更新。另外，对于 $\Xi(\hat{\boldsymbol{q}}_{k,k-1})$，需要注意四元数不同的定义形式，如果定义为 $\boldsymbol{q}=[\boldsymbol{\rho},q_4]$（向量在前，标量在后），则 $\Xi(\hat{\boldsymbol{q}}_{k,k-1})=\begin{bmatrix}q_4\boldsymbol{I}_{3\times3}+[\boldsymbol{\rho}\times]\\ -\boldsymbol{\rho}^{\mathrm{T}}\end{bmatrix}$；如果定义为 $\boldsymbol{q}=[q_0;\boldsymbol{\rho}]$，则 $\Xi(\hat{\boldsymbol{q}}_{k,k-1})=\begin{bmatrix}-\boldsymbol{\rho}^{\mathrm{T}}\\ q_0\boldsymbol{I}_{3\times3}+[\boldsymbol{\rho}\times]\end{bmatrix}$。这是MEKF滤波编程容易出现错误的地方。

2. 四元数无迹估计器

MEKF虽然实现了直接法导航，但本质仍属于EKF滤波框架。它继承了EKF的优点，同时也具有EKF的缺点。捷联惯性导航基本方程的非线性较强，采用EKF线性化存在一定的精度损失。因此，人们开始探索将四元数姿态表达扩展到UKF框架下进行组合导航滤波，以克服EKF的不足。然而具体操作时，同样遇到四元数在非线性滤波算法中的两大关键问题，一是四元数归一化问题，二是四元数状态与滤波方差维数的匹配问题。USQUE利用分层滤波思想很好地解决了以上问题，巧妙地通过将内层滤波状态量用三维的广义罗德里格斯参数族误差 $\delta\boldsymbol{\mathfrak{R}}$ 表示，以实现滤波方差的传递更新；而将外层滤波状态量用四元数表示，以实现状态量的传递，而其中 $\delta\boldsymbol{\mathfrak{R}}$ 与四元数的变换关系是关键。四元数变换 $\delta\boldsymbol{\mathfrak{R}}$ 可以表示为

$$\delta\boldsymbol{\mathfrak{R}}=f\frac{\delta\boldsymbol{\rho}}{a+\delta q_4}$$

其中：f 和 a 为可选的参数，一般取 $f=1$，$a=0$。而 $\delta\boldsymbol{\mathfrak{R}}$ 变换四元数可以表示为

$$\delta q_4=\frac{-a\|\delta\boldsymbol{\mathfrak{R}}\|^2+f\sqrt{f^2+(1-a^2)\|\delta\boldsymbol{\mathfrak{R}}\|^2}}{f^2+\|\delta\boldsymbol{\mathfrak{R}}\|^2}$$

$$\delta\boldsymbol{\rho}=f^{-1}\left[a+\delta q_4\right]\delta\boldsymbol{\mathcal{R}}$$

USQUE算法的姿态量变换流程如下：

$$\delta\boldsymbol{\mathcal{R}}_{k-1}(\Rightarrow 0)\xrightarrow{\mathrm{I}}\delta\hat{\boldsymbol{q}}_{k-1}\xrightarrow{\mathrm{II}}\left(\begin{array}{c}\hat{\boldsymbol{q}}_{k-1}\xrightarrow{f(\cdot)}\hat{\boldsymbol{q}}_{k,k-1}\\ \text{III:外层滤波传递}\end{array}\right)\xrightarrow{\mathrm{IV}}\delta\hat{\boldsymbol{q}}_{k,k-1}\xrightarrow{\mathrm{V}}\delta\boldsymbol{\mathcal{R}}_{k,k-1}\xrightarrow{\mathrm{VI:}\ h(\cdot)}\delta\boldsymbol{\mathcal{R}}_k\xrightarrow{\mathrm{VII}}\left(\begin{array}{c}\delta\hat{\boldsymbol{q}}_k\to\hat{\boldsymbol{q}}_k\\ \text{VIII:姿态更新}\end{array}\right)$$

以上表示了 USQUE 算法内外层姿态量的变换过程。步骤 I～V 属于时间更新部分，步骤 VI～VII 属于观测更新部分，步骤 VIII 属于姿态更新部分。其中，步骤 III 是外层滤波，实现四元数状态量的传递；步骤 VIII 是 USQUE 的特殊滤波环节，主要实现内层姿态误差量向四元数的转换；其他环节是内层滤波的姿态误差量的变换过程。

$\delta\boldsymbol{\mathcal{R}}$ 本质是三维姿态表达方式，那么在滤波计算中不会产生姿态奇异值问题吗？这个问题如果抛开USQUE算法本身，显然 $\delta\boldsymbol{\mathcal{R}}$ 必然会产生姿态奇异值，但需要注意的是，$\delta\boldsymbol{\mathcal{R}}$ 表示的是姿态误差量，这一点可以从 $\delta\boldsymbol{\mathcal{R}}$ 直接变换的是 $\delta\boldsymbol{q}$ 体现出来，姿态误差量往往较小以至于很难达到其奇异值点。另外，USQUE算法中每次滤波过程，均会将更新后的 $\delta\boldsymbol{\mathcal{R}}$ 置零（$\delta\boldsymbol{\mathcal{R}}\Rightarrow 0$），以释放估计误差积累，进一步消除了其达到奇异值点的风险。

在滤波过程中，实现USQUE算法传递和更新的本质在于 $\delta\boldsymbol{\mathcal{R}}$ 、$\delta\boldsymbol{q}$ 和 $\boldsymbol{q}$ 三者之间的姿态变换关系。另外，与UKF滤波框架不同的是，由于外层滤波是四元数，USQUE算法增加了姿态更新过程，即将 $\delta\boldsymbol{\mathcal{R}}$ 最终表示为 $\boldsymbol{q}$ 的过程。根据以上阐述，具体给出USQUE算法流程如表7.3.2所示。

表 7.3.2　USQUE 算法

步骤	内　　容
初始化	定义内外层状态量和滤波方差： 定义外层滤波状态量 $\hat{\boldsymbol{x}}_{k-1}(\boldsymbol{q})=\left[\hat{\boldsymbol{x}}_{k-1}^{q};\hat{\boldsymbol{x}}_{k-1}^{\mathrm{e}}\right]$ 和滤波方差 $\boldsymbol{P}_{k-1}$ 定义内层滤波状态量 $\hat{\boldsymbol{x}}_{k-1}(\delta\boldsymbol{\mathcal{R}})=\left[\hat{\boldsymbol{x}}_{k-1}^{\delta\mathcal{R}};\hat{\boldsymbol{x}}_{k-1}^{\mathrm{e}}\right]$， $\hat{\boldsymbol{x}}_{k-1}^{\mathrm{e}}=\left[\hat{\boldsymbol{p}}_{k-1};\hat{\boldsymbol{v}}_{k-1};\hat{\boldsymbol{\varepsilon}}_{k-1};\hat{\boldsymbol{\nabla}}_{k-1}\right]$ 产生 sigma 点： $\boldsymbol{\chi}_{k-1}(i)=\begin{bmatrix}\boldsymbol{\chi}_{k-1}^{\delta\mathcal{R}}(i)\\ \boldsymbol{\chi}_{k-1}^{\mathrm{e}}(i)\end{bmatrix}=\mathrm{sigma}\left(\hat{\boldsymbol{x}}_{k-1}(\delta\boldsymbol{\mathcal{R}}),\boldsymbol{P}_{k-1}\right)$， $\mathrm{sigma}(\cdot)$ 表示 UKF 产生 sigma 点的过程
时间更新	(1) $\delta\mathcal{R}_{k-1}\to\delta\hat{\boldsymbol{q}}_{k-1}$ 过程： 定义 $\boldsymbol{\chi}_{k-1}^{\delta q}(i)=\left[\delta\boldsymbol{\rho}_{k-1}(i);\delta q_{4,k-1}(i)\right]$，则 $\delta q_{4,k-1}(i)=\dfrac{-a\left\Vert\boldsymbol{\chi}_{k-1}^{\delta\mathcal{R}}(i)\right\Vert^2+f\sqrt{f^2+\left(1-a^2\right)\left\Vert\boldsymbol{\chi}_{k-1}^{\delta\mathcal{R}}(i)\right\Vert^2}}{f^2+\left\Vert\boldsymbol{\chi}_{k-1}^{\delta\mathcal{R}}(i)\right\Vert^2}$， $\delta\boldsymbol{\rho}_{k-1}(i)=f^{-1}\left[a+\delta q_{4,k-1}(i)\right]\boldsymbol{\chi}_{k-1}^{\delta\mathcal{R}}(i)$ (2) $\delta\hat{\boldsymbol{q}}_{k-1}\to\hat{\boldsymbol{q}}_{k-1}$ 过程： $\boldsymbol{\chi}_{k-1}^{q}(i)=\boldsymbol{\chi}_{k-1}^{\delta q}(i)\otimes\hat{\boldsymbol{q}}_{k-1}$， 定义 $\boldsymbol{\chi}_{k-1}(i)=\left[\boldsymbol{\chi}_{k-1}^{q}(i);\boldsymbol{\chi}_{k-1}^{\mathrm{e}}(i)\right]$ (3) $\hat{\boldsymbol{q}}_{k-1}\to\hat{\boldsymbol{q}}_{k/k-1}$ 过程： $\boldsymbol{\chi}_{k,k-1}(i)=\boldsymbol{f}[\boldsymbol{\chi}_{k-1}(i)]=\left[\boldsymbol{\chi}_{k,k-1}^{q}(i);\boldsymbol{\chi}_{k,k-1}^{\mathrm{e}}(i)\right]$ (4) $\hat{\boldsymbol{q}}_{k/k-1}\to\delta\hat{\boldsymbol{q}}_{k,k-1}$ 过程： $\boldsymbol{\chi}_{k,k-1}^{\delta q}(i)=\boldsymbol{\chi}_{k,k-1}^{q}(i)\otimes\left[\boldsymbol{x}_{k,k-1}^{\bar{q}}\right]^{-1}$ 且 $\boldsymbol{\chi}_{k,k-1}^{\delta q}(i)=\left[\delta\boldsymbol{\rho}_{k,k-1}(i);\delta q_{4,k,k-1}(i)\right]$ (5) $\delta\hat{\boldsymbol{q}}_{k,k-1}\to\delta\mathcal{R}_{k,k-1}$ 过程： $\boldsymbol{\chi}_{k,k-1}^{\delta\mathcal{R}}(i)=f\dfrac{\delta\boldsymbol{\rho}_{k,k-1}(i)}{a+\delta q_{4,k,k-1}(i)}$ 且 $\boldsymbol{\chi}_{k,k-1}(i)=\left[\boldsymbol{\chi}_{k,k-1}^{\delta\mathcal{R}}(i);\boldsymbol{\chi}_{k,k-1}^{\mathrm{e}}(i)\right]$ 内层滤波一步预测状态量： $\hat{\boldsymbol{x}}_{k,k-1}=\sum_{i=0}^{2n}w(i)\boldsymbol{\chi}_{k,k-1}(i)$ 内层滤波方差： $\boldsymbol{P}_{k,k-1}=\sum_{i=0}^{2n}w(i)[\boldsymbol{\chi}_{k,k-1}(i)-\hat{\boldsymbol{x}}_{k,k-1}][\boldsymbol{\chi}_{k,k-1}(i)-\hat{\boldsymbol{x}}_{k,k-1}]^{\mathrm{T}}+\boldsymbol{W}_{k-1}$
观测更新	(6) 内层滤波更新($\delta\boldsymbol{\mathcal{R}}_{k,k-1}\to\delta\boldsymbol{\mathcal{R}}_k$)： 滤波增益： $\boldsymbol{K}_k=\boldsymbol{P}_{k,k-1}\boldsymbol{H}_k^{\mathrm{T}}\left[\boldsymbol{H}_k\boldsymbol{P}_{k,k-1}\boldsymbol{H}_k^{\mathrm{T}}+\boldsymbol{R}_k\right]^{-1}$ 内层滤波状态更新： $\hat{\boldsymbol{x}}_k=\hat{\boldsymbol{x}}_{k,k-1}+\boldsymbol{K}_k\left(\boldsymbol{y}_k-\boldsymbol{H}_k\hat{\boldsymbol{x}}_{k,k-1}\right)$ 且 $\hat{\boldsymbol{x}}_k=\left[\hat{\boldsymbol{x}}_{k-1}^{\delta\mathcal{R}};\hat{\boldsymbol{x}}_k^{\mathrm{e}}\right]$ 内层滤波方差更新： $\boldsymbol{P}_k=(\boldsymbol{I}_n-\boldsymbol{K}_k\boldsymbol{H}_k)\boldsymbol{P}_{k,k-1}$

续表

步骤	内　　容
姿态更新	(7) $\delta\boldsymbol{\mathcal{R}}_k \to \delta\hat{\boldsymbol{q}}_k$ 过程： $\delta q_{4,k} = \dfrac{-a\left\Vert\hat{\boldsymbol{x}}_k^{\delta\mathcal{R}}\right\Vert^2 + f\sqrt{f^2+(1-a^2)\left\Vert\hat{\boldsymbol{x}}_k^{\delta\mathcal{R}}\right\Vert^2}}{f^2+\left\Vert\hat{\boldsymbol{x}}_k^{\delta\mathcal{R}}\right\Vert^2}$ 且 $\delta\boldsymbol{\rho}_k = f^{-1}\left[a+\delta q_{4,k}\right]\hat{\boldsymbol{x}}_k^{\delta\mathcal{R}}$ (8) $\delta\hat{\boldsymbol{q}}_k \to \hat{\boldsymbol{q}}_k$ 过程： $\hat{\boldsymbol{x}}_k^q = \hat{\boldsymbol{x}}_k^{\delta q} \otimes \boldsymbol{x}_{k,k-1}^{\bar{q}}$ 且 $\delta\mathcal{R}_k \Rightarrow 0$ ，即 $\hat{\boldsymbol{x}}_k(\boldsymbol{q}) = \left[\hat{\boldsymbol{x}}_k^q;\hat{\boldsymbol{x}}_k^e\right]$

表7.3.2总结了USQUE算法的滤波流程。值得指出的是，USQUE算法估计精度较高，但计算量较大。计算量大的原因主要是：一是大量的姿态切换增加了计算的复杂度和计算负担；二是UKF滤波产生的sigma点造成计算量较大。例如，状态量维数为15维(内层滤波状态量)，那么每次滤波就会产生31个sigma点，每个sigma点均需要进行滤波的传递过程，相当于每次滤波进行了31次捷联惯性导航解算，这是造成USQUE算法计算量大的主要原因。

以上介绍了捷联惯性基组合导航滤波中最典型的两种滤波算法。由图7.3.1可知，除MEKF和USQUE以外，还有许多其他组合导航滤波算法，如MRP-UKF、DoEuler-UKF和AEKF等。这些滤波算法相比于MEKF和USQUE来说，应用和研究程度相对较低，部分算法还停留在理论研究阶段，因此，本节不再具体描述相关算法的流程，感兴趣的读者可以阅读相关文献资料。

7.3.3　捷联惯性导航/GPS 滤波实例

对于捷联惯性基组合导航滤波估计效果，为了能够给读者一个较为全面的了解，下面通过SINS/GPS速度和位置松组合仿真实例，来比较Euler-KF、MEKF、USQUE、MRP-UKF和DoEuler-UKF五种组合导航滤波算法的估计效果。MEKF仿真的MATLAB部分源程序见附录B2。

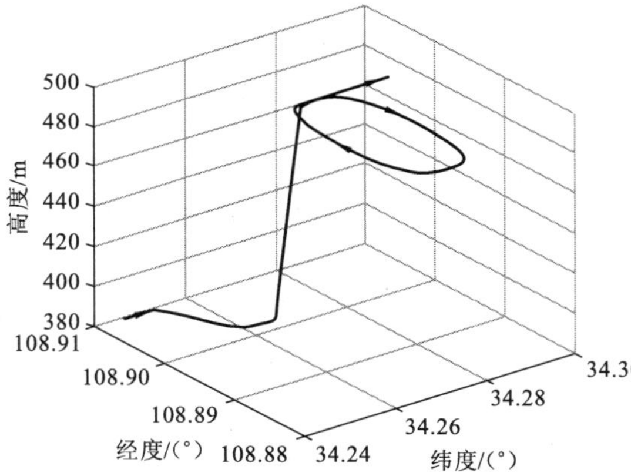

图 7.3.2　仿真轨迹图

假定一条仿真轨迹如图7.3.2所示，仿真时长N=1 300 s，采样周期为0.1 s，记录仿真轨迹运动参数作为滤波估计的参考真值 $\boldsymbol{x}_{\text{ref}} = [\boldsymbol{q}_{\text{ref}},\boldsymbol{v}_{\text{ref}},\boldsymbol{p}_{\text{ref}},\boldsymbol{\varepsilon}_{\text{ref}},\boldsymbol{\nabla}_{\text{ref}}]^{\text{T}}$ ，其中 $\boldsymbol{q}_{\text{ref}}$ 可等效欧拉角为 $\boldsymbol{att}_{\text{ref}}$ 。假设陀螺常值漂移为 $0.01\ ^\circ/\text{h}$ ，陀螺角度游走系数为 $0.001\ ^\circ/\sqrt{\text{h}}$ ，加速度计常值零偏为 $100\ \mu\text{g}$ ，加速度计游走系数为 $10\ \mu\text{g}/\sqrt{\text{Hz}}$ ，设置滤波仿真参数如表7.3.3所示。

表 7.3.3　滤波仿真参数设置

滤波方法	初始状态量	初始滤波方差阵	过程噪声方差阵	观测噪声方差阵
USQUE/MEKF	$\hat{\boldsymbol{x}}_0(\boldsymbol{q}_0)$	$\boldsymbol{P}_0$	$\boldsymbol{Q}_0$	$\boldsymbol{R}_0$
MRP-UKF	$\hat{\boldsymbol{x}}_0(\boldsymbol{\sigma}_0)$ ， $\boldsymbol{\sigma}_0 = \boldsymbol{\rho}/(1+q_4)$			
DoEuler-UKF	$\hat{\boldsymbol{x}}_0(\boldsymbol{\phi}_0)$ ， $\boldsymbol{\phi}_0 \leftarrow \boldsymbol{q}_0$			
Euler-KF	$\hat{\boldsymbol{x}}_0(0)$			

初始滤波方差阵为

$$P_0=\mathrm{diag}\left\{\left[P_{q_0};P_{v_0};P_{p_0};P_{\varepsilon_0};P_{\nabla_0}\right]\right\}$$

其中
$$P_{q_0}=[3.046\,2e^{-4},3.046\,2e^{-4},3.046\,2e^{-4}]^{\mathrm{T}}$$

$$P_{v_0}=[0.01,0.01,0.01]^{\mathrm{T}},\qquad P_{p_0}=[2.458\,2e^{-14},2.458\,2e^{-14},1]^{\mathrm{T}}$$

$$P_{\varepsilon_0}=[2.350\,4e^{-11},2.350\,4e^{-11},2.350\,4e^{-11}]^{\mathrm{T}},\qquad P_{\nabla_0}=[9.565\,5e^{-5},9.565\,5e^{-5},9.565\,5e^{-5}]^{\mathrm{T}}$$

过程噪声方差阵为

$$Q_0=\mathrm{diag}\left\{[0.01;0.001;100;10]\right\}^2$$

观测噪声方差阵为

$$R_0=\mathrm{diag}\left\{\left[R_{v_0};R_{p_0}\right]\right\}^2,\quad R_{v_0}=[0.01,0.01,0.01]^{\mathrm{T}},\quad R_{p_0}=[2.458\,2e^{-14},2.458\,2e^{-14},1]^{\mathrm{T}}$$

另外，估计结果采用蒙特-卡罗(Monte-Carlo)仿真实验方式执行，蒙特-卡罗仿真次数$M=50$，评价指标采用两种准则。

(1) 基于蒙特-卡罗次数的误差(mean error for Monte-Carlo runs) ME1：

$$\mathrm{ME1}(m)=\left[\frac{1}{N}\sum_{k=1}^{N}\left(x_{\mathrm{ref},k}-\hat{x}_k\right)_k\right]_m\quad(m=1,2,\cdots,M)$$

(2) 基于仿真步长的均方根误差(mean error for time) ME2：

$$\mathrm{ME2}(k)=\left[\frac{1}{M}\sum_{m=1}^{M}\left(x_{\mathrm{ref},k}-\hat{x}_k\right)_m\right]_k\quad(k=1,2,\cdots,N)$$

其中，ME1表征的是每次蒙特-卡罗仿真实验滤波估计的平均效果，主要体现滤波估计的整体效果；而ME2表征的是多次蒙特-卡罗仿真实验结果在每一时刻上的平均效果，主要体现滤波估计的全局时间效果。姿态估计需要评估每一时刻的估计效果，也就是需要衡量其全局时间估计效果，因此，姿态估计结果采用ME2指标，仿真结果如图7.3.3～7.3.5所示。速度和位置等非姿态状态量的估计，更多的是需要一个整体的平均估计效果，因此其估计结果采用ME1指标，仿真结果如图7.3.6～7.3.9所示。

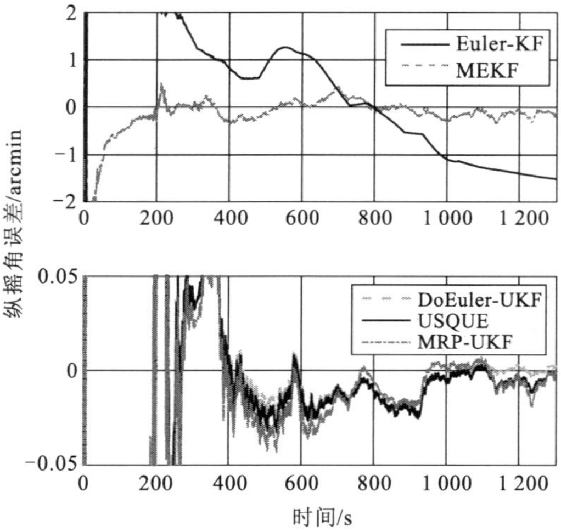

图 7.3.3　纵摇角估计误差(ME2)

分析以上仿真曲线，可以得出以下结论。

(1) UKF框架下的滤波估计精度明显优于EKF框架下的滤波，而非线性滤波(直接法滤波)精度要优于线性化模型滤波(间接法滤波)，其中USQUE、DoEuler-UKF和MRP-UKF的估计精度相差不大。

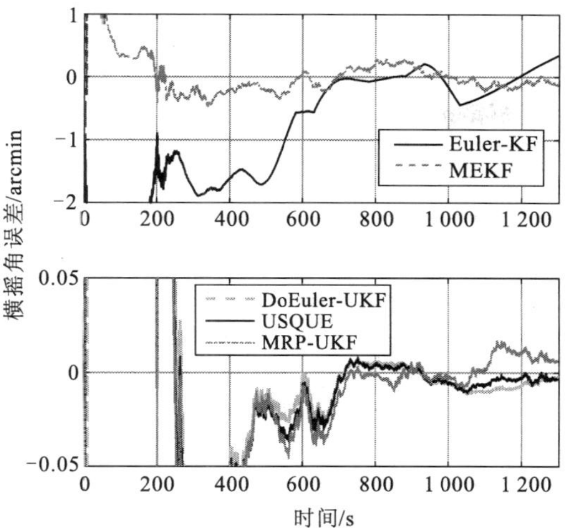

图 7.3.4　横摇角估计误差(ME2)

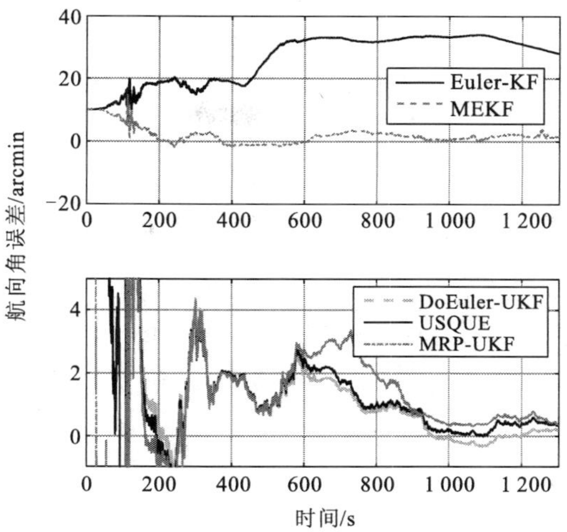

图 7.3.5　航向角估计误差(ME2)

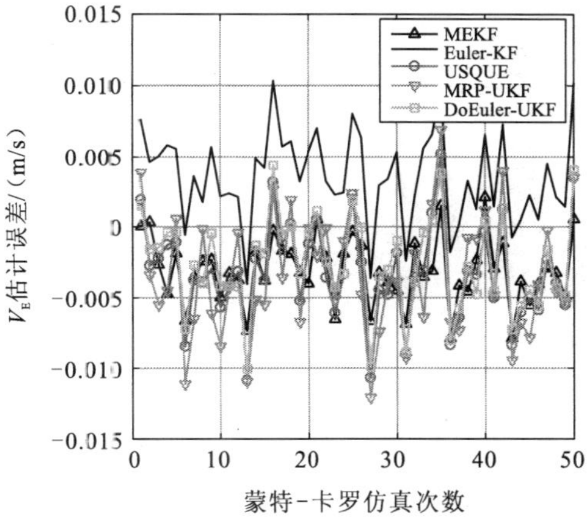

图 7.3.6　东向速度估计误差(ME1)

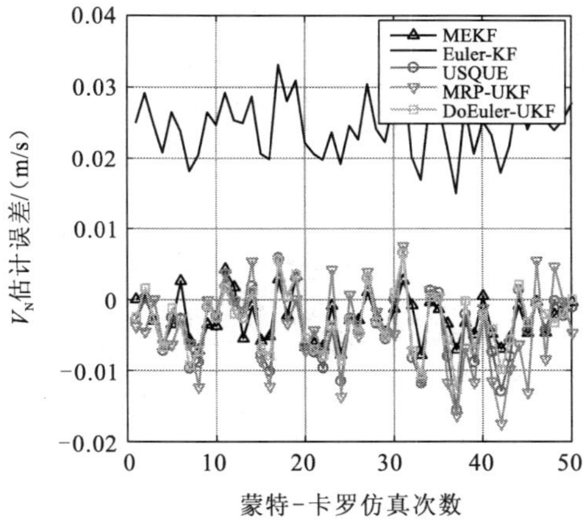

图 7.3.7　北向速度估计误差(ME1)

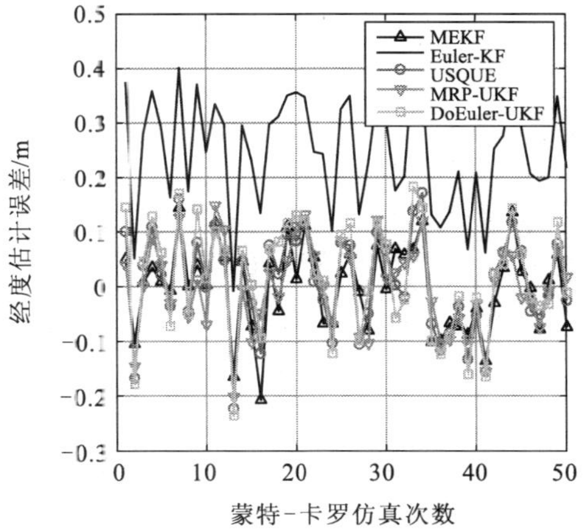

图 7.3.8　经度估计误差(ME1)

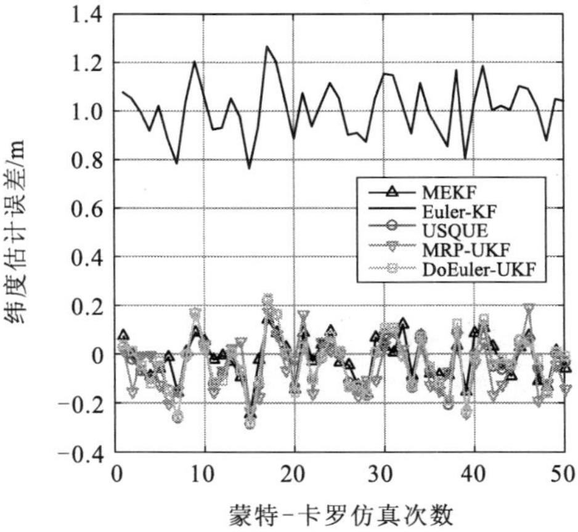

图 7.3.9　纬度估计误差(ME1)

(2) 由于仿真实验采用位置和速度作为观测量，MEKF和UKF滤波框架下的三种滤波效果基本相同，同时，MEKF的位置和速度估计效果仍优于Euler-KF。这从一个侧面说明了MEKF

的系统状态方程虽然也有线性化的过程，但是，其本质与Euler-KF的线性模型是不同的，尤其是在大失准角情况下，MEKF的优势更明显。再次强调，MEKF的$\boldsymbol{F}$矩阵构造的初衷是实现滤波方差的传递更新，与状态量的传递没有关系，因此，从模型的角度来说，MEKF的模型精度要高于Euler-KF。

计算量方面，这里以计算机运行程序的平均时间作为计算量大小的衡量指标。如图7.3.10所示，Euler-KF的计算时间最少，只需要3.49 s左右即可实现滤波过程，计算量最大的是USQUE，需要33.65 s左右，值得关注的是DoEuler-UKF，计算时间平均只需要18.65 s，而估计精度却与USQUE相差无几。显然，DoEuler-UKF具有很好的组合导航滤波性能。

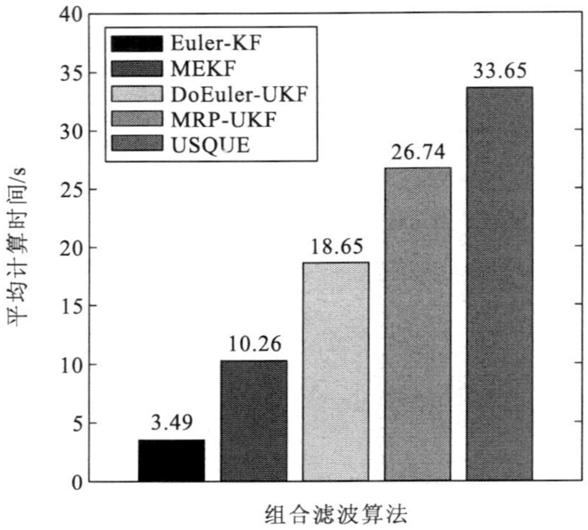

图 7.3.10　组合滤波算法计算量比较

目前国内外学者对于DoEuler-UKF的关注程度还远远不够，对于DoEuler-UKF滤波改进和姿态切换稳定性等方面还需要进一步探究。

思　考　题

1. 简述捷联惯性基组合导航的主要组成设备。
2. 简述捷联惯性基组合导航在舰船综合导航系统中的作用和地位。
3. 捷联惯性基组合导航滤波算法的技术基础是什么?
4. 请阐述姿态转换矩阵及其多种表达形式。
5. 试通过 MATLAB 编程实现 Euler-KF 和 MEKF 算法程序。
6. 基于三维姿态表达法的组合导航滤波算法有哪些?试探讨其奇异值避免方法。

第 8 章

综合船桥系统及航海作业设备

8.1 综合船桥系统

8.1.1 综合船桥系统的产生与发展

综合船桥系统(integrated bridge system，IBS)是继综合导航系统之后发展起来的一种海上自动航行系统。图 8.1.1 为德国雷神安修茨公司(Raytheon Anschutz)的 Synapsis IBS。

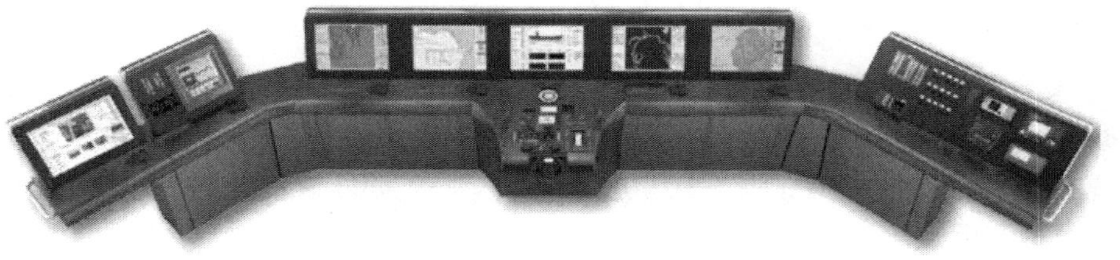

图 8.1.1 Synapsis IBS

IBS 采用系统设计的方法，将舰船上的各种导航、操纵控制和雷达避碰等设备有机结合，利用计算机、现代控制和信息处理等技术实现舰船航行的自动化。其主要特点是：具有完善的综合导航、自动操船、自动避碰、通信和航行管理控制及丰富的人机交互功能。系统的主要使命是实现船舶航行的高度自动化，提高航行的安全性、经济性和有效性。

1. 综合船桥系统产生的背景

20 世纪 60 年代，人们开始应用计算机技术和自动控制技术朝着改进导航设备性能和操纵设备自动化程度两个方向提高船舶航行操纵控制功能。20 世纪 70 年代，人们开始运用控制理论、信息技术和人机工程技术对导航和操纵功能进行整合和信息化改造，进而对船桥所有功能进行一体化综合，以提高船舶操控效能。这种整合和信息化的过程就是综合船桥系统发展的过程。ISB 的产生和发展是与不同时期船舶航行的需求和技术进步分不开的。

20 世纪 60 年代末 70 年代初，随着世界各国海运事业的发展，船舶日益增多，吨位越来越大，航速不断提高。港口和航道拥挤，船上又无避碰装置，加之导航设备精度不高、自动化程度低和航海人员误操作等原因，致使撞船触礁事故逐年上升。因此，船舶避碰要求被提出来。

早期船桥上的仪表设备各自独立安装，分别显示。随着设备大量增加，操船人员为了收集、分析信息和操船而辗转于各设备之间，增加了工作负担。另外，由于信息太多，人工处理信息能力有限，容易错漏。设备的增加不但没能减少事故，反而增加了事故发生的可能性。因此，为有效处理信息，充分发挥船桥上仪表设备的功能，集中布置船桥仪表设备，特别是从功能上实现综合化的要求被提出来。

此外，计算机、现代控制和信息处理等技术的发展及各种现代化电子航海仪表设备的出现，为综合船桥系统的产生提供了技术支持。

2. 综合船桥系统的发展和现状

IBS 一问世就引起了航海界的广泛关注，并进行了积极的开发和研究。迄今为止，综合船桥系统已经发展成为集导航、控制、监视、管理和通信于一体的船舶自动航行系统，它的发展主要经历了以下四个阶段。

(1) 第一代，20 世纪 60 年代末期～70 年代初期。

挪威挪康(Norcontrol)公司 1969 年开发了世界上首套 IBS(命名为数据桥)。它由数据雷达、数据航行、数据定位和数据操舵四个子系统构成。系统采用计算机对导航信息进行综合处理，向操船人员提供精确的船位和航迹显示。该系统实际上是一种计算机化的避碰和综合导航系统，功能主要限于导航。计算机大多使用小型机。

(2) 第二代，20 世纪 70 年代中后期～80 年代前期。

20 世纪 70 年代，国际远洋运输业迅速发展，要求船舶能在全球、全天候、各种复杂气象水文条件下安全航行；按照最优航线航行，减少能耗，降低航运成本；实现航行管理控制自动化，减少操作人员，减轻航海人员劳动强度。

自适应操舵仪的研制成功促进了 IBS 进一步发展。这期间，随着计算机技术和控制理论的进一步应用，IBS 的功能和自动化程度显著提高，大量产品推入市场。这个时期的代表产品有挪威 Norcontrol 公司的 DB2 数据桥、美国斯佩里(Sperry)公司的 IBS 综合船桥和德国阿特拉斯(Atlas)电子设备公司的 NACOS-22 船桥系统等。

这个时期 IBS 的组成及其主要特点：主要由船舶定位、航行计划、避碰和航迹保持(即自动操舵)等子系统构成。增加航行计划和航迹保持两个子系统，在导航功能基础上增加控制功能，成为综合导航和控制系统。它可使船舶自动沿计划航线航行，基本实现了自动化航行。计算机应用方面，小型机与微处理机并用，单个设备多采用微处理机，综合部分多采用小型计算机。

(3) 第三代，20 世纪 80 年代中后期～90 年代初期。

为确保航行安全，IBS 采用传感器监测船舶摇摆角度、垂荡幅度、吃水、主机状态和舵角等信息，并在船桥上增加综合信息显示系统(conning display)提供图形界面显示。同时，随着通信技术的发展，船桥系统各子系统之间采用网络进行通信。这个时期的代表产品有挪威 Norcontrol 公司的 DB2000、日本 JRC 公司的 SNA-90/91、英国雷卡(RACAL)仪器公司的 MIRAN 4000 和德国 Atlas 的 NACOS-25 等。

这个时期 IBS 的主要特点是：增加监视和通信功能，部分还引入了电子海图，进一步提高了安全性和自动化程度。IBS 已发展成为集导航、控制、显示、监视和通信功能于一体的综合航行系统。计算机应用上全面采用微处理机。

(4) 第四代，20 世纪 90 年代中后期至今。

20 世纪 90 年代，IBS 的应用已非常广泛，功能日益强大。为便于系统维护升级，对 IBS 提出了标准化、模块化的要求。同时，随着人工智能的发展，又提出了智能化的要求。计算机软硬件技术和网络技术的快速发展，推动了综合船桥系统的发展。这个时期的代表产品有美国

Sperry 公司的 VISION 2100 系统、德国 Atlas 公司的 NACOS 55-2 系统、日本古野公司的 VOYAGER 综合船桥系统和加拿大 CAE 公司的 IBCS 系统等。国外第四代 IBS 产品主要技术特点如表 8.1.1 所示。

表 8.1.1　国外第四代 IBS 代表产品比较

产品名称	生产商	技术特点	网络结构
VISION 2000	Sperry	显示操作：用户操作方式可选择；信息集中显示；报警信息集中显示；泊船状态显示，横向速度显示 ECDIS：兼容光栅与向量海图。船位、航行计划、ARPA 和航行控制等信息在电子海图显示；航行计划及海图创建/编制 自动航线跟踪 数据记录；先进的干扰抑制能力	Sea Net
NACOS 55-2	ATLAS	显示操作：信息集中显示；用户可选择不同版面 ECDIS：兼容光栅与向量海图。航行计划及海图的创建/编制；ECDIS 与 ARPA 叠加显示 自动航线跟踪 先进的报警与自检测	以太网 CAN 总线
VAYAGER 综合船桥	FURUNO	航行计划实现人工智能化 黑匣子连续记载航行中的操纵、雷达、海图和数字化声音等数据	局域网
IBCS	CAE	所有工作台采用统一人机接口；采用冗余网络，每一个多功能显控屏由单独计算机支持，可完成其他台位功能	双冗余 光纤网

这个时期 IBS 的主要特点是：标准化和模块化程度更高，某些方面运用了人工智能技术。系统设计中融入了人机工程理念。计算机全面采用微型计算机，嵌入式技术也得到了一定运用。

3. 综合船桥系统的发展趋势

IBS 设计者意识到“综合”的重要性，但从系统综合到功能集成，其基本构想仍局限于各设备独立，通过接口将传感器信息综合到系统中，IMO 有关条文中还指明不得影响原设备工作，这种“系统集成”的结果仍然使驾驶台设备有增无减。各种技术迅猛发展，在发展新型船舶导航系统时，应认真考虑是保留以往的“系统集成”还是选择“技术集成”。

从船舶航行安全与效益角度考虑，对船舶导航的要求，可归纳为下列几点功能要求：①提供高精度船位、航向、航速、水深和气象等信息；②提供电子海图，并在电子海图上快速进行航线设计、修改、存储和航迹监控的功能；③船舶航行环境中，本船及目标信息的图示(图形、图像)功能；④异常报警及应急功能；⑤航行记录及重显功能。

根据上述功能要求，集成现有各种导航技术构成新型船舶集成导航系统的基本设想：

(1) 将各种导航仪器改造为导航传感器，省去设备的显示器，通过通用和公用的接口卡，将各信息送入中央处理机。例如，雷达仅保留天线和收发机，将雷达数据经接口卡和 PCI 总线接口送入中央处理机，省去雷达显示器，ARPA 的功能也可在中央处理机中用软件实现；GPS 可使用 OEM 板，而将 GPS 信息送给中央处理机，省去显示部分等。

(2) 将综合导航系统的船位优化滤波处理技术，IBS 的自动航行(航线设计和航法计算)、航迹控制、数据操舵、数据装载、稳定性和强度计算等技术，ECDIS 的 ENC 及改正数据的接入、SENC 形成与显示，航行监视与航行记录，异常报警及智能化，AIS 技术等各种技术集成到一个崭新的导航系统中。

总之，新型导航系统应通过技术集成实现功能集成，使用统一的接口、统一的信息、统一的显示终端及统一的报警与记录，集航行安全与高效功能于一体，明显减少设备体积、重量，提高性价比，同时制定新的国际标准。这将促进船舶自动化的进程，使其有更宽阔的市场。

8.1.2 综合船桥系统的组成

IBS 实际上是综合导航系统的升级。按照 IMO 的标准，综合导航系统分为 3 个等级。

(1) Class A，传感器级，综合导航系统的简单配置，主要包括时间、水深、航向、速度和船位等传感器，可以提供基本的航行信息，实现在同一参考坐标系下的导航信息的综合显示。A 级综合导航系统实际上就是各种导航传感器的信息融合。

(2) Class B，决策级，综合导航系统的基本配置。在 A 级基础上增加了 ARPA 雷达、电子海图显示与信息系统及 AIS。可以提供相对于计划航线的综合导航信息，提供航线设计、航行监视、目标跟踪、碰撞危险判断、防止搁浅和综合报警功能。

(3) Class C，控制级，综合导航系统的标准配置。在 B 级基础上集成了航行控制，可以实现航向和航迹控制与航速控制以及船舶控制信息的集中显示。

IMO 定义的 IBS 与综合导航系统如图 8.1.2 所示(IEC 61294-22012)。

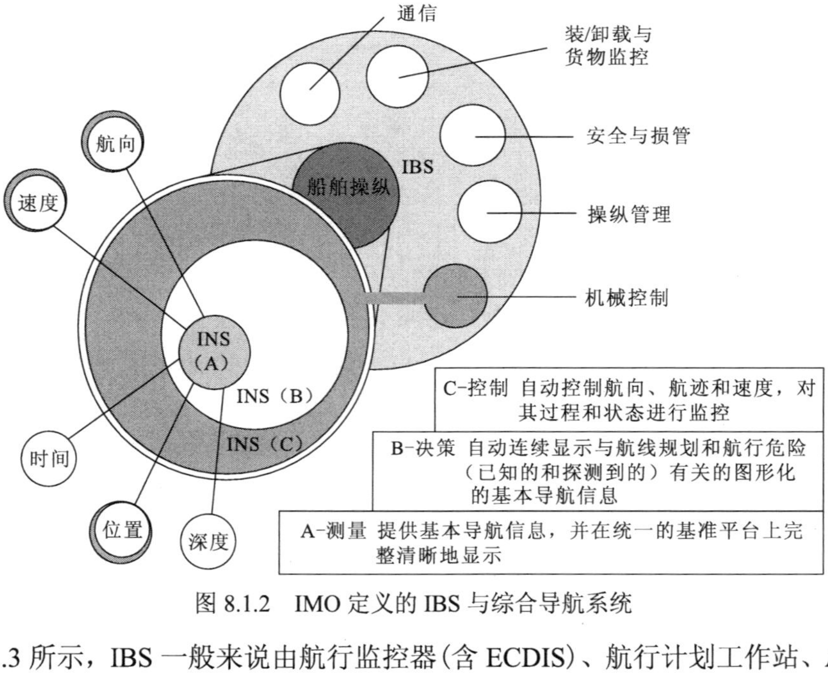

图 8.1.2 IMO 定义的 IBS 与综合导航系统

如图 8.1.3 所示，IBS 一般来说由航行监控器(含 ECDIS)、航行计划工作站、ARPA、自动舵、泊船监视器、主机遥控、导航系统、海图数字化仪及其他设备组成，通过船桥局域网将上述监控器、工作站及各种传感器联结起来，并通过网关将船舶上的其他系统如船舶航行管理系统、通信系统、货物装卸监控系统和机舱自动化系统连接在一起。同时，可根据用户要求对船舶驾驶台进行组合设计，改善人机界面，实现一人驾驶、易于操船，减少船员劳动强度的要求。

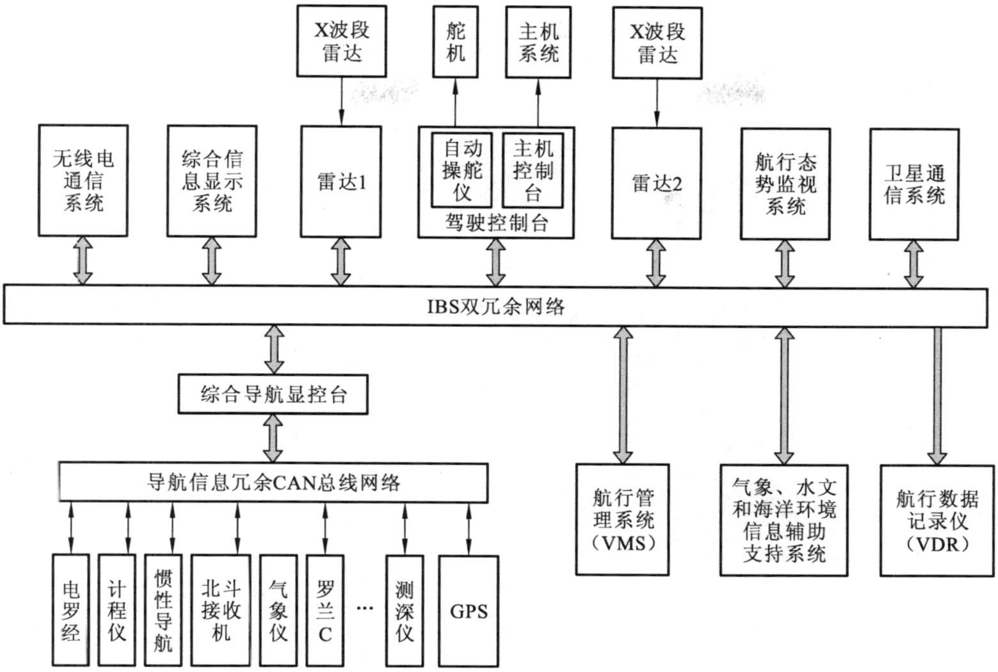

图 8.1.3　IBS 的组成

8.1.3　综合船桥系统的主要功能

1. 商用综合船桥系统的基本功能

商用 IBS 的功能包括综合导航功能、综合驾控功能、避碰辅助决策功能、通信及航海辅助控制功能、安全监视和综合报警功能。

(1) 综合导航功能，即采用组合导航技术对各种导航信息进行优化处理，完成各种导航计算。

(2) 综合驾控功能，即采用自适应自动舵技术，对计划航线进行自动航线跟踪与监控。

(3) 船舶综合信息的集中显示，即在驾驶台终端上，以文字和图像等方式集中显示船舶航行信息、机舱信息和航区气象信息等，使驾驶员方便、快捷地了解全船动态，将主要精力关注航行海域的环境变化以执行某些必要的操作。信息综合显示界面如图 8.1.4 所示。

(4) 电子海图显示与信息系统(electronic chart display and information system，ECDIS)的应用，即 ECDIS 通过图像和文字等方式实现航行环境地理信息、计划航线制定、舰船运动参数和导航参数显示等功能。目前 ECDIS 所用的电子海图尚未统一，有光栅与矢量型海图。随着 IMO 关于 ECDIS 标准的确定，各 ECDIS 会统一使用国际海道测量组织(International Hydrographic Organization，IHO)规定的 S-57 格式生产的矢量型海图。

(5) 历史航迹数据的记录、存储与再调用，可以记录、存储、再调用本船船位及航行数据信息、雷达跟踪目标的信息、航行与雷达报警信息等。

(6) 安全监视和综合报警功能，可以提供警戒圈报警、偏航报警、接近目的地报警、深度报警、走锚报警、传感器失效报警和防磕睡报警等报警信息的集中显示。

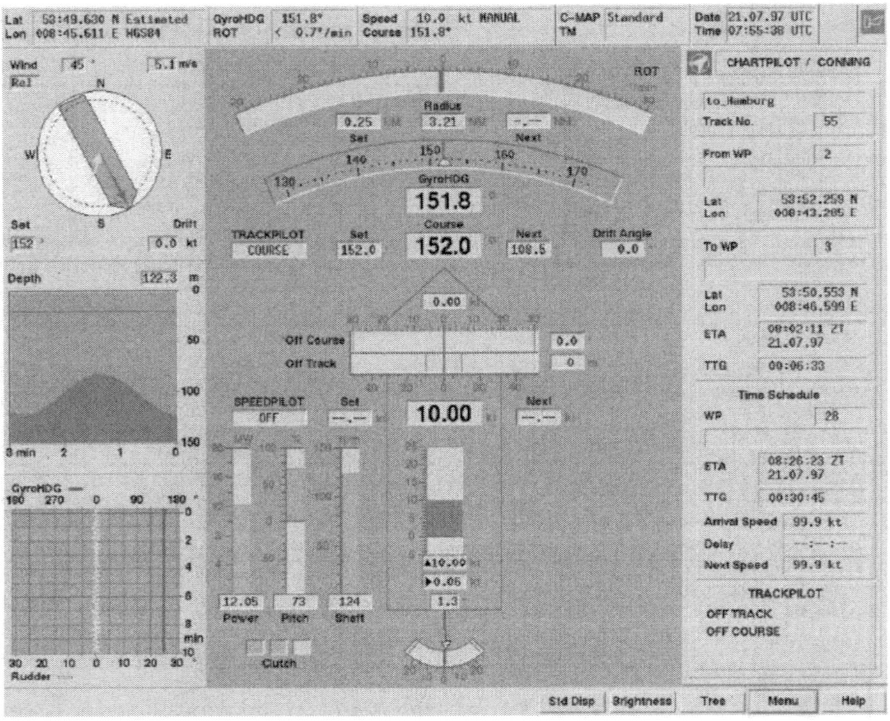

图 8.1.4　信息综合显示界面

2. 综合舰桥系统的功能

与商业用 IBS 不同，综合舰桥系统以满足各型舰船的作战需求为前提，其功能如下。

(1) 平台稳定和控制功能。大型舰船通常装备有舰载飞机，特别是航空母舰是以舰载机为主要武器装备的海上作战平台。由于风、流、浪等干扰，航母会产生横摇、横荡和升降运动，这些将直接影响到舰载机的起降。如果不能及时、准确地测量并预报这些信息，将危及飞机安全。因此，必须对舰船的航态(横摇、横荡、纵摇、艏摇和升沉等)进行协调控制，以建立舰船的姿态稳定系统。

(2) 航行姿态测量和短时预报功能。为了实现航空母舰姿态的短期预报，在航行驾控分系统中需增加航母运动姿态检测、数据处理和运动预报的功能，并向舰载机航空系统指挥中心发送母舰的运动短期预报信息。

(3) 与作战系统联网功能。需要时可由作战指挥系统直接控制舰船航向和航迹，以满足作战要求。

8.1.4 综合船桥系统的关键技术

1. 信息综合处理技术

IBS 中包含大量信息，有航向、航速和位置等舰船运动信息，风速、风向和浪高等环境信息。不对这些信息进行综合处理而直接提供给操船人员，将会造成“信息过载”而有悖于减轻驾驶员负担的初衷。因此必须进行信息集成，采用信息融合技术对各类原始信息进行综合，得到简洁、准确、完整的综合信息，提供给驾驶员。信息融合是利用计算机技术对来自多传感器的信息按时序和一定准则加以自动分析与综合的信息处理过程，最终得到一个全面、精确的目标态势。针对数据融合的关键技术(信息转换、相关技术、态势数据库和融合推理等)可结合人工智能技术展开研究。

2. 航行综合控制技术

在 IBS 中，导航设备和其他设备提供关键信息，通过航行管理系统来操纵船舶按要求航行，因此航行综合控制技术是 IBS 关键技术的重要组成部分。

航行综合控制主要根据设定航线、电子海图、船位、气象和海况等与船舶航行有关的信息，通过自动舵和主机遥控系统实现自适应航迹保持及到达时间的自动控制，对潜在的危险(碰撞、搁浅等)进行报警，并对船舶航行方案提供修改和建议。在掌握足够信息的前提下进行推理、评估与决策，提供报警、提示、建议和实时决策支持功能。航行综合控制方面的研究，涉及船舶航向、航速、姿态和航迹等参数的控制，在控制方法上，自适应控制和模糊控制都已得到实际应用。由于船舶运动存在非线性和时变等特性，传统的定常线性控制方法很难取得良好的控制效果，采用智能化、非线性控制方法可望解决这些问题。

3. 多目标智能避碰技术

安全避让是保障船舶航行安全最重要也是最复杂的一个问题。尽管导航设备性能不断提高，但海上碰撞事故仍屡屡发生，损失巨大。据统计，碰撞事故约占全部船舶航行事故的 60%以上，而 80%的海上交通事故与人为失误有关。因此，提高船舶航行安全性的关键环节就是研究多目标综合避碰技术。它要求在掌握足够信息的前提下，及时、正确地判断会遇态势，进行危险评估，并确定最佳避让措施，从而减少观测和判断过程中的人为失误。

目前，电子海图应用系统与避碰系统相结合是其重要的发展趋势。实现思路是先把国际避碰规则和各类航海专家的经验表示为计算机能运行的知识库和数据库，让计算机根据 ARPA 输入系统的避碰数据和电子海图数据库的数据，通过推理机的判断，作出正确的避碰方案。目前避碰、避险方法还采用了模糊逻辑与神经网络等人工智能方法，但所有这些人工智能方法的实际应用还需要进一步深入研究与实践。此外，知识库的建立综合对避碰的正常工作至关重要。知识库不同于普通数据库，知识库不仅记录数据，更重要的是根据以前的数据建立数学模型，总结出规律和经验，这是知识积累的结果。

4. 最优航线设计及航线管理技术

最优航线设计及航线管理技术包括航线计算、最佳航行计划设计两大内容。航线计算是进行一般的航行计算，包括大圆航法、恒向线航法和混合航法等计算程序；最佳航行计划设计是指根据气象和海况等自然条件、装载状态、船体状态、船舶运动特性(摇摆、加速度和失速特性等)、主机性能(输出功率、耗油量和推进效率等)，以及途经海域的气象、海流、海况、岛屿、海岸线、暗礁、沉船和灯标等因素，遵循一定的海上航行规则，以安全、经济、隐蔽和快速性为目标，自动给出最优航行计划，并能自动执行这一计划。最佳航行计划既包括所确定的最佳航线，也包括航行于这一航线的最佳航行方法。评价最佳航线的参数有航行时间和燃油消耗等。航行方法主要是指船舶沿航线航行的航法、最佳航速和偏航时的归航方法。

最佳航线的研究从 1963 年就已开展，目前的研究重点是最佳气象航线设计。研究内容有最佳航线设计的数学方法，各种气象、海况条件下船体状态和船舶运动特性，预报气象和海况数据的精度等。目前用于评价最佳航线的算法有最小剩余航程法、变分法、极大值原理法和动态规划法。提高气象、海况的中长期预报精度仍然是影响最佳航线设计的主要因素。

5. 故障诊断及智能容错技术

IBS 是一个复杂的系统，包含很多子系统和各种设备，保证系统可靠运行就显得十分重要。故障的自动诊断、自动报警和自动处理等技术的运用将显著提高 IBS 的可靠性。故障诊断目前正朝着智能化方向发展，特别是计算智能和神经网络技术在故障诊断中的应用。容错控制是 20 世纪 80 年代发展起来的一种提高控制系统可靠性的技术。容错控制系统设计主要包含故障诊断和容错控制器设计。故障诊断是容错控制的基础和准备，容错控制为故障诊断研究带来活力。目前，IBS 智能故障诊断和容错控制技术已受到重视并被积极开展研究。

8.2 电子海图显示与信息系统

电子航海图系统是具有电子海图显示、航海自动化作业、导航信息综合处理的综合导航系统，与国际上的 ECDIS 等效。它主要由系统硬件、应用系统软件和数字海图等三部分构成（陈锦德，郑海 等，2008）。

8.2.1 基本概念

1. 电子海图

1）电子海图和数字海图

电子海图（electronic chart，EC）是用电子计算机可识别、处理且附于一定载体上的，以数字信息表示的，以描写海域地理要素和航海要素为主的海图。

数字海图（digital chart，DC）是用数字表示的，以描写海域地理信息和航海信息为主的，空间数据的有序集合，应用在航海上等同于电子海图。中国海军采用向量电子海图作为数字海图的主体，主要采用光盘方式发行。

2）全要素数字海图和简易数字海图

全要素数字海图符合国际海上人命安全条约（International Convention for Safety of Life at Sea，SOLAS）中对最新海图的要求并与纸海图等效，是 S-52 和 S-57 标准中规定的向量电子海图，可用光盘、硬盘和电子盘等媒介存储的数字海图，也称为全要素电子海图。它一般在高级、中级电子海图设备和类似系统中使用，由 IHO 授权职能部门发行。

简易数字海图是只有部分海域地理要素和航海信息且与纸海图不等效的电子海图，一般只在各种定位仪器中使用，如常见的 GARMIN 系列 GPS 导航仪（如 Map230）中的电子海图，一般由设备开发商制作。

3）光栅海图和向量海图

电子海图有光栅电子海图和向量电子海图两种，目前常见的数字海图是向量电子海图。

(1) 光栅电子海图以纸质海图为背景，采用自动输入设备(如扫描仪和摄像机等)录入的海图信息，所得到的海图信息采用位图文件模式(相互无关联的坐标点位)存储。这种海图信息的特点是：数据存储量大，显示速度慢，无法进行查询式操作，不能进行信息分层，目前只有英国皇家海军测量局等少数部门使用。

(2) 向量数字海图采用专业输入设备(如数字化仪和大型扫描仪等)，通过图像预处理及自动识别系统的软件(如 MapInfo 和 Arc/Info 等)进行纸质海图的模拟→数字转换和向量化获得向量数字海图。向量数字海图的特点是：数据储存量小，显示速度快，要素之间具有拓扑关系，便于显示填充、分层等控制。

2. 电子海图应用系统

1) 电子海图显示与信息系统

电子海图显示与信息系统是在专用计算机控制下，把海图信息、船位信息、雷达信息和船舶动态参数集中处理，以图文和音响方式表现航海情况的舰船用自动化系统。由海图数据文件、控制显示设备、外部传感器和软件构成。其基本功能是：为航海人员显示海区情况，提供航海资料，辅助航海人员拟订计划航线、标绘实时航迹、监测航行情况等。在海图显示上等效于纸质海图。

2) 电子海图系统

电子海图系统(electronic chart system，ECS)是用来显示海图和航迹的船用系统，在海图显示上不等于纸质海图，应用在航海上应与纸质海图配合使用，是辅助航海设备。

在国内由于设备研发和生产的年代不同，ECDIS 有不同的称谓，如电子航海图系统、综合导航显控台等，这些设备都是 ECDIS、ECS 等的综合表现形式，是介于中级和高级之间的电子海图应用系统。

ECDIS 和 ECS 可统称为电子海图应用系统。当电子海图应用系统未配备数字海图时称为电子海图设备。电子海图设备包括硬件(包括计算机、显示器、航海设备接口和 UPS 电源等部件)、应用支持软件(包括海图显示、海图作业和航路监视等多项功能)和软件平台(如 Windows NT 和 VxWorks)等。

8.2.2　电子海图显示与信息系统的国际标准

1. 概述

为了使电子海图及其应用系统能走上国际统一的轨道，IHO 一直在就电子海图及其应用系统涉及的各方面开展标准化和规范化研究。IMO 也积极配合开展工作，并从使用角度提出了电子海图及其应用系统的性能标准。此外，IEC 等也参与了电子海图及其应用系统的研究。其中，电子海图技术标准以 IHO 标准为主，在性能上辅以 IMO 标准，在设备与检测上辅以 IEC 标准。三大组织通过一个协调机制(HEG)，使其得到相互补充，形成有机整体。国际上的著名厂商在开发电子海图应用系统时，基本上都遵循了这个标准体系。电子海图主要国际标准及相关国际组织如图 8.2.1 所示，主要国际标准的名称及版本如表 8.2.1 所示。

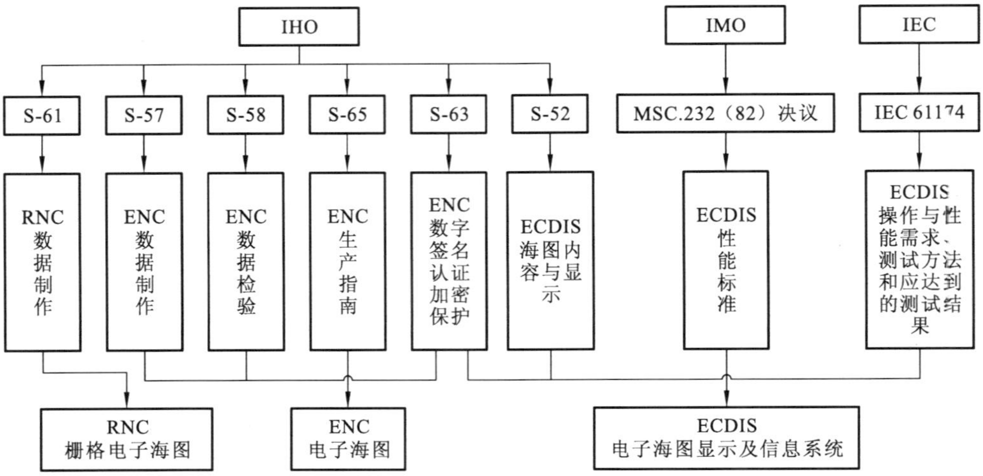

图 8.2.1 电子海图主要国际标准及相关国际组织

表 8.2.1 电子海图主要国际标准的名称及版本

名　称	强制使用版本
电子海图显示与信息系统性能标准 Performance Standards for Electronic Chart Display and Information Systems	IMO Resolution A.817(19) 1995.11
数字化水道测量数据交换标准 Transfer Standard for Digital Hydrographic Data	IHO S-57 Edition 3.1 2000.11 Supplement No. 2 – 2009.06
电子海图内容与显示规范 Chart Content and Display Aspects of ECDIS	IHO S-52 Edition 6.0 2010.03
海上导航和无线电通信设备与系统—电子海图显示与信息系统—操作和性能要求、测试方法和测试结果要求 Maritime Navigation and Radiocommunication Equipment and Systems –Electronic chart Display and Information System (ECDIS)–Operational and Performance Requirements, Methods of Testing and Required Test Results	IEC 61174 (Edition 3.0，2008)
电子海图系统报告库 Presentation Library for ECDIS	IHO Presentation Library (Annex A to S-52) Edition 3.4 2008.01
电子海图有效性检验推荐标准 Recommended ENC Validation Checks	IHO S-58 Edition 4.2.0 2011.02
光栅航海图(RNC)产品规格 Product Specification for Raster Navigational Chart (RNC)	IHO S-61 Edition 1.0 1999.01
数据生成 Data Producer Codes	IHO S-62 持续更新
数据保护方案 Data Protection Scheme	IHO S-63 Edition 1.1.1 2012.04
电子海图系统测试数据集 Test Data Sets for ECDIS	IHO S-64 Edition 2.0.0 2012.05
电子海图：生产、维护和发布指南 ENCs: Production, Maintenance and Distribution Guidance	IHO S-65 Edition 2.0.0 2012.04

2. 数字海图标准

为了满足多领域对数字海图的存储、交换、使用的需要，数字海图信息必须满足相关的格式要求，国内和国际都分别制订了相应的数据交换标准。从理想的角度出发，所有数字海图信息应当满足基本要求：①精度不低于纸质海图的精度要求；②信息内容必须保证航海及其相关应用中的安全要求(海图要素必须齐备)；③数字海图产品(数字海图文件等)能够实现信息的国际化交换的要求；④能够支撑自动海图改正的需要。

基于上述需求，国内外海图制图与测绘部门先后制定了多个数字海图交换标准。目前常见的两种数字海图交换标准分别是 SHAPE 格式和国际 S-57 标准。

1) SHAPE 格式

美国 1975 年制定的军用数字海图标准。该标准将各种海图要素分成点状、线状和面状信息。在数字化海图时，按照上述分层将各种海图要素信息分别存放在不同的数据文件中。将每张海图中所有相同层的海图要素集合成一套文件(三个文件)。这样，一张纸质海图对应的数字海图文件一般有 80～120 个左右。所有层海图要素文件组成一个文件夹，一般以海图图号前加“C”命名。例如，101 海图的数字海图文件夹命名为“C101”。

中国自 1988 年开始对 SHAPE 格式数字海图标准进行消化和修订，形成了《中国航海图数据字典》，从 1999 年开始由海军出版社发行的 SHAPE 格式数字海图就是按照这个数据字典进行信息组织和交换的，2000 年发布了国家标准电子海图。

2) 数字化水道测量数据交换标准 S-57

1987 年，IHO 的数字数据交换委员会(committee on exchange of digital data，CEDD)开发了数字制图数据交换与供给格式(DX-87)，1991 年正式形成数字化水道测量数据交换标准的第 1 版；1993 年颁布了该标准的第 2 版，数据交换格式称为 DX-90；1996 年颁布了该标准的第 3 版，数据交换格式称为 S-57。符合 S-57 标准的电子海图称为官方电子海图(electronic navigation charts，ENC)。2000 年颁布的 S-57 3.1 版是现行的 ENC 数据交互标准。S-57 标准先后在 2007 年 1 月、2009 年 6 月和 2014 年 3 月发布了三个增补版，采用 S-57 标准制作的数字海图信息已经覆盖到全球范围，约 15000 幅。某些电子海图应用系统已实现了海图改正的网络化，即通过授权，用户就能直接通过互联网下载海图改正信息，实现自动改正，从而减轻用户的海图改正负担，提高海图的现势性。

中国海军军用数字海图的数据交换格式逐步由 SHAPE 格式向 S-57 过渡。通过对已有 SHAPE 格式的海图数据进行转换与处理，2011 年 8 月中国海军首次发布符合 S-57 标准的中国海区国际标准电子海图, 包括 400 余幅电子海图。

3) 电子航海图产品规范 S-101

IHO 颁布 S-57 3.1 版，极大推动了电子海图的发展。随着全球海洋开发的发展，尽管 S-57 有许多优点，但它仍然存在局限性。目前，S-57 3.1 版已经“冻结”，并将保持到该标准不再被使用为止。S-57 的局限性主要包括如下几方面。

(1) 维护机制不灵活。S-57 目录中增加任何新的要素与属性都必须经过 ECDIS 制造商、数据软件提供商、权威部门和海员使用者等用户的严格讨论。数据标准内容的长期“冻结”对于全球不断发展的海洋事业是非常不利的。

(2) 数据结构无法满足 ECDIS 中的数据融合与集成需求，例如，无法支持水深格网数据，无法兼容复杂的时变数据，如潮汐、海流等。

(3) 将数据模型嵌入文件封装格式中，虽然保持了数据模型的结构和内容，但很大程度上限制了数据交换的灵活性和可用性。

(4) 仅用于 ENC 数据的生产与交换，几乎是专门用于 ECDIS 使用的电子航海图编码，不符合国际主流地理信息标准，对全球范围内的地理空间数据共享带来很大不便。

为了突破这些限制，2000 年 IHO 批准了修订 S-57 标准计划，并于 2010 年 1 月发布了一个新的地理空间框架标准 S-100——通用海道数据模型。海道测量数据可以与传统的地理信息以统一的模式和方法表达、存储和使用。各国官方海道测量产品开始由海道测量信息时代进入地理信息时代，同时组织开发基于 S-100 标准的 S10X 系列海洋测绘专题标准，S-101 就是基于 S-100 开发的电子海图产品规范，2016 年发布了 0.0.2 版本的草案及相关附审录。IHO 计划利用 10～20 年时间完成从 S-57 到 S-101 的过渡工作，过渡完成后，S-57 3.1 版正式退出历史舞台，S-101 成为唯一的电子海图产品规范。

作为一种新的电子海图产品规范，S-101 保持了基本电子航海图功能，大多数 S-57 电子海图的特点被保留。它完全符合国际主流地理信息标准，特别是 ISO19000 系列地理标准，扩大了现有的 S-57 海道测量传输标准的范围，本质上比 S-57 更灵活。它采用 S-100 可交换的动态要素和图示目录、丰富的几何模型、信息类型和复合属性，使 ENC 的产品更开放，功能更丰富，表达更完美。

3. 电子海图显示标准

当电子海图应用系统不断出现的时候，建立数字海图显示标准就显得非常必要了。目前国际上通行的标准为 S-52 标准。

1) 电子海图技术规范

1995 年我国制定并颁布了《电子海图技术规范》，它是我国电子海图应用系统研发的第一个法规性文件。各科研院所按照该规范，陆续研制了多种电子海图应用系统。由于电子海图技术规范主要以分幅的形式组织，而目前流行的做法是采用无边界拼接的方式组织。实际应用中需要对《电子海图技术规范》进行补充。

2) S-52 国际标准

IMO ECDIS 性能标准(1995 年 11 月在 IMO 第 19 届大会上作为 A. 817(19) 号决议正式通过)；1996 年 12 月 IHO 发布了 ECDIS 的海图内容和显示规范，即 S-52 标准第 5 版，2010 年 3 月更新为第 6 版。这一标准规范了电子海图应用系统在各方面的需求，主要体现在如下几方面。

(1) 基本信息，包括背景海图、本船运动要素、本船位置、当前海图的显示比例尺和海图区域等。

(2) 航行计划信息，包括航线、转向点和航线安全评估等。

(3) 航行监视信息，包括导航报警(偏航、到达、接近危险物等)和图上量算等。

(4) 雷达信息叠加，包括视频叠加和目标动态信息叠加等。

(5) 背景调整，分为白昼、阴霾、能见度不良和夜暗等多个等级。

基于上述诸多内容要求，设备生产厂家在充分理解 S-52 标准的前提下，结合自身的应用条件，生产了多种电子海图应用系统。一般地，将各种重要的导航信息统一显示在屏幕的右侧，便于使用者阅读，也更符合右侧优先的人体工程学的要求。总之，S-52 标准中的各项规定都是在保证航行安全的前提下，更多地考虑航海人员的工作习惯和应用需求。

8.2.3　电子海图

1. 数字海图的比例尺范围及分幅

1) 数字海图的比例尺

数字海图分为总图、航行图、港湾图及其他用图，其比例尺划分为：①港池图大于 1∶1 万；②港口图为 1∶1 万～1∶5 万；③沿岸图为 1∶10 万～1∶19 万；④近海图为 1∶20 万～1∶99 万；⑤远海图为 1∶100 万～1∶299 万；⑥总图小于 1∶300 万；⑦全球图小于 1∶3 000 万。

2) 数字海图的分幅及其编码

数字海图采用两种分幅方式，即按纸质海图分幅方式和按规则分幅方式。

(1) 按纸质海图分幅及其编码。

其原则与纸质海图编绘规范中的分幅条款相同，但不采用主附图、拼接图和诸分图的表示方式，也不采用“破图廓”的表示方式。

图幅采用八位字母数字编码。首二位为数字海图的标志符 EC，随后 5 位为对应的比例尺范围的纸质海图编号，最后一位为字母 A、B、C、X。若原纸质海图为主附图图号末位为 A，拼接图为 B，诸分图为 C，这类图均需拆成单幅图。若不是上述几类图，则编号的末位为 X。如原编号为 13100 的纸质海图对应数字海图编号为 EC13100X，其比例尺为 1∶ 131 万。

但我国数字海图图幅编码并未按照上述规定进行。现行的做法是在原有图号的前面加上一个字母“C”，例如，1001 海图所对应的数字海图的图号变为“C1001”。

(2) 按规则分幅及其编码。

每个单元包括一个完整的航行区域。单元分为基本单元和导出单元两类。基本单元为数字海图的最小分区，其地域大小为 15′×15′(经度×纬度)，导出单元则是在基本单元的基础上按航行区域划分。其纵方向尺寸必须是基本单元的整数倍。从南纬 90°至北纬 90°每 15′为一行，从西经 180°至东经 180°每 15′为一列，全球分成 720×1 440 个基本单元。按数字海图类别与单元尺寸划分对照如表 8.2.2 所示。

表 8.2.2　单元尺寸划分

序号	表标识符	海图类别	单元尺寸(经差×纬度)	说　明
1	A	海图总图	8°×8°	小于 1∶300 万
2	B	近、远海航行图	4°×4°	1∶20 万～1∶299 万
3	C	沿岸航行图	1°×1°	1∶10 万～1∶19 万
4	D	海峡水道图	30′×30′	小于 1∶10 万
5	E	港湾图	15′×15′	1∶1 万～1∶5 万

单元分幅采用八位图幅编码。首位为类别标识符，随后七位图幅单元数字码。图幅单元数字码的前三位为该单元左下角所含基本单元的纬度方向行号，范围为 000～719；后四位为该

单元左下角所含基本单元的经度方向列号，范围为 000～1439。

例如，某 1∶100 万远海航行图单元范围为 30°N～34°N，120°E～124°E，则单元编码首位为 B。因其左下角含基本单元为 30°00′N～34°15′N，120°00′E～124°15′E，故行号为(90+30)×4＝480，列号为 120×4＝480。因此，该远海航行图单元编码为 B4800480。

2. 数据的分层与优先级

1）数字海图的分层

一幅海图由岸线、等深线、显著目标、水深点、碍航物、助航标志、水文要素和推荐航路等不同要素组成。若把同一要素画在一张假想的透明纸上，再把画有不同类型的透明纸重叠在一起，就构成一张完整的海图。这些假想的透明纸称为图层。根据需要，可以显示一层、几层或所有层的图形。图层及其特征、状态作为图的一部分存储在数字海图中。目前我国海军发行的数字海图将海图要素分成 31 层，具体如表 8.2.3 所示。

表 8.2.3　SHAPE 格式数字海图分层

层	名　称	层	名　称	层	名　称
1	测量控制点	12	管线和垣栅(点、线)	23	航道(线、面)
2	陆地方位物(点)	13	海洋/陆地(点)	24	区域界线(点)
3	陆地方位物(线、面)	14	海洋/陆地(线、面)	25	区域界线(线、面)
4	地貌(点)	15	水深/底质	26	服务设施
5	地貌(线、面)	16	港口设施(点)	27	水文/磁要素(点、线)
6	水系(点)	17	港口设施(线、面)	28	图幅索引(线、面)
7	水系(线、面)	18	助航设备	29	数据档案(线、面)
8	居民地(点)	19	碍航物(点)	30	英文注记层
9	居民地(线、面)	20	碍航物(线、面)	31	图面配置层(面)
10	交通运输(点、线)	21	近海设施(线、面)		
11	交通运输(线、面)	22	航道(点)		

2）要素显示的优先级

海图数据分层管理的目的是确定显示的优先级，保证海图用户能醒目地看到有关航行安全的要素，能快速找到其所关心的要素。一层内允许有数种要素，一级内允许有多层信息。$n+1$ 层的内容不能遮盖 n 层或任何前面层的内容。

3. 系统电子海图

要想在 ECDIS 的显示器上看到电子海图，必须使用 ECDIS 的应用软件对数字海图的信息进行加工处理后才能实现。数字海图信息是 ECDIS 的基本信息源，ECDIS 的应用软件是数字海图的图像化表现的唯一手段。

为便于信息存储、交流与快速显示，数字海图信息中包含许多冗余信息(文件头、尾，关联词等)，占用很大空间(一般占 50%～60%)；ECDIS 运行时需要的一些关键信息(如各图之间的关联关系、海区范围信息等)在数字海图信息中又没有直接提供。为了提高 ECDIS 的运行效率，ECDIS 开发商专门开发了一套数字海图转换软件，将原始的数字海图信息转换成适应于系统运行环境的自定义格式。这种电子海图应用系统自定义格式的数字海图，称为系统电子海图(system electronic navigation chart，SENC)。有时，将自定义格式的数字海图和海图自动改正信息综合后，统称为系统电子海图，供本系统显示并传送到舰艇其他部门使用。数字海图、系统数字海图和显示用的海图数据之间的关系如图 8.2.2 所示。

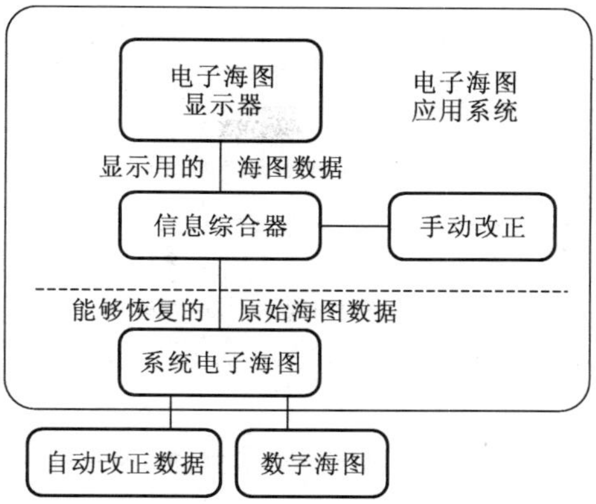

图 8.2.2　海图原始数据与显示数据的关系

4. 数字海图的改正

为保证航行安全，电子海图应用系统中的数字海图必须保证其海图的现势性(即时效性)，应及时进行海图改正。数字海图改正的方法有如下四种。

(1) 改版。在已出版的数字海图基础上，根据新测资料和多期航海通告，进行数字海图的修编，制作新版数字海图并发行。

(2) 大改正。将数字海图某一变化甚大的矩形局部区域的数据内容更换成新的内容。

(3) 小改正。在当前用图上，添加各期有关本图的航海通告改正内容。

(4) 临时性改正。标注即时收到的无线电航行警告内容。

改版和大改正由数字海图出版部门完成，其结果是出版新的数字海图。小改正和临时性改正在电子海图应用系统上进行。小改正一般需要调用专门的海图改正工具来完成，它主要做一些点的改正，即点状信息的增加、修改、移动和删除。

电子海图应用系统中用数字海图改正库记录全部改正数据，并能核查和不失真地恢复原始的系统电子海图信息，确保数字海图显示的正确性。显示时，用改正库的信息与自定义格式的数字海图叠加形成系统电子海图后再显示。

5. 数字海图的制作与发行

数字海图的制作与发行必须是具备 IHO 认可的政府职能部门，在中国，分别是国家海洋局、国家海事局、海军海道测量局。除上述三家以外，如果选择其他部门或单位发行的数字海图而产生的一切后果由使用者负责。

数字海图制作单位与电子航海图系统研发单位是两个不同的部门。其中，数字海图制作单位只负责将纸质海图信息按照标准转化成数字海图文件，而这些文件只是一些按规范和标准组织起来的数据，用户不能直接使用。电子航海图系统研发单位负责将数字海图文件变成用户能直观看到的海图图像。只有两个部门配合，才能将电子海图的信息完整地提供给用户。

8.2.4　电子海图应用系统

电子航海图系统作为航海自动化的基础设备，已逐渐演变成综合导航系统。该系统一般以工业控制计算机为主，外加若干专用硬件和配套软件组成。根据不同的配套等级，电子航海图系统的软、硬件的组成有所差异，但基本部分相近。

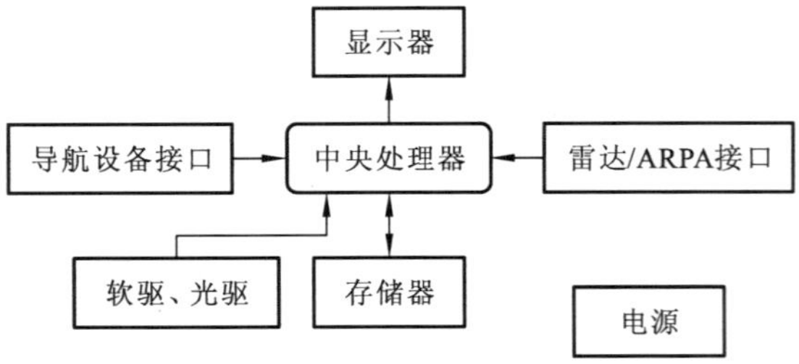

图 8.2.3　电子海图硬件基本组成

1. **硬件组成**

电子航海图系统的硬件基本组成如图8.2.3。

(1) 中央处理器，一般采用工业控制计算机，性价比适中。

(2) 存储器，为防止振动和缩小设备体积、减少功耗，一般选择笔记本硬盘或电子闪盘(CF 卡、SD 卡)。

(3) 显示器，采用大尺寸液晶显示器。高级电子航海图系统一般采用 1 280×1 024 的分辨率，屏幕尺寸一般为 20 英寸，而中、低级的电子航海图系统采用 1 024×768 的分辨率，屏幕尺寸为 15～17 英寸。

(4) 导航设备接口，一般情况下，GPS、罗兰 C、陀螺罗经、计程仪和气象仪等作为导航信息源，经滤波、平滑后，向本系统主机、航迹仪等提供综合的导航信息。

(5) 光驱，用于系统信息输入/输出、数字海图信息的输入等。

(6) 雷达/ARPA 接口。

(7) 电源，保证系统安全稳定工作。常采用不间断电源，外部电源掉电后能自动、快速为系统供电，还有稳定电压功能。

2. 软件组成及主要功能

ECDIS 是一种集成式的导航信息系统，它在电子海图的基础上完成多种有关船舶航行安全的综合保障与显示。该系统具有海图显示、信息查询、计划航线设计、船位显示与监测、危险事件报警、航行记录、海图自动和手工改正、叠加显示雷达图像，甚至提供辅助操船决策等功能。ECDIS 软件界面如图 8.2.4 所示。由于 ECDIS 综合各种航行信息，自动化水平高，而且能

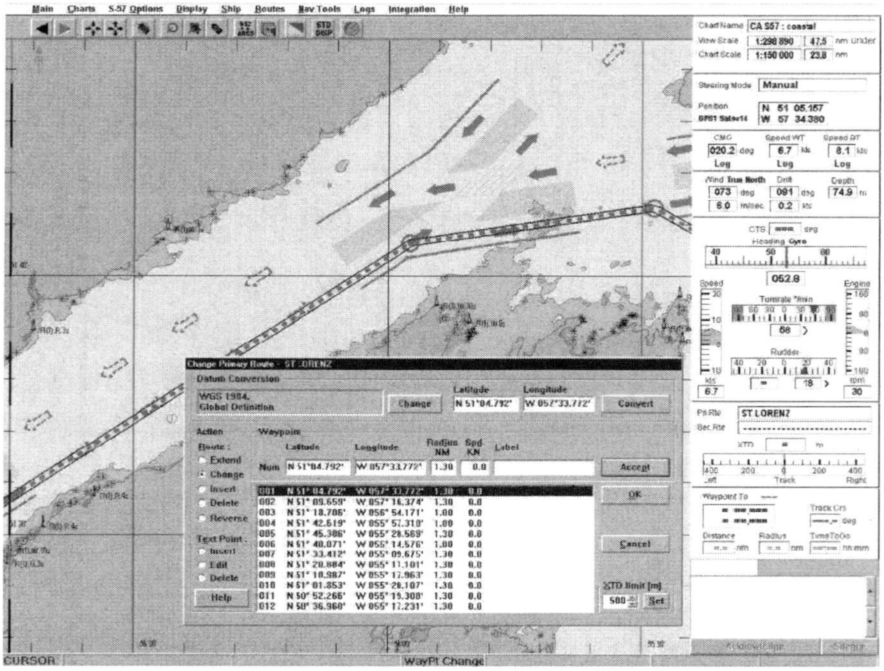

图 8.2.4　ECDIS 软件界面

有效提高航行安全性，预计未来将全面取代自有航海活动以来沿用至今的纸海图，成为航海信息基础平台。电子海图应用系统软件主要组成如图 8.2.5 所示。

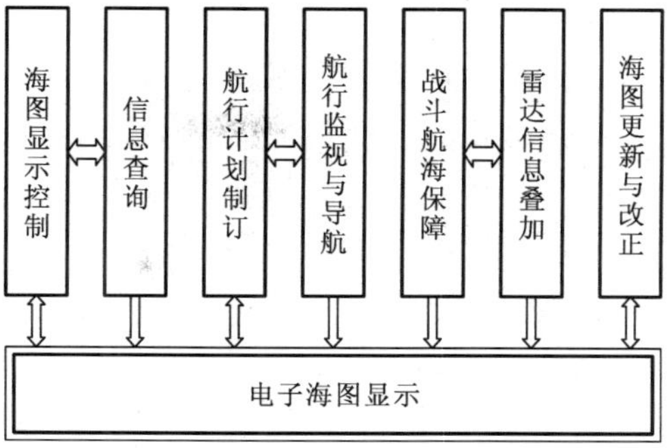

图 8.2.5　电子海图软件基本组成

根据航海工作三个阶段的任务、各阶段的作业规则和航海工作者日常作业习惯等，系统一般应具有如下功能。

1）海图显示与操作

(1) 海图信息显示。

全要素显示数字海图信息，并保证信息的准确性和精度。

(2) 海图信息显示控制。

能够进行海图的缩小、放大、移动和分层控制。

① 中心移动，将指定位置移到显示中心；

② 海图拖动，任意拖动海图显示区，以达到直观、快速显示；

③ 海图缩小/放大，实现海图显示信息的缩小或放大；

④ 海图切换，转换海图信息源，获得不同比例尺的海图信息；

⑤ 图层选择，控制海图信息显示的层次。

2）海图信息查询

能快速进行各种海图信息的查询，灵活进行相关航保信息的查询。

(1) 要素查询，直接查询选择的海图要素，获得相关信息；

(2) 方位距离量算，实现海图上任意两点间方位、距离的量算；

(3) 地区查询，根据已知海区地理位置，快速查找海图信息；

(4) 海图符号，帮助航海工作者了解不同的海图符号含义；

(5) 资料帮助，显示所有航保信息。

3）航行计划设计与管理

(1) 航线设计。

可设计、修改、删除任意航行计划，并有效管理已经制订的计划。

① 航线档案，管理、显示多达 3 000 个航行计划；

② 航线设计，用于建立新的航行计划，进行航行计划的快速制订；

③ 修改航线，将已经建立好的航行计划转向点调整到合适的位置上；

④ 添加转向点，在两个转向点之间增加若干个新的转向点。

(2) 舰船参数。

设计舰船的各种航行、警告参数。

(3) 航线评估。

① 航线评估，根据指定的航行计划，全面评估其安全性；

② 评估结果，显示最近一次的评估结果。

4）航海作业与航行保障

(1) 航海作业。

① 各种定位操作，如陆标定位、天文定位和无线电定位等；

② 靠码头或抛锚的作业控制。

(2) 航行状态监视和报警。

在线监视航行状态(包括舰位、航向和航速等)，及时提供各种导航报警(包括偏航报警、到达报警和接近危险物报警等)，有效地记录航海日志。

(3) 航海日志与航迹记录与重放。

① 记录每个航次中操作者确认的位置信息；

② 航迹记录，按航海日志填写规则和海图作业规则自动记录航迹；

③ 航迹重放，再现历史航次的航行状态及位置信息，为用户总结工作提供方便。

(4) 导航传感器信息显示与控制。

① 用于控制各导航传感器信息的启用或禁用；

② 及时、准确地记录各种导航传感器的信息，并实现信息的综合处理；

③ 正确显示各种导航传感器的工作状态。

5) 海图更新与改正

提供海图更新与改正环境，用户能方便将新版数字海图信息添加到系统中，以保证海图的现势性。相关功能包括如下几条。

(1) 海图输入，用于控制实现数字海图信息的更新。

(2) 海图改正，能根据航海通告在海图上添加、修改、删除相应的海图符号，并提供改正档案管理，即管理与记录各种海图改正信息，能够根据需要将改正的信息还原。

6) 战斗航海保障

(1) 提供各种舰艇机动过程中的计算工具。

(2) 军用符号、军事实力的标绘和管理，实现标准军用符号的标绘；各国和地区军事实力的记录、标绘和管理。

(3) 作战方案设计与管理，设计和管理各种方案，包括情况图、决心图和战斗方案图等；以幻灯方式组织作战方案，实现幻灯汇报提纲的播放。

(4) 训练区管理，显示、控制与管理我海军规定的所有军事训练区。

(5) 雷达信息叠加，在条件允许时，将雷达数字信息叠加到本系统中，能够方便海上避碰和舰艇机动的灵活处理，如图 8.2.6 所示。

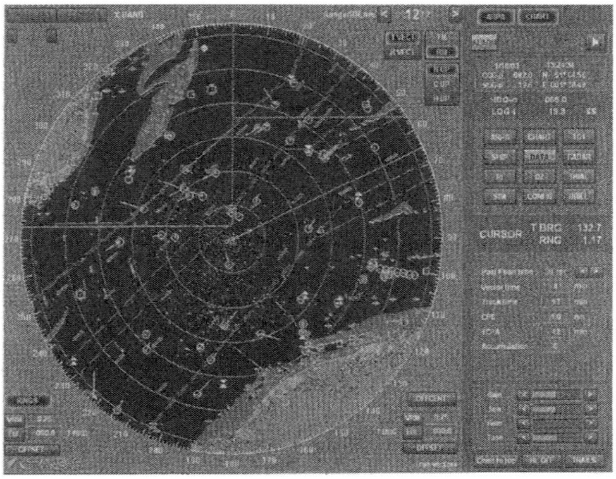

图 8.2.6　电子海图与雷达信息叠加

3. 不同操作系统下的电子海图应用系统

电子海图应用系统先后采用了四个操作系统，分别是 Dos 系统、Windows 系统、VxWorks 系统和 Linux 系统。其中，Dos 系统是早期应用平台，目前基本不再使用。其主要问题是可管理的资源十分有限(如硬盘最多支持到 2 GB，寻址空间最大为 8 GB)，不适合应用于以图形图像为主要界面的电子海图系统，所有应用(特别是外设)程序都需要程序员直接编程。

目前，在民用领域，以 Windows 和 Linux 为主，Linux 得到越来越广泛的应用。军用领域，为保证实时性和可靠性，主要采用 VxWorks 系统。表 8.2.4 对几种操作系统的应用于 ECDIS 的特点进行了比较。

表 8.2.4　各种操作系统应用于 ECDIS 的比较

操作系统	Windows	VxWorks	Linux
图形图像	支持良好，有丰富的图形图像源库	需要借助 Zinc、WinML 等支持，图形图像资源有限	与 Windows 图形图像函数库兼容
端口控制	通过控件实现，响应不及时，函数资源对程序员不开放	直接控制底层，函数资源对程序员完全开放	开放底层，有专用程序支持
外设驱动	绝大多数外设为系统提供免费驱动	只有少数驱动，多数需专门开发	可使用的驱动较多
软件升级	容易	困难	较困难
病毒攻击	容易	困难	较困难

4. 军用电子海图应用系统

国内军用电子海图应用系统的起步与国际上基本相当。1988 年海军海洋测绘研究所研制了第一套电子海图系统。1992 年由船舶工业系统工程研究院牵头，哈尔滨工程大学等单位开展了电子海图应用系统的研究，1995 年正式颁布了《电子海图技术规范》。

海军大连舰艇学院、船舶工业系统工程研究院、哈尔滨工程大学、北京安帆公司等国内科研机构先后研制生产了多型军用电子航海图系统，并在各类舰船上使用。各型号电子航海图系统的都以军用为首要目的，充分考虑了军事航海应用环境和需求；软件中都加入了人工辅助定位(陆标定位、天文定位、推算定位)功能，提高了信息的冗余度。

结合电子海图应用系统的开发，国内各科研院所还针对各种特别的军事应用，专门开发了多种电子海图应用系统，如作战指挥标图系统等。

由于电子海图应用系统允许各开发单位自行定义系统数字海图信息的格式(系统数字海图，不是数字海图原始信息)，在申请数字海图光盘时应当向主管部门说明使用的电子海图应用系统的研制单位或数字海图模式，否则无法使用。

8.3　航　迹　仪

航迹仪全名为航迹绘算仪，用于计算舰艇在海上航行时的地理坐标，在海图上绘制舰艇的航迹，辅助航海人员计算运动要素等。

航迹仪接收组合导航系统提供的船位信号、罗经提供的航向信号及计程仪提供的航速信号，自动将舰船航迹绘制在墨卡托(Mercator)海图或固定比例尺的平面图上。

此外，在航迹仪基础上，通过引入数字化标绘作业技术，发展出了海图标绘台。它将投影光点和定标器结合，实现了纸质海图上的数字化航海作业，具有航线制定、本舰目标位置指标和航行计算等多项功能。

下面简要介绍一下航迹仪进行航迹标绘的原理。

航迹标绘是将舰船的位置增量$(\Delta\varphi,\Delta\lambda)$转换为海图上的位置增量$(\Delta X,\Delta Y)$：

$$\Delta\varphi=\varphi_i-\varphi_{i-1} \tag{8.3.1}$$

$$\Delta\lambda=\lambda_i-\lambda_{i-1} \tag{8.3.2}$$

$$\Delta Y=M\Delta\varphi\cdot R_{\mathrm{M}}=M_Z\frac{\sqrt{1-e^2\sin^2\varphi_i}}{\cos\varphi_i}\Delta\varphi\cdot R_{\mathrm{M}} \tag{8.3.3}$$

$$\Delta X=M\Delta\lambda\cos\varphi_{\mathrm{N}}\cdot R_{\mathrm{N}}=M_Z\frac{\sqrt{1-e^2\sin^2\varphi_i}}{\cos\varphi_i}\Delta\lambda\cos\varphi_{\mathrm{N}}\cdot R_{\mathrm{N}} \tag{8.3.4}$$

其中：M为当地比例尺；M_Z为赤道比例尺；φ_{N}为中分纬度，当航行距离较短、纬度较低时，可用平均纬度φ_{m}代替，即$\varphi_{\mathrm{m}}=(\varphi_i+\varphi_{i-1})/2$。

卯酉圈曲率半径R_{N}和子午圈曲率半径R_{M}计算公式分别为

$$R_{\mathrm{N}}=\frac{a}{(1-e^2\sin^2\varphi_i)^{1/2}} \tag{8.3.5}$$

$$R_{\mathrm{M}}=\frac{a(1-e^2)}{(1-e^2\sin^2\varphi_i)^{3/2}} \tag{8.3.6}$$

由于基准纬度φ_{N}和基准比例尺M_{N}已知，可按下式计算赤道比例尺M_Z:

$$M_Z=M_{\mathrm{N}}\frac{\cos\varphi_{\mathrm{N}}}{(1-e^2\sin^2\varphi_{\mathrm{N}})^{1/2}} \tag{8.3.7}$$

由式(8.3.1)～(8.3.7)可计算出海图上的位置增量$(\Delta X,\Delta Y)$。若航向ψ、航程S(或航速V)已知，而经纬度未知，则可由以下平均纬度方法进行船位推算：

$$\Delta\varphi=S\cos\psi \tag{8.3.8}$$

$$\Delta\lambda=S\sin\psi\sec\varphi_{\mathrm{m}} \tag{8.3.9}$$

计算中取地球椭球体偏心率e^2＝0.006 693 421 6，地球椭球体长半轴a＝637 824 5 m。

思　考　题

1. 简述电子海图显示与信息系统的组成。
2. 简述电子海图显示与信息系统的基本功能。
3. 试简述航迹仪的基本功能。
4. 航迹仪进行标绘的工作原理是什么？
5. 简述综合船桥系统中系统集成与技术集成的区别。
6. 简述综合导航系统的分级及各级之间的区别。

第9章 综合导航中的航海计算

9.1 船位推算

船位推算是在不借助定位设备和导航物标的条件下，利用罗经和计程仪等航海设备给出的航向、航程以及风、流资料，从已知经纬度的起始点开始，连续推算当前位置的定位方法。它包括绘算法和计算法，前者是通过在海图作图得到的，直观明了；后者可借助计算机采用推算公式计算得到，自动化程度高。实际计算中，通常根据罗经和计程仪数据进行船位推算，当得到定位数据后计算风流压、修正航向及其他航行参数。

本节对无风、流的情况，给出计算航法，而对有风、流的情况，给出绘算方法。

9.1.1 不计风、流的计算航法

计算航法主要包括两类问题：第一类问题为由初始船位、航向和航程，推算当前船位，该问题属于船位推算问题；第二类问题为已知两点船位，求应采用的航向和预计航行的航程。

1. 由航向航程推算船位

如图 9.1.1 所示，设地球为圆球体，舰船由点 $A(\varphi_1, \lambda_1)$ 以航向 ψ 航行到点 $B(\varphi_2, \lambda_2)$。恒向线 AB 的长度等于航程 S，W 为东西距。当前船位点和初始船位点之间满足：

$$\begin{cases}\varphi_2 = \varphi_1 + D_\varphi \\ \lambda_2 = \lambda_1 + D_\lambda\end{cases} \tag{9.1.1}$$

其中：D_φ 和 D_λ 分别为纬度差和经度差。将 AB 分成若干等份，取微小面积$\triangle Aab$ 进行分析，$Ab=\mathrm{d}s$，$Aa=\mathrm{d}\varphi$，$ab=\mathrm{d}W$，$\triangle Aab$ 可视为平面直角三角形，有

$$\begin{cases}\mathrm{d}W = \mathrm{d}s \cdot \sin\psi \\ \mathrm{d}\varphi = \mathrm{d}s \cdot \cos\psi\end{cases}$$

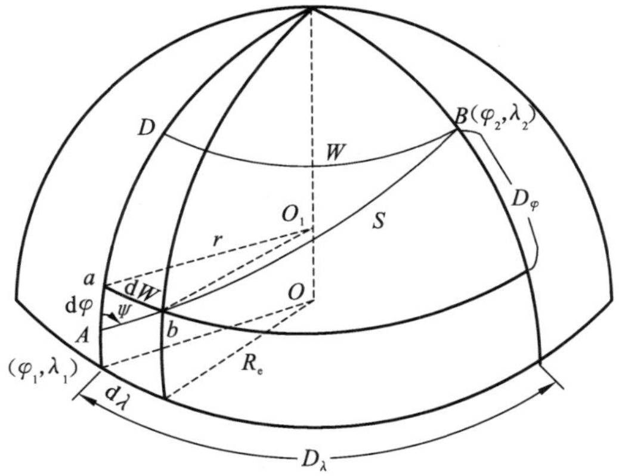

图 9.1.1 推算航法原理

对上式积分，由于航向 ψ 为定值，可得

$$\begin{cases}W = S\sin\psi \\ D_\varphi = S\cos\psi\end{cases} \tag{9.1.2}$$

推算步骤如下。

步骤 1，计算纬度差

$$D_\varphi = S\cos\psi \tag{9.1.3}$$

步骤 2，计算推算纬度 $\varphi_2=\varphi_1+D_\varphi$。

步骤 3，计算经度差。

为得到推算经度，需要计算经度差 D_λ。东西距 W 已知，考查 D_λ 与 W 的关系。

这里给出两种计算 D_λ 的方法，即墨卡托方法和平均纬度法。

1）墨卡托方法

由图 9.1.1 中的几何关系，设地球球体半径为 R_e，纬度圈半径为 r，有

$$\begin{cases} \mathrm{d}\lambda = R_e \cdot \Delta\lambda \\ \mathrm{d}W = r\cdot\Delta\lambda = R_e\cos\varphi\cdot\Delta\lambda \end{cases}$$

$$\mathrm{d}\lambda = \frac{\mathrm{d}W}{\cos\varphi} = \frac{\mathrm{d}W}{\mathrm{d}\varphi}\cdot\frac{\mathrm{d}\varphi}{\cos\varphi} = \tan\psi\cdot\sec\varphi\mathrm{d}\varphi$$

对上式进行积分，得到经度差积分式：

$$D_\lambda = \lambda_2 - \lambda_1 = \tan\psi\cdot D_M \tag{9.1.4}$$

其中：D_M 为渐长纬度差，满足：

$$D_M = D_2 - D_1 = \int_{\varphi_2}^{\varphi_2}\sec\varphi\mathrm{d}\varphi = \ln\tan(45^\circ+\varphi_2/2) - \ln\tan(45^\circ+\varphi_1/2) \tag{9.1.5}$$

$\sec\varphi$ 在区间[$-\pi/2$，$\pi/2$]上连续且单调变化。由中值定理，在该区间内一定存在某个唯一的纬度 φ_N 满足：

$$\int_{\varphi_2}^{\varphi_2}\sec\varphi\mathrm{d}\varphi = \sec\varphi_N(\varphi_2-\varphi_1)$$

其中：φ_N 称为中分纬度。

$$\sec\varphi_N = D_M/D_\varphi$$

需要注意的是，该方法不适用于航向是 90°或 270°的情况。

2）平均纬度法

利用中分纬度 φ_N 求经度差的步骤比较烦琐，东西距由航程和航向计算，即

$$W = S\sin\psi \tag{9.1.6}$$

平均纬度是两点纬度的平均值，即

$$\varphi_m = (\varphi_1+\varphi_2)/2 \tag{9.1.7}$$

经度差由平均纬度和东西距按下式计算：

$$D_\lambda = \lambda_2 - \lambda_1 = W\cdot\sec\varphi_m \tag{9.1.8}$$

例如，已知初始船位 $\varphi_1=47°45.0'$ N，$\lambda_1=148°48.0'$ E，航向 $\psi=210°$，航速 $V=15$ kn，航行时间 $t=24$ h，求当前的船位。

解 (1)航程为 $S=V\cdot t=15\times24=360.0'$。

(2) 纬度差为 $D_\varphi = S\cdot\cos\psi = 360.0'\cos210^\circ = 5^\circ11.8'\mathrm{S}$。

(3) 推算纬度为 $\varphi_2=\varphi_1+D_\varphi = 47^\circ45.0'\mathrm{N}+5^\circ11.8'\mathrm{S} = 42^\circ33.2'\mathrm{N}$。

(4) 东西距为 $W=S\sin\psi = 360.0'\times\sin210^\circ = 180.0'\mathrm{W}$。

(5) 平均纬度为 $\varphi_m=(\varphi_1+\varphi_2)/2 = (47^\circ45.0'\mathrm{N}+42^\circ33.2'\mathrm{N})/2 = 45^\circ09.1'\mathrm{N}$。

(6) 经度差为 $D_\lambda = W\sec\varphi_m = 180.0'\sec45^\circ09.1' = 4^\circ15.2'\mathrm{W}$。

(7) 推算经度为 $\lambda_2 = \lambda_1 + D_\lambda = 148°48.0'\text{E} + 4°15.2'\text{W} = 144°32.8'\text{E}$。

2. 由两点船位求航向和航程

这里给出平均纬度的方法，其求解步骤如下。

(1) 纬度差为 $D_\varphi = \varphi_2 - \varphi_1$。

(2) 经度差为 $D_\lambda = \lambda_2 - \lambda_1$。

(3) 平均纬度为 $\varphi_m = (\varphi_1 + \varphi_2)/2$。

(4) 东西距为 $W = D_\lambda \cos\varphi_m$。

(5) 航向为 $\psi = \tan^{-1}(W/D_\varphi)$。

(6) 航程为 $S = D_\varphi \sec\psi$。

例如，初始船位 $\varphi_1 = 40°$ N，$\lambda_1 = 140°$ E，目标船位为 $\varphi_2 = 42°$ N，$\lambda_1 = 160°$ E，试计算航向和航程。

解 (1) 纬度差为 $D_\varphi = \varphi_2 - \varphi_1 = 42°\text{N} - 40°\text{N} = 120.0'\text{N}$。

(2) 经度差为 $D_\lambda = \lambda_2 - \lambda_1 = 160°\text{E} - 140°\text{E} = 1200.0'\text{E}$。

(3) 平均纬度为 $\varphi_m = (\varphi_1 + \varphi_2)/2 = (40° + 42°)/2 = 41°\text{N}$。

(4) 东西距为 $W = D_\lambda \cos\varphi_m = 1\,200.0'\text{N} \times \cos 41° = 905.65'\text{E}$。

(5) 航向为 $\psi = \tan^{-1}(W/D_\varphi) = \tan^{-1}(905.65'/120') = 82.45°$。

(6) 航程为 $S = D_\varphi \sec\psi = 120.0' \times \sec 82.5° = 913.6'$。

9.1.2 风、流中的航迹绘算

已知航向、航速、风和流，求航迹和船位。一般有四种情况。

1) 无风、流航行

如图 9.1.2 所示，由罗经航向修正得到真航向 TC，绘制航向线，在航向线上量取计程仪航程，即得到推算船位。计程仪航程由计程仪读数差 $(L_2 - L_1)$ 经计程仪改正率 $(\Delta L\%)$ 修正得到。

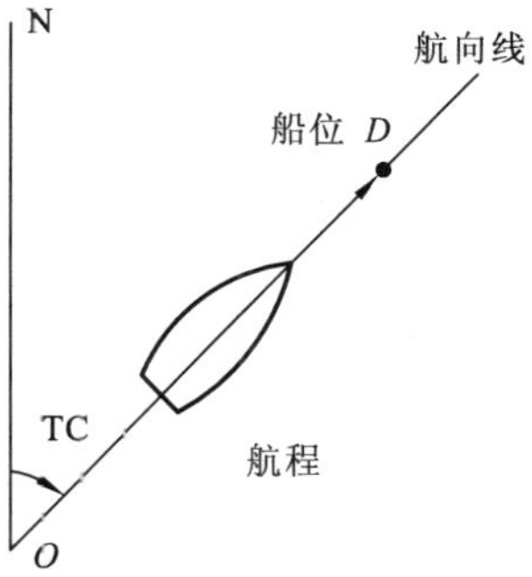

图 9.1.2 无风流的航迹绘算

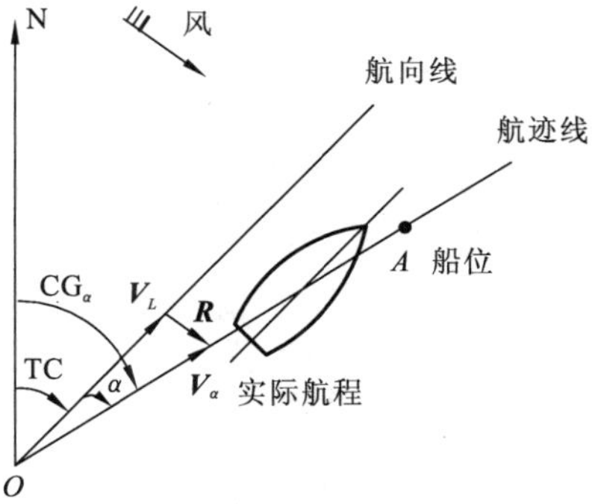

图 9.1.3 风中航迹绘算

2) 风中航行

如图 9.1.3 所示，风中航迹绘算方法为：由航向线向下风按风压差 α 画出风中航迹线；由于计程仪给出的对水航程已包括风的影响，在风中航迹线上量取计程仪航程，即得到风中推算船位。左舷受风，α 为正。CG_α 为风中航迹向，它与真航向 TC、风压差 α 满足：

$$CG_\alpha = TC + \alpha \tag{9.1.9}$$

风中航速 $\boldsymbol{V}_\alpha$ 与计程仪航速 $\boldsymbol{V}_L$ 之间满足：

$$\boldsymbol{V}_\alpha = \boldsymbol{V}_L \sec\alpha \tag{9.1.10}$$

图 9.1.3 中，$\boldsymbol{R}$ 为漂移速度矢量。获得计程仪对水航程后，风对舰船航行的影响就主要体现在风压差上，它与风速、风舷角、航速、船型和吃水等有关。船舶一般都有本船的风压差表，按风速和风舷角为索引查出不同航速与吃水时的风压差 α。也可用经验公式计算风压差 α(°)：

$$\alpha = K\left(\frac{V_w}{V}\right)^{1.4}\left(\sin q_w + 0.15\sin 2q_w\right) \tag{9.1.11}$$

其中：K 为风压差系数(°)；V_w 为视风速(m/s)；V 为航速(kn)；q_w 为视风舷角(°)。

3）流中航行

流对船舶的影响相对风要简单，体现为船随流漂移。流中航迹绘算方法如图 9.1.4 所示，在对水航速矢量 $\boldsymbol{V}_L$ 上叠加流速矢量 $\boldsymbol{V}_C$，即作流压三角形，即可得到流中航速矢量 $\boldsymbol{V}_\beta$。与速度量对应的分别是对水航程、流程和实际航程，实际航程终点即为推算船位。β 为流压差，左舷受流，β 为正。CG_β 为流中航迹向，它与真航向 TC 和流压差 β 的关系为

$$CG_\beta = TC + \beta \tag{9.1.12}$$

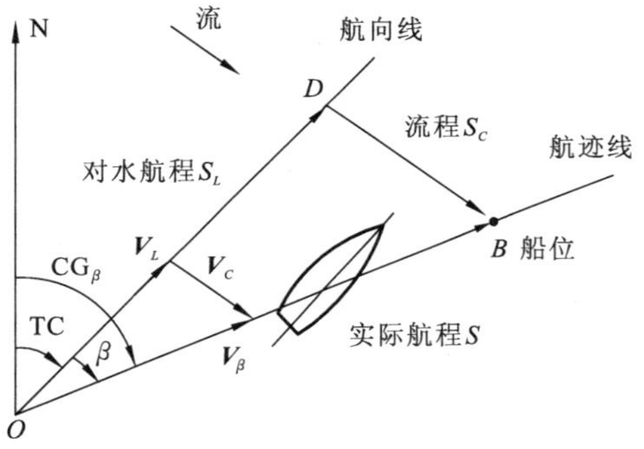

图 9.1.4　流中航迹绘算

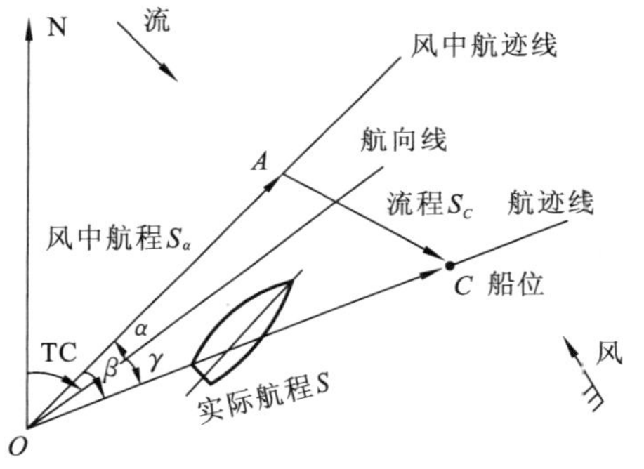

图 9.1.5　风流中航迹绘算

4）风、流中航行

采用“先风后流”的作图方法，即考虑先求受风压影响的船位，再由该点作水流向量，求得推算船位，如图 9.1.5 所示。γ 为风流合压差角，它是风压差和流压差的代数和，即

$$\gamma = \alpha + \beta \tag{9.1.13}$$

9.1.3　船位推算误差

1. 主要影响因素

船位推算由于受各种条件影响，其精度相对较低。影响船位推算误差的主要因素如下。

(1) 航向误差，包括罗经航向测量误差，罗经差或陀罗差的误差，操舵不稳或海浪引起的艏向摇摆误差等。

(2) 航程误差，包括计程仪测量误差，计程仪改正率的误差等。

(3) 估计风流要素的误差。

2. 误差分析

推算船位至真船位之间的距离称为推算船位误差。该误差可分解为前后误差和左右误差两个分量。

1) 前后误差

由推算航程误差引起的船位沿推算航迹方向的偏移称为前后误差(d_S)。它主要由计程仪修正率误差和海流在推算航速方向上的误差引起。若以均方误差表示，则称为前后均方误差(E_S)。用计程仪推算时，前后均方误差用下面公式计算：

$$E_s = \pm\sqrt{\sigma_{\Delta L}^2 S^2 + \sigma_{S_C}^2 T} \tag{9.1.14}$$

其中：$\sigma_{\Delta L}$ 为计程仪改正率均方误差(%)；σ_{S_C} 为每小时流程推算均方误差(n mile)；S 为航程(n mile)；T 为单一航向航行的时间，是以小时计算的无名数。

2) 左右误差

由推算航向误差引起的船位沿推算航迹垂直方向的偏移，称为左右误差 d_ψ。左右误差主要由罗经航向误差 $\Delta\psi$、风压差误差 $\Delta\alpha$、流程推算误差 ΔS_C 和操舵误差引起。左右均方误差 E_ψ 可用下式计算：

$$E_\psi = \pm\frac{V}{57.3°}\sqrt{\sigma_{\Delta\psi}^2 T^2 + \left[\sigma_\alpha^2 + \sigma_w^2 + \left(\frac{57.3°}{V}\sigma_{S_C}\right)^2\right]T} \tag{9.1.15}$$

其中：V 为航速；$\sigma_{\Delta\psi}$ 为罗经均方误差；σ_α 为风压差均方误差；σ_w 为偏航角均方误差，它们的单位均为度。

3) 船位推算误差

船位推算误差 E_{dr} 是前后误差和左右误差的合成，即

$$E_{dr} = \sqrt{E_S^2 + E_\psi^2} \tag{9.1.16}$$

9.2 地 文 定 位

地文定位也称为陆标定位，它是利用罗经、测距仪、导航雷达和六分仪等观测仪器，测定岸上目标的方位、距离和水平角，按一定法则确定船位的方法。常用的地文定位方法有两标方位法、三标方位法、三标两角法、两标距离法、三标距离法、方位距离法和方位水平角法等。两标方位法比较简单，但一般情况下两条位置线总会相交于一点，很难判断所测船位是否有差错。三标定位比两标定位多一条为直线，三条位置线相交成误差三角形，通过对误差三角形的处理可以减少船位误差(周永余 等，2006)。

下面分别介绍以上地文定位方法，并给出相应的计算公式。

9.2.1 方位定位

1. 两标方位定位

如图 9.2.1 所示，设两物标 A 和 B 坐标分别为(φ_A，λ_A)和(φ_B，λ_B)，舰船 M 坐标为(φ，λ)。

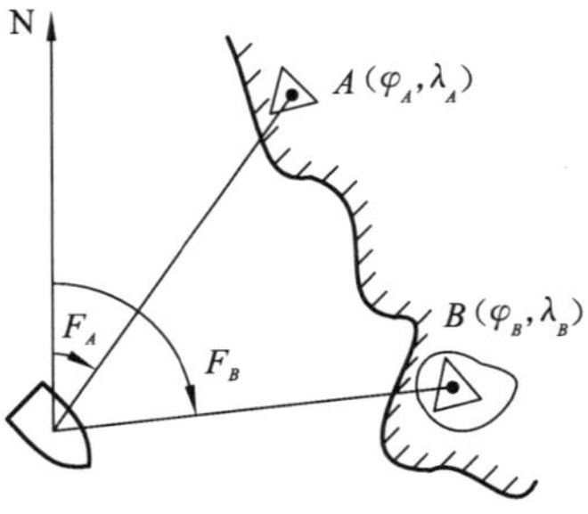

图 9.2.1　两标方位定位

从船位 M 观测两物标 A 和 B 的方位分别为 F_A 和 F_B。

由经度差和东西距关系式 $\Delta\lambda = W\sec\phi_{\mathrm{m}}$，有

$$(\lambda_A - \lambda) = (\phi_A - \phi)\tan F_A \cdot \sec\phi_{\mathrm{m1}}$$
$$(\lambda_B - \lambda) = (\phi_B - \phi)\tan F_B \cdot \sec\phi_{\mathrm{m2}}$$

其中：平均纬度 $\varphi_{\mathrm{m1}}=(\varphi_A+\varphi)/2$，$\varphi_{\mathrm{m2}}=(\varphi_B+\varphi)/2$。两式相减，整理化简后得

$$\varphi = \varphi_A + \frac{\lambda_B - \lambda_A + (\varphi_A - \varphi_B)\tan F_B \sec\varphi_{\mathrm{m2}}}{\tan F_A \cdot \sec\varphi_{\mathrm{m1}} - \tan F_B \cdot \sec\varphi_{\mathrm{m2}}} \tag{9.2.1}$$

当 F_A，$F_B \neq 0°$，F_A，$F_B \neq 90°$时，有

$$\begin{cases} \varphi = \varphi_A + \dfrac{(\lambda_B - \lambda_A)\cos F_A \cdot \cos F_B + (\varphi_A - \varphi_B)\sin F_B \cdot \sec\varphi_{\mathrm{m2}} \cdot \cos F_A}{\cos F_B \cdot \sin F_A \cdot \sec\varphi_{\mathrm{m1}} - \sin F_B \cdot \sec\varphi_{\mathrm{m2}} \cdot \cos F_A} \\ \lambda = \lambda_A - (\varphi_A - \varphi)\tan F_A \cdot \sec\varphi_{\mathrm{m1}} \end{cases} \tag{9.2.2}$$

当 $F_A=0°$时，有

$$\begin{cases} \varphi = \varphi_B - (\lambda_B - \lambda_A)\cot F_B \cdot \cos\varphi_{\mathrm{m2}} \\ \lambda = \lambda_A \end{cases}$$

当 $F_A=90°$时，有

$$\begin{cases} \varphi = \varphi_A \\ \lambda = \lambda_B - (\varphi_B - \varphi_A)\tan F_B \cdot \sec\varphi_{\mathrm{m2}} \end{cases}$$

同理，当 $F_B=0°$或 $F_B=90°$时，也可得出相应的公式。

实际计算中，为了求 φ_{m1} 和 φ_{m2}，用推算船位 φ_C 代替 φ，即

$$\phi_{\mathrm{m1}} = (\phi_A + \phi_C)/2$$
$$\phi_{\mathrm{m2}} = (\phi_B + \phi_C)/2$$

为修正推算船位，可根据观测船位和推算船位求出经纬度的修正量 $\delta\varphi$ 和 $\delta\lambda$，即

$$\begin{cases} \delta\varphi = \varphi - \varphi_C \\ \delta\lambda = \lambda - \lambda_C \end{cases} \tag{9.2.3}$$

2. 三标方位定位

如图 9.2.2 所示，设三个物标 A、B 和 C 的坐标分别为$(\varphi_A，\lambda_A)$、$(\varphi_B，\lambda_B)$和$(\varphi_C，\lambda_C)$。舰船 M 的坐标为$(\varphi，\lambda)$。根据两标方位测位模型，由物标 A 和 B 计算的船位为 $M_1(\varphi_{01}，\lambda_{01})$；由物标 B 和 C 计算的船位为 $M_2(\varphi_{02}，\lambda_{02})$；由物标 A 和 C 计算的船位为 $M_3(\varphi_{03}，\lambda_{03})$。

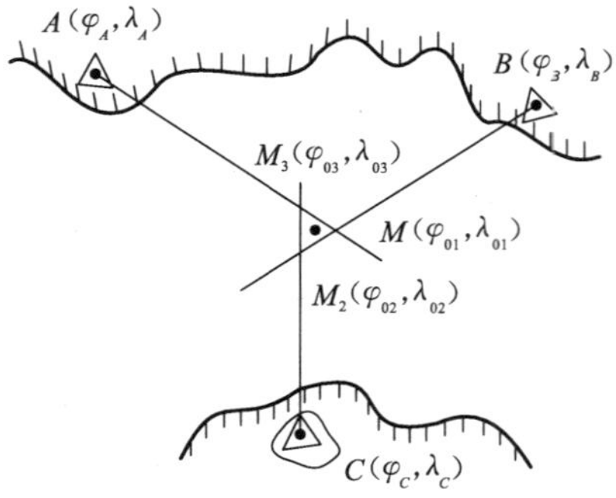

图 9.2.2　三标方位定位

计算时，若判别误差三角形在允许定位精度范围内，可采取上述求三船位算术平均值的方法，求得观测船位，即

$$\begin{cases}\varphi=(\varphi_{01}+\varphi_{02}+\varphi_{03})/3\\\lambda=(\lambda_{01}+\lambda_{02}+\lambda_{03})/3\end{cases}\tag{9.2.4}$$

观测船位对推算船位(φ_C，λ_C)的修正量为

$$\begin{cases}\delta\varphi=\varphi-\varphi_M\\\delta\lambda=\lambda-\lambda_M\end{cases}\tag{9.2.5}$$

9.2.2　三标两角定位

用六分仪同时测定三个物标之间的两个水平角进行定位，称为三标两角定位，如图 9.2.3 所示。用六分仪观测两物标间的夹角，其精度可达 1′，因此它是陆标定位中最精确的方法之一。标绘船位可用三杆定位仪来定位，如图 9.2.4 所示。三标两角定位数学模型：设三个物标 P_A、P_B和 P_C的坐标分别为(φ_A，λ_A)、(φ_B，λ_B)和(φ_C，λ_C)，物标左中右排列。舰船 P 坐标为(φ，λ)，物标 P_B到船的距离最近，观测 P_A和 P_B的夹角为 α，观测 P_B和 P_C的夹角为 β，则

$$\begin{cases}\varphi=\varphi_B+\Delta\varphi\\\lambda=\lambda_B+\Delta\lambda\end{cases}\tag{9.2.6}$$

$$\begin{cases}\Delta\varphi=(K_1+K_2K)/(1+K^2)\\\Delta\lambda=\Delta\varphi\cdot K/\cos\varphi_{\mathrm{m}}\end{cases}\tag{9.2.7}$$

其中

$$K_1=(\phi_A-\phi_B)+(\lambda_A-\lambda_B)\cdot\cos\phi_{\mathrm{m1}}/\tan\alpha$$

$$K_2=(\lambda_A-\lambda_B)\cos\phi_{\mathrm{m1}}-(\phi_A-\phi_B)/\tan\alpha$$

$$K_3=(\phi_C-\phi_B)-(\lambda_C-\lambda_B)\cdot\cos\phi_{\mathrm{m2}}/\tan\beta$$

$$K_4=(\lambda_C-\lambda_B)\cos\phi_{\mathrm{m2}}+(\phi_C-\phi_B)/\tan\beta$$

$$\phi_{\mathrm{m1}}=(\phi_A+\phi_B)/2$$

$$\phi_{\mathrm{m2}}=(\phi_B+\phi_C)/2$$

$$\phi_{\mathrm{m}}=\phi_B+\Delta\phi/2$$

$$K=(K_3-K_1)/(K_2-K_4)$$

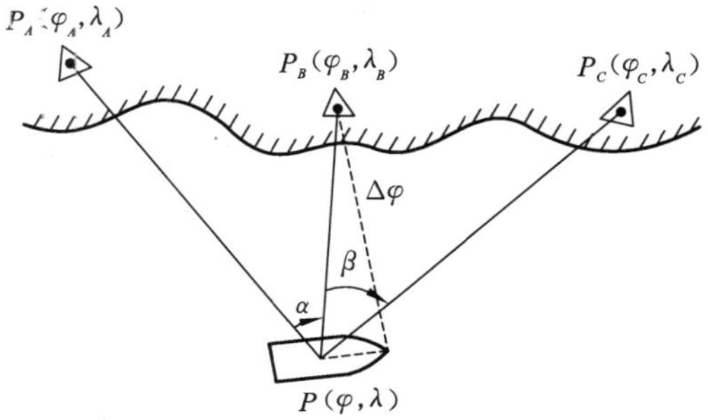

图 9.2.3　三标两角定位

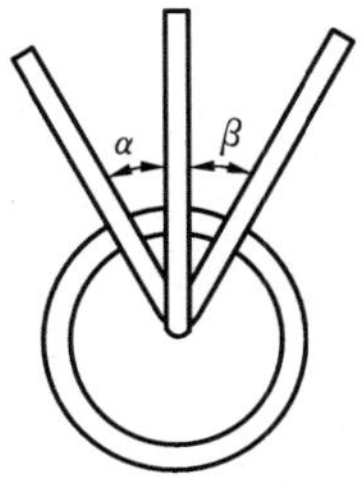

图 9.2.4　三杆定位仪

9.2.3 距离定位

物标距离可用雷达、测距仪或六分仪测得。在综合导航系统中，可用两标距离法和三标距离法直接求出船位。

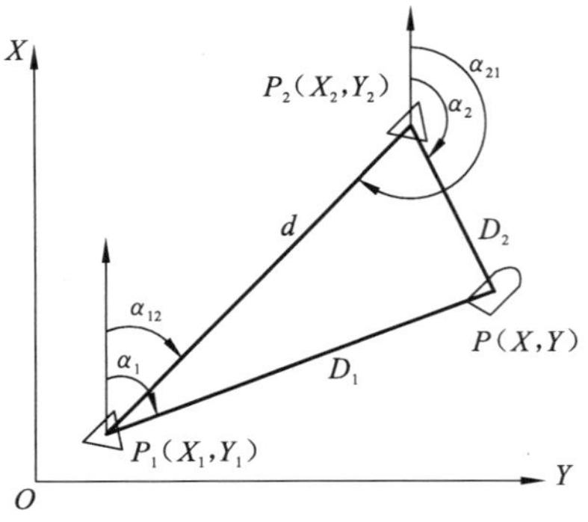

图 9.2.5　两标距离定位

1. 两标距离定位

如图 9.2.5 所示，设物标 P_1 和 P_2 的坐标分别为 (φ_1, λ_1) 和 (φ_2, λ_2)，舰船 P 的坐标为 (φ, λ)，从舰上观测物标 P_1 的距离为 D_1，观测物标 P_2 的距离为 D_2。

在高斯坐标图上，物标 P_1、P_2 和舰船 P 的坐标分别为 (X_1, Y_1)、(X_2, Y_2) 和 (X, Y)。P_1P_2 距离为

$$d=\sqrt{(X_2-X_1)^2+(Y_2-Y_1)^2}$$

由 $\triangle P_1P_2P$ 得

$$\begin{cases}\angle P_2P_1P=\cos^{-1}\dfrac{d^2+D_1^2-D_2^2}{2dD_1}\\[2ex]\angle P_1P_2P=\cos^{-1}\dfrac{d^2+D_2^2-D_1^2}{2dD_2}\end{cases}$$

$$\begin{cases}\alpha_1=\alpha_{12}+\angle P_2P_1P\\ \alpha_2=\alpha_{21}-\angle P_1P_2P\end{cases}$$

则有

$$\begin{cases}(Y-Y_1)=(X-X_1)\tan\alpha_1\\ (Y-Y_2)=(X-X_2)\tan\alpha_2\end{cases}$$

解得

$$X=\frac{(Y_2-Y_1)+X_1\tan\alpha_1-X_2\tan\alpha_2}{\tan\alpha_1-\tan\alpha_2}$$

为计算方便，可求坐标差，即

$$\begin{cases}X-X_1=\dfrac{(Y_2-Y_1)-(X_2-X_1)\tan\alpha_2}{\tan\alpha_1-\tan\alpha_2}\\[2ex] Y-Y_1=(X-X_1)\tan\alpha_1\end{cases}\tag{9.2.8}$$

$$\begin{cases}X-X_2=\dfrac{(Y_2-Y_1)-(X_2-X_1)\tan\alpha_1}{\tan\alpha_1-\tan\alpha_2}\\[2ex] Y-Y_2=(X-X_2)\tan\alpha_2\end{cases}\tag{9.2.9}$$

上面两组方程组，用其中一组测位，另一组校验。

为了求解船位的经纬度坐标值，取 X 和 Y 的值以 rad 为单位，这样两坐标值的关系为 $X=\varphi$，$Y=\lambda\cos\varphi_C$。在由式(8. 2. 8)求出坐标差后可用下式求出 φ 和 λ 值：

$$\begin{cases}\varphi=\varphi_1+(X-X_1)\\ \lambda=\lambda_1+(Y-Y_1)/\cos\varphi_C\end{cases}\tag{9.2.10}$$

2. 三标距离定位

如图 9.2.6 所示，设物标 P_1、P_2 和 P_3 的高斯坐标分别为 (X_1, Y_1)、(X_2, Y_2) 和 (X_3, Y_3)，

舰船 P 的坐标为 $(X,\ Y)$，从舰上观测物标 P_1、P_2 和 P_3 的距离分别为 D_1、D_2 和 D_3，则可列出三个误差方程式。取 υ_1、υ_2 和 υ_3 为各观测距离的改正数，有

$$D_i + \upsilon_i = \sqrt{(X - X_i)^2 + (Y - Y_i)^2} \quad (i=1,\ 2,\ 3) \tag{9.2.11}$$

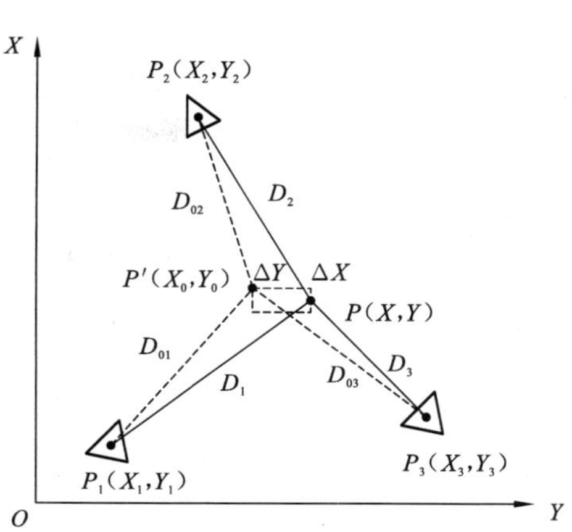

图 9.2.6　三标距离定位

设点 P' 为点 P 的近似坐标，用 $(X_0,\ Y_0)$ 表示。ΔX 和 ΔY 为其改正数，则 $X = X_0 + \Delta X$，$Y = Y_0 + \Delta Y$。代入式(9.2.11)，有

$$D_i + \upsilon_i = \sqrt{(X_0 + \Delta X - X_i)^2 + (Y_0 + \Delta Y - Y_i)^2} \quad (i=1,2,3)$$

进行一阶泰勒展开，并令

$$D_{0i} = \sqrt{(X_0 - X_1)^2 + (Y_0 - Y_i)^2}$$

可得距离误差的线性方程：

$$\upsilon_i = \frac{(X_0 - X_i)\Delta X + (Y_0 - Y_i)\Delta Y}{D_{0i}} + (D_{0i} - D_i) \quad (i=1,2,3) \tag{9.2.12}$$

写成误差方程的标准形式有

$$\upsilon_i = a_i \Delta X + b_i \Delta Y + l_i \tag{9.2.13}$$

$$a_i = (X_0 - X_i)/D_{0i}, \quad b_i = (Y_0 - Y)_i/D_{0i}, \quad l_i = D_{0i} - D_i$$

按最小二乘法原理，以 $\sum_{i=1}^{3} \upsilon_i^2 = \min$ 为条件来求未知数 ΔX 和 ΔY。即对式(9.2.13)平方和函数分别对 ΔX 和 ΔY 求偏导数并令它为零，可得到用高斯符号表示的法方程式：

$$\begin{cases} [aa]\Delta X + [ab]\Delta Y + [al] = 0 \\ [ab]\Delta X + [bb]\Delta Y + [bl] = 0 \end{cases} \tag{9.2.14}$$

$$[aa] = a_1 a_1 + a_2 a_2 + a_3 a_3$$
$$[ab] = a_1 b_1 + a_2 b_2 + a_3 b_3$$
$$[bb] = b_1 b_1 + b_2 b_2 + b_3 b_3$$
$$[al] = a_1 l_1 + a_2 l_2 + a_3 l_3$$
$$[bl] = b_1 l_1 + b_2 l_2 + b_3 l_3$$

求解后得

$$\begin{cases} \Delta X = \dfrac{[bb][al] - [ab][bl]}{[ab]^2 - [aa][bb]} \\ \Delta Y = \dfrac{[aa][bl] - [ab][al]}{[ab]^2 - [aa][bb]} \end{cases} \tag{9.2.15}$$

计算软件程序中，可用推算船位的经纬度作为待测船位 P 的近似点 P'。

9.2.4　一方位一距离定位

根据所测物标的方位，作过物标的逆方位线，得方位船位线。以物标为始点，在方位船位线上量取观测距离，则可定出船位。对于近距离物标，可直接用观测距离和方位的数值，对于远距离物标，需要考虑大圆改正量。严格来说，无论用罗经、测向仪或雷达观测的目标

真方位都是大圆方位。考虑大圆改正量的一方位一距离定位的数学模型如图 9.2.7 所示。

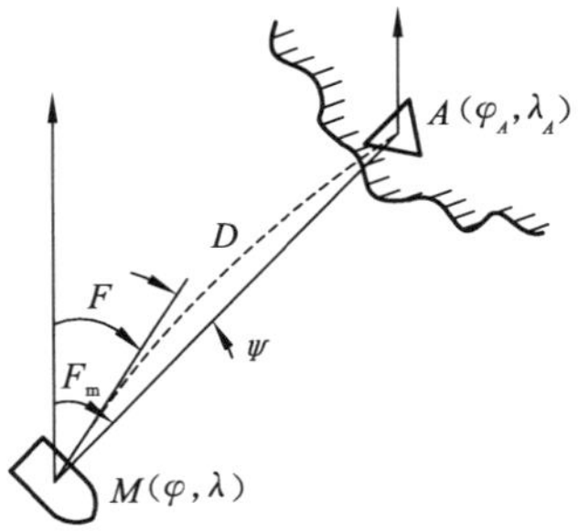

图 9.2.7　一方位一距离定位

设物标 A 和船舶 M 的坐标分别为(φ_A，λ_A)，(φ，λ)。从船位观测物标的方位和距离为 F 和 D，有

$$\begin{cases}\varphi = \varphi_A + \Delta\varphi \\ \lambda = \lambda_A + \Delta\lambda\end{cases} \tag{9.2.16}$$

$$\begin{cases}\Delta\varphi = D\cos F_{\mathrm{m}}/R_{\mathrm{M}} \\ \Delta\lambda = \dfrac{D\sin F_{\mathrm{m}}}{R_{\mathrm{N}}\cos\varphi_{\mathrm{m}}}\end{cases} \tag{9.2.17}$$

其中：R_{M} 为子午圈曲率半径；R_{N} 为卯酉圈曲率半径；平均纬度 $\varphi_{\mathrm{m}}=\varphi-\Delta\varphi/2$；$F_{\mathrm{m}}$ 为恒向线方位；$F_{\mathrm{m}}=F+\psi$；F 为大圆方位，大圆改正量为

$$\psi = \Delta\lambda\sin\varphi_{\mathrm{m}}/2 \tag{9.2.18}$$

当舰船在物标视距范围(25 n mile)内一次计算即可得到比较准确的船位值。当岸标距离较远时，则需进行两次近似计算，即可得到比较准确的结果。

思　考　题

1. 试解释平均纬度法下的船位推算思路。

2. 试说明风、流对船位推算的具体影响。

3. 采用陆标定位时，用哪些仪器可获得观测点到陆标的距离和不同陆标间的夹角?

4. 地文定位主要有方位定位法、三标两角定位法、距离定位法和一方位一距离定位法等。从原理上讲，哪些方法定位精度较高?并说明原因。

参考文献

边少锋，纪兵，李厚朴，2016. 卫星导航系统概论 [M]. 2 版. 北京：测绘出版社

卞鸿巍，等，2010. 现代信息融合技术在组合导航中的应用 [M]. 北京：国防工业出版社

卞鸿巍，等，2018. 导航概论 [M]. 北京：科学出版社

陈永冰，钟斌，2007. 惯性导航原理 [M]. 北京：国防工业出版社

付梦印，邓志红，闫莉萍，2010. Kalman 滤波理论及其在导航系统中的应用 [M]. 2 版. 北京：科学出版社

龚少军，2009. 船舶定位与导航[M]. 哈尔滨：哈尔滨工程大学出版社

李跃，2008. 导航与定位：信息化战争的北斗星 [M]. 2 版. 北京：国防工业出版社

刘建业，等，2010. 导航系统理论与应用 [M]. 西安：西北工业大学出版社

陆恺，田蔚风，1990. 最优估计理论及其在导航中的应用 [M]. 上海：上海交通大学出版社

秦永元，2014. 惯性导航 [M]. 2 版. 北京：科学出版社

秦永元，张洪钺，汪叔华，2012. 卡尔曼滤波与组合导航原理 [M]. 2 版. 西安：西北工业大学出版社

孙枫，袁赣南，张晓红，1996. 组合导航系统 [M]. 哈尔滨：哈尔滨工程大学出版社

田坦，2007. 水下定位与导航技术 [M]. 北京：国防工业出版社

袁信，俞济祥，陈哲，1993. 导航系统 [M]. 北京：航空工业出版社

袁赣南，等，2009. 导航定位系统工程 [M]. 哈尔滨：哈尔滨工程大学出版社

张凤宽，等，2000. 水面舰艇综合导航系统数学处理模型设计和仿真试验研究 [J]，计算机仿真，17(2)：32-36

张国良，曾静，2008. 组合导航原理与技术 [M]. 西安：西安交通大学出版社

张亚崇，陆志东，雷宏杰，2009. 多传感器容错综合导航系统技术及其应用研究 [J]. 弹箭与制导学报，29(4)：51-54

赵琳，等，2016. 现代舰船导航系统 [M]. 北京：国防工业出版社

赵琳，孙枫，郝燕铃，1996. 推算船位/罗兰 C(GPS) 组合导航系统的研究及其海上试验 [J]. 中国航海，38(1)：69-76

周永余，许江宁，高敬东，2006. 舰船导航系统 [M]. 北京：国防工业出版社

中国卫星导航系统管理办公室，2013. 北斗卫星导航系统空间信号接口控制文件(2. 0 版) [R/OL].

中国卫星导航系统管理办公室，2018. 北斗卫星导航系统公开服务性能规范(2. 0 版) [R/OL].

中华人民共和国总装备部，2012. GJB 4727A—2012，舰载导航装备试验测量参数与精度综合评定 [S]. 中华人民共和国国家军用标准

CRASSIDIS J L，MARKLEY F L，CHENG Y，2007. Survey of nonlinear attitude estimation methods [J]. Journal of Guidance，Control，and Dynamics，30(1)：12-28

CRASSIDIS J L，MARKLEY F L，2003. Unscented filtering for spacecraft attitude estimation [J]. Journal of Guidance，Control，and Dynamics，26(4)：536-542

CRASSIDIS J L，2006. Sigma-point Kalman filtering for integrated GPS and inertial navigation [J]. IEEE Transactions on Aerospace and Electronic Systems，42(2)：750-756

IEC 61294-2，2012. Maritime navgation and radiocmmunication equipment and systems-Integrated navigation systems-Part 2：Modular structure for INS-Operational and performance requirements，methods of testing and required test results [S].

KARLGAARD C D，SCHAUB H，2009. Nonsingular attitude filtering using modified Rodrigues parameters[J]. The Journal of the Astronautical Sciences，57 (4)：777-791

LEE D J，ALFRIEND K T，2009. Additive divided difference filtering for real-time spacecraft attitude estimation using modified Rodrigues parameters [J]. The Journal of the Astronautical Sciences，57 (1-2)：93-111

MARKLEY F L，2004. Multiplicative vs. additive filtering for spacecraft attitude determination [J]. Dynamics and Control of Systems and Structures in Space：467-474

MARKLEY F L，2003. Attitude error representations for Kalman filtering [J]. Journal of Guidance，Control，and Dynamics，26 (2)：311-317

MARKLEY F L，CRASSIDIS J L，2014. Fundamentals of spacecraft attitude determination and control [M]. New York：Springer

O'KEEFE S A，SCHAUB H，2014. Shadow set considerations for modified Rodrigues parameter attitude filtering [J]. Journal of Guidance，Control，and Dynamics，37 (6)：2030-2035

PITTELKAU M E，2003. Rotation vector in attitude estimation [J]. Journal of Guidance，Control，and Dynamics，26 (6)：855-860

TSIOTRAS P，JUNKINS J L，SCHAUB H，1997. Higher-order cayley transforms with applications to attitude representations[J]. Journal of Guidance，Control，and Dynamics，20 (3)：528-534

ZHANG M D，et al，2019. Comparison of Kalman filters for inertial integrated navigation [J]. Sensors，19 (6)：1426-1452

ZARCHAN P，MUSOFF H，2015. Fundamentals of Kalman filtering：A practical approach [M]. 4th ed. Reston，VA：The American Institute of Aeronautics and Astronautics

附录 A

主要缩略词

AIS (automatic identification system)	自动识别系统
ARPA (automatic radar plotting aid)	自动雷达标绘仪
AEKF (extended Kalman filter with additive quaternion)	加性四元数姿态表达的扩展卡尔曼滤波
CNS (celestial navigation system)	天文导航系统
DR (dead reckoning)	船位推算
DVL (Doppler velocity log)	多普勒计程仪
DoEuler-UKF (usented Kalman filter with double Euler angle)	双欧拉角姿态表达的 UKF 算法
EC (electronic chart)	电子海图
ECDIS (electronic chart display and information system)	电子海图显示与信息系统
ENC (electronic navigation charts)	官方电子海图
ESGM (electrostatic suspended gyroscope monitor)	静电陀螺监控器
EKF (extended Kalman filter)	扩展卡尔曼滤波
Euler-KF (Kalman filter with Euler angle)	欧拉角姿态表达的卡尔曼滤波
FKF (federal Kalman filter)	联邦卡尔曼滤波
HORP (high-order Rodrigues parameter)	高阶罗德里格斯参数
IBS (integrated bridge system)	综合船桥系统
INS (inertial navigation system)	惯性导航系统
INS (integrated navigation system)	综合(组合)导航系统
KF (Kalman filter)	线性卡尔曼滤波
MRP (modified Rodrigues parameter)	修正罗德里格斯参数
MRP-UKF (usented Kalman filter with modified Rodrigues parameter)	修正罗德里格斯参数姿态表达的扩展卡尔曼滤波
MEKF (extended Kalman filter with multiplicative quaternion)	乘性四元数姿态表达的扩展卡尔曼滤波
RP (Rodrigues parameter)	罗德里格斯参数
SENC (system electronic navigation chart)	系统电子海图
SINS (strapdown inertial navigation system)	捷联惯性导航系统
SMRP (shadow modified Rodrigues parameter)	影子修正罗德里格斯参数
UKF (usented Kalman filter)	无迹卡尔曼滤波
USQUE (unscented quaternion estimator)	四元数无迹估计器

附录B

滤波仿真实例程序

B1 雷达测距卡尔曼滤波程序

```
% 雷达测距，采用常规卡尔曼滤波估计目标距离和目标速度
% F，Phi：系统阵，状态转移阵
% Q，R：过程噪声方差阵，观测噪声方差阵
% K:  卡尔曼增益
% Xp，Pp：状态一步预测，状态预测方差
% Xe，P：状态估计方差，状态估计值
% Xeo，Po：上一时刻的状态估计，状态估计方差
% x=[S;U]   S:距离;U：速度
% Z:   雷达观测距离

F=[0 1;0 0];
H=[1 0];

Q=[0.3 0;0 0.1];
R=0.2;
Z=[20;19.1;17.8;17.1];              %目标距离测量值
T=3;                                %滤波计算步长(s)
I=[1 0;0 1];

%------------------初始状态估计和估计误差方差-------------
X0=[30;0];                          %状态初值
P0=[1 0;0 1];                       %状态估计方差初值
Phi=I+F * T;
Xeo=X0;Po=P0;                       %估计值和估计方差初始化

% ---------------卡尔曼滤波----------------------------
for k=1:4
  Xp=Phi*Xeo;                       %状态一步预测
  Pp=Phi*Po*Phi'+Q;                 %预测误差方差
  K=Pp*H'*inv(H*Pp*H'+R);           %卡尔曼增益
```

```
  Xe=Xp+K*(Z(k)-H *Xp);           % 状态估计
  P=(I-K*H)*Pp*(I-K*H)'+K*R*K'; % 估计误差方差
  Xeo=Xe;Po=P;
end
% ---------------------- 滤波结果输出 -------------------------
 k=xout(:,1);
 Se=xout(:,2);
 Ps=xout(:,3);
 Ue=xout(:,4);
 Pu=xout(:,5);
 Ks=xout(:,6);Ku=xout(:,7);

 figure;
subplot(2,2,1);plot(k,Se,'b-o',k,Z,'r-o');xlabel('k');ylabel
   ('S(nm)');grid on;legend('Se','Z');
 title('Estimation of Distance and Speed using Kalman Filter');
 subplot(2,2,2);plot(k,Ue,'-o');xlabel('k');ylabel('Ue(nm/s)');
   grid on;
subplot(2,2,3);plot(k,Ps,'-o');xlabel('k');ylabel('P_S(nm^2)');
   grid on;
subplot(2,2,4);plot(k,Pu,'-o');xlabel('k');ylabel('P_U(nm^2/s^2)');
   grid on;
 figure;plot(k,Ks,'b-o',k,Ku,'r-o');xlabel('k');ylabel('K');grid
   on;legend('K_S','K_U');
```

B2　SINS/GPS 组合导航 MEKF 滤波程序

1. 基础程序

基础程序及后续程序部分参考了西北工业大学严恭敏老师公开的惯性导航程序包，特此表示感谢！更多内容可见文献(Zhang et al，2019)。

```
%% 轨迹发生器程序 %%
glvs
Ts=0.1;        % 解算步长(周期)
% 轨迹参数设置
att=[0;0;0]*glv.deg;
vn=[0;0;0];
pos=[34.246048*glv.deg;108.909664*glv.deg;380];
v1=10;w1=0.9*glv.deg;a1=w1*v1;
v2=10;w2=1.0*glv.deg;a2=w2*v2;
```

```
v3=10;w3=20.0*glv.deg;a3=w3*v3;

para=[   %参数含义：持续时间，wtx,wty,wtz, atx,aty,atz
    100, 0, 0, 0, 0, 0, 0             %静止(匀速)
    10,  0, 0, 0, 0, 1, 0             %加速
    50, 0, 0, 0, 0, 0, 0
    50, 0, 0, w1, -a1, 0, 0           %右转弯
    50, 0, 0, 0, 0, 0, 0
    50, 0, 0, -w1, a1, 0, 0           %左转弯
    50, 0, 0, 0, 0, 0, 0
    10, w2, 0, 0, 0, 0, a2            %抬头
    50, 0, 0, 0, 0, 0, 0
    10, -w2, 0, 0, 0, 0, -a2          %低头
    50, 0, 0, 0, 0, 0, 0
    100, 0, 0, w1, -a1, 0, 0          %右转弯
    50, 0, 0, 0, 0, 0, 0
    100, 0, 0, w1, -a1, 0, 0          %右转弯
    50, 0, 0, 0, 0, 0, 0
    100, 0, 0, w1, -a1, 0, 0          %右转弯
    50, 0, 0, 0, 0, 0, 0
    100, 0, 0, w1, -a1, 0, 0          %右转弯
     200, 0, 0, 0, 0, 0, 0
     10,  0, 0, 0, 0, -1, 0           %减速
     60,  0, 0, 0, 0, 0, 0];
para=repmat(para, n, 1);              %修改n可用于设置重复轨迹，n=1,2,…
len=sum(para(:,1))/Ts;
trj_0=[att;vn;pos;zeros(6,1)]';
trj_k=zeros(len,15);                  %分配变量空间
kk=1;

for k=1:size(para,1)
    lenk=para(k,1)/Ts;
    wt=para(k,2:4)';at=para(k,5:7)';
    for j=1:lenk
        [att,vn,pos,wbib,fbsf]=trj(att,vn,pos,wt,at,Ts);
        trj_k(kk,:)=[att;vn;pos;wbib;fbsf]';
        kk=kk+1;
        if mod(kk,100/Ts)==0      %进度显示
```

```
            disp(kk/(1/Ts))
        end
    end
end
save data00\trj100ms trj_0 trj_k Ts
time=[1:length(trj_k)]'*Ts;

figure
plot3(trj_k(:,7)/glv.deg,trj_k(:,8)/glv.deg,trj_k(:,9));grid on;
       hold on;
xlabel('纬度/°'); ylabel('经度/°');zlabel('高度/m')

%% 仿真实验加入偏置和随机游走误差程序 %%
function [wm, vm]=ImuAddErr(wm, vm, eb, web, db, wdb, ts)
    [m,n]=size(wm);sts=sqrt(ts);
    if n==1  % 输入 wm,vm 为列向量
        wm=wm+eb*ts+web.*randn(3,1)*sts;
        vm=vm+db*ts+wdb.*randn(3,1)*sts;
    else
    wm=wm+[ts*eb(1)+sts*web(1)*randn(m,1),ts*eb(2)+sts*web(2)*
         randn(m,1), ts*eb(3)+sts*web(3)*randn(m,1)];
    vm=vm+[ts*db(1)+sts*wdb(1)*randn(m,1), ts*db(2)+sts*wdb(2)*
         randn(m,1),ts*db(3)+sts*wdb(3)*randn(m,1)];
end
%% 导航参数初始化程序 %%
function [qnb,vn,pos,qnb0,vn0,pos0]=nav_init(att0,vn0,pos0,phi,
     dvn,dpos)
global glv
    % 参数及单位格式化
    if exist('dpos')==0
        dpos=0;
    end
    if length(dpos)==1
        dpos=dpos*[1;1;1];
    end
    dpos=dpos.*[1/glv.Re;1/glv.Re;1];
    if exist('dvn')==0
        dvn=0;
```

```
    end
    if length(dvn)==1
        dvn=dvn*[1;1;1];
    end
    if exist('phi')==0
        phi=0;
    end
    if length(phi)==1
        phi=phi*[1;1;1];
    end
    %%%
    if length(pos0)==1
        pos0=[pos0;0;0];
    end
    if length(vn0)==1
        vn0=vn0*[1;1;1];
    end
    if length(att0)==1
        att0=att0*[1;1;1];
    end
    % 赋值
    qnb0=a2qnb(att0);qnb=qaddphi(qnb0,phi);
    vn=vn0+dvn;
    pos=pos0+dpos;

%% 离散化程序 %%
function [A,Q]=lti_disc(F,L,Q,dt)

  %  [A,Q]=lti_disc(F,L,Qc,dt)
  % Check number of arguments

  if nargin<1
    error('Too few arguments');
  end
  if nargin<2
    L=[];
  end
  if nargin<3
```

```
    Q=[];
  end
  if nargin<4
    dt=[];
  end

  if isempty(L)
    L=eye(size(F,1));
  end
  if isempty(Q)
    Q=zeros(size(F,1),size(F,1));
  end
  if isempty(dt)
    dt=1;
  end

  A=expm(F*dt);

  n  =size(F,1);
  Phi=[F L*Q*L';zeros(n,n) -F'];
  AB =expm(Phi*dt)*[zeros(n,n);eye(n)];
  Q  =AB(1:n,:)/AB((n+1):(2*n),:);
```

2. 基于MEKF组合导航滤波程序

```
%% SINS/GPS 组合导航主程序 %%
clear all
glvs
load data00\trj100ms
randn('seed',170);
[eb,web,db,wdb]=drift_bias([1;1;1;1]);
[wm,vm]=ImuAddErr(trj_k(:,10:12)*Ts,trj_k(:,13:15)
*Ts,eb,web,db,wdb,Ts);
[qnb,vn,pos,qnb0,vn0,pos0]=nav_init(trj_0(1,1:3)',trj_0(1,4:6)',
trj_0(1,7:9)',...
   [1;-1;10]*glv.min, 0.1, 10);
dpos=[10/glv.Re;10/glv.Re;10];
dvel=[.1;.1;.1];
% 滤波器设置
Qt=diag([eb;web;db;wdb])^2;
```

```
%Rk=diag(dpos)^2;%位置观测量式时选择，根据 GPS 提供观测量(速度或位置)选择
Rk=diag(dvel)^2;
Pk=diag([[1;1;1]*glv.deg;[10/glv.Re;10/glv.Re;10];[.1;.1;.1];
    [.1;.1;.1]*glv.dph;[1;1;1]*glv.mg])^2;%姿态；位置；速度；陀螺；加计
Xk=zeros(16,1);
Xk(1: 4)=qnb;
Xk(5: 7)=pos;
Xk(8: 10)=vn;
%Hk=[zeros(3,3),eye(3),zeros(3,9)];                    %位置观测量式时选择
Hk=[zeros(3,6),eye(3),zeros(3,6)];
len=length(trj_k);
len1=fix(len*Ts);

tic
for k=1:len
    %posGPS=trj_k(k,7:9)'+dpos.*randn(3,1);          % 构造 GPS 位置
    velGPS=trj_k(k,4:6)'+dvel.*randn(3,1);          % 构造 GPS 逗度
    Ft=getf_mekf(Xk,vm(k,:)'./Ts,wm(k,:)'./Ts); %求 MEKF 的 F
    Gt=[-eye(3),zeros(3,9);zeros(3,12)
          zeros(3,6),-q2cnb(Xk(1:4)),zeros(3,3)
          zeros(3,3),eye(3),zeros(3,6)
          zeros(3,9),zeros(3,3)];
    [Fikk_1,Qk]=lti_disc(Ft,Gt,Qt,Ts);                %离散化

    [Xk, Pk,deta_Xk]=mekf(Xk,Pk,Qk,@jibenmodel_mekf, wm(k,:)',
       vm(k,:)',velGPS,Fikk_1,Hk,Rk);

    qnb=Xk(1:4);
    pos=Xk(5:7);
    vn=Xk(8:10);
    res(k,:)=[qq2afa(qnb,a2qnb(trj_k(k,1:3)'));pos-trj_k(k,7:9)';
               vn-trj_k(k,4:6)';Xk(11:16)]';

timedisp(k,Ts,100);
end
toc
time=[1:length(res)]*Ts;
```

```
figure
plot3(Xkk(:,5)/glv.deg,Xkk(:,6)/glv.deg,Xkk(:,7),'r')
xlabel('纬度/°'); ylabel('经度/°');zlabel('高度/m')

%% MEKF 滤波程序 %%
function [x,P,deta_xk]=mekf(x,P,Q ,fhandle, wbe, fbe,y,F,H,R)
 % 参数说明:
 %      x 和 P 为滤波状态和方差; y 为观测量
 %      Q 和 R 为过程噪声方差和观测噪声方差, Q 构造参见 7.3.2 节
 %      F 为对于 MEKF 线性化系统矩阵, F 构造参见 7.3.2 节
 %      H 为松组合, 线性量测矩阵
 %      wbe 和 fbe 为陀螺采样角增量和加计采样速度增量

 x_k=x;
 Px_k=P;
 Z=y;
 %时间更新
 x_k1p=feval(fhandle,x_k,wbe,fbe);
 %15 维状态量(四元数; 位置; 速度; 陀螺常值漂移; 加速度计常值零偏)
 Px_k1p=F*Px_k*F'+Q;

 %量测更新
 AA=inv(H*Px_k1p*H'+R);
 Kk=Px_k1p*H'*AA;
 Px_k1=(eye(15)-Kk*H)*Px_k1p;     %状态量为 15 维

 deta_xk=Kk*(Z-H*x_k1p);

 qnb=x_k1p(1:4)+0.5*[-x_k1p(2:4)';x_k1p(1)*eye(3)+askew
      (x_k1p(2:4))]*deta_xk(1:3);
 pos=x_k1p(5:7)+deta_xk(4:6);
 vn=x_k1p(8:10)+deta_xk(7:9);
 bg=x_k1p(11:13)+deta_xk(10:12);
 ba=x_k1p(14:16)+deta_xk(13:15);
 qnb=qnormalize(qnb);                %归一化四元数
 x=[qnb;pos;vn;bg;ba];
 P=Px_k1;
```

```
return;

function Ft_mekf=getf_mekf(xk, fb, wibb)
% 功能：计算系统矩阵 Ft
    global glv              %定义全局变量
    Re=glv.Re;
    ee=glv.f;
    we=glv.wie;

    qnb=xk(1:4);
    pos=xk(5:7);            % 纬度 pos(1); 经度 pos(2); 高度 pos(3)
    ve=xk(8);
    vn=xk(9);
    vz=xk(10);
    bg=xk(11:13);
    ba=xk(14:16);

    si=sin(pos(1));
    cs=cos(pos(1));
    tn=tan(pos(1));
    se=1/cos(pos(1));
    si2=si^2;
    se2=se^2;

    Rm=Re*(1-ee^2)/(1-ee^2*si2)^1.5;%lamda
    Rn=Re/(1-ee^2*si2)^0.5;%fai
    R11=Re*ee^2*si*cs/(1-ee^2*si2)^1.5;%R_fai/lamda
    R22=3*Re*(1-ee^2)*ee^2*si*cs/(1-ee^2*si2)^2.5;
          %R_lamda/lamda
    R_lamda=Rm+pos(3);
    R_fai=Rn+pos(3);

    R_lamda2=R_lamda^2;
    R_fai2=R_fai^2;

    g_lamda=9.780327*(1.06048*10^(-2)*si*cs-4.64*10^(-5)*
             (si*cs^3-si^3*cs))+8.8*10^(-9)*pos(3)*si*cs;
    g_h=-3.0877*10^(-6)+4.4*10^(-9)*si2+1.44*10^(-13)*pos(3);
```

```
winn_p=[vn*R22/R_lamda2,0,vn/R_lamda2;-we*si-ve*R11/R_fai2,
        0,-ve/R_fai2;we*cs+ve*se2/R_fai-ve*tn*R11/R_fai2,0,
        -ve*tn/R_fai2];
winn_v=[0,-1/R_lamda,0;1/R_fai,0,0;tn/R_fai,0,0];
Ft11=-askew(wibb-bg);
Ft12=-(q2cnb(qnb))'*winn_p;
Ft13=-(q2cnb(qnb))'*winn_v;
Ft14=-eye(3);

Ft22=[-vn*R22/R_lamda2,0,-vn/R_lamda2;-ve*se*R11/R_fai2+ve*
      se*tn/R_fai,0,-ve*se/R_fai2;0,0,0];
Ft23=[0,1/R_lamda,0;se/R_fai,0,0;0,0,1];

Ft31=-q2cnb(qnb)*askew(fb-ba);

Y11=ve*vn*se2/R_fai-ve*vn*tn*R11/R_fai2+2*we*vn*cs
     +ve*vz*R11/R_fai2+2*we*vz*si;
Y13=-ve*((vn*tn-vz)/R_fai2);
Y21=-ve^2*se2/R_fai+ve^2*tn*R11/R_fai2-2*we*ve*cs
     +vn*vz*R22/R_lamda2;
Y23=ve^2*tn/R_fai2+vn*vz/R_lamda2;
Y31=-(ve^2*R11/R_fai2+vn^2*R22/R_lamda2
      +2*we*ve*si+g_lamda);
Y33=-(ve^2/R_fai2+vn^2/R_lamda2+g_h);
Ft32=[Y11,0,Y13;Y21,0,Y23;Y31,0,Y33];

Z11=(-vz+vn*tn)/R_fai;
Z12=ve*tn/R_fai+2*we*si;
Z13=-(ve/R_fai+2*we*cs);
Z21=-2*ve*tn/R_fai+2*we*si;
Z22=-vz/R_lamda;
Z23=-(vn/R_lamda);
Z31=2*ve/R_fai+2*we*cs;
Z32=2*vn/R_lamda;
Ft33=[Z11,Z12,Z13;Z21,Z22,Z23;Z31,Z32,0];
Ft35=-q2cnb(qnb);
```

```
%1-3：姿态误差；4-6：位置；7-9：速度；10-12：陀螺常值；13-15：加速度
 计常值
Ft_mekf=zeros(15,15);
Ft_mekf(1:3,1:3)=Ft11;
Ft_mekf(1:3,4:6)=Ft12;
Ft_mekf(1:3,7:9)=Ft13;
Ft_mekf(1:3,10:12)=Ft14;

Ft_mekf(4:6,4:6)=Ft22;
Ft_mekf(4:6,7:9)=Ft23;

Ft_mekf(7:9,1:3)=Ft31;
Ft_mekf(7:9,4:6)=Ft32;
Ft_mekf(7:9,7:9)=Ft33;
Ft_mekf(7:9,13:15)=Ft35;
```